城乡统筹背景下义务教育均衡发展研究

宋永忠 张乐天 顾建军 主编

南京师范大学出版社
NANJING NORMAL UNIVERSITY PRESS

图书在版编目(CIP)数据

城乡统筹背景下义务教育均衡发展研究 / 宋永忠,张乐天,顾建军主编. —南京:南京师范大学出版社,2016.4

ISBN 978-7-5651-2566-9

Ⅰ. ①城… Ⅱ. ①宋… ②张… ③顾… Ⅲ. ①义务教育—发展—研究—中国 Ⅳ. ①G522.3

中国版本图书馆 CIP 数据核字(2016)第 044292 号

书　　名	城乡统筹背景下义务教育均衡发展研究
主　　编	宋永忠　张乐天　顾建军
责任编辑	李艳玲
出版发行	南京师范大学出版社
地　　址	江苏省南京市宁海路 122 号(邮编:210097)
电　　话	(025)83598919(总编办)　83598412(营销部)　83598297(邮购部)
网　　址	http://www.njnup.com
电子信箱	nspzbb@163.com
照　　排	南京理工大学印刷照排中心
印　　刷	江苏凤凰通达印刷有限公司
开　　本	787 毫米×960 毫米　1/16
印　　张	22.5
字　　数	369 千
版　　次	2016 年 4 月第 1 版　2016 年 4 月第 1 次印刷
书　　号	ISBN 978-7-5651-2566-9
定　　价	56.00 元

出 版 人　彭志斌

南京师大版图书若有印装问题请与销售商调换
版权所有　侵犯必究

序 一

杨念鲁

由南京师范大学宋永忠教授领衔的研究团队,经过四年的扎实研究,完成了《城乡统筹背景下义务教育均衡发展研究》这本专著。值此专著出版之际,我谨表达一种祝贺与感谢。

加快推进城乡发展一体化,是党的十八大提出的战略任务,也是落实"四个全面"战略布局的必然要求。为此,新一届中央领导集体强调指出,要逐步实现城乡居民基本权益平等化、城乡公共服务均等化、城乡要素配置合理化,以及城乡产业发展融合化。城乡义务教育统筹发展,既是城乡一体化发展的重要组成部分,也是城乡一体化发展的重要推动力。推进城乡义务教育统筹发展,既是一项惠及农村特别是农村儿童的重大政策议题,也是一项支持新农村建设的重要民生工程,还是一项需要深入研究、持续探索、不断创新的改革难题。从这个意义上讲,开展城乡统筹背景下义务教育均衡发展的综合研究与系统研究,具有重要的理论价值与实践价值。

统筹城乡义务教育均衡发展也是当前我国促进教育公平、维护社会正义的题中应有之义。其目标是构建城乡均衡的现代义务教育制度;核心是支持农村教育发展,缩小城乡教育差距;关键是构建城乡教育一体化发展的体制机制;重点是建设一支素质优良、结构合理、热爱农村教育的师资队伍。实现这一战略目标,首先需要我们对相关的重要理论问题进行深入的探讨与研究。诸如,如何认识义务教育均衡发展与教育公平、城乡教育现代化的内在关联和逻辑关系;怎样理解城乡义务教育统筹发展的价值追求、阶段目标和评价指标;何以厘清义务教育城乡统筹发展、一体化发展以及均衡发展概念的内涵与特征等。回应这些重要的理论问题,不能仅依靠学者"书斋式"的思辨研究与逻辑推演,更需要研究者深入真实的教育世界中,在扎实的实践考察与经验研究的基础上进行学理反思、提炼与建构，为建设本土性、时代性的中国教育理论提供学术资源。我以为，所有这些，都可以构成本研究的学术价值。

本课题的实践意义在于，期望研究者们通过扎实的实践研究、案例研究和实证研究，对我国推进城乡义务教育统筹发展的系列政策及其实践经验进行深入的剖析和反思，为未来我国在更广范围、更大力度、更深层次上推进义务教育均衡发展提供可供选择的策略和改革建议。众所周知，新世纪以来，我国出台了一系列旨在推进城乡义务教育发展的政策措施，各地创造了一系列发展义务教育的典型经验，我国城乡义务教育发展也取得了积极的成效。但总体而言，由于历史与现实等诸多复杂因素的影响，当前我国城乡义务教育的均衡发展依然行进"在路上"，并面临着诸多不可轻视的困难和挑战。我们需要对诸多重大的实践问题开展深入的研究、思考与解答。诸如，我国城乡义务教育发展的现状具有哪些典型特点？东中西部地区城乡义务教育发展具有怎样的个别化特征？城乡义务教育统筹发展面临的主要难题是什么？城乡义务教育统筹发展与城镇化存在着怎样的关联性与互动性？我国城乡义务教育统筹发展的已有政策取得了什么样的成效？还存在哪些需要改进的方面？所有这些问题都有待通过扎实、深入的课题研究给出回应与解答。

早在2009年，教育部基础教育一司围绕这些问题，邀请相关义务教育学校、基层教育管理人员、高校专家开展广泛的交流、研讨，目的在于为制定和完善义务教育均衡发展的政策提供案例分析。南京师范大学的教育研究人员作为这个团队中的骨干，有着良好的农村教育研究传统和教育政策研究优势，为教育部基础教育一司提供了一系列有价值的研究报告和研究成果，并编辑成《义务教育政策咨询》。时任校长宋永忠教授亲自主持和参与多项农村义务教育调研工作，执笔撰写义务教育发展政策建议，这些都给我留下了深刻的印象。为了深化这项工作，基础教育一司又委托南京师范大学牵头组建研究团队，在此基础上继续深入开展"城乡统筹背景下义务教育均衡发展研究"。

南京师范大学承担这一委托课题以来，怀着振兴农村教育的使命感、带着对发展农村义务教育的关怀感和对教育科学研究的责任感，扎扎实实地开展各项研究工作。课题组成员从开题报告的论证、调查问卷的设计、调查资料的分析到调查报告的撰写等，都一丝不苟、严谨细致。课题取得了较为丰富的研究成果，对深刻认识我国城乡义务教育的现状与特点具有重要的参考价值。

这些研究成果具有三个方面的特点：一是扎根式的实践研究贯穿着研究过程。课题组将解读真实状态、真实情境下的中国城乡义务教育发展特征作为重要的研究取向，重视参与式研究和案例式考察。课题组成员先后召开了多次全国性的义务教育发展研讨会，分赴甘肃、宁夏等贫困地区、边远地区开展案例研究和实证研究，取得了一手的研究资料。二是具有鲜明的政策研究导向。本课题紧紧围绕我国城乡义务教育发展中的典型问题、重要政策议题开展研究，诸如城市流动儿童教育问题、农村留守儿童教育问题、乡村教师队伍建设问题、农村义务教育学校布局设置问题等，这些研究均取得了较为丰硕的成果。三是为国家的教育决策提供了依据。课题研究团队的多项研究成果和政策建议被教育部或地方教育部门采纳。吴康宁教授撰写的《及早制定省域义务教育基本均衡发展国家战略的建议》被《教育部简报·高校智库专刊》2015年第15期全文刊发。多篇研究论文被《新华文摘》全文转载，产生了良好的学术影响和积极的政策效应。作为课题研究的组织、见证和参与者之一，我为课题研究取得的丰硕成果感到欣慰，也向南京师范大学的研究团队表示感谢。

如今，课题研究已近尾声，课题组成员将其中的主要研究成果编辑出版，既是对课题研究成果的梳理、总结和反思，也是对课题研究团队辛勤劳动成果的展示与分享，还将为丰富我国的农村教育理论贡献学术价值。我由衷地期望南京师范大学的研究团队能以该课题研究为基础，继续深化和拓展城乡统筹背景下义务教育均衡发展研究这个"真课题"、"大课题"和"长线课题"，期待着南京师范大学更有价值的研究成果和更有影响力的学术贡献。

是为序。

序 二

宋永忠

《国家中长期教育改革和发展规划纲要（2010—2020 年）》中指出，教育公平是社会公平的重要基础，促进公平是国家基本教育政策。教育公平的重点是促进义务教育均衡发展和扶持困难群体。均衡发展作为义务教育的战略性任务，其关键是推进城乡教育统筹发展，率先在县（区）域内实现城乡均衡发展，并逐步在更大范围内推进。这既是统筹城乡发展的必然要求，也是统筹城乡发展的重要内容。新世纪以来，我国义务教育的均衡发展适逢城乡统筹发展的新背景，二者有着深刻的内在关联。城乡统筹发展为义务教育均衡发展提供着新的历史机遇，也使义务教育均衡发展面临新的问题和新的挑战。如何立足城乡统筹发展，不断推进乃至实现义务教育的均衡发展，是一个值得认真关注并需要深入探讨的重大课题。

在此背景下，研究课题"城乡统筹背景下义务教育均衡发展研究"应运而生，显然，这是一个既具有重大现实意义又具有重要理论价值的研究课题。2009 年 10 月，教育部基础教育一司将这一重要课题委托我校进行研究。接受这一委托任务后，我校高度重视，立即组织了教育科学学院的一些教师和相关部门的研究者，并由本人牵头，形成课题研究的基本队伍。大家一起商定研究目标、研究内容、研究方法和研究进度，并在此基础上制订了具体研究方案。课题研究正式启动是在 2010 年年初。自此以后，课题组成员为该课题研究不断付出努力，也不断取得研究的成效。这次结集出版的《城乡统筹背景下义务教育均衡发展研究》一书，便是课题组成员在三年多时间里共同努力取得的研究成果。

第一，本课题对新世纪以来我国推进城乡义务教育均衡发展的政策进行了回顾，并对城乡统筹发展背景下义务教育均衡发展的已有研究进行了分析。

这是课题组在文献研究上所做的主要工作。之所以要对已有的相关政策进行回顾，是因为无论是城乡统筹发展还是义务教育均衡发展，本身都是一种政策命题，是一种政策性表达。深入认识和理解党和政府有关城乡统筹发展和义务教育均衡发展的政策是推进课题研究的必要基础。政策素养是课题研究者应有的基本素养。正是由于政策研究对本课题研究具有极端重要性，因此便需要对已有的政策进行认真的梳理和分析。近年来许多学者对城乡义务教育均衡发展问题进行了大量的研究，本课题对义务教育均衡发展的研究需要建立在已有研究的基础上，对既有研究的综述与分析自然是不可或缺的研究内容与任务。基于上述认识，课题组对新世纪以来我国城乡统筹政策的确立与演进进行了梳理，概述了政策演进的特点。与此同时，对在城乡统筹背景下义务教育均衡发展的已有研究进行了系统的综述与分析。这些回顾与分析，对于全面地把握义务教育均衡发展的时代背景和发展的现实状况具有重要意义，为深化课题研究奠定了基础。

第二，本课题研究具有鲜明指向，案例研究是本课题研究的重心所在，课题组对具有代表性和典型性的案例进行调研，撰写出了多样化的案例研究报告。为此，在课题研究过程中，课题组成员兵分多路，对我国城乡统筹背景下义务教育均衡发展的推进状况进行案例调研。考虑到我国东部、中部和西部三大区域经济社会发展差别带来的城乡之间差别的不同，以及由此带来的城乡义务教育均衡发展现状也必然会有较大差异，课题组确定在东部、中部和西部三个区域同时展开调研。而在这三大区域中，课题组的调研往往选择在具有代表性的县域进行。《国家中长期教育改革和发展规划纲要（2010—2020年）》中指出，现阶段我国义务教育的发展，需要率先在县（区）域内实现城乡均衡发展，逐步在更大范围内推进。课题组选择在县域进行案例研究，遵循了"教育规划纲要"的精神，既具有必要性，也具有可能性。本课题所进行的案例研究，不仅力求凸显区域性，同时也力求凸显专题性。而凸显专题性，又是与城乡统筹背景下义务教育均衡发展面临的新的突出问题相关。例如，城乡统筹发展过程中的人口流动与流动儿童的教育问题，城市对农村义务教育的支持问题，农村教育的信息化工程建设问题等，我们将这些在现阶段推进义务教育均衡发展过程中需要特别关注的问题纳入本课题的研究视野，并进行了专题案例研究。这些专题案例报告与县（区）域案例研究报告有机组合在一起，共同反映出城乡统筹背景下我国义务教育均衡发展的已有进展和存在的问题。

第三,本课题形成了课题研究的基本结论,撰写出课题研究的总报告。课题研究总报告是在综合文献研究和案例研究的基础上形成的。在课题研究的总报告中,我们简要地回顾了课题研究的基本历程,重点分析了城乡统筹背景下我国义务教育均衡发展的主要经验和突出问题,重点围绕如何更好地立足于城乡统筹的背景进一步推进义务教育均衡发展这一问题提出了政策思考与建议。课题研究提出的主要政策建议是:深化城乡统筹背景下义务教育的均衡发展,需要更好地立足于城乡社会发展的新特点,将城乡义务教育均衡发展根植于"流动社会"的结构性背景中,构建与新型城镇化相适应的现代义务教育制度;需要进一步围绕义务教育管理体制这个关键问题,推进城乡义务教育公共服务均等化改革,完善城乡义务教育的资源供给机制;需要将优化和稳定农村教师队伍作为一项重要的政策任务,设计更加科学有效的制度体系,构建支持农村教师队伍的长效机制;需要进一步破解义务教育均衡发展中的热点和难点问题,构建满足民众多样需求、富有活力的义务教育办学体制;需要进一步加强和完善对贫困农村地区和农村弱势教育群体的特别支持政策,构建农村教育与城镇化协调发展的社会支持系统;需要进一步强化城乡义务教育政策的公平取向,提高政策制定和执行的科学性与有效性,推进政策创新,为城乡义务教育统筹发展提供更好的政策支持。上述政策建议,可视为课题研究的最重要的结论,希望能对政策改进起到参考和借鉴作用。

此外,本书还收录了几篇课题研究论文。这些研究论文也是课题研究的阶段性成果。论文发表后产生了较好的社会影响,有两篇论文被《新华文摘》转载。这既显示了课题研究的水平,也反映出课题组成员对课题研究的重视及为此做出的贡献。

课题研究成果即将问世,这并不意味着课题研究的结束。我们自知课题研究还存在一定的不足与缺陷。为此,我们会继续努力,深化课题研究,期待能取得更好的研究成果,以回馈政府与社会。

是为序。

目 录

序一 …………………………………………………………………（1）

序二 …………………………………………………………………（1）

绪言 …………………………………………………………………（1）

第一章 城乡统筹背景下义务教育均衡发展的文献研究…………（9）

    第一节 新世纪以来我国推进城乡义务教育统筹发展的政策回顾

    ……………………………………………………………………（9）

    第二节 城乡统筹背景下义务教育均衡发展研究综述…………（28）

    第三节 城乡统筹背景下义务教育研究现状的计量分析………（42）

第二章 城乡统筹背景下义务教育均衡发展案例报告……………（59）

    第一节 西部成渝地区城乡义务教育统筹发展调查报告………（59）

    第二节 江苏省灌南县城乡义务教育统筹发展调查报告………（92）

    第三节 中部Y县义务教育均衡发展调查报告 …………………（111）

第四节　甘肃省金塔县城乡义务教育统筹发展调查报告……（147）

　　第五节　宁夏回族自治区固原市义务教育统筹发展调查报告……（158）

　　第六节　常州市流动儿童"同城待遇"教育政策实施的调查报告
　　　　　　…………………………………………………………（173）

　　第七节　江苏省L县支教政策执行的调研报告 ……………（193）

　　第八节　河北省农村中小学"校校通"工程实施状况调查报告……（236）

第三章　城乡统筹背景下义务教育均衡发展研究总报告……（279）

　　第一节　城乡统筹背景下我国义务教育发展的经验分析………（279）

　　第二节　城乡统筹背景下义务教育发展的问题分析……………（291）

　　第三节　城乡统筹背景下义务教育发展的政策思考……………（305）

附录 …………………………………………………………………（323）

　　新世纪以来我国城乡教育统筹发展政策之审思………………（323）

　　流动的教育权：论我国城乡义务教育的"三元统筹" ……………（336）

绪　言

"城乡统筹背景下义务教育均衡发展研究"是教育部基础教育一司委托南京师范大学开展的一项重大研究项目。自2010年1月始,南京师范大学课题组着手对这一项目进行研究,历时三年多,已基本完成研究任务。现就课题研究的基本状况做一概述。

一、课题研究的简要回顾

(一)接受委托课题与开题报告

2009年10月,南京师范大学接受了教育部基础教育一司的重大委托项目"城乡统筹背景下义务教育均衡发展研究"的任务。项目任务下达之后,南京师范大学立即成立了以时任校长宋永忠教授为总负责人的课题组。课题组的主要成员由南京师范大学教育科学学院顾建军教授(现为教育科学学院院长)、张乐天教授、张新平教授、程晋宽教授、叶忠教授、魏峰副教授、邵泽斌副教授、陈学军副教授和南京师范大学原校长办公室主任翟天灵和副主任智百鸣等组成。课题组成立之后,立即对课题研究的内容与任务进行了讨论,并制订了研究方案,确定了研究分工。

课题研究正式启动于2010年1月,标志性事件是课题组举行了开题报告会。2010年1月12日下午,开题报告会在南京师范大学随园校区一百号楼举行。时任教育部基础教育一司副司长杨念鲁和处长高学贵、荣雷听取了开题报告。在开题报告会上,课题组总负责人、南京师范大学校长宋永忠教授就努力做好课题研究工作做了讲话,课题组主要成员南京师范大学教育科学学院教授张乐天就课题立意、课题研究目标、课题研究内容、研究方法及研究进度等进行了报告,听取了与会者的意见和建议。教育部基础教育一司原副司长杨念鲁就课题研究发表了指导性讲话。通过开题报告,课题组全体成员进一步明确了课题研究的目的与任务,也增强了做好课题研究的责任与信心。

（二）课题文献资料的搜索与梳理

对相关文献资料的搜索与梳理是课题研究的一项基础性工作。本课题研究搜索与梳理的文献资料包括两大方面:一是相关政策文献资料,二是相关研究文献。

1. 对相关政策文献资料的搜索与梳理

城乡统筹背景下义务教育均衡发展研究本身是一个政策性非常强的研究课题,课题研究的直接目的是为政策决策服务。从事这一课题研究,首先需要对城乡统筹教育发展,尤其是对城乡统筹义务教育发展的相关政策文献进行检索与梳理,从而考察政策演进的轨迹、分析政策的影响。着眼于此,课题组成员认真查阅了新世纪以来国家出台的有关城乡统筹教育发展和义务教育城乡统筹发展及均衡发展的政策文献,在此基础上,概述政策精神,揭示政策特点。对政策文献的搜索与梳理分国家政策与地方政策两个层面。对地方政策文献的搜索与梳理,主要是将新世纪以来我国一些省市有关城乡统筹义务教育发展的典型政策与措施进行归纳与综述,同时也对我国不同地区在推进义务教育统筹发展中所形成的典型政策经验与模式进行归纳与综述。

2. 对相关研究文献的搜索与梳理

城乡统筹教育发展和城乡义务教育均衡发展问题是新世纪以来我国教育研究的热点问题。众多研究者关注于这一问题的研究,并已形成大量研究成果。课题组认为,认识和把握已有研究成果对于推进课题研究十分重要。于是,对相关研究文献进行搜索、梳理和综述便成为课题研究认真进行的一项基础性工作。课题组成员选取中国学术期刊全文数据库中有关新世纪以来城乡统筹义务教育的论文作为研究对象,采用文献计量方法对论文的年代分布、作者、研究机构等进行计量分析,采用内容分析法对其中的高频关键词进行因子分析、聚类分析和社会网络分析,从而寻找出近十余年来相关研究的主要内容、关注的主要问题、研究的进展及研究趋向等。通过对相关研究文献的搜索、梳理与综述,为课题研究提供资料支撑。

（三）课题调研

课题调研是课题研究需要进行的主要工作。教育部基础教育一司委托南京师范大学进行这一课题的研究，在很大程度上就是希望课题组通过实地调查研究，了解城乡统筹背景下义务教育发展的真实状况，了解城乡统筹背景下义务教育发展面临的新问题、新挑战。课题组对课题调研高度重视，在全国范围内，根据经济发展水平的不同，分东部、中部和西部三类地区，确立了有代表性的县市进行调研。自2010年1月至2012年12月的三年间，课题组开展的主要调研活动有如下几项：

1. 2010年1月20日至22日，课题组成员张乐天、魏峰和三位硕士研究生赴江苏省江阴市就义务教育统筹发展状况进行调研

在调研过程中，课题组调研人员与江阴市教育局有关领导和教育局主要科室负责人进行了交流，以乡镇为单位，对江阴市云亭镇和周庄镇的义务教育学校和社区教育机构进行了考察，并召开了教师和学校领导座谈会，了解义务教育统筹发展的主要措施、经验与问题。通过这次调研，课题组对江阴市义务教育统筹发展的基本状况有了较清晰的认识和了解。

2. 2010年8月25日至31日，课题组成员张乐天、张新平、邵泽斌赴甘肃省进行课题调研

这次调研，得到甘肃省教育厅领导的支持，甘肃省教育厅基础教育处对课题调研进行了安排。课题组调研人员首先走访了甘肃省教育科学研究所，了解了甘肃省城乡义务教育统筹发展的基本状况。随后，课题组调研人员赴甘肃省临夏回族自治州临夏市和甘肃省酒泉市金塔县进行了专题调研，先后考察了不同类型的义务教育学校，如初中、中心完小和村小，与市县教育局领导和中小学校长、教师进行了交流，了解了甘肃省促进义务教育统筹发展的典型做法、取得的成效和存在的问题。

3. 2010年10月24日至30日，课题组成员魏峰与博士生王坤、王正惠、王宁四人赴重庆市进行专题调研

调研人员赴重庆市南川、黔江、沙坪坝等三区了解义务教育统筹发展状况，先后察看了6所农村学校，召开了10个提纲式小组座谈会，与重庆市教

委,南川区、黔江区、沙坪坝区三区教委,以及近20位校长、教师和部分学生代表进行了充分的座谈交流。通过听取介绍、现场参观、座谈交流等方式,对三区的城乡义务教育统筹发展情况、主要经验、存在的问题及困惑做了详细的了解。

4. 2011年9月至10月间,课题组成员、博士生何杰赴江苏省淮安市涟水县进行调研

调研人员重点调查了江苏省为促进欠发达地区义务教育统筹发展和均衡发展而采取的支持性政策的实施状况,考察了支持性政策实施的成效与存在的问题。

5. 2011年10月8日至11日,课题组成员刘孙渊、王强赴宁夏回族自治区固原市进行课题调研

调研人员重点考察了固原市义务教育统筹发展的状况,了解了少数民族地区义务教育统筹发展的特别措施、政策成效与存在的问题。

6. 2012年9月至12月,课题组成员刘玮、周其国两位博士生分赴江苏省连云港市灌南县、江西省上饶市玉山县进行专题调研

调研人员深入考察了连云港灌南县和江西省玉山县,了解了县域内城乡义务教育统筹发展的现状、特点与问题等。

(四)课题研讨会

2010年11月23日至25日,课题组组织召开了"城乡统筹背景下义务教育均衡发展经验、挑战与趋势学术研讨会",这是一次为推进课题研究而召开的专题会议。会议的宗旨是更广泛地了解全国各地在城乡统筹背景下推进义务教育均衡发展的状况,交流与分享已有的经验,分析存在的问题与面临的挑战,探讨进一步推进城乡义务教育统筹发展的思路与建议。这次会议邀请了26位来自全国东、中、西部地区部分省市的义务教育工作者,其中有省市教育厅基础教育处的负责人,有地、市、县教育局的领导与同志,还有义务教育学校的校长与教师。教育部基础教育一司原副司长杨念鲁应邀参加会议,教育部基础教育一司高学贵处长也应邀参加了会议。南京师范大学十分重视这次会议的召开,时任校长、课题组总负责人宋永忠教授参加会议并简要介绍了课题

研究进展情况,校长办公室、社会科学处的负责同志参加了会议。在这次研讨会上,课题组成员认真听取了与会代表的意见和建议,共同分析了义务教育城乡统筹发展面临的困难与问题,深入探讨了推进统筹发展的对策与建议。杨念鲁副司长对代表的发言给予了充分的肯定,并从政策研究的角度,对下一阶段课题的研究工作提出了具体的建议和希望。这次会议历时三天,取得了良好的会议成效,课题组成员进一步了解和认识到全国义务教育城乡统筹发展的情状,也对如何深化课题研究有了进一步的理解与认识。

除了组织召开专题研讨会之外,课题组还定期组织主要由课题组成员参加的研讨会或研究报告会。三年来,这样的会议每学期都会举行2—3次,以此作为推进课题研究的平台。

(五)课题研究的成果

在课题组成员的共同努力下,历时三年多的课题研究,已形成系列性研究成果。主要成果如下:

1. 城乡统筹背景下义务教育均衡发展研究报告
2. 课题研究文献综述
- 新世纪以来我国推进城乡义务教育统筹发展的政策回顾
- 城乡统筹背景下义务教育均衡发展研究综述
- 城乡统筹背景下义务教育研究现状的计量分析
3. 课题调研报告
- 西部成渝地区城乡义务教育统筹发展调查报告
- 江苏省灌南县城乡义务教育统筹发展调查报告
- 中部某省Y县义务教育均衡发展的调查报告
- 甘肃省金塔县城乡义务教育统筹发展调查报告
- 宁夏回族自治区固原市义务教育统筹发展调查报告
- 常州市执行流动儿童"同城待遇"政策的调查报告
- 江苏省L县支教政策执行的调研报告
- 河北省农村中小学"校校通"工程实施状况调查报告

二、课题研究的目标、内容及研究思路与方法

本课题是一项重大委托课题。作为承担课题研究任务的课题组,首先需要明确研究目标和研究内容,同时要有合理的研究思路。为此,课题组征询和请教了教育部基础教育一司有关领导的意见,并经过认真讨论,形成了合理的研究思路。

(一)课题研究目标

城乡统筹发展是现阶段我国经济社会发展的整体要求,也是我国经济社会发展的一种必然趋向。2002年,党的十六大制定了全面建设小康社会的宏伟战略。2003年,我国确立了科学发展观,基本表述是:坚持以人为本,树立全面、协调、可持续的发展观,促进经济社会和人的全面发展。科学发展观的确立奠定了我国社会统筹发展的思路与要求,成为全面建设小康社会的新的指导思想与指导方针。2003年10月,《中共中央关于完善社会主义市场经济体制若干问题的决定》中系统地提出统筹城乡发展、统筹区域发展、统筹经济社会发展、统筹人与自然和谐发展、统筹国内发展和对外开放的要求,将"统筹城乡发展"作为"五个统筹"之首。自此,统筹城乡发展成为贯彻落实科学发展观的突出要求和鲜明体现,也成为各级政府践行科学发展观的重要行动。

统筹城乡发展寓含着统筹城乡教育发展,而统筹城乡教育发展,首先是统筹城乡义务教育的发展。一方面,义务教育作为全国统一实施,所有适龄儿童和青少年都必须接受,国家、社会、家庭必须予以保证的国民教育,其本身就要求城乡统筹发展,实现城乡义务教育的一体化。所谓全国统一实施,此之谓也。否则,就会违背义务教育的应有宗旨与目标。另一方面,城乡统筹发展也在成为现阶段我国义务教育发展的宏观政策背景和社会发展环境,它使义务教育发展呈现新的特点,受到种种新的因素的影响,也面临种种新的问题与挑战。

本课题研究正是立足于城乡统筹发展的背景,通过实证调研,认识城乡统筹发展正在给中国经济社会发展带来的新变化,并分析这种变化对义务教育发展正在产生并将继续产生的影响;在此基础上,揭示城乡统筹背景下我国义务教育发展呈现的新特征,面临的新问题与新挑战,进而提出促进城乡义务教育统筹发展的政策建议。这便是本课题研究的基本目标。

（二）课题研究的内容

基于上述目标，课题组将课题研究的主要内容设定如下：

1. 新世纪以来我国统筹城乡义务教育发展的政策回顾与分析

本研究对新世纪以来我国统筹城乡义务教育发展的相关政策法规做了系统梳理与回顾，考察政策法规的演进，分析政策法规的特点与作用。

2. 现阶段城乡义务教育统筹发展的实践经验研究

本研究力图汇集新世纪以来全国各地推进义务教育统筹发展的典型经验，考察典型经验形成的过程，分析典型经验的作用与价值，同时对典型经验产生的多种影响进行分析。

3. 城乡义务教育统筹发展的问题研究

这一研究主要从政策的视角进行，重点考察现阶段我国实施的种种推进城乡义务教育统筹发展的政策在运行过程中存在怎样的困难、遇到何种障碍，政策实施在产生积极的或正面的效应时，是否也带来新的问题或矛盾。问题研究还可从政策制定与政策执行两个维度予以分析，重点研究存在的主要问题或关键问题。

4. 城乡统筹发展对义务教育发展的影响研究

这是从社会变革和发展的视角，对我国义务教育发展可能遇到的新问题或面临的新挑战的研究。这是本课题研究的重点之一。这一研究，主要从认识国家城镇化发展的现状及趋向出发，分析其对义务教育发展产生的影响。

5. 促进城乡义务教育统筹发展的政策建议

在进行上述研究的基础上，本研究将针对城乡义务教育统筹发展存在的问题和面临的挑战，提出相关政策建议。

（三）研究思路与方法

课题研究遵循城乡统筹背景下我国义务教育的发展、存在的问题、面临的挑战以及如何更好地发展的思路进行，由此形成一种研究的链条。主要研究方法有以下几种：

1. 文献研究

文献研究分政策文献研究和学术文献研究。政策文献研究主要是对新世纪以来我国出台的推进城乡义务教育统筹发展的种种政策进行梳理,对政策文本进行内容分析,考察政策的演进,揭示政策的特征。学术文献研究主要对现阶段我国学术界有关城乡义务教育统筹发展的研究文献进行梳理和综述,把握研究的现状与进展。

2. 案例研究

课题组在我国东部、中部和西部地区各选择一些具有代表性的县市作为案例,在具体方法上,则运用实地调查、访谈和数理统计等方法进行研究。

3. 专题研讨

课题组组织在城乡义务教育统筹发展中取得典型经验的地区的教育行政部门、教育科研部门的负责人和有关专家进行专题研讨,从而分享信息、交流经验、分析问题、探讨对策。

4. 综合研究

在文献研究、案例研究和专题研讨的基础上,进行综合研究,形成研究总报告。

第一章 城乡统筹背景下义务教育均衡发展的文献研究

第一节 新世纪以来我国推进城乡义务教育统筹发展的政策回顾

一、新世纪以来城乡义务教育统筹发展的宏观政策演进

回首新世纪以来我国城乡义务教育统筹发展的整个政策演变历程,可以将这一时期的政策基本归结为两个前后衔接的过程或阶段。前一阶段是城乡义务教育统筹发展政策的初步确立阶段,这一阶段最重要的特点是重视和加大农村义务教育的发展,以缩小城乡义务教育之间的差距。后一阶段则是以均衡发展为目标取向,追求城乡教育一体化。

1. 以推进农村教育发展为重点的城乡义务教育统筹政策

(1) 政策目标:重视农村教育,缩小城乡差距

城乡统筹发展目标的提出源于我国长期存在的城乡二元结构所带来的城乡之间差距较大,城乡之间经济、社会发展不均衡问题。城乡二元结构对于城乡教育发展的影响也是显著的。就义务教育来说,20世纪末,我国实现了基本普及九年义务教育的宏伟目标,保障了广大儿童接受义务教育的权益。然而,从整体来看,我国义务教育发展水平仍然参差不齐,"二元制"城乡结构下的义务教育差别明显,城乡义务教育不均衡问题显著。农村义务教育发展水平薄弱,与城市之间的差距很大。经费投入不足、办学条件差、师资力量薄弱、义务教育阶段辍学率高等问题在农村义务教育发展中表现尤为明显。国家意识到,农村义务教育量大面广、基础薄弱、任务重、难度大,是实施义务教育的

重点和难点。普及九年义务教育、扫除青壮年文盲,进一步扩大九年义务教育人口覆盖范围,仍是地方各级人民政府教育工作的"重中之重"。现实状况的存在决定了普及九年义务教育、实现城乡统筹发展的重点在农村义务教育,难点也在农村义务教育。因而,重视农村义务教育成为新世纪之后国家推进城乡义务教育统筹发展政策的核心突破口。国家将发展义务教育的重点放在了对薄弱地区,尤其是对农村义务教育的大力扶持和推进上。

2001年《国务院关于基础教育改革与发展的决定》出台,这对推进新世纪基础教育的改革和发展具有极其重要的意义。该《决定》明确指出,加强农村义务教育是涉及农村经济社会发展全局的一项战略任务。各级人民政府要牢固树立实施科教兴国战略必须首先落实到义务教育上来的思想;牢固树立解决好我国农业、农村和农民问题,要依靠大力发展农村教育、提高劳动者整体素质的思想,切实重视和加强农村义务教育。同时,《决定》对残疾儿童义务教育、流动人口子女接受义务教育以及农村义务教育学校布局等方面做出了规定。2003年《国务院关于进一步加强农村教育工作的决定》中进一步强调,农村教育在全面建设小康社会中具有基础性、先导性和全局性的重要作用。农村义务教育的发展水平对整个义务教育的推进和城乡统筹义务教育发展目标的实现具有至关重要的影响甚至决定意义。对农村义务教育的重视,彰显出政府在推进城乡义务教育统筹发展的政策层面上率先关注的是城乡义务教育之间差距缩小的问题。

(2) 管理体制:从"以乡镇为主"到"以县为主"

从城乡义务教育统筹发展的管理体制上来看,新世纪之后我国逐渐确立了国务院统一领导、加强省级统筹与规划、以县为主的城乡统筹义务教育发展策略。县在统筹城乡义务教育发展中承担着重要的任务,县域义务教育统筹发展已成为统筹城乡义务教育发展中的核心组成部分和实践环节。具体来说,2001年《国务院关于基础教育改革与发展的决定》中提出要"切实重视和加强农村义务教育",在农村义务教育管理体制上,实行在国务院领导下,由地方政府负责、分级管理、以县为主的体制。要求县级人民政府对本地农村义务教育负有主要责任,抓好中小学的规划、布局调整、建设和管理,统一发放教职工工资,负责中小学校长、教师的管理,指导学校教育教学工作。2003年9月,《国务院关于进一步加强农村教育工作的决定》中再次强调了县统筹义务教育的政策方向,提出落实"在国务院领导下,由地方政府负责、分级管理、以县为主"(简称"以县为主")的农村义务教育管理体制,县级政府要切实担负起对本地教育发展规划、经费安排使用、校长和教师人事等方面进行统筹管理的责任。县级政府要增加对义务教育的投入,将农村义务教育经费全额纳入预算。

从2001年《国务院关于基础教育改革与发展的决定》到2003年《国务院关于进一步加强农村教育工作的决定》,再到随后的一系列政策出台,以县为主的城乡统筹义务教育发展策略逐渐明确。这应该有两个方面的原因。其一,新世纪之后我国的基础教育,特别是义务教育确立了"在国务院领导下,由地方政府负责、分级管理、以县为主"的管理体制。以县为主的义务教育管理体制打破了传统的以乡镇为主的义务教育管理体制,县在整个基础教育发展格局中居于重要的位置,以县为主的义务教育管理体制的确立必然使得县域义务教育统筹发展成为城乡统筹发展的重心所在。其二,从对"区域"范围的理解来看,区域基本上可分为县域、市域、省域等层面,县域是其中一个范围较小的概念。城乡统筹义务教育发展是一个长期的、艰巨的任务,其目标的实现需要一个渐进的过程。首先在县域内实现城乡义务教育统筹发展,促进县域内的城乡教育一体化是在整个城乡统筹发展初期中一个合理有效的发展策略。县域内城乡义务教育统筹发展目标的实现有助于城乡义务教育统筹发展在更大范围内的实施。应该说,"以县为主"的义务教育管理体制的提出,是对自1986年中华人民共和国《义务教育法》颁布实施以来的"以乡镇为主"的义务教育管理与投入体制存在明显弊端的反思与变革。"以县为主"的体制确立了县级政府成为义务教育管理与投入的第一主体,使得农村义务教育的发展被统筹到县行政的层面。由此,农村义务教育发展有了新的政策保障。

(3)实现路径:保障与加大农村义务教育经费投入

从乡镇统筹义务教育到县统筹义务教育,关键的方面是转变和保障义务教育经费的投入。从更宏观的背景来看,义务教育经费投入方式的转变是与国家进入新世纪之后的农村改革与发展政策紧密相连的。为减轻农民负担,推进农村经济社会发展,2000—2002年国家进行了农村税费改革试点。2003年《国务院关于全面推进农村税费改革试点工作的意见》出台,强调了在农村税费改革背景下的县统筹义务教育经费投入问题。要求确保税费改革后农村义务教育的投入，不低于改革前乡统筹费中的农村教育附加、经国家批准的农村教育集资以及正常财政投入的总体水平，并逐步有所增长，实现"保工资、保运转、保安全"的基本目标。要将农村中小学教师工资发放工作上收到县，设立教师工资专户，按国家规定标准及时足额发放，不准发生新的拖欠；学校收取的杂费要全部用作学校正常的办公经费，不得用于发放工资或福利。农村中小学正常运转所需公用经费的不足部分，由县级财政给予补助。2003年9月，《国务院关于进一步加强农村教育工作的决定》中再次强调了县统筹义务教育的政策方向，要求县级政府增加对义务教育的投入，将农村义务教育经费全额纳入预算。为普及和巩固九年义务教育，深化农村义务教育经费保障机制改革，2005年12月，国务院出台了《国务院关于深化农村义务教育经费保障机制改革的通知》，对农村义务教育经费保障机制改革以及城市义务教育经费保障机制的完善都做出了规定。其中，农村义务教育经费保障机制改革的内容主要包括：全部免除农村义务教育阶段学生学杂费，对贫困家庭学生免费提供教科书并补助寄宿生生活费。提高农村义务教育阶段中小学公用经费保障水平。建立农村义务教育阶段中小学校舍维修改造长效机制。巩固和完善农村中小学教师工资保障机制。同时规定城市义务教育也应逐步完善经费保障机制，具体实施方式由地方确定，所需经费由地方承担。其中，享受城市居民最低生活保障政策家庭的义务教育阶段学生，与当地农村义务教育阶段中小学生同步享受"两免一补"政策；进城务工农民子女在城市义务教育阶段学校就读的，与所在城市义务教育阶段学生享受同等政策。

2. 以均衡发展为目标取向的城乡义务教育统筹政策

新世纪之后对农村义务教育的重视，使得农村义务教育有了快速的发展。但从义务教育发展的整体来看，城乡之间、地区之间、学校之间的差距事实上依然存在，在一些地方和有些方面还有扩大的趋势，成为义务教育发展中需要高度关注的问题。在构建和谐社会、追求教育公平的背景下，促进义务教育的均衡发展，实现城乡教育一体化逐渐成为城乡义务教育统筹发展新的目标和方向。

(1) 政策目标的转向：迈向均衡发展

回首我国迄今的义务教育发展政策，我们会发现我国义务教育的发展目标经历了一个由满足数量逐渐向提高质量的缓慢过渡过程。1986年中华人民共和国《义务教育法》颁布实施后,政府开始大力推进九年义务教育的普及。应该说,在此之后的一段时间,我国义务教育发展的目标主要集中于义务教育的普及问题,即解决儿童接受义务教育的机会问题,使儿童有学可上。随着新世纪我国构建社会主义和谐社会目标的确立,缩小教育差距、平等对待每一个儿童、促进所有儿童的发展、实现教育公平,逐渐成为义务教育发展在基本实现普及之后的更高层面的目标和追求。区域之间、城乡之间、校际之间、儿童群体之间的差距被放到了教育公平的视角下来进行审视,义务教育的均衡发展问题日渐成为义务教育发展的新目标和方向。义务教育均衡发展主要是指在一定行政区域内,如一个县、地区、省的范围内,学校与学校之间,在办学条件方面、教师资源方面,实现相对均衡,保证所有学生受教育权利与机会的平等和公平,从而全面提高教育质量。均衡发展的内涵主要包括办学条件、师资水平、教育效果的均衡,其外延主要包括区域之间、城乡之间、校际之间、群体之间的均衡。[①] 在均衡发展的背景下,城乡义务教育统筹发展问题便自然地被纳入整个义务教育均衡发展目标的组成部分之中。

  2005年,教育部出台了《教育部关于进一步推进义务教育均衡发展的若干意见》,要求各级教育行政部门充分认识推进义务教育均衡发展在构建社会主义和谐社会中的重要作用,把这项工作作为实现"两基"之后义务教育发展的一项重要任务。要求把义务教育工作重心进一步落实到办好每一所学校和关注每一个孩子健康成长上来,有效遏制城乡之间、地区之间和学校之间教育差距扩大的势头,积极改善农村学校和城镇薄弱学校的办学条件,逐步实现义务教育的均衡发展。同时,该《意见》进一步指出,要把工作的着力点放在推进县(市、区)域内义务教育均衡发展上来;要在促进义务教育整体发展的同时,把提高农村学校教育质量和改造城镇薄弱学校放在更加重要的位置。2006年,修订后的《中华人民共和国义务教育法》公布实施。新《义务教育法》将义务教育均衡发展的目标纳入法律的层面,强调国务院及县级以上人民政府在统筹城乡义务教育发展中的责任。规定县级以上地方人民政府应当合理配置教育资源,促进义务教育均衡发展,改善薄弱学校的办学条件,并采取措施,保

---

① 瞿瑛.义务教育均衡发展政策问题研究:教育公平的视角[M].杭州:浙江大学出版社,2010:1.

障农村地区、民族地区实施义务教育。县级以上人民政府及其教育行政部门应当促进学校均衡发展,缩小学校之间办学条件的差距。在随后的一系列政策文件中,均衡发展作为义务教育发展之目标被不断提及和强调。2010年,《国家中长期教育改革和发展规划纲要(2010—2020年)》出台,彰显了国家对教育的高度重视。该《纲要》强调,均衡发展是义务教育的战略性任务。而统筹城乡义务教育发展是实现这个战略性任务的重要路径之一,要"加快缩小城乡差距。建立城乡一体化的义务教育发展机制,在财政拨款、学校建设、教师配置等方面向农村倾斜。率先在县(区)域内实现城乡均衡发展,逐步在更大范围内推进"。2012年,国务院又出台了《国务院关于深入推进义务教育均衡发展的意见》。该《意见》要求加快缩小城乡义务教育差距,并提出城乡义务教育均衡发展目标是要率先在县域内实现义务教育基本均衡发展,县域内学校之间差距明显缩小。

通过以上文件,我们可以看出,国家已经把统筹城乡义务教育发展问题作为促进和实现义务教育均衡发展目标中的关键环节,均衡发展也已成为城乡义务教育统筹发展新的价值目标和政策方向。新世纪之初确立的以重视和推进农村义务教育发展为导向的城乡统筹政策已开始向促进城乡之间义务教育均衡发展、实现城乡一体化这一更高层面的目标迈进。

(2) 路径选择:资源配置的均衡化

城乡义务教育之间的差距问题既表现为在推进义务教育质量上的差距,更清晰地外显为教育资源配置上的差距。改革开放之后,由于我国在城乡教育投入上实行不同的标准,在资源配置上严重向城市倾斜,造成了农村教育资源长期处于薄弱的地位。城乡之间经济、社会发展水平的自然差距更进一步拉大了教育资源上的不均衡。城乡义务教育在教育起点上就已经面临着不平等。基于此,在城乡义务教育统筹发展政策确立了均衡发展的目标之后,应率先重视和强调义务教育资源配置的均衡化,以通过资源配置的逐渐均衡化来进一步缩小城乡在教育资源上的差距,解决教育起点上的不平等问题。事实上,在2005年《教育部关于进一步推进义务教育均衡发展的若干意见》中就明确地提出了促进城乡统筹义务教育均衡发展的实现策略与方式。包括逐渐缩小城乡之间办学条件的差距;统筹教师资源,加强农村学校和城镇薄弱学校师资队伍建设;保障农村弱势群体学生接受义务教育等内容。这为随后一系列具体政策的不断出台与完善奠定了基础。

① 开始强调城乡教育经费投入的统筹规划。

从前文中我们可以看到,新世纪之初的义务教育经费投入政策多关注于农村义务教育经费投入问题,鲜有对城市义务教育经费投入的特别关注,或者说尚没有真正从城乡统筹视角考虑义务教育经费投入问题。譬如,2003年《国务院关于全面推进农村税费改革试点工作的意见》、2005年《国务院关于深化农村义务教育经费保障机制改革的通知》等文件中所提出的"一费制"、"两免一补"、"免费义务教育"等政策,都重点强调了农村义务教育经费的投入问题以及县域在统筹义务教育经费方面的责任。在2005年出台了《国务院关于深化农村义务教育经费保障机制改革的通知》,要求全部免除农村义务教育阶段学生学杂费之后,国家开始考虑城乡义务教育经费保障机制的统筹发展问题。2008年,国务院下发了《国务院关于做好免除城市义务教育阶段学生学杂费工作的通知》,决定在全面实施农村义务教育经费保障机制改革的基础上,免除城市义务教育阶段学生学杂费,同时进一步强化政府对义务教育的保障责任。还要求地方各级人民政府要将进城务工人员随迁子女义务教育纳入公共教育体系,根据进城务工人员随迁子女流入的数量、分布和变化趋势等情况,合理规划学校布局和发展。按照相对就近入学的原则统筹安排在公办学校就读,免除学杂费,不收借读费。相关政策的出台对于促进城乡义务教育经费投入的一体化起到了重要推进作用。

② 重视薄弱学校建设与农村学校布局调整。

重视薄弱学校建设是新世纪之后我国缩小城乡义务教育差距的重要举措之一。2005年《教育部关于进一步推进义务教育均衡发展的若干意见》指出,各县(市、区)对本地办学条件低于基本要求的薄弱学校,要制定限期改造计划,集中力量加快薄弱学校改造进程,尽快使辖区内薄弱学校逐年减少。要充分发挥具有优质教育资源的公办学校的辐射、带动作用,采取与薄弱学校整合、重组、教育资源共享等方式,促进薄弱学校的改造。要切实落实教育经费"三个增长"和新增教育经费主要用于农村的要求,在经费投入上对薄弱学校的改造采取倾斜政策,城市教育费附加要优先用于薄弱校改造。县级要加强对各项教育经费的统筹,千方百计加大对农村学校和城镇薄弱学校的投入,切实改善农村学校和城镇薄弱学校的办学条件。

同时,面对农村义务教育发展的新形势,从城乡统筹的角度开始注重对农村义务教育学校布局的调整,以进一步改善办学条件,提高办学质量与办学效益。2012年《国务院关于深入推进义务教育均衡发展的意见》中强调要重视对农村义务教育学校的布局调整,改善农村义务教育办学条件,提高办学效益和办学质量。同年,《国务院办公厅关于规范农村义务教育学校布局调整的意见》出台,要求农村义务教育学校布局,应适应城镇化深入发展和社会主义新农村建设的新形势,统筹考虑城乡人口流动、学龄人口变化,以及当地农村地理环境及交通状况、教育条件保障能力、学生家庭经济负担等因素,充分考虑学生的年龄特点和成长规律,处理好提高教育质量和方便学生就近上学的关系,努力满足农村适龄儿童少年就近接受良好义务教育需求。

③ 统筹师资配置,加大农村教师队伍建设。

教师是教育的第一资源,师资配置的均衡是城乡义务教育均衡发展的核心要素与内容。这一时期的教师政策突出表现为两个方面。一方面是力争从城乡一体化发展的角度来统筹教师资源配置,强调区域特别是县域在这方面的职责。如2005年《教育部关于进一步推进义务教育均衡发展的若干意见》中指出,县级教育行政部门要依法履行对农村中小学教师的资格认定、招聘录用、职务评聘、培养培训、调配交流和考核等管理职能,加强辖区内教师资源的统筹管理和合理配置。要严格按照有关规定,保质保量地为所有中小学配齐合格教师。核定教师编制时要向农村学校倾斜,新增教师要优先满足农村学校、城镇薄弱学校的需求。要采取各种有效措施,建立区域内骨干教师巡回授课、紧缺专业教师流动教学、城镇教师到农村学校任教服务期等项制度,积极引导超编学校的富余教师向农村缺编学校流动,切实解决农村学校教师不足及整体水平不高的问题。要采取有力措施,实现同一区域同类教师工资待遇基本相同,并逐步提高农村中小学教师在高级专业职务聘任和表彰奖励中的比例,努力改善在农村地区工作的教师待遇。加强农村学校、城镇薄弱学校骨干教师培训工作等。

另一方面则是继续出台各种措施加大农村教师队伍建设,提高农村义务教育师资水平。农村义务教育阶段学校教师特设岗位计划、免费师范生教育、农村中小学教师工资保障机制、城乡教师流动等政策是这方面的突出体现。除上文《教育部关于进一步推进义务教育均衡发展的若干意见》中所涉内容之外,2006年,为进一步加强农村教师队伍建设,促进义务教育均衡发展,教育部、财政部、原人事部、中央编办下发了《关于实施农村义务教育阶段学校教师特设岗位计划的通知》,联合启动实施"特岗计划",公开招募高校毕业生到西部"两基"攻坚县农村义务教育阶段学校任教。原则上安排在县以下农村初中,适当兼顾乡镇中心学校。从2009年起,实施范围进一步扩大。翌年,国务院办公厅下发了《教育部直属师范大学师范生免费教育实施办法(试行)》。在6所部属师范大学实行师范生免费教育,并要求免费师范生毕业后到当地中小学任教,到城镇学校工作的免费师范毕业生,应先到农村义务教育学校任教服务二年。2012年《国务院关于深入推进义务教育均衡发展的意见》中进一步要求合理配置教师资源,吸引优秀高校毕业生和志愿者到农村学校或薄弱学校任教;各地逐步实行城乡统一的中小学编制标准,并对村级小学和教学点予以倾斜;建立和完善鼓励城镇学校校长、教师到农村学校或城市薄弱学校任职任教机制,完善促进县域内校长、教师交流的政策措施。这些政策的出台为统筹城乡义务教育发展所需要的师资逐渐奠定了基础和保障。

二、区域城乡义务教育统筹发展的政策探索

为推进城乡义务教育的统筹发展,国家在颁布一系列政策文件的同时,还鼓励和支持各省市开展城乡义务教育统筹发展的实践探索,以建立和形成有效的城乡义务教育统筹发展的体制机制,促进区域城乡义务教育的协调发展,落实义务教育均衡发展之目标。2007年6月,重庆市与成都市率先被国务院批准为"全国统筹城乡综合配套改革试验区",由此分别作为省级城市与副省级城市就城乡统筹发展难题正式展开综合性的配套改革试验。2008年7月和2009年4月,重庆市与成都市又分别被批准为"国家统筹城乡教育综合改革试验区"。在国家的支持和鼓励下,作为城乡统筹试验的重要组成部分,两地不约而同地通过进一步的政策制定和完善来推进城乡义务教育统筹发展,从而展开了各具特色的实践探索,积累了丰富的经验。与此同时,以江苏省为代表的其他区域也自发地开始了义务教育均衡发展的试验。这些区域在城乡义务教育统筹发展的政策与实践将我国的城乡义务教育发展推向了一个新的层面,进一步推进了我国城乡统筹义务教育发展的政策体系建设。

1. 重庆市城乡义务教育统筹发展的政策探索

2007年10月,在重庆市被批准为"全国统筹城乡综合配套改革试验区"的四个月后,重庆市教育委员会成立了统筹城乡教育综合改革领导小组及其办公室,重庆市统筹城乡教育综合改革全面正式启动。

(1) 重庆市义务教育统筹发展的目标任务

2008年9月,《重庆市人民政府关于印发重庆市统筹城乡教育综合改革试验实施方案的通知》出台,该《通知》提出重庆市义务教育统筹发展的目标任务是,到2012年,初步形成城乡教育一体化发展机制,基本实现区县(自治县)行政区域内义务教育均衡发展、非义务教育协调发展。高水平、高质量普及九年义务教育,义务教育阶段学校标准化率达到95%。到2020年,形成城乡教育一体化发展机制,基本实现全市城乡教育和谐发展。城乡九年义务教育基本实现现代化,学校现代教育技术装备达标率达90%。在城乡义务教育统筹发展的体制机制建设方面,提出了以下几个层面的改革方案。

① 推进义务教育学校布局结构调整,促进义务教育均衡发展。

区县(自治县)人民政府统一规划行政区域内基础教育学校布局,城市新区开发和旧城改造按照国家和重庆市有关规定,规划和建设好普通中小学校,结合城镇化发展和新农村建设,规划建设规模适当的区域性初级中学、乡镇寄宿制小学和中心幼儿园,积极探索建设九年一贯制学校。制定并实施义务教育学校办学条件标准,有效解决城镇学校容量不足、寄宿制学校生活设施不配套、农村学校条件简陋等问题。

② 推进师资队伍建设制度改革。

探索城乡学校教师编制制度改革,城乡学校教师编制实行同一标准,在岗位设置、职称评审中适当提高农村学校中、高级比例。加强农村缺编学校教师队伍建设,每年选派师范类及相关专业本科以上毕业生到乡镇学校工作。推进教师双向交流,引导城镇超编学校教师到农村缺编学校工作。市和区县(自治县)每年组织城镇教师下乡定期支教。

③ 推进城乡教育信息资源共享机制改革。

探索建立以教育信息化推动城乡教育一体化机制,加强城乡教育信息化硬件、远程教育、教育信息资源三大平台建设,推进城域网、中小学校园网建设,力争到2012年实现教育信息技术"班班通、室室用"。城乡学校充分利用现代信息技术,丰富和交流教学过程与手段,改进和创新教育科研方法,提高教育教学质量。

④ 推进教育帮扶机制和学生资助体系改革。

建立城乡教育帮扶制度和优质教育资源延伸机制,推动主城区对口支援渝西、渝东北、渝东南地区农村教育发展,实行城镇学校结对帮扶农村学校,不断创新和完善"捆绑发展"、"千校牵手"等帮扶形式及绩效评估机制。建立和完善学生资助办法,对义务教育阶段学生免收学杂费、免费提供教科书,对农村家庭经济困难寄宿生补助生活费,对农村家庭经济困难女童、残疾儿童实行"零收费"。

⑤ 推进教育经费保障机制改革。

加大公共财政对城乡教育的保障支撑力度,新增教育经费的70%以上用于农村。完善教师工资和福利待遇保障机制,按照中央统一部署落实并规范教师绩效工资和政策性津补贴,在国家政策允许的范围内,开展农村教师岗位津贴和安居工程试点。

同时,还准备通过优化城乡教育管理行动计划、中小学标准化建设行动计划、流动人口子女就学行动计划等来保障城乡义务教育统筹发展的落实。并且还颁布了与《通知》相配套的《重庆市统筹城乡教育综合改革理论分析》和《重庆市统筹城乡教育综合改革情况分析》等政策文件。这一系列文件成为重庆市从2009年一直到2020年统筹城乡教育综合改革的总体发展规划纲要,为重庆教育未来十年的统筹发展明确了路径、规范了步骤、清晰了任务、指明了方向。

(2) 重庆市义务教育城乡统筹的发展战略

2010年重庆市出台了《重庆市中长期城乡教育改革和发展规划纲要(2010—2020年)》,提出了城乡统筹的发展战略:建立健全统筹城乡教育发展的体制机制,合理配置教育资源,统筹城乡、区域、校际之间教育协调发展;加快"一小时经济圈"教育现代化步伐,重点扶持渝东北三峡库区、渝东南少数民族地区教育发展,形成优势互补的教育协调发展新格局。其中强调指出,均衡发展义务教育是统筹城乡教育发展的关键。要建立健全义务教育均衡发展推进机制、保障机制、评估机制,率先实现区县(自治县)域义务教育投入、办学条件、师资水平、管理水平、教育质量等基本均衡,逐步向更大范围推进。合理配置教育资源,重点向薄弱学校倾斜,逐步缩小同一区域内义务教育学校之间办学水平和教育质量的差距。全面加强乡镇中心校建设,充分发挥其指导、辐射作用,提升村小办学水平。保障转户进城市民子女和进城务工人员随迁子女依法享有与城市学生平等接受义务教育的待遇。建立社区未成年学生关爱机构,积极发展留守儿童托管服务中心等公益性组织,保障儿童少年健康成长。

总体来看,重庆市教育统筹走的是"渐进式"和"分层制"的以城带乡之路,以"一圈两翼"经济区划为教育发展的空间载体,从改革和发展两个维度设定目标。[①] 其城乡义务教育统筹发展的政策也鲜明地体现了这一特点。

2. 成都市城乡义务教育统筹发展的政策探索

成都市是我国中西部地区特大中心城市之一。自2003年起,在科学发展观的指导下,成都市开始了以城乡一体化破除城乡二元结构、以统筹城乡发展化解"三农"难题的创新实践。2009年,在成都市被国务院批准为继重庆市之后的另一个"全国统筹城乡综合配套改革试验区"及"国家统筹城乡教育综合改革试验区"之后,成都市在国务院和四川省的支持下开始了更为积极地推进统筹城乡教育综合改革的实践探索。

(1) 成都市城乡义务教育统筹的工作目标

2009年9月,成都市人民政府办公厅印发了《成都市建设统筹城乡教育综合改革试验区实施方案》的通知。在该《方案》中,成都市明确提出了要建立"全域成都"的理念,统筹城乡教育发展。就城乡义务教育统筹而言,提出了三个阶段的工作目标。第一阶段(2008—2010年):初步构建城乡一体的现代教育体系,基本实现城乡教育服务均等化。高水平发展义务教育。第二阶段(2011—2015年):形成城乡教育一体的现代教育体系,基本满足城乡居民子女都享有优质教育的需求。实现义务教育高水平均衡发展。第三阶段(2016—2020年):城乡教育一体的现代教育体系更加完善,"全域成都"城乡居民子女人人享有优质教育。实现义务教育优质高效发展。随后,11月,为保证试验区建设扎实有效推进,成都市对各区县下达了统筹城乡教育综合改革试验区建设的目标任务分解表,详细具体地规定了各发展阶段中各职能部

---

① 李涛. 统筹城乡教育的实践探索[J]. 教育发展研究,2008(20).

门的工作职责与任务要求。

(2) 成都市城乡义务教育统筹发展的目标

2011年,成都市政府印发了《成都市教育事业发展第十二个五年规划》的通知,提出城乡义务教育统筹发展的目标是推进义务教育优质均衡发展。具体来说,包括高标准巩固义务教育普及成果;适应城镇化发展需要,合理规划布局学校,方便学生就近入学;对农村初中加大投入,加强管理,切实提高教育教学质量;进一步完善义务教育阶段学校新生入学相关政策,遏制"择校热"。学校接收的新生,要随机均衡分班,不得设立或变相设立"实验班"、"重点班"等;健全外来务工人员随迁子女入学的长效保障机制。完善政府主导、社会参与的农村留守儿童关爱服务体系和动态监测机制。完善教育资助体系,确保适龄儿童少年不因家庭经济困难、就学困难、学习困难而失学,努力消除辍学现象;提倡合理膳食,改善学生营养状况,提高贫困家庭学生营养水平。保护学生视力;启动全市中小学标准化建设提升工程;制定义务教育阶段学校现代化标准,实现义务教育阶段城乡学校建设标准统一、装备标准统一、师资配置标准统一、生均经费标准统一、教师收入标准统一、城乡教学质量标准统一。同时,要求建立和完善义务教育均衡发展制度。包括健全区(市)县域内义务教育均衡发展制度,逐步建立市域内义务教育均衡发展制度、差距预警制度。以义务教育校际均衡监测为督促手段,调整资源配置,建立均衡发展的长效机制等。

(3) 成都市城乡义务教育发展理念

成都市的教育发展理念为:农村教育城市化、城市教育现代化、城乡教育均衡化。[①] 近些年,成都市在工作实践中逐步形成了"一元化标准、全域化规划、标准化建设、倾斜化配置、一体化管理、特色化发展"的城乡教育均衡发展方式。[②]

① 一元化标准。

实行无差别的城乡标准,破解城乡教育的二元差距。以一个标准配置城

[①] 李涛. 统筹城乡教育的实践探索[J]. 教育发展研究,2008(20).
[②] 教育部. 成都加大市域统筹力度 深入推进城乡义务教育一体化[EB/OL]. (2012-05-11)[2013-04-06] http://www.moe.edu.cn/publicfiles/business/htmlfiles/moe/s6444/201205/135488.html.

乡教育软硬件设施,使城乡每一所中小学都拥有大体均衡的物质条件和师资队伍。统一城乡生均公用经费标准。制定城乡统一的评估标准和办学质量要求,以一个标准衡量城乡教师、校长的工作,最终实现城乡教育质量统一标准。

② 全域化规划。

优化农村中小学布局,把全市农村初中、小学建设全部纳入城乡教育一体化发展规划,将学校布局与城乡基础设施建设同步规划、同步实施。优化"全域成都"中小学布局,按照"学校选址与重点镇、中心村建设相结合,规模扩大与人口集聚相适应,资源配置与教育需求相统筹,校舍调整与功能划分相协调"的原则,制定《成都市普通中小学(公办)布点规划(2006—2020)》,合理布局城乡中小学。优化灾后中小学布局,2008年,结合地震后地质变化、村小布局调整、农村中小学校舍改造、义务教育阶段薄弱学校改造和初中办学水平提升等因素,完善校点布局规划。

③ 标准化建设。

推进城乡教育"起点公平",通过标准化的学校建设,努力实现城乡教育硬件资源的一体配置。包括实施农村中小学标准化建设、推进灾后教育重建项目标准化建设等。

④ 倾斜化配置。

坚持公共教育资源向农村倾斜,补足农村短板。包括教育经费向农村倾斜,设备设施向农村倾斜,教师培训、评优评先和职称评定向农村倾斜,各类保障向农村教师倾斜。

⑤ 一体化管理。

推进城乡教育一体化管理,统一城乡师资配置、统一城乡就学机会。具体分为教育管理一体化、教师管理一体化、干部管理一体化以及学生资助管理一体化。

⑥ 特色化发展。

坚持"均衡不是平均、一体化不是一样化、标准化不是模具化"的理念,鼓励因地制宜、大胆探索,以特色发展有效破解区域教育发展难题,为深入推进"全域成都"教育一体化提供实践经验。如:"捆绑发展"模式——将原属乡(镇)管理的中小学划归区上直管,并将城区品牌小学与乡(镇)小学进行"捆绑",实行"两个法人单位、一个法定代表人、一套领导班子,独立核算、独立核编"的管理机制。"扬峰填谷"模式——以优质学校带动农村学校、薄弱学校,同时为优质学校发展提供空间。"共同发展"模式——通过"片区联组"的形式整合和重组城乡教育体系,探索九年一贯制学校共同发展体模式。"师生流动"模式——建立农村教师补贴机制,促进城乡教师流动,完善学生走班制、教师走校制和校长走段制等。

3. 江苏省城乡义务教育统筹发展的政策探索

江苏省位于我国东部沿海经济发达地区,在教育改革与发展方面居于全国前列。同时,江苏省也是一个南北教育发展不均衡、城乡之间教育发展差距依然较严重的地区。新世纪以来,为了促进南北经济发展水平的均衡、缩小城乡差距,江苏省出台了一系列政策来推进城乡义务教育统筹发展,在发展目标转型和政策体系建设方面逐渐形成了较为丰富的经验。

新世纪初期,江苏省将改善农村中小学办学条件列为教育发展的重点,出台了一系列政策措施。这些政策针对农村中小学在不同时期办学条件面临的问题和困难,循序渐进、前后衔接、相互贯通,有效改善了农村中小学办学条件,逐渐缩小了与城市之间的办学差距。主要体现为两个层面。

(1) 优化农村中小学办学条件的支持政策

① 实施农村中小学布局调整和危房改造工程。

2001年4月30日发布的《江苏省政府关于加快基础教育改革与发展的意见》指出,按照适度规模办学要求,争取用三年左右时间,基本完成中小学布局调整任务。该《意见》要求,按照城市和农村乡镇村发展规划要求,综合人口密度、地理环境、交通状况等各方面因素,在坚持学生方便入学的前提下,扩大中小学服务范围。2002年6月2日发布的《江苏省政府关于完善农村义务教育管理体制的通知》指出,省财政继续安排农村中小学危房改造专项资金,重点扶持经济薄弱地区的农村中小学危房改造。

② 实施农村中小学"三新一亮"工程。

自2003年起,江苏省教育厅决定结合农村中小学布局调整,实施以"课桌新、板凳新、讲台新、电灯亮"为主要内容的"三新一亮"工程,以改变广大农村中小学"三破一暗"的状况,并下发《江苏省教育厅关于全省农村中小学实施"三新一亮"工程的意见》。该《意见》对"三新一亮"工程的目标要求、组织实施和检查督导提出了具体的要求。

③ 实施农村中小学"六有"工程。

2004年5月,江苏省教育厅下发《江苏省教育厅关于全省农村中小学实施"六有"工程的意见》,决定从2004年开始,用两年左右时间,实施农村中小学校"六有"工程,即:有整洁的校园,有满足师生就餐需要的卫生食堂,有冷热饮用水,有水冲式(符合农村改厕要求)厕所,有安全宿舍,寄宿生1人有1张床。该《意见》还同时印发了《江苏省农村中小学"六有"工程实施标准》,确立了首批实验与试点市县,指导各地有序推进中小学办学条件标准化。

④ 实施农村中小学"校校通"工程。

为加快推进中小学特别是农村中小学普及信息技术教育的步伐,以信息化带动教育现代化,江苏省早在2001年就开始在全省范围内实施以普及信息技术为目的的"校校通"工程。经过几年的试点,2005年江苏省教育厅正式下发《省教育厅关于加快推进"校校通"工程建设的意见》,决定在全省范围内全面实施"校校通"工程。

⑤ 实施农村中小学"四配套工程"。

2006年,江苏省教育厅连续发布了改善农村中小学办学条件的若干个文件。2006年4月30日,省教育厅下发《江苏省教育厅关于继续推进全省农村中小学基本办学条件合格学校建设的实施意见》,首次提出了实施改善中小学办学条件的"四配套工程"。即针对当前农村中小学校实验仪器和图书资料匮乏、体育和艺术教育设备设施奇缺等问题,明确:从2006年起实施以充实和完善实验仪器、体育与艺术教育设施设备、图书资料等为重点的"四项配套工程"。该《意见》还同时公布了农村小学和农村初级中学的"十条"办学标准,指导各地推进中小学办学条件标准化工作。

⑥ 实施送优质教学资源下乡工程。

自2007年起,江苏省教育厅组织实施了以制作、配送中小学优秀教师课堂教学光盘为主要内容的"送优质教学资源下乡工程"。

⑦ 留守少年儿童食宿条件改善工程。

2008年10月7日,江苏省教育厅、江苏省财政厅下发《关于实施农村留守少年儿童食宿条件改善工程的意见》。该《意见》明确,2008年在苏北5市申报的基础上选择22个县的公办农村初中开展试点,努力完成试点地区初中新增的宿舍和食堂建设任务,为家庭无监护条件、距离学校较远、确需寄宿的留守少年儿童提供安全的宿舍、卫生的食堂。2009年起,在苏北、苏中其他经济薄弱地区的农村初中继续实施该项工程。

⑧ 实施农村中小学校舍安全工程。

2009年5月10日,江苏省政府办公厅印发《江苏省政府关于中小学校舍安全工程实施意见》。省政府与各市政府签订了校舍安全工程工作目标责任书。

(2) 提高农村教师队伍素质的支持政策

针对农村中小学师资队伍相对落后、城乡师资队伍素质差距明显的现状,江苏省适时转换支持农村教育的工作重点,将加强农村中小学师资队伍建设作为支持农村教育的重点领域。2007年,省政府出台《省政府关于进一步加强师资队伍建设的意见》;2009年9月16日,江苏省政府召开全省师资队伍工作会议,分别就师资队伍建设,特别是农村中小学师资队伍建设提出要求。此后,江苏省相继出台一系列支持农村中小学教师队伍建设的政策措施,有效提高了农村中小学师资队伍质量。

① 千校万师支援农村教育工程。

2006年12月11日,江苏省教育厅、财政厅下发《关于实施"千校万师支援农村教育工程"的通知》。该《通知》明确,从2007年到2010年底,在全省义务教育阶段遴选千所优质学校、万名骨干教师,与苏北农村千所薄弱学校实行"校对校"结对帮扶、对口支教,全面提升苏北农村学校的教育教学质量和水平。

② 选派优秀大学毕业生到苏北农村学校任教项目。

为进一步优化农村中小学教师结构,江苏省教育厅在2006年全省教育工作会议上确定,从2006年开始,每年派1万名骨干教师到苏北农村支教,每年选聘1万名高校毕业生到农村任教,同时,省市骨干教师培训向农村一线教师倾斜。为进一步推进这项工作,2006年5月18日,江苏省教育厅下发《省教育厅关于做好2006年选派优秀大学毕业生到苏北农村学校任教的通知》。该《通知》对优秀大学生到苏北农村学校任教的时间、内容及激励机制做了细化。

③ 农村学校教育硕士师资培养计划。

为贯彻落实教育部"农村学校教育硕士师资培养计划",江苏省从2006年起实施"农村学校教育硕士师资培养计划"。自2006年起,江苏省每年出台《关于做好农村学校教育硕士师资培养计划实施工作的通知》,具体部署和安排全省"农村学校教育硕士师资培养计划"的有关工作。

④ 江苏省教师教育网络联盟计划。

2007年3月5日,江苏省教育厅下发《关于实施江苏省教师教育网络联盟计划的通知》。该《通知》明确,省教育厅委托有关职能处室和单位建设"江苏教师教育"门户网站。"江苏教师教育"门户网站是实施教师网联计划的硬件载体,是开展教师继续教育、为教师自主学习提供服务的公共平台。

⑤ 农村教师素质提高工程。

对全省农村义务教育阶段学校教师开展轮训,加大农村骨干教师培养培训力度,提高农村师资队伍整体素质。鼓励农村教师通过多种途径提升学历层次。根据农村教育发展需要,对紧缺学科师资实行定向培养,毕业后按定向培养协议到农村学校任教。中小学中、高级教师职务岗位适当向农村学校倾斜。

对农村教育的大力支持极大地推动了农村义务教育的发展,对于促进城乡义务教育统筹起到了至关重要的作用。在逐渐缩小城乡义务教育差距的基础上,江苏省又进一步提出了"以提高教育质量为核心,以促进教育公平为重点"的义务教育"优质均衡"发展的目标,从而使城乡义务教育统筹发展从重视农村义务教育向更高层面的优质均衡迈进。2010年5月19日,江苏省人民政府办公厅转发了省教育厅、省编办、省发展改革委、省财政厅、省人力资源社会保障厅《关于江苏省义务教育优质均衡改革发展示范区建设的意见》,决定启动义务教育优质均衡改革发展示范区建设工作,鼓励部分地区先行先试、探索经验,引领全省义务教育又好又快发展。该《意见》明确了13个义务教育优质均衡改革发展示范区建设单位。主要目标是通过三年左右的努力,使示范区义务教育由基本均衡达到优质均衡。示范区的受教育机会、教育质量、队伍建设、管理水平、办学条件、保障能力等取得明显成效,义务教育公平度、满意度和适合度大幅度提高,努力做到校园环境一样美、教学设施一样全、公用经费一样多、教师素质一样好、管理水平一样高、学生个性一样得到弘扬、人民群众一样满意,真正成为优质均衡先导区、城乡一体融合区、素质教育样板区、体制机制创新区、人民满意认可区。为确保目标的完成,2012年3月,《江苏省县(市、区)义务教育优质均衡发展主要指标》出台,该《指标》架构出普及巩固与机会均等、规划布局与办学条件、师资配备与教师素质、素质教育与学生发展、教育管理与经费保障5个方面30条要求,进一步明确了优质均衡发展的目标和任务。2012年11月,为进一步把握义务教育优质均衡发展的总体要求,高质量、高水平普及九年义务教育,江苏省政府颁布了《省政府关于深入推进义务教育优质均衡发展的意见》。该《意见》进一步明确了江苏省义务教育优质均衡发展的目标,即到2015年,所有县(市、区)达到国家义务教育基本均衡发展要求,70%以上的县(市、区)达到省定义务教育优质均衡发展要求,50%以上的义务教育学校达到省定现代化办学标准。到2020年,所有县(市、区)达到省定义务教育优质均衡发展要求,所有义务教育学校达到省定现代化办学标准,优质均衡发展差异系数低于省定标准。同时,要全面落实"省级统筹、以县为主"的义务教育管理体制。包括完善学校布局规划,正确处理提高教育质量与方便学生就近入学的关系,努力满足农村适龄儿童少年就近接受良好义务教育的需求。加大财政投入力度,深化义务教育经费保障机制改革,形成重点向学校内涵建设、课程资源建设、校园文化建设投入的导向。科学核定教师编制,逐步实行城乡统一的中小学教职工编制标准,在动态调整义务教育学校教职工编制时,具备条件的地区要按城市标准核定县镇、农村义务教育学校教职工编制。保障特殊群体权益,坚持以流入地为主、以公办学校为主的"两为主"政策,落实进城务工人员随迁子女在流入地就学的同城同等待遇,确保进城务工人员随迁子女在公办学校就读率达90%以上。在公办学校不能满足需求的情况下,可采取政府购买服务的方式,保障进城务工人员随迁子女在依法举办、确保质量的民办学校接受义务教育。这一系列政策的制定和完善极大地推动了江苏省义务教育的均衡发展,更使江苏省的城乡义务教育统筹发展政策呈现出鲜明的区域色彩。

三、结　语

区域城乡义务教育统筹发展的实践和政策体系的建设进一步深化和丰富了我国城乡义务教育统筹发展政策的内涵。城乡统筹发展是我国进入新世纪之后经济社会发展面临的一个新话题和新挑战。城乡统筹发展目标的实现需要一个渐进的过程。我们需要理性地认识到,义务教育统筹发展作为城乡统筹发展中的一个构成环节,也必然会有一个逐渐推进和日臻完善的过程,而政策的进一步完善与推进无疑将在其中起到至关重要的作用。回顾我国新世纪以来的城乡义务教育统筹发展政策以及区域推进城乡义务教育统筹发展的实践,可以看出国家在推进城乡义务教育统筹发展方面的态度与决心。应该说,经过十余年的推进,我国的城乡统筹义务教育发展政策已基本确立,并开始步入纵深发展。毋庸置疑,新世纪以来城乡统筹义务教育发展政策的实施对于推进义务教育发展和城乡教育一体化起到了重要的作用。然而,随着我国经济社会的快速发展,对教育的要求正在不断演进和提高。特别是在我国构建社会主义和谐社会和越来越追求教育公平的今天,需要把教育政策放在一个更宽泛、更理性的高度来进行审视与反思,才能更好地反映教育实践、推进教育实践。从这个意义上说,我国城乡统筹义务教育发展也必然会面临一些新的挑战与问题,这也给相应政策的改进与完善提出了新的要求。

第二节 城乡统筹背景下义务教育均衡发展研究综述

新世纪以来,农村优质教育资源短缺和教育发展不公平问题越来越突显,城乡教育差距成为推进我国教育现代化和民主化进程中亟待破解的难题。为此,义务教育均衡发展被政府作为一项政策性目标提到重要的战略位置。近年来,随着科学发展观的逐步落实和政府基本公共服务职能的不断强化,城乡统筹背景下义务教育均衡发展研究逐步成为教育理论与实践研究的热点和焦点问题。为了更好地认识和推进义务教育均衡发展,研究者将对相关研究文献进行梳理与分析,以便更好地把握当前义务教育均衡发展研究的现状,提出后续研究应注意的问题。

一、研究阶段

为充分全面掌握义务教育均衡发展研究现状,研究者利用 CNKI 中国期刊全文数据库对"义务教育均衡发展"进行"篇名"模糊搜索,共查询到"义务教育均衡发展"研究文献 811 篇,其中核心期刊 310 篇(截至 2013 年 4 月 25 日)。剔除其中一定数量的重复文献、领导讲话和相关地区经验介绍,共有文献 781 篇左右,其中核心期刊 300 篇左右。同时,研究者又通过国家图书馆相关文献库查阅关于"义务教育均衡发展"专著,共计 14 部;相关的硕博论文 149 篇,以"义务教育均衡发展"为主题的会议论文及重要报纸相关报道若干篇。

从总体上看,义务教育均衡发展的研究文献随时间推移呈现逐步增长趋势,并呈现出阶段性特征。从时间上划分,对义务教育均衡发展的研究可分两个阶段。

1. 第一阶段:1994—2001年,研究萌芽时期

从 CNKI 中国期刊全文数据库文献搜索看,国内最早以"义务教育均衡发展"为题名的论文是发表于《贵州社会科学》1994年第1期的苌景州的《建立有利于义务教育均衡发展的资金保障体系》。此后,教育均衡发展问题开始进入研究者的视野,陆续发表与出版了一系列涉及教育均衡发展的论文与著作,如安体富、苌景州发表于《财贸经济》1994年第4期的《完善现行义务教育投资体制 促进义务教育的均衡稳定发展》、李喜平发表于《普教研究》1997年第5期的《努力使义务教育区域性均衡发展》、傅维利发表于《教育研究》1995年第4期的《论区域经济发展的不平衡与欠发达地区的教育抉择》、王善迈等发表于《教育研究》1998年第6期的《我国教育发展不平衡的实证分析》、2000年由北京师范大学出版社出版的杜育红的《教育发展不平衡研究》等。但是,这些相关论文与著作并非聚焦于义务教育均衡发展问题,而只是在行文过程中涉及均衡发展,并且1994—2001年间期刊论文只有3篇,无硕博论文。

2. 第二阶段:2002—2007年,研究深化时期

自2002年以来,我国教育理论界权威杂志《教育研究》发表了题为《深化改革 促进义务教育均衡发展(笔谈)》的系列文章,翟博、曾天山、王保华等学者对义务教育均衡发展目标、基本思路与模式进行了充分探讨。2002年3月,《人民教育》发表《为了每一个孩子的幸福成长——山东省寿光市教育均衡发展透视》,标志着教育均衡发展的争鸣由此展开。随后,顾明远、张力、谈松华等著名学者相继发表相关观点,把"教育均衡"推向讨论的高潮。随着研究的深入,期刊论文不断增多(如表1-1所示),相关硕博论文开始出现(如表1-2),逐步聚焦于义务教育均衡发展层面的研究。

表1-1 义务教育均衡发展期刊论文①统计表

年份	数量	年份	数量
2002	6	2008	71
2003	10	2009	67
2004	7	2010	170
2005	21	2011	145
2006	49	2012	161
2007	52	2013	22

表1-2 义务教育均衡发展硕博论文统计表

年份	数量	年份	数量
2002	0	2008	6篇硕士论文
2003	0	2009	10篇硕士论文
2004	0	2010	5篇硕士论文
2005	1篇硕士论文 1篇博士论文	2011	34篇硕士论文
2006	8篇硕士论文	2012	17篇硕士论文 1篇博士论文
2007	7篇硕士论文		

如果对这种阶段性特征做进一步的分析,可以发现义务教育均衡发展研究的特征深刻受制于当时的国家宏观政策环境。2001年国务院《关于基础教育改革与发展的决定》提出要"促进地区、城乡、学校之间的均衡发展,最终实现基础教育全面健康地发展",均衡发展正式成为国家指导基础教育改革的思想,"教育均衡"的政策术语开始在国家层面出现,学术界与实践界开始关注"教育均衡发展"。2002年党的十六大提出"城乡统筹"的发展理念与2003年9月20日国务院颁布《国务院关于进一步加强农村教育工作的决定》后,关于

---

① 此处期刊论文是以"义务教育均衡发展"为"篇名"在CNKI中国期刊全文数据库进行搜索所得结果,没有区分核心期刊与省级期刊。

义务教育均衡发展的研究成果开始如雨后春笋般出现。

二、研究视角

运用不同的理念视角对义务教育均衡发展进行研究,可能会得出不同的解释逻辑。总体而言,研究者对义务教育均衡发展的代表性理论视角主要有制度视角、公平视角、政策视角、社会学视角与域外视角等。

1. 制度视角

研究者大都认为当前城乡义务教育非均衡发展的根本原因是由国家相关制度所引发的,其中,以张乐天、张玉林、张侃等为代表。张乐天[①]认为中国社会长期存在的城乡分割对立的二元经济结构和社会体制是使城乡教育产生严重差别的社会制度原因。城乡二元经济结构导致教育制度的种种设置与安排存有突出的"城市取向"。现行的教育制度实际上仍存在着较严重的城乡分野,存在着教育机会的认可与教育资源配置上的某种不平等的倾向,缩小城乡教育差别,更应加强教育制度与教育政策自身的改革。张玉林[②]认为,作为一项实行城乡教育分割的制度,"分级办学"将本应主要由国家负担的义务教育经费投入的责任转嫁给了农村和农民,不仅加重了农村和农民的负担,而且造成了农村教育的滞后与城乡教育差距的延续和扩大,可能促使未来的城乡关系朝着更加不平衡的方向发展。张侃[③]认为制度是一个国家政治、经济和社会变迁的关键。对于我国义务教育均衡发展来说,制度供给有两个明显的"不足":其一是制度供给不足,即制度短缺;其二是制度信仰不足,即制度失范。政府公共政策的二元教育制度取向,造成现实中的教育不均衡。同时,相对于缩小历史形成的发展差距而言,通过制度安排和政策调整来增进社会公平、推动义务教育均衡发展,是更为容易实现的。

---

① 张乐天.城乡教育差别的制度归因与缩小差别的政策建议[J].南京师大学报(社会科学版),2004(3).

② 张玉林.分级办学制度下的教育资源分配与城乡教育差距——关于教育机会均等问题的政治经济学探讨[J].中国农村观察,2003(1).

③ 张侃.制度视角下的我国义务教育均衡发展[J].教育科学,2011(3).

2. 公平视角

王本陆[①]指出,农村教育存在职能与生存的双重困境,破解农村教育困境必须消除城乡教育区别对待的变相"双轨制"。从制度伦理角度分析,城乡教育双轨制在指导思想上是优势群体优先,这是一种不公正的制度安排。应在公平正义原则的基础上,重新设计我国国民教育体制,切实消除城乡教育双轨制。瞿瑛[②]认为,义务教育均衡发展的目标是实现教育公平,因此,它应该以教育公平为理论基础,以教育公平的理论指导义务教育均衡发展的实践。武秀霞[③]认为,研究者在研究义务教育均衡发展中过分关注教育财政投入、学校硬件设施配备及师资力量的配置,忘记了公平、正义在义务教育均衡化实践中的真正意蕴,忘记了精神的同等重要性,进而使优质与均衡在义务教育的实施过程中演变成了一对矛盾体。为此,诉诸公平的义务教育均衡发展,必须保障受教育者的尊重、不排斥,避免对家庭拥有的经济、社会等各类资本形成依赖。杨建朝[④]认为,在已经实现教育分配公平、基本实现初步均衡的条件下,教育均衡发展应努力实现更高层次的均衡,强化学校的内涵发展和特色发展。所以,教育均衡发展的理论视域应从分配正义转向更多关注关系正义。

3. 政策视角

政策对义务教育均衡发展的影响最为直接,从政策视角论述义务教育均衡发展的代表有袁振国、陈敬朴、鲍传友等。袁振国[⑤]认为,教育差距的存在和持续拉大是我国当前教育发展的严峻现实,这种差距表现在城乡、地区、阶层、类别四个方面。导致差距的原因固然很多,但公共政策是最主要的。因此,消除教育贫困,缩小教育差距的责任主要在政府,政府应该通过调整和制

---

① 王本陆.消除双轨制:我国农村教育改革的伦理诉求[J].北京师范大学学报(社会科学版),2004(5).

② 瞿瑛.义务教育均衡发展政策问题研究:教育公平的视角[M].杭州:浙江大学出版社,2010.

③ 武秀霞.公平视野下义务教育均衡发展的理论与实践探寻[J].教育发展研究,2011(6).

④ 杨建朝.关系正义视域下教育优质均衡的发展图景[J].教育发展研究,2011(12).

⑤ 袁振国.缩小差距——中国教育政策的重大命题[J].北京师范大学学报(社会科学版),2005(3).

定公共政策确保所有人都能公平地享受公共教育资源,这就要求公共教育政策领域必须实现从精英教育向大众教育的转型。陈敬朴[①]认为,教育政策城市偏向导致了在城乡两大利益集团的公共利益上丧失教育公平,使城乡教育差距加重,其教育不公平现象又成为新一轮教育政策出台的依据,造成教育政策城市偏向的恶性循环。"农村人口接受义务教育的权益受到损害",是教育政策城市偏向的最严重后果。从根本上纠正教育政策的城市偏向,是政府的行政责任,是政府的社会义务。鲍传友[②]认为,长期以来由于受"城市偏好"教育政策的影响,公共教育资源在城乡间未得到公平有效配置,大量优质教育资源为城市所有,导致城乡在办学条件、城乡适龄儿童入学机会和学业成就等方面存在巨大差距,并有不断加大的趋势,城乡义务教育发展严重失衡。应对影响公共资源在城乡间进行分配的户籍制度、土地制度、税收制度、社会保障制度及义务教育投入体制、教师政策等进行理性思考、合理批判和有效改革,并在此基础上制定新政策,实现公共教育资源在城乡间公平合理配置,切实有效地缩小城乡教育发展差距。

4. 社会学视角

义务教育差距问题不仅是一个政策问题,也是一个社会问题。运用社会学的视角研究义务教育均衡发展,更能深刻揭露城乡义务教育的阶层差距问题。刘精明[③]认为,文化资本对儿童教育的影响是最不容易受外界条件干扰的先赋因素之一。在改革以来的教育扩展与教育变革过程中,家庭文化资本(以父母教育水平为测量)对子代间的教育不平等影响,将在不断强化的教育竞争中持续加强。余秀兰[④]运用社会分层现象的文化再生产理论来研究我国教育的城乡差距问题,认为从城乡差异来看,我国教育中存在着一定程度的文化再生产现象,它使大部分农村孩子被教育所淘汰而返回农村,并最终形成两

[①] 陈敬朴.教育政策城市偏向的要害及其特点[J].当代教育科学,2004(20).

[②] 鲍传友.中国城乡义务教育差距的政策审视[J].北京师范大学学报(社会科学版),2005(3).

[③] 刘精明.中国基础教育领域中的机会不平等及其变化[J].中国社会科学,2008(5).

[④] 余秀兰.中国教育的城乡差异:一种文化再生产现象的分析[M].北京:教育科学出版社,2004.

个封闭的循环圈:城市优势文化圈和农村劣势文化圈。张东娇[①]立足于社会学角度,认为在择校过程中,家庭和学校社会资本的力量日益突出,其负向功能被诱发,破坏了就近入学政策,加剧了家庭与家庭之间、学校与学校之间社会资本的分化,损害了义务教育的均衡发展。

5. 域外视角

即使在世界上最发达的国家和地区,义务教育的发展也存在非均衡问题。为推进中国义务教育均衡发展,研究者对英国、德国、南非与印度等国推进义务教育均衡发展的政策经验进行了研究与介绍。为解决教育发展不均衡问题,在"第三条道路"理念指导下,英国从中央政府到地方郡县推行了"教育行动区计划"、"追求卓越的城市教育计划"与"教育优先区计划"等一系列政策,对于我国当前基础教育均衡发展战略的实施无疑有着积极的借鉴价值。[②] 20世纪60年代,为解决教育发展不均衡问题,德国政府先后采取了一系列旨在促进教育公平与均衡发展的改革举措,如教育扩张、开放文法中学、设立综合中学、制定《联邦教育促进法》、协调各州教学大纲等,在很大程度上缓解了存在于城乡之间、不同宗教信仰者和性别之间的教育起点层面的不均衡问题,但教育结果层面的不均衡问题开始突显,尤其是不同社会阶层的学生在学业成就方面的不均衡问题。因此,消除教育结果层面的不均衡,将是教育均衡发展政策所面临的一项长期而艰巨的任务。[③]

为切实保障"人人都有接受基础教育的权利",南非采取"均衡分配公式"(Equitable Share Formula)和"国家学校经费规范和标准"(NNSSF)、推出"公立学校资金、资源和费用评价行动计划"、均衡各学校的师生比、提升弱势群体受义务教育机会和质量等各项措施推进学校教育的均衡发展。[④] 为促进义务教育均衡发展,印度先后实施"县初等教育计划"、"黑板行动计划"、"教师培训

---

① 张东娇. 义务教育均衡发展的社会资本障碍及其政府治理[J]. 北京师范大学学报(社会科学版),2008(2).

② 杨军. 英国促进基础教育均衡发展政策综述[J]. 外国教育研究,2005(12).

③ 孙进. 教育均衡发展政策的"结果困境"——德国义务教育均衡发展的现状、问题与启示[J]. 复旦教育论坛,2012(5).

④ 丁秀棠. 南非推动义务教育均衡发展的主要机制与措施分析[J]. 比较教育研究,2007(3).

计划"、"全国基础教育营养资助计划"、"保留政策"等各种政策措施,并大力发展非正规教育,有效地促进了义务教育均衡发展的进程。①

除此之外,研究者还从教育法学、经济学、生态学与文化学等方面对义务教育均衡发展进行深入的研究,丰富了义务教育均衡发展研究的理论视角,有助于认清非均衡发展的原因并提出对策建议。

三、研究内容

从内容上看,研究者一般是从义务教育均衡发展的内涵、范围、指标体系与政策建议四个方面进行论述。

1. 义务教育均衡发展的内涵

众多学者基于不同的学科视角对义务教育均衡发展的内涵进行了界定,总体来看,主要有三种观点:单向度、双向度与三向度。

(1) 单向度

在单向度中有两种观点最典型:一种是资源分配论。杨启亮②认为,义务教育均衡发展应当是一种底线的均衡,这种均衡着眼于人的发展价值和保障这种价值的教育基本需要进行资源配置。孙玉丽、张幸华③认为,从学理上分析,义务教育均衡的实质在于资源的均衡配置与享有。教育资源主要包括学校设施、师资水平和生源素质等要素。另一种是权利保障论。柳海民、林丹④认为,义务教育均衡发展主要涉及受教育者教育权利的保障和教育的民主与公平问题。

(2) 双向度

双向度观点以申仁洪、杨海松为代表。申仁洪⑤从空间结构、时间进程上

---

① 孔令帅. 教育均衡发展与政府责任——试论印度政府在基础教育均衡发展中的作用[J]. 比较教育研究,2010(5).

② 杨启亮. 底线均衡:义务教育优质均衡发展的解释[J]. 教育理论与实践,2010(1).

③ 孙玉丽,张幸华. 县域义务教育均衡发展:政策与条件——以浙江省慈溪市为个案[J]. 教育科学,2008(1).

④ 柳海民,林丹. 本体论域的义务教育均衡发展[J]. 东北师大学报(哲学社会科学版),2005(5).

⑤ 申仁洪. 基础教育均衡发展的问题和对策——第32期广东教育沙龙综述[J]. 教育导刊,2002(23).

对义务教育均衡发展概念进行了研究。在空间结构上主要是指我国不同地区之间、同一地区不同学校之间、同一学校不同群体之间的教育均衡发展问题；在时间进程上主要是指学生在接受教育的起点、过程和结果方面拥有相对平等的入学机会，得到大致均等的教育资源和教育条件，并能够获得尽可能的发展与成长。杨海松[①]认为义务教育均衡发展可以从狭义和广义两个方面来界定。从狭义上来理解，是指教育责任主体（指一级政府或学校等）通过获得相对均等的资源实现均衡、协调发展，主要以不同地区之间、城乡之间、区域之间教育责任主体的均衡发展为对象；从广义上来理解，是指受教育群体通过获得均等的受教育权利、条件和资源从而实现均衡的发展。

（3）三向度

三向度观点以翟博、汪明等为代表。翟博[②]从个体、学校和社会三个层面对义务教育均衡发展概念进行了界定。汪明[③]认为义务教育均衡发展主要包括三个层面：一是区域之间的均衡发展，省域之间、市域之间、县域之间以及城乡之间，都要统筹规划，实现均衡发展；二是区域内部学校之间的均衡发展；三是群体之间的均衡发展，特别应当关注弱势群体的教育问题。张东娇[④]认为义务教育均衡发展包括资源配置方式、制度形式和发展方式的变化。资源配置着眼于为受教育者提供相对平等的受教育机会与条件，包括均衡配置教育经费、办学条件、教师资源和学生生源。在制度层面指保障受教育权利平等的实现，获得平等入学与就业机会。发展方式的变化意味着义务教育从个别、部分发展走向共同发展。刘新成、苏尚锋[⑤]认为，义务教育均衡发展蕴含着三个方面的政策内涵和结构范畴：配置均衡（公民基本教育权利的机会与质量保障）、供需均衡（教育公平正义的政策实践与战略调整）与动态均衡（教育可持

---

① 杨海松. 关于"教育均衡发展"的思考[J]. 教育研究与实验，2009(5).
② 翟博. 教育均衡发展需要明确哪些理论问题[N]. 中国教育报，2006-07-29.
③ 汪明. 义务教育均衡发展与若干保障机制——部分地区的政策与实践分析[J]. 教育发展研究，2005(19).
④ 张东娇. 义务教育均衡发展的社会资本障碍及其政府治理[J]. 北京师范大学学报（社会科学版），2008(2).
⑤ 刘新成，苏尚锋. 义务教育均衡发展的三重意蕴及其超越性[J]. 教育研究，2010(5).

续发展的生态观与系统管理），同时认为义务教育均衡发展在不断地更新、扩展、叠合，具有超越性。

2. 义务教育均衡发展的范围

关于义务教育均衡发展的范围，不同的学者提出了不同的观点，概括起来主要有县域义务教育均衡发展与省域义务教育均衡发展两个观点。

(1) 县域义务教育均衡发展

研究者把县域作为讨论义务教育均衡的基本单位，主要是因为县域义务教育均衡发展的实现具有一定的可行性与现实性。其中，杨令平、于发友、潘红波等人的观点具有一定的代表性。杨令平[1]认为县作为我国具有相对稳定人口、土地和资源的区划单位，在整体上推进县域义务教育均衡发展具有现实可能性和可行性。"以县为主"的义务教育管理体制的现实国情为推进县域义务教育均衡发展提供了体制基础，实现县域义务教育均衡发展是实现我国义务教育均衡发展战略的第一步。于发友[2]之所以以县市区作为研究的基本单位，一是因为县区一级在人、财、事权等方面具有一定的相对独立性，同时地域相对较小，便于操作；二是因为县域内经济发展相对比较均衡，较容易实现义务教育的均衡发展；三是因为国家已确立了"以县为主"的教育管理体制，比较适于统筹规划和推行教育综合改革。潘红波[3]认为相对于省、全国等更大的区域，县(区)在整个行政区划中相对稳定，具有相对稳定的人口、土地、资源及相对独立的行政决策权，经济、社会各项事业发展相对均衡，差距相对较小。因而，首先在县域内实现义务教育均衡发展具有更大的可行性，同时也可为在更大区域内实现义务教育均衡发展提供基础性条件。

(2) 省域义务教育均衡发展

尽管国家政策文本中所指的义务教育均衡发展范围是县域均衡，但是，仍

---

[1] 杨令平.西北地区县域义务教育均衡发展进程中的政府行为研究[D].西安：陕西师范大学博士论文,2012.

[2] 于发友.县域义务教育均衡发展研究[D].济南：山东师范大学博士论文,2005.

[3] 潘红波.县域义务教育均衡发展的新模式——对河南息县等四县(区)的案例分析[J].教育发展研究,2010(12).

然有研究者认为义务教育均衡发展后期应该以省域均衡为主。刘宝生[①]认为,以县(区)为主的义务教育均衡发展推进机制,在解决小的区域内的均衡的同时,却无法解决更大范围的均衡问题。尤其是在义务教育县(区)域内均衡发展的后期,省域内县(区)之间的发展不均衡的矛盾会突出地暴露出来,成为制约省域义务教育均衡发展的最大障碍。因此,在实施以县(区)为主体推进义务教育均衡发展方式的同时,以省为单位的中层层面,也要积极探索缩小各市、各县(区)之间差距的有效策略。

3. 义务教育均衡发展的评估指标体系

有关义务教育均衡发展的评估指标选择方面,有代表性的观点主要有三种。

(1) 经济学的视角

以翟博[②]、朱家存[③]、沈有禄[④]等为代表。翟博借鉴经济学关于区域经济发展的差异分析方法和经济学的定量分析方法构建了教育机会均衡指数、教育资源配置均衡指数、教育质量均衡指数和教育成就均衡指数4个一级指标、25个二级指标的义务教育均衡发展指标体系。朱家存等受到翟博的指标体系的影响,确立了义务教育机会均衡指数、教育资源配置均衡指数和教育质量与成就均衡指数3个一级指标、20个二级指标、40个三级指标的省级义务教育均衡发展监测指标体系。沈有禄等从资源配置的角度出发,借鉴国外经验,构建了一个包括人力资源,财力资源,物力资源和教育人力、财力、物力资源配置制度的公平性4个一级指标、25个二级指标的基础教育资源配置均衡指标体系。

(2) 社会学的视角

以关注教育公平为主旨,追求一种教育资源配置的均衡,以杨东平[⑤]、王

---

① 刘宝生. 推进省域义务教育均衡发展的思考与建议[J]. 教育科学,2008(1).
② 翟博. 教育均衡发展:理论、指标及测算方法[J]. 教育研究,2006(3).
③ 朱家存,阮成武,刘宝根. 区域义务教育均衡发展监测指标体系研究——基于安徽省义务教育政策实践[J]. 教育研究,2010(11).
④ 沈有禄,谯欣怡. 基础教育均衡发展:我们真的需要一个均衡发展指数吗?[J]. 教育科学,2009(6).
⑤ 杨东平. 中国教育公平的理想与现实[M]. 北京:北京大学出版社,2006.

善迈[1]等为代表。杨东平认为,当前我国教育机会不均衡主要表现为存在比较明显的城乡差距、地区差距、阶层差距、性别差距和民族差距,其中尤以城乡差距、地区差距、阶层差距更为突出。在相当长的时期内,通过政策调整有效地缩小教育发展中的城乡差距、地区差距,是我国教育现代化的基本任务,也是教育公平评价的重点。基于以上认识,杨东平构建了一个包括义务教育均衡指数 A、高中教育公平指数 B、高等教育公平指数 C 与教育存量公平指数 D 在内的 4 个一级指标、5 个二级指标与 13 个三级指标的教育公平评价指标体系,并对每个一级指标赋予不同的权重,计算出一个教育公平的"综合指数"。王善迈以教育公平理念为指导,设计了包括受教育权和入学机会公平、公共教育资源配置公平、教育质量公平、群体间教育公平等教育公平的具体评价指标。

(3) 教育学的视角

董世华、范先佐[2]认为,社会学、经济学两种类型的指标体系尽管涵盖了义务教育均衡发展的绝大部分内容,但并没有把教育活动的要素作为真正标准,导致一级指标的选择往往交叉重叠,逻辑上有些紊乱。为此,基于教育学相关理论,从县域义务教育活动中教师、学生和教育保障系统出发,围绕教师资源均衡度、生活均衡度和保障系统均衡度三个方面,设计了一套表征县域义务教育全过程的指标体系。结合县域内城乡之间、乡镇之间、校际之间以及中小学层级之间 4 个维度,形成了包括教师总量在内的 15 个因素构成的 60 个指标观测点组成的矩阵,并利用相应的统计工具对指标之间绝对差异和相对差异进行测度,以对义务教育均衡发展状况进行监测。

4. 推进义务教育均衡发展的政策建议

研究者主要从转变思想观念、强化地方政府责任、完善保障机制和资源配置机制与建立评价监督体制等方面提出对策建议。其中,教育投入与教育政策调整是学者们较为关注的问题。

---

[1] 王善迈.教育公平的分析框架和评价指标[J].北京师范大学学报(社会科学版),2008(3).

[2] 董世华,范先佐.我国县域义务教育均衡发展监测指标体系的构建——基于教育学理论的视角[J].教育发展研究,2011(9).

有研究[1]提出:应建立义务教育财政投入标准,实施义务教育学校标准化建设。国家要重点支持西部地区实现义务教育全面普及,鼓励和支持各地因地制宜提出义务教育巩固和提高的目标和措施。重点提高残疾儿童义务教育普及水平,完善保障进城务工人员随迁子女接受义务教育的体制。建立健全农村留守儿童的关爱机制和服务体系。设立专门学校解决一些特殊儿童接受义务教育问题,建立和完善针对家庭经济困难学生和学习困难学生的帮扶制度。董奇[2]认为,当前形势下,要切实推进均衡发展,坚持改革创新、加强包括问责制度在内的各项制度建设是关键。与均衡发展这一重要战略任务相配套的政策制度包括:完善义务教育经费管理制度、完善学校标准建设相关制度以及推进义务教育均衡发展工作的监测与问责制度。

柯春晖[3]认为,要以体制重构和制度创新为核心,逐步纠正或改进造成教育城乡差距的体制和政策,以城乡教育协调发展和一体化为目标,建立健全义务教育均衡发展保障机制。李明华[4]认为,制度政策是影响义务教育均衡发展的一个重要因素。一个能够保障义务教育可持续地均衡发展的制度框架应该包含以下关键性的制度安排:投资保障制度、绩效管理制度和资源共享制度。陈钢[5]认为,推进义务教育均衡发展,重点在制度与政策,关键是进行制度创新,只有建立和完善科学可行的制度,才能保障义务教育的可持续均衡发展,为实现科教兴国打好基础。

特别要提及的是,有的研究者提出了一些促进义务教育均衡发展的新思路与新模式。如万华[6]的"教育组团"思路、潘红波[7]的"农村综合教育学区"模式等。

---

[1] 第三战略专题调研组.基础教育发展战略研究[J].教育研究,2010(7).

[2] 董奇.均衡发展的关键在制度保障[J].求是,2010(9).

[3] 柯春晖.城乡统筹发展中的教育政策取向和政策制定[J].教育研究,2011(4).

[4] 李明华.义务教育均衡发展政策选择与制度设计——以浙江省为案例[J].中国教育学刊,2008(9).

[5] 陈钢.制度创新:义务教育均衡发展的关键支撑[J].南京社会科学,2009(8).

[6] 万华.教育组团:促进区域义务教育均衡发展的新思路[J].教育研究与实验,2007(5).

[7] 潘红波.县域义务教育均衡发展的新模式——对河南息县等四县(区)的案例分析[J].教育发展研究,2010(12).

四、研究述评

综上所述,从目前义务教育均衡发展的研究文献来看,无论是数量还是质量,都取得了较为丰富和深入的研究成果,为义务教育均衡发展的后续研究奠定了较好的知识基础,厘清了人们对义务教育均衡发展的认识,聚集了一定的共识。但是,这些文献研究仍存在一定的不足,应在以下三个方面进一步加强研究。

1. 应加强关系性思维,推动多视角综合观照下的研究

虽然研究者已经从多个视角来研究义务教育均衡发展,但是各视角之间的相互沟通尚显不足。作为一种政策安排,义务教育均衡发展受到政治、经济、文化与制度等因素的深刻影响。所以,对义务教育均衡发展的研究不能局限于单一视角的研究,应推动政策社会学、文化学、新制度主义、政治经济学、法学等多视角共同研究,加强关系性思维,从更高一个层面才能更好地认识义务教育均衡发展的方方面面。

2. 应加强区域义务教育均衡发展模式的比较研究

从研究文献看,虽然有区域研究,但开展不同区域模式的比较研究仍较少。从目前义务教育均衡发展现实来看,义务教育均衡发展的区域特点十分明显。如何在总结与比较各区域义务教育均衡发展模式的基础上,提炼出一些有中国本土特色的关键概念与政策经验,是今后的研究中要特别关注的一个课题。

3. 应加强理论与实践相结合

对于一些关键性问题,如"均"什么、用什么"衡",学术界仍然没有达成一定的共识,其观点也没有得到实践界的认同。与此同时,研究文献中,实证研究仍比较缺乏。已有的实证研究,也仅仅是一些经验与政策措施的介绍而已,理性的研究与分析较少。因此,未来应加强理论与实践相结合,在实践研究基础上提升义务教育均衡发展研究的理论品性,在本土理论指导下促进义务教育均衡的实践发展。

第三节　城乡统筹背景下义务教育研究现状的计量分析[①]

2003年10月,中国共产党十六届三中全会明确提出"统筹城乡发展"的要求;2005年,教育部出台了《教育部关于进一步推进义务教育均衡发展的若干意见》;2006年,全国人大修订颁布了《中华人民共和国义务教育法》;2007年6月,国务院批准重庆和成都设立"全国统筹城乡综合配套改革试验区","统筹城乡教育"成为试验区建设的一个重要内容;2008年,我国全面实行城乡免费义务教育,对所有农村义务教育阶段学生免费提供教科书;2010年7月,中共中央、国务院印发《国家中长期教育改革和发展规划纲要(2010—2020年)》,该《纲要》指出义务教育是教育工作的重中之重,均衡发展是义务教育的战略性任务,要加快缩小城乡差距,建立城乡一体化的义务教育发展机制。这些政策的颁布和实施表明了国家对城乡之间义务教育差距的关注以及推进义务教育均衡发展的决心。迄今,城乡义务教育统筹发展成为我国构建社会主义和谐社会,全面建设小康社会,实现城乡统筹发展、城乡一体化的重要组成部分,也是解决"三农"问题的关键措施之一。近年来,学者们对城乡义务教育均衡发展的问题从理论和实践等方面进行了大量的研究[②],国内学术刊物上发表的城乡统筹义务教育方面的论文数量也呈逐年增高的趋势。为了了解我国城乡统筹义务教育研究的现状,课题组采用文献计量和内容分析的方法,对所搜集的CNKI中国期刊全文数据库中新世纪以来有关我国城乡统筹义务教育方面的研究论文进行了分析,试图揭示近年来该领域研究的现状和未来的研究方向。

[①] 此文原发表于《教育学术月刊》2014年第3期,此处稍有改动。
[②] 李玲,宋乃庆,龚春燕,等.城乡教育一体化:理论、指标与测算[J].教育研究,2012(2).李涛,邬志辉.统筹城乡教育改革的实践探索——以重庆市为例[J].教育发展研究,2012(7).柯春晖.城乡统筹发展中的教育政策取向和政策制定[J].教育研究,2011(4).

一、研究方法

1. 研究材料

期刊论文作为研究的主要力量,反映着学术发展的最新动态。本研究针对城乡统筹义务教育专题,选取 CNKI 中国期刊全文数据库所收录的相关论文为研究样本,于 2013 年 2 月实施检索,论文发表时间范围自 2000 年至 2012 年。为避免将不属于本研究范围的会议通知、征稿、广告以及与研究无关的内容混入其中,课题组对检索结果进行二次筛选,剔除上述无关内容,最后得到样本量为 1 134 篇,并对这些样本的关键词进行共词分析,进而分析近年来我国城乡统筹义务教育的研究现状及热点动态。

2. 研究方法

研究者对某一研究问题的研究,往往是从查阅文献开始,因为系统查阅研究文献有助于研究者从整体上把握该领域已取得的主要成果。本研究采用文献研究中的文献计量方法和内容分析法进行分析。文献计量和内容分析都是常见的科学研究及情报研究方法。文献计量起源于对科技文献数量特征的考察,指"以文献体系和文献计量特征为研究对象,采用数学、统计学等的计量方法,研究文献情报的分布结构、数量关系、变化规律和定量管理,并进而探讨科学技术的某些结构、特征和规律的一门学科"。[①]

内容分析是一种考察社会现实的方法,在这种方法中,研究者通过对文献显性内容的特征进行系统分析,得到与之相关的潜在内容的特征的推论。该方法最早为传播学领域使用,后来在拉斯韦尔等学者的推动下,内容分析法逐渐成为一种超出传播学范围,为社会学、政治学等众多社会科学研究领域广泛使用,也少量地应用于科技文献分析的方法。论文关键词的意义在于它体现了论文最精确的内容,代表论题所操作的中心概念体系。共词分析法通过提取研究对象的关键词进行词频统计,筛选出高频关键词,进而分析研究对象的热点、前沿及发展方向。共词分析法的内涵是指:当两个能够表达某一学科领域研究主题或研究方向的专业术语(如关键词)在同一篇文献中同时出现,

---

① 邱均平. 文献计量学[M]. 北京:科技文献出版社,1988:102-204.

表明这两个词之间具有一定的相关关系。[①]

本研究采用 Excel 2007 对论文年代、作者、关键词等进行统计,使用 SPSS 18.0 软件对关键词进行因子分析、聚类分析,通过 Ucinet 软件对文献的关键词进行社会网络分析等,以此探讨我国城乡统筹背景下义务教育均衡研究现状。

3. 文献计量研究过程

(1) 方法和数据处理

采用文献计量法,从检出的文献题录中分别提取年份、作者、研究机构等字段,利用 Excel 2007 统计分析软件对各项数据进行处理,得到关于城乡统筹义务教育研究论文的相关结果。

(2) 分析指标和内容

对于相关文献,具体的分析指标和内容包括以下几个方面:年发文量,年发表相关内容文章的篇数;作者分布,撰写城乡统筹义务教育领域论文的作者及其发表的文章数量;机构分布,研究城乡统筹义务教育的作者所在的主要单位。

4. 内容分析研究过程

(1) 筛选高频词

为避免词频统计中存在泛义关键词及命名不规范的关键词而影响分析结果,研究中对同义和近义词进行了统一化处理,例如:将"教育均衡发展"、"教育均衡化"、"均衡发展"、"均衡配置"等统一为"教育均衡"。同时,删除了一些与本研究无关的关键词。经过上述处理后,课题组通过 Excel 根据词频对提取的有效关键词进行了排序。由于关键词较多,且较多关键词处于低频状态不能代表领域内的研究热点,课题组根据高频、低频词界分方法最终将出现频率在 20 次以上的关键词限定为高频关键词,共获得高频关键词 44 个(如表 1-3 所示)。其中,词频排名在前 9 位(词频在 100 以上)的分别是教育均衡、农村义务教育、城乡统筹、城乡教育一体化、义务教育、城乡义务教育、农村学

[①] 张勤,徐绪松.共词分析法与可视化技术的结合:揭示国外知识管理研究结构[J].管理工程学报,2008(4).

校、教育公平、教育资源。

表 1-3 高频关键词表

序号	关键词	频次	序号	关键词	频次	序号	关键词	频次
1	教育均衡	341	16	城乡差距	62	31	成都市	34
2	农村义务教育	242	17	各级政府	57	32	农村职业教育	31
3	城乡统筹	240	18	教育改革	51	33	办学条件	31
4	城乡教育一体化	219	19	对策	48	34	"三农"问题	30
5	义务教育	199	20	教育阶段	46	35	城乡一体化	28
6	城乡义务教育	163	21	资源配置	44	36	以县为主	27
7	农村学校	150	22	优质教育资源	41	37	义务教育法	26
8	教育公平	124	23	城乡二元结构	40	38	公共财政	25
9	教育资源	101	24	免费义务教育	40	39	农村地区	25
10	农村教育	78	25	薄弱学校	38	40	城乡协调发展	24
11	教育质量	78	26	重庆市	37	41	基础教育	23
12	城乡教育	73	27	义务教育学校	37	42	农民工	23
13	义务教育经费	69	28	农民工子女	36	43	均等化	22
14	新农村建设	69	29	教师队伍建设	36	44	基本公共服务	22
15	农村教师	66	30	科学发展观	36			

(2) 构建关键词矩阵

首先是构建共词矩阵。两两统计这 44 个关键词在 1 134 篇论文中共同出现的频次,形成共词矩阵,给出了 6 个排名在前关键词的共词矩阵(如表 1-4 所示)。

表 1-4 共词矩阵表(部分)

	教育均衡	农村义务教育	城乡统筹	城乡教育一体化	义务教育	城乡义务教育
教育均衡	341	45	36	66	108	116
农村义务教育	45	242	92	7	0	11
城乡统筹	36	92	240	15	33	5
城乡教育一体化	66	7	15	219	22	10
义务教育	108	0	33	22	199	0
城乡义务教育	116	11	5	10	0	163

其次是根据共词矩阵构建相关矩阵。本研究引入 Ochiia 相似系数对共词矩阵进行处理。Ochiia 相关系数 $S_{ij}=C_{ij}/(C_i * C_j)^{1/2}$,其中 C_{ij} 代表第 i 个词和第 j 个词两词同时出现的频次,C_i 和 C_j 分别代表第 i 个和第 j 个词出现的总频次。于是得到相关矩阵(如表 1-5 所示)。相关矩阵中的数值越大,表明两者的关系越紧密,两者的相似度越大。对角线上的数据均为 1,表示某词自身的相关程度。

表 1-5 相关矩阵表(部分)

	教育均衡	农村义务教育	城乡统筹	城乡教育一体化	义务教育	城乡义务教育
教育均衡	1.000	.157	.126	.242	.412	.492
农村义务教育	.157	1.000	.382	.030	.000	.055
城乡统筹	.126	.382	1.000	.065	.151	.025
城乡教育一体化	.242	.030	.065	1.000	.106	.053
义务教育	.412	.000	.151	.106	1.000	.000
城乡义务教育	.492	.055	.025	.053	.000	1.000

二、研究结果

1. 文献计量统计结果与分析

(1) 年发文量及阶段划分

文献数量在一定时期内的增长和变化情况大致可以反映一个学科或专项研究领域的发展阶段与态势。计量学先驱普赖斯提出了著名的"普赖斯文献指数增长规律",他指出,科学文献有其自身的发展规律,在一个学科领域发展的初期,文献的数量处于非常不稳定的增长阶段,而当该学科进入发展期,其文献数量将呈指数型增长,出现"情报爆炸"的态势。[①]

"文献累积数"即当年及以前年度文献总量的简单累加,标志一定年度可以查阅到的相关文献数量,是总体研究规模是否庞大的重要指标;"文献累积率"是当年发表文献与上一年度文献累积数的比率,计算公式为:$E = n_i / \sum_{j=1}^{i-1} n_j$,是考察某一年度新增文献是否呈现爆发式发展并借此判断该领域研究热点是否形成的重要指标。两者均是对文献发展变化情况的总量。

项目组成员从 CNKI 中国期刊全文数据库中检索出关于城乡统筹义务教育的有效文章为 1 134 篇,表 1-6 是 2001—2012 年该主题发文量分布情况,从表中的数据可以看出,总体上,新世纪以来国内城乡统筹义务教育研究逐步加强、研究成果数量逐步增多。具体到文献累积数和累积率来看,2001—2003 年,城乡统筹背景下义务教育研究的文献累积数较小,年发文量都在 20 篇以下,由于这一时期的基数过小而导致累积率波动较大,由此可以认为该时期为研究的起步期。随着政府及学术界的重视,尤其是 2003 年 10 月党的十六届三中全会上明确提出了统筹城乡发展的要求后,相关研究成果数量呈稳步上升的趋势。具体来说,从 2004 年开始至 2007 年,年发文量逐渐增加至近百篇,这一时期文章累积率有一定的波动但幅度没有前一阶段大。由此可以将该时期定位为城乡统筹义务教育研究的积累期。显著的改变发生在 2008 年以后,年

[①] Price, Derek de Solla. Little Science, Big Science[M]. New York: Columbia University Press, 1963.

发文量再次大幅增加,最高达201篇,且年累积率都呈现出较平稳的状态,结合"普赖斯文献指数增长规律"可以判断城乡统筹义务教育研究自2008年进入发展期,且延续至今。不难发现,2008年研究文献"爆发式增长"的一个重要助推剂就是,2007年6月,国务院批准重庆市和成都市设立全国统筹城乡综合配套改革试验区,这使得社会各界更加关注城乡统筹的理论与实践。

表1-6 城乡统筹义务教育均衡研究年发文量与累积率分析表

年度	年发文量	文献累积数	文献累积率
2001	1	1	
2002	1	2	100.00%
2003	13	15	650.00%
2004	58	73	386.67%
2005	54	127	73.97%
2006	73	200	57.48%
2007	94	294	47.00%
2008	139	433	47.28%
2009	135	568	31.18%
2010	170	738	29.93%
2011	201	939	27.24%
2012	194	1 133	20.66%

说明:2000年发文量为0故未计入;2001年的数据是统计的基数,所以该年度缺乏计算文献累积率的基础。

(2) 研究者发文情况分析

对发表论文情况进行数据分析,往往可以看出在某领域中研究者的成熟程度。本研究将从作者发文量、核心作者群等几个角度对城乡统筹义务教育研究者进行分析。

通过对多个学科和研究领域文献的统计分析,美国学者洛特卡发现了一个重要规律:研究者数量与论文数量存在一定关系,即在一个成熟的研究领域,写n篇论文的作者数量大约是写1篇论文作者数的$1/n^2$,同时,写1篇论文的作者数量约占全体作者数量的60%。也就是说,在成熟的研究领域,发表2—4篇论文的作者数量分别占仅发表1篇论文作者数量的25.00%、11.11%和6.25%。这就是文献计量学三大定律之一的"洛特卡定律"①。课题组统计了检索到的1 134篇文献,共涉及作者1 086人(根据洛特卡定律,每篇文献仅统计第一作者)。从表1-7可以看出,发表1篇论文的作者人数高达1 049人,占作者总数的96.59%,远远高于洛特卡定律的60%;而发表2—4篇论文的作者人数分别占发表1篇论文作者数的2.86%、0.38%和0.19%,也远远低于洛特卡定律中对应的数字。这说明,国内城乡统筹义务教育研究的作者群还很不成熟,需要一段时间的培育。

表1-7 作者发文量分布表

发文量	作者数量	占作者总数的百分比	占发表1篇论文作者数的百分比
5	1	0.09%	0.10%
4	2	0.18%	0.19%
3	4	0.37%	0.38%
2	30	2.76%	2.86%
1	1 049	96.59%	100.00%
合计	1 086	100%	

根据普赖斯定律中有关核心作者的限定,核心作者中发表论文最少的论文数 N_{min} 与发表论文最多的论文数 N_{max} 有如下关系: $N_{min}=0.749\times(N_{max})\times 1/2$②。而根据之前的统计, $N_{max}=5$,代入上式后得出 $N_{min}=1.68$,也就是说,在城乡统筹义务教育研究领域,发表论文在2篇及以上的作者可以称为核心作者。从表1-8可以看出,城乡统筹义务教育研究者中,发表2篇及以上论文的作者共有37人,共计发表论文数量为85篇,占总论文数量的7.83%。而文献计量学中的"普赖斯定律"认为,核心作者群体完成了该研究领域中

---

① Lotka, A. J. The frequency distribution of scientific productivity [J]. Journal of Washington Academy of Science. 1926(16).

② Price, Derek de Solla. Little Science, Big Science, New York: Columbia University Press. 1963.

50%以上的论文。总体来看,国内城乡统筹义务教育研究工作者很分散,未形成核心作者群,学者们的研究持续性、学术贡献率有待进一步提高。

表1-8 发表2篇以上(含2篇)论文的作者

论文数量	作者姓名
5	李 玲
4	卢洪友　顾馨梅
3	姜 鑫　刘秀峰　张金英　马 萍
2	李晓东　李 敏　杨春芳　孙冬梅　张 毅　李胜利　刘义军　李 涛 张 雷　杜海燕　何怀金　田 芬　韩玉梅　韩清林　汪世君　袁世明 袁连生　龚 锋　郭彩琴　韩大勇　于月萍　朱福荣　陆远权　李克军 彭茂辉　蒋 平　夏 珥　王元京　王运锋　江 夏

(3) 机构分布

这1 134篇文章中,未署单位的有228篇,其他由793个机构(高校统计到大学院系级)完成,其中发表1篇论文的有720个机构,发表2篇及以上论文(共186篇)的有73家机构。本研究只对5篇及以上论文作者所属机构进行分析。由表1-9可知,研究城乡统筹义务教育的文献主要来自大学,以北京和重庆的大学发文量最多,这一方面与北京师范大学在我国教育领域的综合性实力有关,另一方面也与重庆市是国务院批准设立的"全国统筹城乡综合配套改革试验区"密切相关。

表1-9 高产单位(不少于5篇)情况

单位名称	发表论文数量
北京师范大学	28
西南大学	27
华中师范大学	15
成都大学	12
东北师范大学	10
武汉大学	8
南京师范大学	7
重庆市教育委员会	7

续表

单位名称	发表论文数量
广西师范大学	6
国务院发展研究中心	5
河南师范大学	5
山东师范大学	5
商丘师范学院	5
重庆工商大学	5

表1-10 高产省份(不少于5篇)情况

省份	单位数	文章数	省份	单位数	文章数
重庆	7	43	黑龙江	2	10
北京	2	28	广西	3	9
江苏	7	24	江西	3	7
河北	6	17	辽宁	2	6
河南	6	17	浙江	2	6
四川	4	15	山东	1	6
湖北	4	12	天津	2	5
部委*	5	10			

*注：中央部委及国务院所属事业单位不属于某省(区、市)，视为"部委"。

2. 内容分析结果

(1) 因子分析

因子分析①是一种寻找潜在支配因子的模型分析方法，其作用是分析可观测到的多个原始变量，找出数目相对较少的、对原始变量有潜在支配作用的因子。因子分析的目的就是用尽可能少的因子去描述众多的指标或因素之间

---

① 宇传华. SPSS与统计分析[M]. 北京：电子工业出版社，2007：491-513.

的联系,其基本思想是根据相关性大小对研究对象的变量进行分组,使得同组内的变量之间相关性较高,而不同组的变量相关性较低。因子分析法把相关性比较密切的几个变量归在同一类中,每一类变量就成为一个因子,用较少的几个因子反映原始资料的大部分信息。在 SPSS 18.0 软件中,以相关矩阵为对象,选择"主成分"(principal component)和"最大平衡值法旋转"(equamax)进行因子分析,得到抽取因子旋转后的总方差解释表(如表 1-11 所示),生成因子碎石图(如图 1-1 所示)。

表 1-11 抽取因子旋转后的总方差解释表

成分 (Component)	初始特征值 (Initial Eigenvalues)			提取平方和载入 (Extraction Sums of Squared Loadings)		
	合计 (Total)	方差百分比 (Variance%)	累积百分比 (Cumulative %)	合计 (Total)	方差百分比 (Variance%)	累积百分比 (Cumulative %)
1	5.471	12.435	12.435	5.471	12.435	12.435
2	2.784	6.328	18.763	2.784	6.328	18.763
3	2.53	5.751	24.513	2.53	5.751	24.513
4	2.214	5.032	29.545	2.214	5.032	29.545
5	1.858	4.223	33.769	1.858	4.223	33.769
6	1.675	3.807	37.576	1.675	3.807	37.576
7	1.57	3.569	41.144	1.57	3.569	41.144
8	1.549	3.521	44.665	1.549	3.521	44.665
9	1.385	3.148	47.813	1.385	3.148	47.813
10	1.328	3.018	50.83	1.328	3.018	50.83
11	1.25	2.841	53.672	1.25	2.841	53.672
12	1.177	2.676	56.347	1.177	2.676	56.347
13	1.114	2.531	58.878	1.114	2.531	58.878
14	1.085	2.465	61.343	1.085	2.465	61.343
15	1.053	2.394	63.737	1.053	2.394	63.737
16	1.012	2.3	66.037	1.012	2.3	66.037
17	.994	2.260	68.297			
...						
44	.000	.000	100.000			

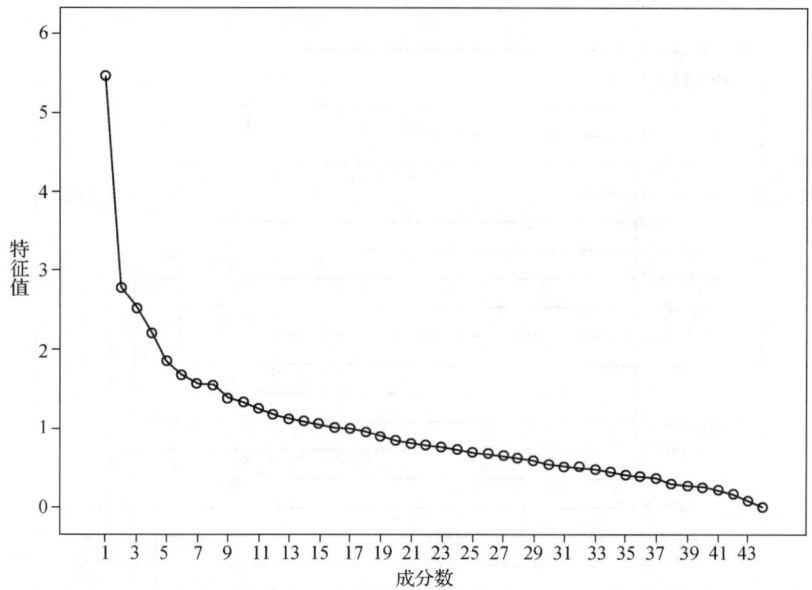

图1-1　因子碎石图

根据图1-1,按照"特征值大于1的因子被保留,特征值小于1的因子被舍弃"和"提取的因子累积百分比要达到60%以上"的原则,从关键词中提取符合条件的因子个数为16个。图中横坐标为因子数(成分数),纵坐标为特征值。从图中可以看出,前4个因子的特征值相对较高,从第5个因子开始,以后的曲线逐渐变得平缓,对原有变量的解释贡献较小,如"山脚下的碎石"般可忽略。

(2) 聚类分析

聚类分析是根据研究对象的特征对其进行分类的多元分析技术的总称,基本思想是认为研究的样本或指标(变量)之间存在着程度不同的相似性(亲疏关系)。[1] 在SPSS 18.0软件中,采用相关矩阵,选择个体与小类间的"组间链接(between-groups linkage)距离"进行聚类分析,得到聚类分析树状图(如图1-2所示)。

---

[1] 薛薇.统计分析与SPSS的应用[M].北京:中国人民大学出版社,2011:287-316.

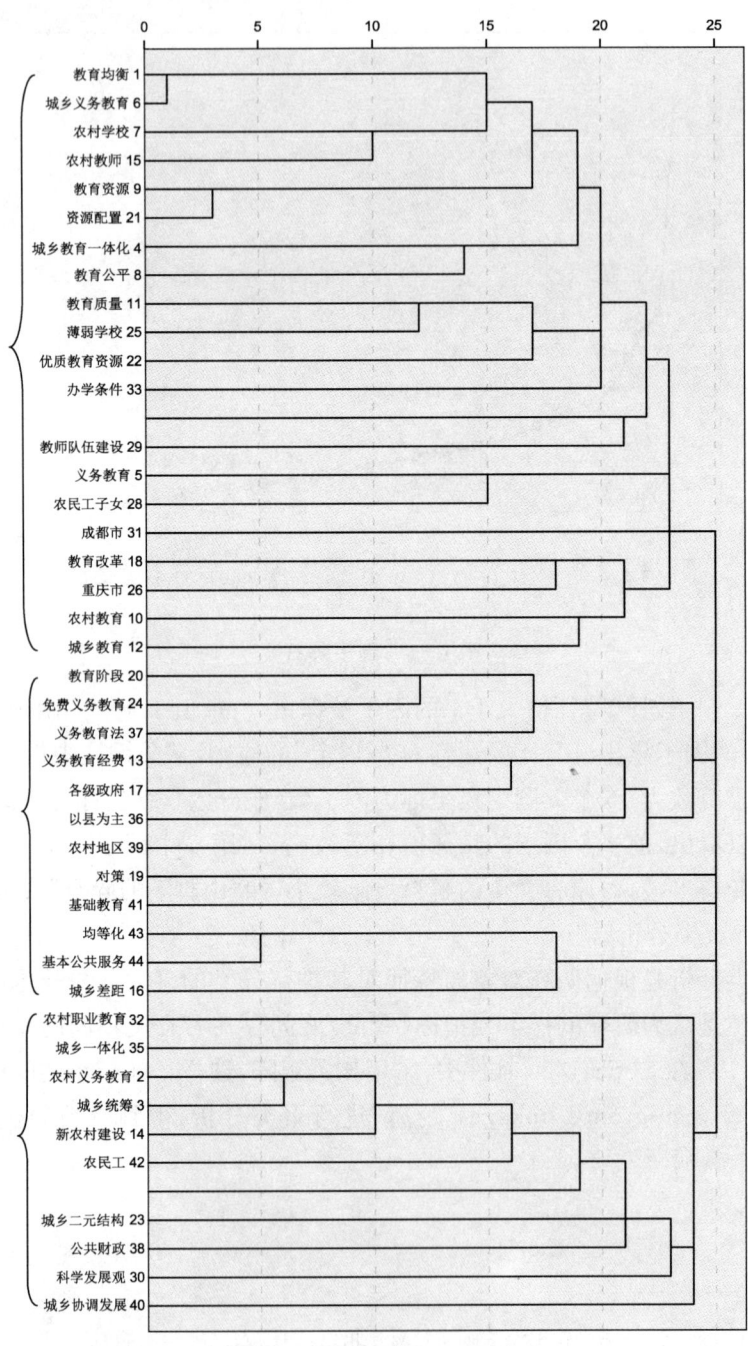

图1-2 聚类分析树状图

从图1-2可以看出,关键词大致聚为三类。第1类:城乡义务教育问题阐述,关键词包括教育均衡、城乡义务教育、农村学校、农村教师、教育资源、资源配置、城乡教育一体化、教育公平、教育质量、薄弱学校、优质教育资源、办学条件、教师队伍建设、义务教育、农民工子女、成都市、教育改革、重庆市、农村教育、城乡教育。第2类:城乡义务教育均衡对策,关键词主要包括教育阶段、免费义务教育、义务教育法、义务教育经费、各级政府、以县为主、农村地区、对策、基础教育、均等化、基本公共服务、城乡差距。第3类:城乡义务教育不均衡的宏观背景及深层原因,主要包括农村职业教育、城乡一体化、农村义务教育、城乡统筹、新农村建设、农民工、城乡二元结构、公共财政、科学发展观、城乡协调发展。

(3) 社会网络分析

社会网络分析法是一种研究社会结构和社会关系的分析方法,适用于研究群体的人际关系与群体结构,经过几十年的发展已被广泛应用于社会学、情报学等领域的研究中,成为社会科学研究的一种新范式。① 本研究采用社会网络分析法,从中心性分析的角度把握我国城乡统筹义务教育的研究热点及其之间的关系。分析结果如图1-3所示。

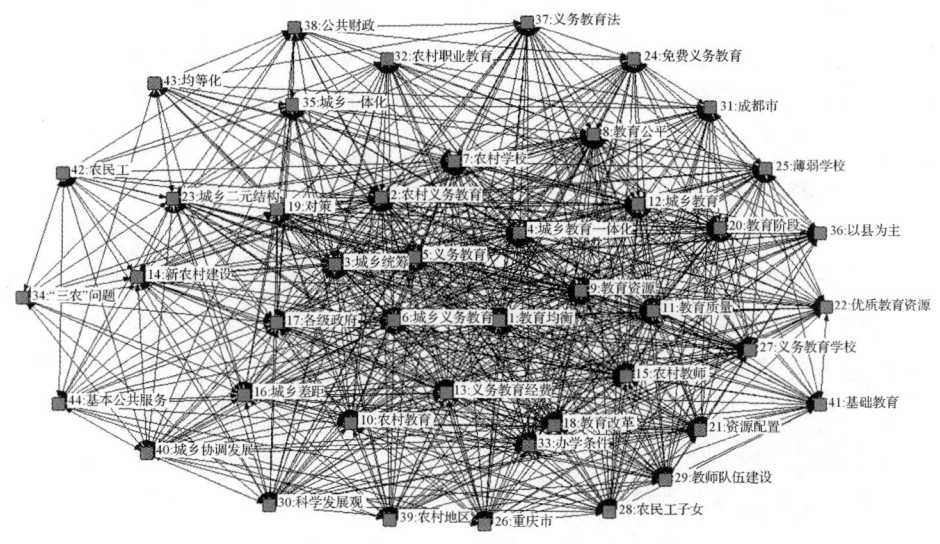

图1-3 社会网络分析图

---

① 朱庆华,李亮. 社会网络分析法及其在情报学中的应用[J]. 情报理论与实践,2008(2).

从图1-3中我们可以直观地看出：第一，教育均衡、农村义务教育、城乡统筹、城乡教育一体化、义务教育、城乡义务教育等处于网络的中心，表明这些词与其他关键词共同出现在同一篇文献中的次数最多，它们在城乡统筹义务教育研究中处于核心地位，其他研究方向都是围绕着这些核心展开的；第二，城乡教育、教育公平、新农村建设、城乡差距等研究内容和研究对象处于网络的中间位置，它们是联系网络边缘与核心的桥梁；第三，以县为主、城乡协调发展、教师队伍建设、优质教育资源等处于高频词共词网络中的边缘节点，表明它们既是当前研究的热点，也很可能成为未来的发展趋势。

三、结论与讨论

本文选取CNKI中国期刊全文数据库中新世纪以来有关城乡统筹义务教育的论文为研究对象，采用文献计量方法对论文的作者、年代分布等进行计量分析，同时采用共词分析法对其中的高频关键词进行因子分析、聚类分析和社会网络分析，并结合有关文献对新世纪以来我国城乡统筹背景下义务教育发展研究热点和发展脉络作进一步分析。主要结论如下：

1. 城乡统筹义务教育研究概况

总体上，新世纪以来国内城乡统筹义务教育研究逐步加强、研究成果数量逐步增多。此领域研究论文数量的显著变化与国家的政策密切相关。2003年党中央提出"城乡统筹"的构想，2007年国务院批准设立"全国统筹城乡综合配套改革试验区"，这些政策在很大程度上推动了相关研究的发展。本领域研究大体上可分为起步期（2001—2003年）、积累期（2004—2007年）和发展期（2008年至今）三个阶段。

从作者发文量、核心作者群等几个角度对城乡统筹义务教育研究者进行统计，结合文献计量学中的"洛特卡定律"和"普赖斯定律"，可以认为，国内城乡统筹义务教育研究工作者很分散，核心作者群很不成熟，尚且需要一段时间的培育，学者们的研究持续性、学术贡献率有待进一步提高。

从研究机构分布来看，研究城乡统筹义务教育的文献主要来自大学，以北京和重庆的大学发文量最多，这一方面与北京师范大学在我国教育领域的综合性实力有关，另一方面也与重庆市是国务院批准设立的"全国统筹城乡综合配套改革试验区"密切相关。

2. 城乡统筹义务教育研究热点

通过对相关研究论文进行内容分析,可以发现,教育均衡、农村义务教育、城乡教育一体化等为本领域研究的核心,众多热点围绕着它们展开,而优质教育资源配置、城乡协调发展等可能是未来的研究发展趋势。领域内的研究热点主要集中于城乡义务教育均衡发展问题研究、城乡义务教育非均衡背景及原因、城乡义务教育统筹发展对策等三个方面。

(1) 城乡义务教育均衡发展问题研究

反映这一方面的关键词涉及教育均衡、城乡义务教育、农村学校、农村教师、教育资源、资源配置、城乡教育一体化、教育公平、教育质量、薄弱学校、优质教育资源、办学条件、教师队伍建设、义务教育、农民工子女、成都市、教育改革、重庆市、农村教育、城乡教育等。从这些关键词可以看出,城乡统筹义务教育存在的主要问题是城乡之间义务教育的不公平,即城乡义务教育资源配置的不均衡,具体表现为学校、教师、办学条件等各种优质教育资源的不均衡,尤其突出的是农村学校力量薄弱、农村教师队伍建设急需加强,以及由此导致的城乡教育质量水平出现越来越大的差距。随着农民进城务工现象的增多,农民工子女能否在城市接受义务教育已成为新的城乡义务教育的矛盾所在。此外,成都市和重庆市两地作为同时被国务院确立的"全国统筹城乡综合配套改革试验区",成为研究者关注的重点对象。

(2) 城乡义务教育非均衡背景及原因

反映这一方面的关键词涉及农村职业教育、城乡一体化、农村义务教育、城乡统筹、新农村建设、农民工、城乡二元结构、公共财政、科学发展观、城乡协调发展等。我国城乡义务教育的非均衡问题,从根本上讲源于我国的城乡二元结构。城乡二元结构是我国在社会结构上实行城市/乡村二元分割的概括表达,又可称为城乡差别/二元社会结构。二元社会结构包括户籍、住宅、粮食供给、副食品供应、教育、医疗、就业、保险、劳动保障、婚姻、征兵等十余种制度,成为判断农民与市民阶层的依据。而城乡二元结构的构成要素中最主要的一点就是城乡之间资源再分配实行了两种截然不同的制度。比如,城市中的教育和基础设施,几乎完全是由国家公共财政投入的;而农村中的教育和基础设施,国家的投入则相当有限,有相当一部分要由农民自己来负担。这样使得城乡之间经济差距、教育均衡等问题愈演愈烈。科学发展观的提出,城乡统筹理念的确立,顺应了缩小城乡差距的潮流,改善了城乡义务教育均衡发展的政策背景。新农村建设政策及一系列措施的实施,也大大提升了农村基础设施和义务教育办学条件,在一定程度上缓解了城乡义务教育的差距。

(3) 城乡义务教育统筹发展对策

反映这一方面的关键词涉及教育阶段、免费义务教育、义务教育法、义务教育经费、各级政府、以县为主、农村地区、对策、基础教育、均等化、基本公共服务、城乡差距等。在实践科学发展观、实施城乡统筹和新农村建设政策的背景下,2006年至2008年三年间,政府加大投入,逐步完成了从农村到城市,从试点到推广,全面免除城乡义务教育学杂费的进程,是推动义务教育均衡发展、促进教育公平的重大举措。国家还对接收进城务工人员随迁子女的公办学校足额拨付公用经费,同时安排专项资金,对进城农民工随迁子女接受义务教育问题解决较好的省份给予适当奖励,解决新出现的义务教育发展问题。在统筹发展城乡义务教育的过程中,需要明确好各级政府的责任。各地实施了"以县为主"的农村义务教育管理体制,优化农村教师队伍,确保农村义务教育经费的正常需要,在教育资源均等化的基础上对农村地区尽量倾斜,努力缩小义务教育城乡差距。

本研究不可回避地带有一定的局限性。由于聚类分析是通过聚类运算的方式对关键词进行划分,从而实现对研究领域的分析研究,而关键词的分布与词的共现关系并不完全成正向相关,所以聚类分析中往往存在聚类不完整、划分不合理以及出现没有意义的类团等问题[①]。此外,共词分析存在时滞问题,随着研究的深入持久,某类关键词词频会逐渐增高。因此,并不能排除当前词频统计排名较低的关键词将来成为研究前沿的可能。若要更加准确可靠地预测研究前沿的趋势,还需要从其他更多角度做进一步的探讨。

---

① 李佳.共词聚类分析法中的主要问题与对策[J].情报学报,2010(4).

第二章 城乡统筹背景下义务教育均衡发展案例报告

第一节 西部成渝地区城乡义务教育统筹发展调查报告

　　早在2002年，党的十六大报告中就提出"统筹城乡经济社会发展"，2003年10月，党的十六届三中全会通过《中共中央关于完善社会主义市场经济体制若干问题的决定》，进一步提出以"统筹城乡发展"为首的"五个统筹"要求。2007年，成都市和重庆市设立"全国统筹城乡综合配套改革试验区"，其根本目的在于逐步建立较为成熟的社会主义市场经济体制，基本形成强化经济发展动力、缩小城乡区域差距、实现社会公平正义、确保资源环境永续利用以及建设社会主义新农村的理论架构、政策设计、体制改革及经济发展、社会和谐的综合模式，走出一条适合中西部地区的发展道路。2009年，在统筹城乡综合配套改革试验区建设的推动下，教育部分别与成都市、重庆市共建统筹城乡教育综合改革试验区，从而开启了西部成渝地区义务教育均衡发展的序幕。为了高质量地研究本课题，课题组的部分成员于2010年10月24日至30日、2012年5月29日至6月10日、2013年2月18日至24日分别对成渝地区部分区县开展了"城乡统筹背景下义务教育均衡发展研究"课题实地调研。通过参观考察、访谈记录、查阅资料和个案分析等形式，对重庆市南川区、黔江区、沙坪坝区和成都市蒲江县在城乡统筹背景下推进义务教育均衡发展的现状及经验方面有了比较概括性的了解和感触，综合所见所思以及文本数据信息资料撰写了课题调研报告，以此揭示西部成渝地区部分区县城乡统筹背景下义务教育均衡发展的最新进展和面临的现实困境。

一、城乡统筹背景下义务教育均衡发展调查对象的概况

重庆市与成都市均处于我国四川盆地,属于西部地区,以巴蜀文化自居,在统筹城乡义务教育均衡发展方面具有极大的相似性。两地既同时被批准为"全国统筹城乡综合配套改革试验区",又同时成为"国家统筹城乡教育综合改革试验区",其改革目的不仅限于破解城乡二元结构,更在于促进区域城乡教育统筹,实现教育公平。特有的地理位置以及相似的区位条件和政策环境,使重庆市与成都市在城乡统筹背景下推进义务教育均衡发展方面具备西部地区的典型性和代表性。为此,课题组随机选择重庆市南川区、黔江区、沙坪坝区和成都市蒲江县作为成渝两地推进城乡义务教育均衡发展的样本,开展了调研工作。

1. 重庆市南川区概况

重庆市南川区地处四川盆地东南边缘与云贵高原过渡地带,位于重庆市南部,东南与贵州省道真、正安、桐梓县接壤,东北与武隆县为邻,北接涪陵区,西连巴南区、綦江区。总面积2 602平方千米,总人口66万人,其中非农业人口9.86万人。全区现有中小学104所,其中小学66所,九年一贯制学校23所,单设初级中学9所,完全高中5所,特殊教育中心1个,另有幼儿园87所。在校(园)生规模达97 098人,其中幼儿园17 548人,小学37 168人,初中26 905人,高中15 204人,特殊教育中心273人。现有在职教职工6 417人,其中专任教师5 392人(本科以上学历2 020人,中级以上职称2 010人,区级以上骨干教师559人)。

2. 重庆市黔江区概况

重庆市黔江区地处武陵山区腹地、渝东南中心地带,是国家和重庆定位的渝东南及武陵山片区中心城市。总面积2 402平方千米,辖30个街道(镇乡)、218个村(社区),总人口约54万人,以土家族、苗族为主的少数民族人口占73%,其中非农业人口7.35万人。全区现有各级各类学校198所,其中小学148所,九年一贯制学校4所,初级中学14所,完全高中5所,特殊教育学校1所,幼儿园23所,中职学校3所。现有在校学生114 451人,其中基础教育阶段学生90 394人,正式教职工5 798人。

3. 重庆市沙坪坝区概况

重庆市沙坪坝区地处主城区西部,东滨嘉陵江,西抵缙云山,东隔嘉陵江与江北区、渝北区相望,东南与渝中区接壤,东北与北碚区相连,南与九龙坡区相靠,西接璧山县,紧邻重庆市高新技术产业开发区和北部新区。总面积396平方千米,辖24个街镇,总人口104.35万人,其中非农业人口95.82万人。全区现有高校18所,电大职大10所,中小学83所,中等职业教育学校12所,特殊教育学校2所,幼儿园178所。在校大中小学生达30余万人,教育人口占全区总人口的1/3;现有重庆市名师4人,重庆市骨干校长8人,具有突出贡献的教育专家2人,特级教师30人,重庆市教育终身贡献奖2人,荣获省部级奖励120余人次,中学研究员级教师13人,中学高级职称教师571人;参加国家级骨干教师培训50名,市级骨干教师156名,区级骨干教师303名,市区级学科带头人46名,校级骨干教师2 000余名。

4. 成都市蒲江县概况

成都市蒲江县位于四川盆地西南部、成都平原西南缘,方言属西南方言岷江话(与邛崃、大邑等县市较为接近),东邻彭山和眉山,西界名山,南连丹棱,北接邛崃,东西长37千米,南北宽27.5千米。县城鹤山镇距成都68千米,距西南航空港60千米,距彭山青龙场火车站35千米。总面积583平方千米,辖8个镇、4个乡,总人口26.37万人,其中非农业人口7.34万人。全县现有中小学26所,其中完全高(职)中3所,单设初中3所,九年一贯制学校12所,中心小学8所,在校学生29 553人;幼儿园31所(其中公办园2所),在园幼儿5 917人;在职教职工2 256人。全县幼儿入园率达95%以上;适龄儿童入学率、巩固率均达100%;小学在校生年辍学率为0,毕业率达100%;初中阶段入学率达100%,初中在校生年辍学率为0.27%,初中学生毕业率达100%,初中升入高中比例达95.01%,职普比为5∶5;义务教育阶段三残儿童少年入学率达100%;普通高中毕业率达95%以上。

二、城乡统筹背景下义务教育均衡发展实施战略与经验

重庆市与成都市在统筹城乡义务教育均衡发展方面的战略思路和规划设计殊途同归,旨在共同推进城乡义务教育一体化发展。重庆市依据《重庆市统

筹城乡教育综合改革试验实施方案(2008—2020年)》,按照"全域一盘棋、城乡一张图"的思路,坚持"以城带乡、整体推进"的统筹路径,提出统筹城乡教育"分两步走"战略:一是到2012年,初步形成城乡教育互动协调机制,基本实现区县辖区内义务教育均衡发展;二是到2020年,形成城乡教育一体化发展机制,基本实现城乡教育和谐发展。同时,勾勒出城乡义务教育一体化的基本轮廓,推进改革试验向纵深发展,主要包括三个维度:第一,空间形态一体化,根据"一圈两翼"独特的空间结构和城乡不同层级主体功能区的划分,科学定位区域、城乡教育的功能和发展思路;第二,物质形态系统化,将学校、师资、经费、教学设施设备、课程教材及课堂教学五大要素进行整体制度设计安排和实施;第三,社会形态一体化,统筹不同教育对象实现教育公平,重点保护城乡家庭经济困难群体子女、进城务工人员随迁子女、农村留守儿童三大特殊群体的教育权益。

成都市依据《成都市建设统筹城乡教育综合改革试验区实施方案》,实施城乡义务教育一体化发展"三步走"递进式战略:第一步,将推进义务教育均衡发展作为重心,达到缩小城乡教育差距的目的;第二步,按照"全域成都"的理念,搭建优质教育资源共享平台,深入推进城乡教育一体化;第三步,着力构建具有成都特色的、城乡一体的教育现代化改革发展模式,以促进全域成都教育均衡、优质发展。同时,提出城乡义务教育均衡发展的阶段性工作目标:第一阶段(2008—2010年),高水平发展义务教育;第二阶段(2011—2015年),实现义务教育高水平均衡发展;第三阶段(2016—2020年),实现义务教育优质高效发展。此外,成都市将所辖区县划分为三个圈层:第一圈层,主要由锦江区、青羊区、金牛区等6个中心城区组成,发挥教育辐射功能;第二圈层,主要由新都区、温江区、双流县等6个近郊区(县)组成,发挥教育吸纳功能;第三圈层,主要由都江堰市、蒲江县、大邑县等8个远郊市(县)组成,发挥教育后发优势。"三圈层"联动推进成都市城乡教育统筹工作全面开展。

调研中,课题组发现在重庆市和成都市整体推进城乡统筹义务教育均衡发展战略的宏观指导下,重庆市南川区、黔江区、沙坪坝区和成都市蒲江县分别结合各自区县地域实际,制定了具体的义务教育均衡发展战略规划,形成各具特色的教育发展模式,并取得了明显成效。

1. 重庆市南川区、黔江区、沙坪坝区义务教育均衡发展实施战略与经验

南川区、黔江区、沙坪坝区根据重庆市城乡教育总体规划和城镇化建设进程,以《重庆市人民政府关于进一步推进义务教育均衡发展的意见》和《重庆市统筹城乡教育综合改革试验实施方案》文件精神为指引,明确义务教育均衡发展目标,统筹规划、合理调整城乡中小学布局,全面实施农村中小学标准化建设工程、教师素质提高工程、蓝天助学工程、农村义务教育经费保障工程、教育督导评估工程,加快中小学校基本建设步伐,有效解决城镇学校容量不足、寄宿制学校生活设施不配套、农村学校条件简陋等问题,大力推进义务教育均衡发展。

(1) 建立"三大机制",强化教育政策保障

① 建立均衡发展推进机制。

2008年,教育部与重庆市政府签署《共建国家城乡教育综合改革试验区战略合作协议》,2009年1月,国务院出台《关于推进重庆市统筹城乡改革和发展的若干意见》,给重庆义务教育均衡发展提供了强有力的政策支撑。重庆市委、市政府确立了2012年基本实现区县义务教育均衡发展的奋斗目标,每年召开工作推进会,市县联动,城乡互动,落实城乡学校"百校牵手、捆绑发展"等帮扶政策和措施,推动区域内义务教育办学条件、师资队伍、管理水平、教育质量等方面均衡发展。

2010年3月,重庆市黔江区教育委员会出台了《重庆市黔江区教育委员会关于城乡教育互动帮扶工作的实施方案》。方案将城区学校确定为援助学校,农村学校为受援学校,按照"以城带乡、整体推进、城乡一体共发展"的原则,开展"以校带片,连片发展"(一所城区学校扶助2—4所农村学校)的主要帮扶模式,如黔江中学帮扶濯水中学、鹅池中学、太极中学,新华小学帮扶阿蓬江小学、濯水小学、水市小学、蓬东小学。帮扶学校通过开展校级互动交流,充分发挥城区学校人才、科研、资源等优势,促使援助学校与受援学校一体化发展,实行集团化管理、捆绑式考核,探索出"城乡互动、资源共享、捆绑发展"的黔江办学特色。

在帮扶形式方面,一是建立联席会议制度。互动帮扶学校之间通过定期举行联席会议,交流管理理念、办学思想、制度建设、校园文化、评价考核体系、经验做法,共同学习,共谋发展。二是部门对口帮扶。援助学校各部门、职能

办公室在学校统一安排和部署下,与受援学校相关部门(室)结成帮扶对子,并拟定帮扶长远规划和近期目标,定期到受援学校开展活动,以提高帮扶质量,实现互动帮扶的针对性和实效性。在校长交流方面,农村学校校长进城做助理校长(又称"影子校长"),到市区的名校去学习,了解办学方法及办学理念。三是教师之间结成"一对一"帮扶对子。各援助学校本着"帮扶一校、培养一批、全面提高"的原则,选择经验丰富的业务骨干与受援学校的青年教师结成"一对一"帮扶对子,定期深入受助教师的课堂之中,重点指导青年教师的教育教学和专业成长,为受援学校培养一批教育教学能手。四是班级、学生之间的互动帮扶。班级是构成学校的基本单位。互动学校组织部分班级之间进行互动帮扶,定期开展相关活动,培养学生的合作、互助、集体意识,促进学生身心健康发展。同时,在尊重学生主观意愿的基础上,对口学校双方确定部分学生开展"手拉手"帮扶活动,建立"手拉手"活动联系机制,促成对口学校双方学生在生活和学习中加强联系,相互学习,共同进步。

在帮扶考核方面,区教委人事科、教育督导室具体负责考核考评。考核采取定期考核与随机抽查相结合,通过看效果、查记录、访学生等方式对帮扶工作的各个方面予以量化考评。对在考评中取得优异成绩的学校给予奖励,对帮扶工作消极怠慢、成绩低劣的学校将严格按考核细则处理。互动帮扶工作与学校年终综合考核挂钩,援助学校的年终考核分占综合考核分值的60%,集团内各校平均分占综合考核分的40%。受援学校的年终得分为本校的考核得分。帮扶工作三年为一个周期,三年结束后由区教委全面考核总结。此外,帮扶工作还与教师晋升评职称、绩效等挂钩。城区义务教育学校教师无农村任教经历,不能晋升上一级职称,农村中心校教师无村(完)小任教经历,不能晋升上一级职称。将帮扶工作实施情况纳入绩效考核办法,对在考核中成绩特别突出者,在同等条件下评职评优优先。

对口学校通过理念帮扶、制度帮扶、培训帮扶、技术帮扶、资源共享帮扶等,促使农村学校在师资水平、育人质量、科研能力、管理水平和办学特色等五个方面实现了"五个显著提升",共同促进了城乡义务教育的均衡发展。

② 建立均衡发展保障机制。

重庆市委、市政府坚持从"预算内和预算外、预算和决算、地方决算和中央决算"三个方面,保障教育投入占财政开支的20%。近些年来,累计投入经费

186亿元推动义务教育均衡发展,消除"普九"债务28亿元。2006年以来,落实专项经费55亿元,提高农村学校公用经费、困难寄宿生生活补助、免费教科书补助、校舍维修改造补助标准,实现了城乡免费义务教育。重庆市委三届四次全委会决定,到2012年,全市将投入780亿元用于农村中小学建设,其中投入320亿元实施中小学标准化建设。此外,重庆是个"大农村",农村孩子经济条件差,营养难保证,政府实行蛋奶工程,农村学生每天有一袋奶、一个鸡蛋,农村住校女生每天还有一元的补助。

③ 建立均衡发展考评机制。

从2007年开始,重庆市委将区县本级财政教育投入、义务教育阶段标准化学校完成率等指标,作为区县党政班子实绩考核的重要内容,市委组织部每年进行考核,考核排名倒数第一的区县党政主要领导将调整工作岗位。重庆市政府将义务教育发展水平列入区县政府教育工作督导评估的重要内容,全面启动"义务教育均衡发展合格区县"评估工作,增强了区县党委政府推进义务教育均衡发展的积极性和主动性。

(2) 统筹学校布局,加强规划与建设

重庆市各区依据城市化进程速度,以及各区2010—2020年的教育发展规划,制定了校点布局长远规划。充分考虑当地地理环境、人口变化、经济条件和教育基础等因素,结合社会主义新农村建设、城镇化建设要求,坚持城乡统筹规划,在着力改善农村中小学办学条件的同时,根据乡镇人口分布情况新建或改扩建学校。按照"小学向乡镇集中,初中向片区集中,高中向主城集中"和"重规划、重质量、重民生"的原则,对全区学校进行合理布局,确保"投资一所,建设一所,见效一所",让每一个孩子都"有学上"。如黔江区规划到2012年,将全区30所农村中心校、9所农村初级中学全部建成标准化学校;将全区的农村小学由现在的148所调整为57所,初级中学由14所调整为9所。南川区普通中小学校点由2004年的301所调整、撤并为现在的103所,其中单设初中由19所调整为9所,九年一贯制学校由31所调整为23所,小学校点由246所调整为66所;根据"十二五"规划,南川区普通中小学将由现在的103所调整为100所,在城区规划新建普通中小学8所。在撤并校点的同时,加强教育资源整合,加强农村寄宿制小学、寄宿制初中建设。逐步撤并九年一贯制学校的初中部,办好每一所片区中学,在2015年前实现教育硬件环境的初步均衡,到2020年实现教育基本均衡。

(3) 统筹办学条件,大力实施"三大工程"

按照"把学校建设成为最牢固、最安全、家长最放心的地方"这一目标,近年来,重庆市加强了对农村中小学标准化和寄宿制的建设,2010年3月,重庆市教委制定印发了《重庆市义务教育学校教学设备基本配备标准(试行)》,以加强义务教育学校标准化建设,促进各级各类学校均衡发展。十年来,黔江区政府累计投入近10亿元资金改善办学条件,全区各级各类学校占地总面积由建区前的132.3万平方米增加到2010年的207.9万平方米,增长36.4%;校舍总建筑面积由建区前的52.6万平方米增加到2010年的74万平方米,增长28.9%。通过大力实施农村中小学标准化建设工程、中小学校舍安全工程、教育信息化工程等专项工程,全区中小学共计新征校地763 715平方米,新建校舍272 023平方米,维修改造校舍55 712平方米。2009年新建8块塑胶运动场,2010年再建12块。黔江区通过对教学用房、宿舍、运动场以及食堂的新建和续建,实现了全区小学乡镇寄宿制学校住读率达到60%,初中学生住读率达到90%。黔江区某校长表示:"若不贷款,需要五年才能达到现在的校舍状况,以前学生食堂随时检查都不合格,几次停办,但学生需要吃饭,这个问题一直到学校标准化建设工程实施后才得以解决,现在的学校食堂比自家的还好……"标准化建设工程有效地解决了农村学生特别是边远地区学生"上好学"的问题,满足了农村中小学生就读需求。

在教育信息化工程方面,2009年11月,中共重庆市委办公厅、重庆市人民政府办公厅出台了《关于建设"五个校园"的意见》。"数字校园"是"五个校园"之一,明文强调要建设数字校园,加快教育信息网络设施建设,加快优质资源开发、应用和共享,提高教育信息化水平。2009年12月,重庆市教委、市经信委、市科委下发了《重庆市"数字校园"建设实施方案》。2010年5月,重庆市数字校园建设领导小组办公室拟定了《重庆市中小学数字校园建设手册》,作为全市中小学"数字校园"建设的范本和指导性手册。该《手册》规划了重庆市中小学校"数字校园"建设的三种模式及标准,即模式一——直通部署模式、模式二——分布部署模式、模式三——"多网合一"部署模式。目前,重庆市农村中小学已全部实现模式一,建成了教育宽带城域网,拥有计算机网络教室和多媒体教室各100间,"班班通"教室400余间,为教师购置笔记本电脑3 000余台,初步形成了"天上一颗星,地上一片网"的现代远程教育网络体系。黔江区还提炼出"一机三用"模式,即"上课学生用,课余教师用,节假日农民用"。2007年,黔江区被评为教育部、李嘉诚基金会西部中小学现代远程教育项目先进集体。

(4) 开展督导评估,保障义务教育均衡

重庆市为贯彻落实《中国中长期教育改革和发展规划纲要(2010—2020年)》精神,根据《重庆市人民政府关于进一步推进义务教育均衡发展的意见》和《重庆市人民政府关于进一步加强教育督导工作的意见》要求,2010年8月,重庆市人民政府办公厅制定并印发了《重庆市义务教育均衡发展合格区县督导评估方案(试行)》。重庆市在全国率先启动全新模式的义务教育均衡发展督导评估工作。全新模式的督导评估工作将凸显"均衡"和"发展"两大主题,建立"达标+差异"的评估模型,采用专业化和程序化的教育均衡发展督导评估。较以往不同的是,在评估方法上,新的督导评估将坚持督导评估程序的公开性、督导评价方式的多样性及评估主体的多元化,评价内容上分为保障措施、差异程度、公众评级三个方面,由3个一级指标、12个二级指标、26个三级指标组成。通过自查申报、社会公告、专项评估、过程督导、综合评估、审核认定等程序,报市政府认定。义务教育均衡发展合格区县督导评估结果将作为申报教育强区强县的必要条件和向上级申报教育先进的重要依据;作为市政府考核区县(自治县)政府教育年度工作目标的主要依据和考核区县(自治县)政府主要领导履行教育职责的重要内容。

2010年底重庆市政府将对该市的万州区、黔江区、沙坪坝区等15个区县的义务教育均衡发展进行督导评估,2011年督导评估11个区县和北部新区管委会,2012年评估14个区县(自治县),力争到2012年实现县域内义务教育发展的基本均衡。2010年9月16日,重庆市在全国率先开展省级基础教育质量监测,覆盖重庆市40个区县和直属中小学的五年级、八年级,采取"科学抽取部分学生完成多份试卷"等方式,随机抽取了近700所中小学、5万余人次的中小学生、4 000余名数学教师和700名校长直接参加质量监测。不仅如此,黔江区还建立了相对独立的教育督导机构。区政府任命了5名专职督学,聘任了25名兼职督学和4名特约教育督导员。建立了督学责任区制度,责任区督学实行"一岗双责",制定了明确的督学职责、督学行为准则和督导工作规程,配备了督学证和督学手册,有计划地开展督导工作,以促使学校认真贯彻执行教育法律法规,督导学校建设工作,对重点民生工程进行督导检查等,促进城乡义务教育均衡发展。

(5) 完善互动机制,加强师资队伍建设

统筹城乡义务教育,关键是师资的统筹和均衡。南川区在统筹师资方面做了大量有益的尝试。

① 建立合理有序的流动机制。

一是招考乡镇教师到城区学校,调动广大教师的工作积极性,另外每年面向社会择优招聘优秀大学毕业生 40 人充实乡镇学校师资队伍。二是建立城区学校教师到乡村学校任教的顺向流动激励机制。城镇中小学教师晋升高级教师职务以及参评优秀教师、特级教师,应具有在农村学校任教一年以上的经历。进一步强化重庆市名师、中小学特级教师、中学研究员到农村学校定期讲学支教制度和农村学校校长、教师到主城区学校任职、培训制度。实现城乡教师的双向流动,形成"填谷培峰"的良性循环,而不是"挖谷培峰",避免教师的单向流动。

② 建立"上挂下派"交流制度。

通过区乡教师到城区学校上挂学习锻炼和城区学校教师到区乡学校深入课堂教学、指导和学科引领,促进区域教育均衡发展。如南川区近两年选派 50 名骨干教师、优秀教师到山区学校、薄弱学校进行为期至少一年的支教,另外还接收了重庆工商大学、重庆邮电大学专业技术支教人才 35 名。

③ 完善继续教育培训机制。

规定教师继续教育经常性经费不低于教职工工资总额的 1.5%,有条件的地区可达到 2.5%,并纳入预算安排。学校每年将公用经费的 5% 用于教师培训。制定义务教育阶段教师培训中长期规划,设立市级义务教育师资培训专项经费,每年培训 300 名农村义务教育阶段学校骨干教师、200 名骨干校长。制订学历提升奖励资助办法,帮助农村学校教师提高学历水平。截至 2009 年底,重庆市 40 个区县义务教育阶段规定学历专任教师比例最低在 95.9%,部分区县达到 100%;学历提高比例在 50%—93.25%。

同时,南川区采取"请进来、送出去"等多种形式选派组织 7 000 多人次的干部、教师到全国、市、区参加各个层次的培训学习,还聘请著名教育专家魏书生给5 000名教师做学术报告,邀请10多名重庆市级特级教师到南川区开展献课评课活动。

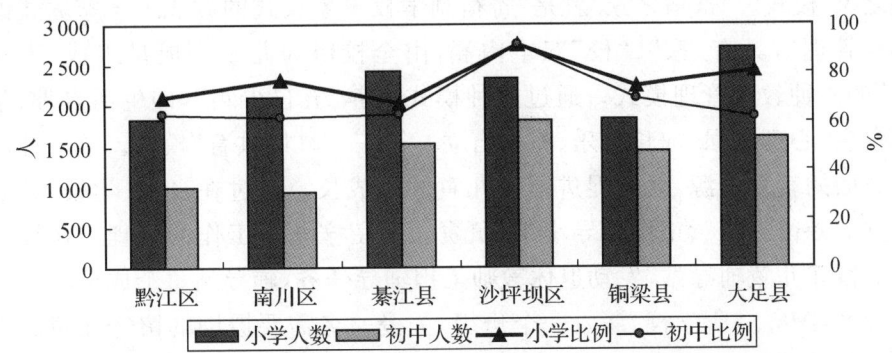

图2-1　重庆市部分区县义务教育阶段专任教师学历提高情况统计图

数据来源:重庆市教育事业统计分析资料(2009年),重庆市教育委员会编印

*注:专任教师提高学历,小学为高中学历提升至专科毕业及以上,初中为专科毕业及以上提升至本科毕业及以上。

(6) 探索管理模式,加强留守儿童教育

重庆作为一个"大农村"、"大山区",外出务工人员非常多,由此使得留守儿童的教育问题成为人们关注的焦点。近年来,重庆市教委将留守儿童工程作为十大民生工程的抓手,并在13个区县筹划启动第一批留守儿童学校项目。经过多年的探索实践,形成了有名的"鸣玉镇经验",鸣玉镇所在的南川区在留守儿童教育管理方面成为重庆的一面旗帜,引起了中国教育电视台、新浪网等近20家媒体的关注,中央电视台二套节目"对话"栏目名主持王小丫还专门邀请该镇有关人士进京做了专访。南川区在校生中双亲在外务工的留守儿童达1.5万人,占学生总数的23.4%。在培养、照顾留守儿童的过程中,南川区实施了"留守儿童关爱计划",逐渐探索出"代理家长"、"寄宿之家"、"社区共育"、"还原教育"等四种成功模式,并在此基础上,总结出具有普遍意义的"六有"经验,即有固定的学习环境、有固定的生活条件、有固定的联系对象、有固定的心理疏导场所、有固定的家庭氛围营造的渠道、有固定的监护管护办法。

第一,"代理家长"模式。由地方政府出面,动员有帮扶能力的社会各界有识之士自愿担任留守儿童的代理家长,弥补亲情,呵护心灵,关心生活,指导学习,把留守儿童培养成"懂亲情、会感恩、明事理、求上进"的好少年。第二,"寄宿之家"模式。"寄宿之家"就是"寄宿制学校＋家长式的教职工＋家庭式的学校管理",具有"家"、"校"双重内涵,由全校留守儿童为成员组成"大家庭"的一种教育管理模式。通过这种模式培养"五自少年",即生活自理、学习自主、心理自强、成长自乐、将来自立。第三,"社区共育"模式。整合社区各方面的教育资源,共同促进留守儿童健康成长。通过在乡镇、学校、社区成立关爱留守儿童工作领导小组,负责辖区留守儿童工作的管理。在社区建立留守儿童辅导站,发动退休教师承担辅导任务,辅导站每个成员联系一个社区,蹲守一所学校、深入一个班级、关爱一名需要援助的留守儿童。辅导站每月开展辅导活动,随时关注留守儿童的生活环境,不定期协同乡党委、政府、派出所、工商部门等检查整治社区茶馆、台球室和网吧等娱乐场所。在社区干部、党员、教师中为留守儿童联系"义务爸爸"、"义务妈妈"。建立爱心网站,方便外出务工父母了解孩子的情况,号召社会各界共同关爱农村留守儿童。第四,"还原教育"模式。"还原教育"模式主要是对留守儿童缺失的家庭教育进行"还原",使留守儿童父母和他们的托管人共同经营良好的家庭教育。该模式通过各种办法,增强家长和托管人的责任心,促进家校联系,提高家教水平。

留守儿童由于长期缺乏与父母面对面的交流和教导,容易亲情缺失,养成不良的行为习惯,表达交流能力欠佳。调查中,某老师谈到一位留守儿童,由于父母长期在外务工,当让其用学校的亲情电话与父母通话时,"他泪流满面,但一句话也说不出来……""留守儿童的亲情缺失、营养健康等问题比较严重",对留守儿童的关爱刻不容缓,因为他们不是一个人,而是一个群体,一个很大的群体,一个弱势的群体……诚如一位校长所言:"今日是留守儿童,再往前走一步,就可能成为问题儿童……"为此,黔江区黑溪中学从留守儿童的思想政治、人格品质、心理情感、行为习惯以及营养健康等方面(简称"4＋1"模式)着手,加强对留守儿童的关爱和教育。

在调研的过程中,我们也明显地感受到了重庆市政府、重庆市教委对留守儿童的关爱和重视。重庆市教育委员会联合重庆警备区司令部开展了留守儿童"特殊军训",以期让留守儿童形成良好的生活习惯和坚强的意志。市卫生组织定期为留守儿童进行体质检查;大学生志愿者进学校关爱帮助留守儿童;社会力量对留守儿童也投入了大量关注,如康师傅集团为留守儿童赞助床上用品和校服,赞助每天两元钱的伙食补贴。通过多种渠道和方式,在全社会努力营造共同关爱留守儿童,促进留守儿童健康成长的氛围。

(7)探寻办学特色,实现教育"百花齐放"

重庆市在统筹城乡教育发展的同时,坚持素质教育,坚持德育为首,育人为先。在促进学生全面发展的同时,注重学生个性张扬,实现重庆教育"百花齐放"、"百家争鸣",丰富重庆优质教育资源。

重庆大学城第二小学校(简称大学城二小)便是"百花"中的一枝红杏。重庆大学城第二小学校位于沙坪坝区西部曾家镇龙荫安置区,傍莲花秀水,眺歌乐美景。大学城二小作为一所高起点、高配置的农村窗口学校,于2006年3月23日正式成立。学校占地1.6万平方米,建筑面积1.12万平方米,是大学城7所配套中小学中第一所建成投入使用的学校。按照沙坪坝区委、区政府关于"把大学城二小建设成为与沙区教育水平相适应,与西部新城相匹配的学校"的部署,在各方大力支持配合下,在较短的时间内(约20天),当地政府和教委投入3 000万元资金,完成了大学城二小的设施设备配套工程。为此,某校长深有感触地说:"政府的投资,对农村学校的发展起了很大的作用。"大学城二小现有教师77人,学生1 200多人,设24个教学班,每班均配备计算机和等离子电视。学校有高标准的计算机教室、实验室、科技室、音乐室、美术室、阅览室、学术报告厅、舞蹈排练厅和学生食堂,还有3 000平方米的运动场。校园翠竹掩映,绿树成林,有各类植物近10万株。

大学城二小是一所以书法为鲜明特色的农村学校,一走进学校走廊,那映入眼帘的一幅幅书法艺术作品,淡雅质朴、水墨华滋、起伏跌宕,犹如华美乐章,以强烈的视觉冲击力,让我们领略到了书法艺术的率真之韵与和谐之美。这些作品中,有著名书法家的手笔,也有本校教师和学生的优秀作品。在我们为这一切感叹时,大学城二小的一名校长告诉我们,学校有77名教师,其中有10名教师获得了市级书法比赛一等奖。这为学校创书法特色奠定了师资根基。谈到学校特色的形成过程,该校长说,这是一个积累的过程,首先,学校每学期进行书法比赛,在开放的操场上,邀请家长前来欣赏,看到自己孩子在书法方面的表现,一些家长为之自豪,一些家长感到惭愧,这就为家长们进一步支持孩子的书法创作奠定了心理基础。其次,学校每年春节组织20—30名教师和学生给父老乡亲献写春联,让家长们从情感方面支持书法学习;此外,学校还从经济上减轻家长的负担,书法教育所用的笔墨纸砚学校一分钱不收。通过以上的三大步骤,学校最终使书法走进了学生和家长的心里,得到了群众的认可,形成了教师、学生、家长齐练书法,共同打造书香校园的氛围。大学城二小以实际行动,切实落实"一校一品,一校一特色"的办校理念,促进学校的校园文化建设,促进学校的内涵式发展。

2. 成都市蒲江县义务教育均衡发展实施战略与经验

作为城乡统筹背景下义务教育均衡发展典型示范县的蒲江县,地处成都市第三圈层,该县始终坚持贯彻《成都市关于统筹城乡教育改革和发展的意见》和《成都市建设统筹城乡教育综合改革试验区实施方案》文件精神,把统筹城乡教育"高位均衡、优质发展"作为首要任务,按照统筹城乡、"四位一体"科学发展的总体战略部署,在奋力推进经济社会发展的同时,大力实施教育优先发展战略,以成都市建设统筹城乡教育综合改革试验区为契机,全面深入推进城乡义务教育综合改革,协调促进各级各类义务教育学校均衡发展,努力实现城乡中小学校办学条件明显改善,城乡义务教育差距逐步缩小,特色办学模式初具雏形,优质教育覆盖范围不断扩大,蒲江义务教育整体质量迈上新台阶。

(1) 三个优化,搭建统筹城乡义务教育均衡发展平台

面对全县农村人口占人口总数高达72.2%、经济发展相对滞后的巨大压力,蒲江县明确提出了"振兴蒲江的关键在于振兴教育"的战略思想,坚持把发展教育作为最大的民生工程,举全县之力,强力推进,努力做到"三个优先",构建统筹城乡义务教育均衡发展平台。

① 教育经费优先安排。

"再穷不能穷教育",蒲江县坚持财政向教育倾斜,千方百计加大教育投入,努力解决学校发展的现实问题,为统筹城乡义务教育均衡发展创设了良好的环境。2004年以来,蒲江县教育经费总投入达8亿多元,特别是在依法确保"三个增长"上,积极贯彻"以县为主"的管理体制,坚持教育经费优先安排、优先解决,实现财政对教育经费拨款的增长高于财政经常性收入的增长,保证了生均教育费用、生均公用经费和教师工资逐年增长。就总量而言,2004年,县级教育经费投入7 498万元,2009年达到1.8亿元,现已突破2亿元,且每年

教育经费的投入基本达到甚至超出县级财政收入的二分之一。以 2007 年为例,该县县级财政收入首次过亿,达到 1.3 亿元,其中用于教育的经费达 8 000 多万元,超过县级财政收入的一半多。2008 年,全县彻底化解"普九"债务,为学校可持续发展提供了有力保障;2012 年,实施城乡公办义务教育阶段学校生均公用经费财政拨款标准统一工程,将全县义务教育阶段学校生均公用经费拨款标准统一调为小学 700 元/生/年,初中 900 元/生/年,所需资金按市、县 6∶4 分担,全年按新标准拨付公用经费 1 074.54 万元。

② 教育项目优先推进。

蒲江县坚持把项目建设作为统筹推进城乡义务教育均衡发展的基础性工作来抓,努力做到优先考虑、优先实施。一是投入 1.2 亿元,率先在成都市启动并完成农村中小学标准化建设工程,促进农村学校面貌焕然一新。2012 年 1 月,《成都市城乡中小学标准化建设提升工程实施方案》正式出台,蒲江县按照"统一设计、统一标准、统一建设"和"投、建、管三分离"的原则,制订并推进《城乡中小学标准化建设提升工程实施方案》。二是率先在成都市完成教育技术装备满覆盖工程。按照成都市统一标准,坚持"提前规划、超前实施"工作原则,完成 13 所学校教育技术装备标准提升工程;投入 3 000 多万元,对义务教育学校的功能室、实验室、图书室、音体美教室等统一装备,目前市财政资金 2 980 万元已到位,市教育局正在进行政府采购申报,预计 2013 年 5 月全部配备到位。三是全面推动一流校舍建设。争取多方投入资金近 1.5 亿元,全面完成中小学灾后重建,保障所有学生进入永久性校舍上课;全面完成中小学校舍安全工程近期规划任务,投资 5 996 万元,改造校舍 47 383 平方米,其中新建校舍 34 568 平方米,维修加固 12 815 平方米;推进中小学校舍和运动场建设,由市级财政投入资金 200 多万元,于 2012 年 9 月底全面完成全县 22 所中小学 571 间普通教室光环境改造工程,共安装教室灯具 3 997 套,安装黑板灯具 1 749 套;全面完成北街小学、南街小学、鹤山初中、寿安中学初中部等 10 所中小学 11 个运动场的标准化改造工程。

③ 教育群体优先关注。

一直以来,蒲江县高度重视教育群体的工作、学习和生活,想教育群体之所想,排教育群体之所忧,优先关注教育群体,通过争取各项教育惠民政策,为教育群体排忧解难,特别是开展了一系列行之有效的措施,切实保障了处境不利学生和教师的基本权益。一是对学生群体实施帮困助学工程。一方面,逐步完善教育资助体系,积极开展义务教育阶段学生资助工作。2004年以来,共筹集助学资金6 000多万元,资助中小学生等25万余人次,充分保障了家庭经济困难学生受教育的权益,进一步促进了教育公平。另一方面,探索管理体制和育人模式的改革,关注农村留守儿童的教育与发展。通过多年的实践,蒲江县部分义务教育中小学校初步探索出"1763式"农村留守儿童教育管理体制,即:其一,一个强有力的领导班子,成立以校长为组长,分管副校长和政教处主任为副组长,团队辅导员、心理老师、各年级组长为成员的农村留守儿童工作领导小组。其二,七级学生网格工作系统,建立农村留守儿童七级网格系统。其三,六大学生管理制度,建立六大农村留守儿童教育管理制度。其四,三位一体的运行模式,构建学校、社区和家庭"三位一体"的教育管理模式。二是对教师群体实施尊师重教工程。在提高教师地位方面,形成人人关心教育、人人尊师重教、人人支持教育的浓厚氛围。在提高教师待遇方面,县财政设立专项经费,按梯度设立津贴奖励各级教师。在改善教师住房方面,县政府本着"政府让利、教师得实惠"的原则,在县城区划地26亩,共修建教师集中居住房9幢,妥善解决了农村教师住房困难问题。

(2) 四项机制,促进统筹城乡义务教育高位均衡发展

城乡义务教育真正意义上的均衡是软件均衡。蒲江县在大力改善学校硬件条件的同时,统筹推进城乡义务教育体制机制改革,着力在统筹学校管理中创新机制建设,在内涵发展中狠抓软件提升,健全城乡一体化的公共教育管理及公共服务体系,有效解决城乡学生"上好学"的问题。

① 完善教师队伍建设机制。

为在教师队伍建设上有所突破,努力形成"洼地"效应,吸引更多更好的优秀人才到蒲江投身教育事业,促进城乡义务教育均衡发展,蒲江县颁布实施了一系列师资建设的政策措施。一是畅通人才引进机制。2011年8月15日,经县政府分管领导召集组织、人社、监察、教育及财政部门审定通过《蒲江县教育局关于教育人才引进暂行办法》,积极引进教育人才。二是均衡优化师资配置。蒲江县教育局成立了教师管理中心,加强师资队伍管理,制订《岗位设置实施方案》,初步建立起教师职级体系。三是提升学校校长管理能力。通过试验区建设平台、各类高端培训及主题论坛,共派出50多人次参加了省级骨干

班等各类培训,切实提高学校校长顶层设计、科学规划的能力和水平。四是加强名优骨干教师培养。选拔热心教育、勇于创新的名优骨干教师参加省、市"国培计划",创新开展"德育论坛"、"教师课堂教学比赛"等主题活动,引导教师学思结合、学用结合,加快专业成长。

② 统筹城乡教育管理机制。

为了让广大农村学生同城里的孩子一样享受优质教育资源,蒲江县一直努力在教育管理上寻突破,在育人质量上求发展,构建科学有效的"以城带乡,城乡互动"发展的管理机制。一是健全城乡统一管理机制。构建城乡义务教育监测评估体系并形成制度,出台《蒲江县关于全面推进素质教育的实施意见》,重新修订《蒲江县基础教育学生学业质量监测和评价意见》及《蒲江县中小学课堂教学质量评估标准》。二是不断完善常规督查机制。合理划定学校招生区域,严格招生纪律,制订《蒲江县教育局关于实施中小学教育教学常规管理工作规程的意见》,全面推行"教学巡诊"。三是深入推进教育机制改革。深入推进基础教育课程改革,坚持把工作的主阵地放在课堂,积极开展小班化教学等"有效教学"实验。

③ 推行城乡学校联体发展机制。

为实现教育资源优质共享,蒲江县以创新发展为契机,发挥优质教育均衡的最大效益,推进城乡义务教育学校联体化发展,实现合作共进。一是实施学校联盟发展。为了补齐"短板",实现"填谷扬峰",蒲江县以优质学校为龙头,在幼儿教育、义务教育和高中教育段组建八大学校联盟(又称教育集团),并在联盟之间构建"蒲中—实中—实小—南幼"和"树德寿安中学—寿安初中—北小—北幼"两大对接体系,构建新型教育发展格局。二是积极深化青蒲互动。成都市青羊区是蒲江县的教育对接区,蒲江县以干部、教师交流为支撑,从教育理念、学校管理、制度建设、人才培养等维度深化青蒲互动,选派干部挂职蹲点学习达13人次,开展教师教育教学研讨活动达3 379人次,组织学生8 000余人次开展"手拉手"活动,逐步探索出"三同三共享"的合作模式。三是推进区域教育合作。在成都市域内,实施名校领办,强强联手,推进与发达地区的教育交流合作。蒲江县将全县部分学校分别并入成都名校集团,实行联体发展,成就高品位、高品质的学校教育。

④ 发展完善特色办学机制。

在特色办学之路上，蒲江县按照"优势项目—学校特色—特色学校—品牌学校"的发展轨迹，聘请全国知名专家，组建教育团队，围绕办学的"形、神、魂"，深化办学理念，培育学校特色，全力打造学校特有的文化内涵。制订并全面实施《蒲江县教育局关于区域整体推进特色学校建设的实施意见》，引导城乡义务教育学校根据自身实际，进行特色定位，确立创建项目，制订创建方案，按照"错位发展、差异取胜"的工作思路，探索办学理念与人文精神和谐统一、学生成长与教师发展相得益彰、质量提升与社会发展互促共进的特色办学路径，注重学校文化的继承与创新，全面提高特色办学的理论水平和发展高度。目前，全县"一校一品、一校一景"的特色办学格局初具规模，成效显著。其中，南街实验小学的"快乐教育"，以"成就快乐师生"为目标，创新推进素质教育，成为成都市现代教育发展进程中一颗闪耀的明星；寿安中学的"信任教育"，鼓励学生参与各种各样的社团活动，增强学生兴趣爱好，让学生在生动的课外活动中得到个性发展、促进学生多元成才。

（3）两大模式，提升城乡义务教育均衡发展内涵品质

蒲江县积极与教育部教育发展研究中心联合开展"农村基础教育改革实验区"建设工作，以"自然"的教育品质、"绿色"的教育质量、"开放"的教育形态，整体提升区域教育品质，努力成为全市、全省乃至全国城乡统筹义务教育均衡发展的品牌。

① 积极探索，打造"现代田园教育"模式。

为进一步升级蒲江教育内涵品质，实现优质教育满覆盖，在成都市建设统筹城乡综合配套改革试验区和"世界现代田园城市"的历史定位和目标下，蒲江县按照国家、省、市教育发展总体要求，构建蒲江"现代田园教育"发展规划，制订并实施"555"行动计划，扎实推进城乡义务教育均衡发展，全力打造高位均衡教育品牌，努力实现"三圈区域、一圈教育"目标。一是采取五大举措，实施统筹科学规划，推进城乡教育高位均衡。其一，科学整合资源，优化校点布局，促进区域均衡。其二，加强基础建设，建立信息网络，实现资源共享。其三，创新评估机制，深化教学改革，推动质量提升。其四，实施联盟发展，打造特色办学，树立学校品牌。其五，推进职教攻坚，开展社区教育，服务经济社会。二是实施品牌学校建设工程、知名校长工程、骨干教师工程、骨干班主任

工程及特长学生工程等五项工程,实施品牌战略,提升教育核心竞争力。三是确立组织、宣传、技术、评价、经费五个保障,构建长效机制,力促教育可持续发展。

② 拓展功能,推广"四位一体"模式。

蒲江县坚持学校资源100%向社区开放,大力发展社区教育,成立社区教育联席会,建立联席会制度,将社区教育纳入社区建设总体规划,建立政府统筹、教育部门主管、相关部门共同参与的社区教育管理体制,初步形成以县社区教育学院为龙头,社区教育学校为骨干,社区教育工作站为基础的社区教育网络,大力推行"学校+家庭+企业+社区"的"四位一体"教育模式,努力服务农村"四大基础工程"建设。"学校+家庭+企业+社区"的"四位一体"教育模式是将地域资源与教育资源有机结合的特色办学,是教育服务地方经济社会发展的一个典范。这一模式成功启发了蒲江教育在推进统筹城乡发展进程中的角色定位,蒲江县采取相应的行动,开拓出了广阔的现代田园教育之路。例如,蒲江县成佳九年制学校结合地域实际,积极尝试教育反哺农村的新型办学思路,在充分挖掘"茶道"内涵的基础上,梳理学校办学优势,继承"学茶道、育茶德、养茶性"的教育传统,与现代教育相融合,以"茶人同道,自然成佳"为核心办学理念,树立"茶·人"教育品牌,引导学生知茶史、晓茶情、懂茶道、亮茶艺、行茶礼、明茶德、爱茶乡、学茶技,旨在弘扬传统文化,启迪智慧人生,惠及成佳学子、家庭和社会,形成了"学校+家庭+企业+社区"的"四位一体"茶乡教育模式。

三、城乡统筹背景下义务教育均衡发展的现状与问题

在调研过程中,课题组深切感受到重庆市南川区、黔江区、沙坪坝区和成都蒲江县在城乡统筹背景下推进义务教育均衡发展所取得的成绩,并形成了促进城乡义务教育均衡发展的独特改革模式,但由于成渝两地及调研区县间本身存在的各方面差异和差距,致使成渝两地在整体推进城乡义务教育均衡发展过程中,所属区县面临着不同程度的困难与问题。课题组将成渝两地调研区县城乡义务教育均衡发展的现状与问题一并汇总概括如下。

1. 城镇化进程中乡村学校小班化、城镇学校大班化问题突出

由于农村孩子享受高质量教育的需求日益强烈,加之城镇化进程高于预

期,城市学校修建速度跟不上,农村学校撤点,出现了很多空壳学校,在重庆市南川区、黔江区、沙坪坝区的调研中发现:村小一级,30人以下的学校近2 000所,其师生比很高,但其效率和质量并不高;而与之相反,城市学校师生比较低,大班额很严重。此外,三峡库区100多万名移民的搬迁安置,也致使大班额高居不下,特殊的高山地区地理环境致使学校很难找到一块新的平地建校舍,校舍非常紧张。黔江区作为渝东南区域中心地带,吸引了周边区县的学子前来求学,以致大班额现象突出,虽然黔江区委、区政府投入很大,但情况仍不乐观,也由此触发了各种问题:一是城区教师严重缺编。"农村家长对(农村)教育不是很满意,文化水平高的(家长)都把孩子往城里转,"鸣玉镇某农村小学校长说,"2002年学生数1 600人,现在只有900多人,而出生人口没有减少多少,生源流失到了城区了。"二是农村教师学科结构不合理。音、体、美、英语等学科专业教师相当紧缺,不能保证学科的合理配置。三是乡(镇)中小学教师年龄结构老化。一位小学校长谈到,在城乡教师流动中,"调走的都是农村年轻教师,留下的都是年纪大的……","学校面貌虽然变了,是新的,但老师普遍年纪较大,校容校貌变好了,老化严重,改变陈旧观念很难",不能适应现代教育教学要求。

在成都市蒲江县,随着蒲江经济社会的发展、城镇化步伐的加快以及广大家长对优质教育资源的追求,农村人口不断向城镇集中,加之计划生育成效的显现,农村学龄生源逐年递减,乡村中小学校班级、班额数锐减,而经济较发达的城镇却因优质教育资源日益短缺,学生上学难、教学班额大、择校现象突出的问题仍未得到有效解决,城乡教育布局又出现新的不均衡。调研数据显示,蒲江镇区平均每所初中、小学班级数为19个,乡村则分别为11个和6个,乡村小学仅每个年级1个班级的规模;镇区小学班额集中于每班36—55人,乡村小学班额以25人及以下居多,初中班额情况与之相似,呈现出镇区初中班额大,乡村初中班额小的问题。就学生人数变动情况而言,镇区小学当年转入学生161人,转出139人,学生人数变动呈增长趋势;乡村小学当年转入16人,转出37人,学生人数变动呈减少趋势;镇区和乡村初中转出学生数均大于转入学生数。

分析产生以上数据差异的原因,蒲江区朝阳湖学校的领导和老师道出了自己的看法:按照该镇2010年的人口统计,全镇约为1.05万人,以前该校在校生约800人,近年来生源不断萎缩,目前在校生只有500人左右的规模。究其原因,一是计划生育政策的执行和落实。该镇城镇化水平约为40%,一定程度上限制了生育人口增长。加之孩子抚养培育成本的增加,农村部分家庭即便超生,也最多不超过两个孩子,外出务工人员或是将其中一个留在家乡,另一个带到外出务工地区;或是将两个孩子都带到外出务工地区。这些因素都在一定程度上制约了学校生源增长。二是追求优质教育资源的迫切需求。部分家庭经济状况明显好转,受"知识改变命运"的传统观念影响,以及部分家长因自己读书少在外打拼辛酸的体会而寄厚望于孩子,"望子成龙,望女成凤",愿意花大笔的择校费,动用一切人脉关系将孩子送到发达地区、优质学校去读书,这也是学校生源减少的另一重要因素。

2. 县域内教育经费投入能力有限,区域之间的差距依然明显

在重庆市南川区、黔江区、沙坪坝区调研过程中发现,城镇学校与农村学校生均教育经费公用支出部分拨付差距明显。根据重庆市财政局、重庆市教委《关于调整完善我市义务教育经费保障机制改革有关政策的通知》精神,南川区属18个扶贫开发工作重点区县,义务教育阶段学校生均公用经费所需资金由中央财政承担80%,地方财政承担20%;主城七区义务教育阶段学校生均分用经费所需资金则由中央财政承担20%,地方财政承担80%。目前,南川区义务教育生均公用经费标准与主城七区仍存在较大差距,主城区小学生生均公用经费平均为2 233元/年/生,而南川区小学生生均公用经费为955元/年/生,主城区初中生生均公用经费平均为4 798元/年/生,而南川区初中生生均公用经费仅为1 493元/年/生。沙坪坝区也同样存在经费拨付差距问题。在访谈中校长们谈到,"学校经费主要有两个来源:一是预算内的生均办学经费和学生交的杂费;二是预算外收入,即择校费、借读费、学前班费、房屋租金等。区教委下拨给全区各中小学的生均办学经费标准是相同的,而杂费分不同地区却有不同标准"。

城乡之间、重点校与普通校之间的办学经费因收费标准不同而存在差距,重点校生源饱和就可获得更多的拨款。校长们一致强调目前的生均公用经费较低,"重点小学凭其名气每年要收大量的择校生,这笔预算外收入每年可达近千万元;此外,还有学前班、幼儿园的收入和来自社会的捐助,这些收入是其他学校想都不敢想的好事"。"生均经费20%划入维修基金,5%划入教师培

训,对于学生人数为三四百人的初中,剩下75％的生均经费,连基本的办公经费都不能维持。""区财政对教育经费一压再压,塑胶运动场经费从200万压缩到100万再到现在的几十万。"此外,学校处于信息不对等的盲目状态,对教育投入不知晓,不便于统筹安排,应使预算和决算公开、公正、透明。在硬件设备和设施方面,"农村学校比较差,得靠学校自己去争取,上级拿给谁都可以,不需要的时候也要争取,你不急需的时候也是不要白不要,明年就没有这个项目了。本来想改建校门,但是专项资金是用于维修教学楼的,所以只有把还能用的教学楼窗户给修了",出现了重复投资和浪费现象,这些都是由于项目经费投入的顺序和统筹问题所导致的。

在成都市蒲江县调研中,同样存在县域内教育经费投入能力有限的问题。近年来,蒲江县在改善城乡中小学校办学条件,提升城乡中小学标准化工程方面做了大量工作,并取得了一定实效,进一步提高了城乡义务教育办学水平。但在加大农村地区及薄弱学校资金投入上还存在如下问题:就教育经费投入机制而言,蒲江县在宣扬县财政对教育优先发展的政策支持方面可谓"重金投入",足以反映蒲江对城乡统筹义务教育均衡发展的重视。但仔细分析经费投入数据及所占财政收入比例,不难发现一个县的教育经费超过县财政收入的一半多是何等状况。而在调研中,受访的教育部门领导、老师多少道出了一些实情,"蒲江经济不发达,地域上被称为成都的'西藏',实施义务教育免费和推行教师绩效工资后,县级财政拨款压力增大,实现'穷县办大教育'的教育经费投入仅能满足教育基本所需"。

在对外宣传与报道中,言及蒲江教育发展成果时往往有这样一句话:2008年,蒲江县在成都市率先启动并全面完成农村中小学标准化建设和义务教育段教育技术装备"满覆盖"工程。实地调研中,一些真实的数据资料则令人对引号里的"满覆盖"表示质疑,同时揭示出城乡统筹义务教育发展经费投入不足的问题。以2010年全国普通中小学生均公用经费拨款标准为例,小学为929.89元,初中为1 414.33元,而2012年,蒲江县才根据成都市相关文件要求,将生均公用经费拨款标准统一调为小学700元,初中900元。可见,县域内的生均拨款与国家标准相差甚远。即便如此,若按照市、县6∶4分担,仅是这一项经费,对财政收入刚过亿的蒲江县而言,势必会带来巨大的负担和压力。

3. 城乡学校标准化建设存在差异,基础设施重形式而轻实质

重庆市和成都市在推进城乡义务教育均衡发展过程中相继颁布实施了农村中小学校标准化建设和义务教育段教育技术装备"满覆盖"工程,但在实践操作中却呈现出城乡学校标准化建设差距明显,基础设施设备重形式而轻实质,既达不到生均使用标准,设施设备利用率也较低。

在重庆市沙坪坝区,东部主城区重点中小学都拥有新修的设施完善的教学楼、实验楼和运动场馆,而西部广大中小学普遍缺乏教学设施,如三桥小学、回龙坝小学根本就没有音乐室、美术室、实验室等功能教室;青木关镇中学将化学实验室和生物实验室设在一间教室。这些学校占地面积均严重不足,远没有达到小学生均占地17平方米、中学生均占地19平方米的面积。建校六十多年的三桥小学校舍全部属于D级危房,建校一百多年的回龙坝小学校舍全部属C级危房。五星小学校门前约三百米的道路被修建市图书馆的运土车碾烂,大坑连着小坑,晴天灰尘弥漫,雨天泥浆乱溅,孩子们每天上学放学就走在这条路上。金沙街小学虽说也在东部主城区,但学校的通道主要靠原重庆丝纺厂修的人防工事,几十年来,师生们就在这个黑暗的隧洞里走进走出。磁器口小学曾走出了丁肇中这位著名的诺贝尔奖获得者,但该校至今不通公路,学校所需课本和教学办公用品全靠人力搬运,并为此花费大量运费,使本已紧张的经费更雪上加霜。在重庆市南川区,城乡中小学信息化建设存在较大差距,目前全区建有"数字校园"、"班班通"的学校数只占学校总数的10.6%,且全部集中在城区,而农村学校为零。小学学生与计算机比城区学校为25:1,农村学校为38:1,主城区学校为(8—10):1(国家标准是12:1)。城区学校与农村学校间生均教学设备值差达18%。

在成都市蒲江县,按照学校标准化建设相关要求,该县基本完善了义务教育学校硬件设施建设任务。但在标准与质量上,则远远落后于市域内发达地区城乡学校建设规格,譬如体育场馆、语音室、微机室、卫生室等方面的建设明显滞后。同时,标准化学校建设虽改善了办学条件,但对于蒲江县中小学校如何维持标准化学校的运行,譬如多媒体教室投影仪灯泡的更换,教学电脑、塑胶跑道和体育器材的维修、更新,无形中又会增加学校特别是农村中小学校的经济压力。正是如此,部分农村中小学办学条件的现代化并没有推动教学实际运行过程中的现代化。为了节约资源、减少开支,部分学校仍是多采用黑板教学,很少用到多媒体仪器;体育设施被闲置,塑胶跑道上"门可罗雀"。另则,县域内镇区与乡村中小学校舍质量与标准差距也较大,镇区学校多以框架、砖混结构为主,乡村学校没有框架结构校舍,则以砖混、砖木结构为主。以2011年为例,镇区小学、初中当年新增校舍分别为6 552平方米、2 331平方米,而乡村中小学均无新增校舍。此外,相比镇区中小学校,农村中小学均无语音室。

4. 薄弱学校改造工程举步维艰,城镇薄弱学校容易遭受忽视

为了缩小城乡义务教育差距,改善薄弱学校办学条件,重庆市和成都市均实施了"农村义务教育薄弱学校改造计划",以此来达成城乡统筹背景下义务教育学校之间的均衡发展。但在调研中发现,薄弱学校改造计划举步维艰,边远农村中小学校享受改建、改造资金有限,无法全面照顾;与此同时,由于政策向农村倾斜,部分城镇中小学校逐步沦为新的薄弱学校。

根据重庆市财政下达的中央和市级农村薄弱学校改造资金使用要求,改造资金一是用于为农村薄弱学校配置必需的教学实验仪器和体育、音乐、美术、卫生等器材,满足正常的教育教学需要。二是支持农村义务教育薄弱学校按照《教育部关于印发〈中小学图书馆(室)规程(修订)〉的通知》(教基〔2003〕5号)提出的小学生均15册、初中生均25册的二类标准配备图书。三是配置多媒体远程教学设备补助资金,主要用于为农村义务教育薄弱学校每个班级配置多媒体远程教学设备,满足教师运用信息化手段教学的需要。四是每县支持1—2所县镇薄弱学校新建或改扩建,解决县镇容量不足形成的"大班额"突出问题,基本消除超大规模班级,使县镇学校逐步达到国家规定的班额标准。五是支持农村中小学寄宿制学校及附属生活设施建设,切实改善学校卫生及食宿条件。但在实际申报和操作过程中发现,被列入重庆市农村义务教育薄弱学校改造项目的黔江区育才小学、阿蓬江中学、冯家中学等学校,南川区文凤小学、白沙镇中心小学、水江镇中心小学、石莲乡中心小学等学校,其中部分农村中小学校得到的改造改建资金有限,用于改善办学条件可谓"杯水车薪",而部分城镇中小学校却挤占了大量农村义务教育薄弱学校的改造资金,正如沙坪坝区部分中小学校长指出的,"沙区偏重东部农村薄弱学校改造,忽视西部农村中小学校建设,资金分配大搞优质学校'锦上添花',却难以做到为薄弱学校'雪中送炭'"。

成都市在关于做好农村薄弱学校改造计划资金安排及项目申报文件中明确规定"城市学校不能申报",并规定金堂县、蒲江县、新津县、邛崃市、青白江区的中央"薄改"分配资金须用于中小学标准化建设提升工程项目,同时将中央"薄改"分配资金纳入相关区县中小学标准化建设提升工程项目资金总安排当中。通常认为薄弱学校主要指农村学校、乡村学校,特别是在重视农村教育发展过程中,薄弱学校被定位于农村发展困难学校。然而,在推进城乡统筹义务教育均衡发展过程中,大部分政策向农村教育、农村学校倾斜,更多地忽视了对部分城区或镇区薄弱学校的关注。根据蒲江县中小学校办学条件达标考核情况来看,所有乡村初中、小学在主要指标考核上均验收达标,而镇区6所初中、1所小学未达标。除此之外,部分学校将中央薄弱学校改造资金纳入中小学标准化建设提升工程项目,使专项经费挪为他用,违背了资金专款专用原则,无形中导致蒲江县薄弱学校改造工程项目资金短缺,"雪上加霜"。

5. 城乡教师队伍结构有失均衡,教师专业发展机会有失公平

百年大计,教育为本,教育大计,教师为本,推进义务教育优质均衡发展最重要的任务就是缩小师资水平的城乡差距和校际差距。正如一位校长所谈到的,"薄弱学校的薄弱在于师资薄弱,恶性循环"。在重庆市南川区、黔江区、沙坪坝区调研过程中发现,教师队伍建设存在的问题主要表现在:一是教师高级职称比例城乡差异大,获得高级职称人数城区学校占67.0%,农村学校占33.0%。按照中小学教师高级、中级、初级岗位设置结构比例指导标准要求,小学比例为2∶30∶68,初中比例为10∶30∶60,即使农村学校教师自身条件具备,但因岗位数限制,职称也评不上去。某小学校长谈到,他所在学校高级教师的指标超出15个,"下一批教师要等这15人退休才能继续评上高级,算下来至少需要7—8年,很多人等不到都已退休……有一位教师参加工作25年还没有评上小学高级"。由于岗位和职称评定没分开,所以获得高级职称的教师人数极少。二是骨干教师应该向乡(镇)倾斜,目前城乡骨干教师数量差异大,农村学校占48.2%,城区学校51.8%,"好的教师都进城了"。

在重庆市沙坪坝区的调研中,部分校长谈到,"长期以来,特级教师和高级教师的评定主要集中在东部主城区","东部主城区重点中小学有优先选择教师的权利,他们的师资队伍整齐,教师普遍学历较高"。固然教师职称的评聘主要依据教师的教学水平和业绩,但西部九镇的教育基础大大落后于东部主

城区,生源差,学生大多来自农村,考试成绩根本与主城区学生不在一条起跑线上,如何能比?因此,教师参加赛课和学生参加学科竞赛,往往名次都被主城区的教师和学生夺走,这极大地限制了他们评聘职称的条件。区教委也看到了这种状况,采取了很多措施尽量向西部倾斜,但西部中小学教师职称的比例仍大大低于东部主城区,如回龙坝小学高级教师所占比例不到30%,而主城区重点小学高达50%以上;青木关镇中学至今连一名高级教师都没有,而现在实行的评职必须考外语和计算机知识,这将不少教师永远排除在高级职称之外。

在成都市蒲江县调研中发现,虽然蒲江县在师资队伍建设和管理方面做了大量创新工作,譬如"县管校用"的教师管理机制、"城乡结对"的教师帮扶模式,但仍存在如下一些问题。

① 教师队伍整体学历水平较低。

综观蒲江县城乡中小学教师学历情况,小学教师队伍中本科毕业占14%,专科毕业占60%,高中毕业占26%;初中教师队伍中本科毕业占78%,专科毕业占20%,高中毕业占2%。按照教育部《关于大力加强中小学教师培训工作的意见》(教师〔2011〕1号)精神,到2015年成都市公办小学专任教师取得专科及以上学历比例达95%,公办初中专任教师取得本科及以上学历达90%,针对这一目标,蒲江县中小学教师整体学历水平提升尚有一定难度。

② 教师队伍管理机制不太完善。

蒲江县在统筹城乡义务教育师资互动过程中,通过以城带乡的教师帮扶政策,对提高农村师资队伍质量和教学水平起到了一定实效。但在调研过程中,仍发现了不少值得进一步探究和解决的问题。正如一位校长谈到的,"青(青羊区)蒲(蒲江县)互动是好事,但如何持续发展,名校下乡的动力在哪里必须解决。如果只是任务,没有动力机制,就不完善,名校下派人员,要负担工资、交通等费用,一年下来一个人费用差不多要6万元;而因为下派人员学校缺岗,又需另外请人,又是一笔费用。所以,应该正视编制和经费的问题,这样名校下乡的动力就更足,薄弱学校也能受益更多"。

③ 师资培养培训机会不均等。

蒲江县在统筹城乡义务教育师资培养培训方面,偏重对镇区教师的培养培训,对乡村教师的培养培训工作则较为忽视。截至2012年,蒲江县义务教育学校共有县级以上骨干教师170人,其中镇区学校占79%,乡村学校占27%,这种骨干教师人数比例的差距一定程度上折射出城乡中小学校培养骨干教师机会的不均等。而师资培训工作同样存在不均等现象,即镇区中小学教师培训机会多、层次高、时间长,乡村中小学教师培训机会少、层次低、时间短;骨干教师培训机会多、层次高、时间长,普通教师培训机会少、层次低、时间短。

6. 城乡学校教师待遇差距明显,教师流动流失情况不容乐观

在整个社会发展进程中,农村经济建设进程相对缓慢,相关配套设施较为欠缺,一方面制约着农村中小学校教师的福利待遇,另一方面导致部分农村中小学教师特别是优秀骨干教师流动频繁,流失严重。主要表现为:一是农村学校教师待遇较低,但用于工作的时间、精力和开支却更多。二是教师住房问题难以解决,城区学校教师可以购置商品房,而农村学校教师连安置房都无法享有。三是教师对幼儿园、医疗卫生、文化机构、社区服务、商场餐饮、交通等方面的配套设施要求较高,而目前这些建设未能达到城乡统筹发展相关要求。人往高处走,水往低处流,正如诸多教师达成的共识"只有安居,才能乐业",这也在一定程度上造成了农村学校教师的流动,流失。

在重庆市南川区,教师平均工资待遇仅相当于主城学校教师平均工资待遇的1/3左右,边远农村中小学教师因住房、交通、生活不便带来的经济开支又占据了本人工资总额近1/3左右。同时,农村学校90%以上教师无法享受公租房或周转房,都以当地市场价租房住宿,并从未享受住房补贴。在重庆市沙坪坝区,各校教师根据职称,其工资标准是相同的,但工资外的收入却有天壤之别。城区学校有月奖及教师节等慰问金,乡村学校却什么都没有,年终奖和成果奖的差别则更大,普通学校少的每人仅有50元,而重点学校高达每人上万元。再看教师住房,东部主城区重点中学教师住房宽敞,且很多人拥有"二房";而西部地区学校和东部主城区普通学校教师成套住宅均不达标,多数在校教师没有住房,如磁器口小学的一些教师,还住在教室改建的宿舍里。每年都有不少其他学校的骨干教师想方设法通过各种渠道跳槽到重点中小学,如磁器口小学一名青年教师赛课刚获一等奖,就被区内另一所重点小学聘走;一般的薄弱学校普遍留不住骨干教师,普遍缺编,尤其是英语、音乐、美术、体育等学科更缺师资。不少学校缺音、体、美教师,只好让其他学科教师兼任;没有

英语教师,就只好不开这门课。

在成都市蒲江县,农村中小学教师福利待遇问题也较为突出。县政府教育财政支出仅能保障生均经费和教师绩效工资发放,工资之外的额外津贴、奖金及福利几乎没有;福利住房及周转房也仅限于极少数教师申请享有,大部分教师上下班需每天舟车劳顿往返于县城与乡村之间,而无班车、校车接送,没有任何安全保障的拼车和搭顺风车成为教师上下班的主要乘载方式。因此,近年来,蒲江县教师工作变动相对频繁,优秀师资流失严重,呈现出乡村学校教师流向镇区中小学校,镇区学校教师流向其他地区优质学校的态势。以2011年为例,镇区小学教师调出26人,初中教师调出29人;乡村小学教师调出11人,初中教师调出12人。令人惋惜的是,许多优秀的农村中小学教师流向了城镇学校,壮大了城镇中小学师资力量,发挥了锦上添花的作用;但与之相反,农村中小学师资队伍流失严重,因此而雪上加霜。教师的单向流动加剧了城乡师资力量的失衡,进一步扩大了城乡义务教育之间的差距。

7. 农村寄宿学校教师编制紧缺,留守儿童教育管理问题严峻

在统筹城乡经济社会发展、推进城乡一体化过程中,城镇化建设步伐不断加快,根据统筹城乡事业发展规划、生源分布特点等实际情况,义务教育阶段中小学校也相应通过撤并、重组的方式进行了布局结构调整和优化,这一进程中,农村中小学校相继修建学生宿舍继而转变成寄宿制学校,用以解决农村学生上学路途远、耗时长、不安全等问题,以及留守儿童教育管理问题。成渝两地基于地域特征,农村寄宿学校及留守儿童数量相对较多,既面临教师缺编问题,又使留守儿童的教育管理面临诸多困境。

在重庆市南川区,农村留守儿童常年动态数为1.1万人至1.3万人,绝大部分分布在农村寄宿制中小学。现行编制机制没有为农村寄宿制学校配设宿舍管理、炊事员、校医等生活管理人员,农村寄宿制学校只能由专任教师兼任生活管理人员或自付费用另聘生活管理人员,这无疑加大了农村寄宿制学校的支出和专任教师的额外负担。留守儿童问题,不仅是教育的难点,也是社会的热点。虽然重庆市委、市政府高度重视此问题,并于2010年9月下发了《重庆市关爱农村留守儿童行动计划》,但相关部门跟进力度还不够,农村各级各类学校资金特别紧缺,以致配套设施无法跟上,校医、生活教师更是难以配备。调查学校中,留守儿童有的多达70%,如鸣玉中学共

有学生1 300余人,其中481名留守儿童的父母双方均在外打工。"留守儿童往前走一步就是问题儿童。"一位校长的话振聋发聩。一所九年一贯制学校,"900人住校,但生活老师一个没有,由专任教师来兼任安排生活;专业的卫生人员、心理辅导老师、专业英语教师也都几乎没有……"

在成都市蒲江县,同样存在着由专任教师轮流兼任寄宿制学校生活老师或心理辅导老师的情况,大部分学校均没有卫生保健室和心理咨询室。专业的卫生人员、心理辅导老师及生活老师严重缺编,部分学校通过聘用代课教师的方式来缓解这一问题。在代课教师人数方面,全县小学代课教师24人,其中镇区小学代课教师11人,乡村小学代课教师13人;初中代课教师72人,其中镇区初中代课教师56人,乡村初中代课教师16人。在兼任教师人数方面,小学兼任教师16人,全为镇区小学;初中兼任教师3人,全为乡村初中。在留守儿童教育方面,蒲江县小学段留守儿童共计1 622人,初中段留守儿童共计1 028人。虽然相关部门及学校采取了很多措施,但仍然存在很多问题,代理家长毕竟代理不了父母的感情,代理不了家长的法律责任。在留守儿童心理健康、行为习惯、亲情关爱、学习成绩和安全方面,相关教育和管理还存在诸多问题,留守儿童自卑自闭倾向居多,往往不愿与人沟通,沉默寡言,性格孤僻,待人处事盲目性、随意性突出,做事容易冲动,部分留守儿童甚至走上违法之路。

四、城乡统筹背景下义务教育均衡发展问题的政策建议

成渝两地作为西部欠发达地区,在推进义务教育均衡发展改革方面走在全国前列,积累并探索出许多有益的经验和模式,课题调研过程中的重庆市南川区、黔江区、沙坪坝区和成都市蒲江县都是成渝两地推进义务教育均衡发展的典型代表,并形成了各具特色的城乡统筹教育发展模式,值得与之类似的地区借鉴与参考。但从经济社会发展速度及教育经费投入上看,成渝两地却面临着"穷省办大教育"的尴尬处境,实现城乡义务教育均衡发展目标无疑增添了更大负担和压力。也正因如此,调研发现,成渝两地的部分区县在推进义务教育均衡发展过程中相伴而生了诸多问题与困惑,需要在后续的城乡教育统筹发展中进行深思和改进。

1. 系统完善城乡义务教育均衡发展政策，构建长效保障机制

自2004年开始，重庆市和成都市就相继出台了系列统筹城乡教育均衡发展的政策，如《关于统筹城乡经济社会发展推进城乡一体化的意见》《关于统筹城乡教育改革和发展的意见》《重庆市人民政府关于进一步推进义务教育均衡发展的意见》《重庆市统筹城乡教育综合改革试验实施方案》和《成都市建设统筹城乡教育综合改革试验区实施方案》《关于下达统筹城乡教育综合改革试验区建设目标任务的通知》《关于深化全域成都教育均衡发展的意见》及《关于深化城乡教育互动发展促进教育圈层融合的意见》，然而这些政策并未引起区县地方政府的足够重视，没有能够根据地方的实际情况将城乡义务教育均衡发展的系列政策具体化，形成可操作的实施方案，这一现象突显出有关城乡义务教育均衡发展政策的被动、滞后与缺失，也正是基于这一现象的存在，在推行城乡统筹义务教育均衡发展的政策时，区县教育局及相关中小学校常常陷入一种被动的境地，即所谓的"上有政策，下有对策"，往往按部就班或是"依葫画瓢"于其他地区的相似政策或模式，仅是采取义务教育均衡发展某方面的政策措施，而很少从整体宏观上去把握城乡义务教育均衡发展未来的方向及目标。

正如在调研过程中，课题组对部分中小学校长、教师进行访谈时发现，他们几乎全然不知晓涉及统筹城乡义务教育均衡发展的相关文件及精神，更多的受访者以教育公平和教育平等来替代教育均衡或教育一体化概念；同时，调研中所涉及的中小学校多是汇报工作成绩，很少关涉推进城乡义务教育均衡发展的言语及文字，其中一位校长"道破天机"：当教育部、省市领导来调研教育均衡发展工作时，学校无人愿意撰写和整理相关资料，因为这是一项巨大的工作任务和压力。究其原因，在于资料的不完整性和不系统性，虽是做了一些促进城乡义务教育均衡发展的具体工作，但却很难按照具体的指标分门别类地加以总结和提炼。

基于此，建议区县教育局及相关中小学校真正立足于国家、省市统筹城乡教育均衡发展的目标和任务，认真贯彻执行相关政策文件精神，制定并完善既结合上级政策文件要求又符合区县教育实际情况的统筹城乡义务教育均衡发展系列政策，构建长效保障机制，分别从宏观、中观和微观三个层面有目的、有计划、有步骤地推进城乡义务教育均衡发展。

2. 合理调整和规划区域内学校的结构与布局，不断提高教育质量

进一步加快推进城乡教育布局调整，优化资源配置，已成为当前乃至今后一个时期促进蒲江教育改革和发展的重要任务。建议国家、省市及地方教育主管部门进一步合理调整和规划区域内学校的结构与布局，不断提高教育质量。一是结合城乡发展的趋势，兼顾城镇化和新农村建设的要求，努力解决学校布局规划与人民群众需求、经济社会发展需求和城镇化建设相脱节的问题。二是不断提升中小学校的办学质量。质量是学校发展的生命线，是保障生源数量的关键。不能仅以严禁择校的方式杜绝生源流失，而要真正看到生源流失背后，是对优质教育质量"义无反顾"的执着追求。譬如，可通过建立名校联合体的方式，在各区域内平均布点办分校或是采取联合办学的方式，以促进优质教育资源的共享。三是优先考虑安排城镇化进程和学龄人口增长较快地区新建和扩建学校，加紧布局建设寄宿制学校，采取"撤、并、建"等措施，实现资源优化配置，使城乡教育结构、规模、质量统筹协调发展。

3. 科学统筹规划城乡学校标准化建设，大力推进学校内涵式发展

城乡义务教育均衡发展没有固定的模式和统一的标准，它允许各个地区、不同学校之间按需发展，甚至是差异发展、特色发展。而在成渝两地的调研中，课题组发现，大部分学校的硬件设施均按照标准化学校建设规划要求，千校一面，形式规格较为统一。但深入考察和了解后，不难看出在形式统一的背后存在两大显著问题：一是形式的统一并不代表质量的统一。标准化建设仅是从形式上实现城乡学校建设一致，但大部分农村学校在硬件、软件的质量上却不尽如人意，譬如砖木结构校舍带来的安全隐患、危房的存在，教学仪器设备生均占有量的不足；以及在师资质量上，一方面，优秀师资绝大部分被城区学校优先选录，另一方面，农村学校优秀师资往往又会被城区学校高薪挖走。二是标准化设施建设的完善和完整并不代表使用率高，实用性强。在调研中，课题组发现标准化学校建设后，相当一部分教学仪器设施成了摆设，甚至还反衬着部分学校或是区县领导的政绩工程或亮点工程，而师生对这些教学仪器设施的使用率相当低，或是因为相应维护管理经费消耗巨大，或是因为部分仪器设备使用中指导教师队伍欠缺。建议国家、省市及地方教育主管部门科学统筹规划城乡学校标准化建设，真正从形式上的均衡转向质量上的均衡，从偏重硬件条件的均衡转向注重软件条件的均衡,充分鼓励区县学校按需发展,差异错位发展,大力推进学校内涵式建设。

4. 加大对农村地区及薄弱学校资金扶持力度,均衡义务教育投入

城乡义务教育免费后,中央增加了教育经费投入,并在系列政策文件中明确规定,在经费投入和使用中偏向农村地区。但就整个教育经费投入比例而言,与其他发达国家相比还有很大差距,不能充分满足义务教育均衡发展所需经费的要求。在调研中课题组发现,成渝两地身处"穷省办大教育"的尴尬处境,特别是所属区县更是雪上加霜,举步维艰地推行着"穷县办大教育",面临推进城乡义务教育均衡发展的诸多困境,这也是该项政策在执行和贯彻过程中存在落差甚至走样的根本原因之一。与此同时,在对薄弱学校的资金扶持力度上,存在的问题也较为复杂,课题组认为:目前薄弱学校概念的界定存在争议,薄弱学校该如何定义和量化还存在一定难度,因此在申报薄弱学校扶持资金时竞争激烈,导致了教育公平、公正性的缺失。特别是由于受社会或政府主管部门关注目光的转移,薄弱学校与非薄弱学校之间相互转换,学校发展短板现象时有出现。

为此,建议国家、省市进一步加大对农村地区及薄弱学校资金扶持力度,均衡义务教育投入。一是针对不同地区的具体情况,研究符合县域实际的资金投入比例,特别是减轻贫困区县财政负担,分级分类有针对性地建立经费投入机制,对现有的"以县为主"的义务教育经费投入政策不能"一刀切";二是改革经费投入方式,开辟多渠道促进教育发展的经费筹措途径,亦可借鉴国内外促进教育发展和质量提升的项目驱动模式,以通过项目改革研究,申请项目经费拨款的方式保障资金开支与运行,提高城乡统筹义务教育均衡发展的效果和质量;三是增加国家教育投入经费,既要加强对农村薄弱学校的扶持力度,又要关注城镇薄弱学校的建设问题,同时促进农村和城镇薄弱学校共同发展。

5. 优化城乡中小学校教师队伍建设与管理,加强师资培养培训

城乡中小学校的师资差距是制约城乡义务教育均衡发展的关键因素。较之于城镇学校,农村学校工作环境艰苦,福利待遇差,无论是在教师招聘考试时还是在优秀师资引进录用过程中,区县教育局往往优先考虑城镇中小学选聘优秀师资,这种现状无疑造成了农村中小学校师资紧缺和质量不高。在整

体学历水平、学缘结构及职称评定方面,城镇学校相较农村学校占有绝对优势。在调研过程中,这些现状与问题再次得到了证实。

为此,建议区县政府、教育局及相关中小学校进一步优化城乡中小学校教师队伍建设与管理,加强师资培养培训。一是与省域内各类高师院校搭建双赢互惠合作平台,既可为中小学教师学历提升开辟多种学习渠道,又能为师资培养培训工作提供更多的条件和机会。二是一如既往地坚持实施教师绩效工资按时足额发放,对于援教的干部、教师,既要赋予他们大胆改革、勇于创新的权利和平台,又要在政策、经费和心理上给予必要保障,使他们安心、热心、用心于援教工作。三是进一步完善教师引进、培育、留住等三个工作环节,实施人才引进、奖励等相关激励政策,采用感情留人、培养发展留人、鼓励奖励留人相结合的工作机制,尽最大努力留住优秀教师。四是提高农村中小学尤其是一些薄弱学校教师的福利待遇。在统一城乡教师各项福利待遇的基础上,建立农村中小学教师岗位津贴制度,鼓励优秀教师到农村薄弱学校任教。一方面,要积极改善农村教师的工作与生活条件,把实施农村教师安居工程纳入新农村建设的整体规划中来,有条件的地方可在乡镇政府所在地或农村中心集镇兴建教师公寓或教师住宅小区,实现农村中小学教师生活城镇化,使他们安心乐教;另一方面,要落实对农村教师进行生活补贴的相关政策,适当提高农村教师的津贴和补助标准。

6. 增设农村寄宿学校教师编制,健全农村留守儿童关爱服务体系

农村中小学校布局结构调整后,大部分学校发展成为寄宿制学校,住校生主要为农村边远地区学生及留守儿童。调研中发现,寄宿制学校无论是在师资还是管理上都存在一些问题,突出表现在宿管科室、卫生室、心理疏导室等机构欠缺,与之相应的生活老师、校医、心理疏导员缺编,主要由班主任及科任教师兼任;农村留守儿童教育和管理虽取得了一定实效,并形成了区县及学校特有模式,但农村留守儿童数量庞大,心理问题突出,教育和管理工作仍具有一定难度。

为此,建议国家、省市及地方教育主管部门增设农村寄宿学校教师编制,健全农村留守儿童关爱服务体系。一是根据农村寄宿学校住校生规模,拟定生活老师、心理疏导老师及校医等师生比例,增设上述专业教师岗位编制,加强对寄宿学生的教育和管理工作;二是设立专项管理经费,专款专用于农村寄

宿学校的日常管理开支；三是构建国家、社会、学校、家庭四位一体的农村留守儿童关爱服务体系，形成社会各界广泛参与，共同关心帮助留守儿童的社会网络服务系统，并将之日常化；四是促成农村富余劳动力就地转移，从"出口"方面减少留守儿童。调查发现，农村有工业地区外出务工人员相对较少，农业地区外出务工人员较多。为此，大力发展农村经济，增加农民收入，加快农村经济建设步伐是解决农村留守儿童问题的物质基础。大力发展县域经济，改善小城镇投资环境，千方百计增加农村就业机会，加强农村吸引外资力度，鼓励外出务工人员回乡创业，将广大农民兄弟"留守"在自己的家园，便是从"出口"方面减少留守儿童的数量。

第二节 江苏省灌南县城乡义务教育统筹发展调查报告

在城乡分割的二元社会治理模式下，作为东部沿海经济欠发达县份的江苏省灌南县，在义务教育均衡发展过程中取得了哪些经验，又遭遇了哪些问题？城市化进程中的苏北乡村教育应该坚守什么，超越什么？为此，课题组于2013年1月9日至2月27日对江苏省灌南县义务教育均衡发展状况进行了专题调研。调研期间，课题组成员查阅了近十年来灌南县相关义务教育发展文件，走访了全县14个乡镇，考察了全县所有公办民办中小学，召开了8个提纲式小组座谈会，发放调查问卷1 000份，先后与近30位曾经担任和正在担任中小学校长的人员进行了交流。此外，在不同乡镇，课题组成员还走进50户农村家庭，与农民们进行了朴素真实的深度访谈。通过走访交流、问卷调查、查阅资料和个案分析等方式，在对经济发达地区中的欠发达县份灌南县城乡统筹背景下推进义务教育均衡发展的现状、经验有了感性了解的基础上，综合写成本篇调查报告，借以呈现苏北经济欠发达县份城乡教育统筹发展真实状况。

一、灌南县经济、人口及社会发展的基本概况

1. 自然经济概况

灌南县地处江苏北部，淮安、盐城、宿迁、连云港四市交界处，是连云港市的南大门，是全国闻名的美酒之乡、林木之乡、菌菇之乡，县域总面积1 030平

方千米,现辖 14 个乡镇,238 个村(居)。2011 年,全县人口总数 76.68 万人(农业人口 60.17 万人),年人均生产总值 29 358 元,一般公共预算收入 2.22 亿元,年人均地方财政收入 5 808 元,农民年人均纯收入 7 451 元,城镇居民年人均可支配收入 16 394 元。该县县域经济排名较为落后,是江苏省重点帮扶县。

2. 教育发展概况

截至 2012 年底,全县共有中小学 68 所,其中完全小学 37 所(含民办 3 所),初级中学 18 所,九年一贯制学校 9 所(含民办 6 所),普通高中 4 所(含完全中学 2 所,其中民办 1 所),另有职业学校 1 所、特殊教育学校 1 所,社区教育中心校 15 所(含社区培训学院),注册幼儿园 38 所。全县中小学有教职工 7 162 人,其中专任教师 6 283 人(义务教育阶段学校专任教师 5 188 人,其中小学 3 277 人,初中 1 911 人);在校生达 10.8 万人,其中义务教育阶段在校生 82 299 人(小学 55 191 人,巩固率 100%;初中 27 108 人,巩固率 99.72%)。近几年,在快速发展的县域经济强力支撑下,灌南县的教育事业得到了长足的发展,办学条件日益改善,教育结构渐趋合理,教育改革有序推进,发展水平不断提升,该县先后荣获江苏省"基础教育课程改革先进集体"、江苏省"现代教育技术应用先进单位"、江苏省"社区教育实验区"、江苏省"三类城市语言文字工作达标县"等多项荣誉;2010 年被江苏省人民政府列为首批"义务教育优质均衡改革发展示范区"创建单位;2011 年顺利通过江苏省教育现代化现场评估。

二、统筹发展的思路规划与主要做法

近几年,灌南县紧紧围绕教育发展目标,不断推进教育创新,坚持求真务实,城乡统筹,快速推进教育现代化,促进了教育均衡的实施。县委、县政府高度重视教育工作,成立了由县委、县政府主要领导任组长的教育工作领导小组,强化对教育工作的领导,坚持做到教育发展优先安排、教育经费优先考虑、教育问题优先解决,先后出台了《灌南县贯彻落实国家、省、市〈中长期教育改革和发展规划纲要〉实施意见》、《灌南县城乡统筹学校布局调整实施意见》、《关于进一步统筹考虑、完善激励机制,加强全县教师队伍建设的实施意见》等系列文件,加快了全县教育事业的科学发展、均衡发展、优质发展。

1. 重视规划建设,加大教育投入,落实均衡发展优先地位

(1) 强化教育工作领导

建立健全四项制度,形成全县上下重视教育、关心教育、支持教育的良好格局。一是责任追究制。灌南县委、县政府把各类教育发展纳入全县国民经济和社会发展规划,将教育工作作为党委、政府的"一把手工程"来抓,要求各乡镇、各部门在教育经费筹措、控辍保学、校园安全、办学条件改善等方面履行好职责,对因工作失职或失误影响教育发展要追究"一把手"的责任。二是定期议教制。县委、县政府每年召开教育工作会议,部署教育工作,确定重点推进项目;定期召开专题会议听取教育工作汇报,解决教育发展中的重大问题。同时,对教育发展中的一些具体问题,明确由县长办公会不定期研究解决。三是工作考核制。建立健全教育工作目标管理责任制,形成一级抓一级、层层抓落实的工作机制。县委、县政府将教育工作指标纳入全县目标管理体系,按季督查,年终考核。县教育局对学校进行学期考评,并将考核结果与绩效工资、职称评审、教师聘用等挂钩。四是联系学校制。县四套班子领导每人联系一所学校,把教育工作与经济工作同等看待、同步指导,优先解决教育问题。城区学校、教育局机关科室对口扶助农村薄弱学校,有效解决了农村学校发展中的一些实际问题,促进了城乡教育的均衡发展。

(2) 优化城乡学校布局

一是实施学校布局优化工程。2010年,灌南县政府出台《关于进一步调整中小学、幼儿园布局的实施意见》,坚持"布点科学、整合资源、优质带动、分步实施"的原则,对全县学校布局进行战略性调整,促进学校布局调整更加规范科学。近年来,全县共改扩建中小学31所,撤并教学点65个,迁建长茂中心小学,新建港镇第二中心小学、五队第二中心小学等5所学校。同时,加强薄弱学校的教学视导、工作指导和教学质量监控,整合教育资源,以实验小学、实验中学、初级中学为龙头,组建教育共同体,较好地破解了"择校热"难题。二是实施优质学校创建工程。按照"城乡联动,整体推进"的原则,大力实施品牌创建战略,不断扩大优质学校群体,满足群众对优质教育资源的需求。近年来,全县共投入资金1 046.21万元,用于各类品牌学校的创建,并取得显著成效。孟兴庄小学被评为"全国教育系统先进集体",县实验小学被评为连云港市"首批名校"。2011年,灌南县被评为连云港市"义务教育均衡发展先进集体"。

（3）保障教育经费投入

建立并完善义务教育经费保障机制。近三年，灌南县委、县政府累计投入资金6.2亿元用于教育现代化创建，其中2.6亿元用于义务教育学校标准化建设和校安工程（全国中小学校安全工程）等。全县义务教育学校尤其是农村学校的办学条件明显改善，教育技术装备全部达到江苏省教育技术装备Ⅱ类标准，办学条件达省标准化建设水平。一是教育经费优先拨付。该县坚持教育经费优先预算、优先拨付，达到了"三增长一优先"要求，义务教育全面纳入县财政保障范围，实行预算单列。2009年至2011年，灌南县地方财政经常性收入分别为8.79亿元、11.89亿元、14.12亿元，比上年增长19.3%、35.3%、18.7%；预算内经费拨款分别为3.08亿元、4.19亿元、5.03亿元，增幅分别高于财政经常性收入增幅3.9、1、1.2个百分点；生均预算内教育事业费方面，小学分别为3 199元、3 257.8元、3 291.7元，比上年增长38.3%、1.8%、1.0%，初中分别为3 256.5元、5 048.6元、5 318元，比上年增长21%、55%、5.3%；生均预算内公用经费方面，小学分别为456.1元、508.5元、619.1元，比上年增长34.3%、11.5%、21.8%，初中分别为779元、784.7元、915.8元，比上年增长11.6%、0.7%、16.7%；教职工年人均工资分别为33 437元、38 506.5元、40 575.4元，比上年增长18.2%、15.2%、5.4%；征收教育费附加、地方教育附加、地方教育基金分别为2 595万元、4 159万元、5 506万元，用于教育支出分别为2 540万元、4 104万元、5 451万元。二是校舍安全工程推进有力。2011年8月，灌南县制定了《灌南县中小学校舍安全工程实施规划》，计划投入1.02亿元，确保完成校安工程加固项目3个，新建、改扩建项目65个，异地新建学校5所。目前，工程建设进展顺利，已新建校舍29.63万平方米、拆除校舍6.97万平方米、加固校舍2 443平方米。同时，建立校舍维修改造长效管理机制，确保当年新增危房当年消除，按生均小学75元、初中100元标准划拨校舍维修经费，2008年至2012年共划拨校舍维修经费4 242万元。2011年，县财政预算按生均小学120元、初中160元标准安排校舍维修经费1 094万元，其中县补656万元。三是教育装备全面升级。2010年，在创建教育现代化工程中，全县各个学校共计新增图书125.6万册、电脑7 109台（学生机4 718台、教师机2 391台）、多媒体设备1 259台套；完善信息中心44个；新增专用教室231口，并按省教育装备Ⅱ类标准配齐相关仪器设备。目前，全县共有学生用机11 195台,生机比为9.72∶1;教师用机4 411台,师机比为1.42∶1;多媒体教室1 395间,多媒体教室与班级数比为1∶1.5。全县中小学全部实现光纤接入,建立了校园网,信息中心配有校园管理平台、电子书库,能够满足学校教育、教学需求。县教育城域网中心硬件设备达电信级,配有网络办公、资源库、电子备课等10个软件系统。

2. 重视机制建设,促进教育公平,提升均衡发展保障水平

(1) 关心务工子女

为了落实政府扶持政策,切实解决弱势群体教育问题,灌南县制定了《灌南县关于进一步做好流动人口子女义务教育工作的实施意见》,实行进城务工人员随迁子女与本地户籍居民子女同等入学政策,享受同等待遇。2009年至2011年,全县进城务工人员随迁子女义务教育阶段适龄人口分别为110人、128人、136人,全部安排在义务教育阶段公办学校就读,入学率达100%。

(2) 关注贫困学生

一是大力实施"育才助困"工程。建立健全"政府主导、学校联动、社会参与"的扶困助学机制,成立灌南县学生资助管理中心,设立灌南县爱心助学资金,采取减、免、补、奖等多种形式,使家庭经济困难群体享有平等接受教育的权利。近三年,共资助学生10 119人。2011年共发放义务教育阶段家庭经济困难寄宿生生活费323.1万元,其中小学每生1 000元,初中每生1 250元,补助面达15%。二是大力实施留守儿童关爱工程。建立留守儿童关爱体系,改善食宿条件,为全县2.5万名留守儿童提供良好的学习生活环境。全县共投入资金1 265万元(省补881万元),实施农村留守儿童食宿条件改善工程10个,建筑面积13 356平方米,其中学生宿舍建设项目9个、餐厅建设项目1个。

(3) 关爱孤残儿童

灌南县异地新建了逸夫特殊教育学校,整合逸夫特殊教育学校和县残疾人康复中心资源,建成感统训练室、语音训练室、康复训练室等专用教室,为聋哑及智障儿童少年提供更优质教育资源。建立"三残"儿童入学制度,保障其随班就读的权利。2009年至2011年,全县户籍内适龄盲聋哑及智障儿童少年分别为262人、250人、224人,其中在逸夫特殊教育学校就读的分别为92人、89人、85人,在义务教育学校随班就读的分别为170人、161人、134人,入

学率分别为100%、100%、97.77%。同时,实施"孤儿助养工程",兴办"育才学校",将全县68名孤儿集中供养,为全县孤儿提供免费入学就读的机会,有效保障其学习生活。

3. 重视队伍建设,优化素质结构,均衡配置义务教育教师资源

(1) 引育并举优化队伍结构

灌南县始终把教师队伍建设放在突出位置,先后制定出台了《关于进一步完善激励机制加强教师队伍建设的实施意见》等一系列文件,坚持引育并举,为城乡学校师资均衡提供保障。一是加大教师引进力度。近三年,通过公开招聘,共引进优秀毕业生494名,涵盖英语、音乐、体育、美术等紧缺学科,有效缓解了教师结构性矛盾。二是加大教师交流力度。深化教育人事制度改革,完善校长、教师定期交流制度,优化薄弱学校教师配置,通过骨干教师下乡支教、农村教师进城学习、结对帮扶、组建共同体、教师互派、对口支教等方式,初步启动了城乡教师有序合理流动、共同成长机制。

(2) 德能并重丰富队伍内涵

一是着力推进师德建设。灌南县出台了《关于进一步加强师德建设的意见》、《关于在教育系统开展"五比五创"主题活动的实施意见》,在全县教育系统广泛开展"五比五创"、"铸师魂、强师能、正行风"等主题教育活动,同时细化师德考评细则,从严规范教师从教行为,评优评先、职务晋升实行师德"一票否决制"。近年来,该县涌现出一大批师德模范,有261名教师获得省、市"师德先进个人"、"优秀班主任"、"优秀园丁"等称号。二是注重师能提升。建立和完善校长、教师培养培训机制,强化"五训"(以研代训、以课代训、以考代训、以赛代训、以会代训),实施"全员读书、全员培训、全员考试",构建了一套模式新、内容实、方法活的多维培训体系,促进教师队伍素质大提升。出台了《灌南县2011—2013年教师培训工作规划》,有步骤、分层次推进教师培训工作。注重教师学历提升,鼓励教师参加自考、函授、远程学习等提高学历层次。通过举办"校长论坛"、高校研修、挂职学习等方式开展高层次培训,先后选派31名学科骨干教师出国培训,组织中小学校长赴韩国、华东师大、北师大进行短期研修。充分利用省"千校万师支援农村教育工程"的优质资源,举办骨干教师研修班。出台了《灌南县教师梯队培养实施意见》,实施了系统完善的梯队培育计划,积极推进市中小学高层次人才"333工程"、建立"名师工作室"等措

施,加快特级教师、名师、学科带头人培养进程。2011年,全县义务教育阶段县级以上各类教师培训达2 806人次。小学教师大专以上学历比例达81.6%、初中教师本科以上学历比例达73.6%;县级及以上骨干教师615人,比例达15.4%。全县拥有省人民教育家培养对象1名、省特级教师7名、市名师名校长11名、市骨干教师等342名。

(3) 奖补并进保障教师权益

一是建立教师培训和奖励专项经费。县政府将教师培训经费纳入财政预算并足额拨付,出台了《关于进一步完善激励机制 加强教师队伍建设的实施意见》,每年拿出2 000万元,用于培训和奖励教师。2011年和2012年,全县分别安排教师培训经费208万元、530万元。二是足额按时发放教师工资。积极落实教师绩效工资制度,依法保证义务教育学校教师平均工资水平不低于公务员平均工资水平,同时对在农村偏远地区工作的教师每月补助100—140元。三是解除农村学校教师后顾之忧。积极实施教师社会保障制度,为教师办理了医疗保险和住房公积金。同时,对农村学校教师购房给予经济补贴,近五年来全县共发放教师购房补贴1 800余万元,受助教师达1 100人。

4. 重视质量建设,严格学校管理,推进义务教育优质均衡发展

(1) 推进素质教育

一是切实加强德育工作。坚持"教育优先,德育为先,素质领先"的要求,积极构建"学校、家庭、社会"三位一体的德育网络,以实施"新公民教育"为抓手,开展以培养学生良好习惯为目标的"每月一事"和人格自尊、心理自强、行为自律、学习自主、生活自理的"五自"教育等系列德育活动,将"感恩、法治、生命、创新、环保"五大板块落实到学校德育工作之中,促进学生成长、成人、成才;通过开展"校园文化年"、"廉政文化进校园"等主题教育活动,优化学生成长环境;在各乡镇创建劳动实践示范场所16个、县青少年素质教育基地1个、青少年活动中心14个、乡村学校少年宫8个,广泛搭建素质教育场所平台,不断拓宽育人渠道,培养和提高青少年综合素质。加强学生心理健康教育,全县所有学校都配备了专、兼职心理健康教师。该县现有心理学本科学历教师25名、国家级心理咨询师资格教师19名、国家级心理辅导员资格教师105名。二是纵深推进课程改革。为深化课程和课堂教学改革,大力开展有效教学研究,建立和完善教学过程监控体系,灌南县教育局制定了《灌南县义务教育阶

段教学质量监控与评价细则》,加强对课堂教学的有效管理。2009年,在全县各校构建并实施了以"先学后教、合作探究、交流展示、当堂达标"为内容的"全优课堂"多种教学模式,促进了课堂教学效率的整体快速提升。同时,构建多元评价体系,出台《灌南县中小学精致化管理方案》、《灌南县中小学生学业评价实施意见》等系列文件,着力构建科学的素质教育评价体系,在考查学生基础知识的同时,注重学生的发展性评价,小学、初中学生学业合格率均达95%以上。2010年,灌南县被评为江苏省"基础教育课程改革先进集体"。三是大力推进体艺工作。灌南县出台了《关于进一步加强音体美技学科教学工作的意见》、《关于进一步落实保证学生每天一小时体育活动时间的通知》等文件,发展学生体艺特长。在城乡各校积极推行"体艺2+1项目",开齐、开足、开好体艺课程,全面提高学生体质健康水平和艺术素养,2011年全县中小学生《国家体质健康标准》测试达标率达91.4%。大力开展"阳光体育运动",确保学生每天一小时校园体育活动。每年举办中小学生田径运动会、体育节、艺术节、科技节和文艺汇演等活动,丰富校园文化生活,提升学生体艺素质。

（2）规范办学行为

严格执行省"五严"、市"六严"规定,灌南县出台了《灌南县中小学实施〈江苏省中小学管理规范〉的意见》、《关于中小学进一步严格执行课程计划的通知》、《关于进一步规范教学行为改进学校管理的意见》等文件,从严规范办学行为,统一作息时间、课程设置,切实做好"减负提质"工作。建立中小学规范管理分片包干和定期督查制度,开展中小学管理规范达标校创建活动,全面提升中小学规范化管理水平,先后有16所中小学校被评为连云港市"管理规范示范校"。2009年,灌南县被表彰为连云港市"贯彻《中小学管理规范》先进集体";2011年,该县被评为连云港市"义务教育教学与管理先进集体"。

（3）注重特色培育

以"办特色学校、育特长学生"为目标,引领学校自主发展、特色发展。灌南县出台了《灌南县中小学校园文化建设基本要求》,加强校园文化建设,倡导"一校一品",打造学校特色品牌。新集小学的书法、花园小学的排球、实验小学的科技、百禄小学的空竹、田楼小学的腰鼓、第三中学的科普教育、田家炳中学的艺术教育等多所学校的办学特色在市内外产生影响。花园小学男排连续5年获得全市冠军;逸夫特殊教育学校学生在2010年省残运会、省青少年残疾人游泳锦标赛上，获3金8银佳绩；全县有21所学校被认定为省级、市级特色学校。

三、城乡义务教育均衡发展面临的问题

在调研过程中，课题组成员深切地感受到了灌南县在城乡统筹背景下推进义务教育均衡发展所做的努力，并形成了一些宝贵的经验，但同时也进一步了解到苏北经济欠发达地区在义务教育均衡发展过程中遭遇的困难。

1. 二元结构下的乡村教育培养目标模糊

在调查中，不少校长教师反映，农村学校究竟应该把学生培养成什么样的人是义务教育必须要研究和解决的大问题。二元结构下的乡村教育应全面向城里看齐，还是应坚守淳朴的乡村味道，或者二者执其中？大家众说纷纭，莫衷一是，出现了目标多元现象。

（1）"唯应试"

部分农村学校把素质教育看作部分有特长、学习成绩优秀的学生专享的一种额外教育活动，热衷于观摩课、特色活动的开展，倾力打造特长生，忽视了全体学生的整体发展。不少人认为，学生要融入现代化社会，创造人生的辉煌，必须要走升学的路，跨过小升初、中考、高考的门槛，才能取得未来社会的门票。在这种观点的导引下，农村一些学校的唯一目标就是应试，其他只能作为点缀；家长要求和监督学校创造良好的应试条件；社区评价一所农村学校的优劣，习惯上以该校有多少人考上重点初中、重点高中、二本以上大学为标准；教育行政部门考核和评价农村学校和校长的工作，也常以应试成绩进行衡量。

（2）"城市化"

为迎合家长的"崇城心理"，部分农村学校不顾农村孩子的实际情况，照搬城里学校的一套。有些乡镇中心初中或小学从教学计划、课堂教学方式方法，到训练的材料、考查考试的试卷，都是一字不漏地将城里重点学校的拿过来用。甚至连作息时间也力求和城里的学校一样，有的农村学校不惜让学生骑五六里路的自行车赶到学校上晚自修，晚上10点之后才能摸黑回家。每次考试都和城里的重点学校比较，在越比越没信心的状态下，转而办强化班，放弃大部分的一般学生而搞尖子教育，以吸引住农村成绩优秀的学生。

（3）"离农性"

农村学校目前所坚持的教育改革在本质上是以培养学生升入高一级重点

学校,最终考上大学,离开农村作为目标的。一些学校从小学一年级开始就给学生灌输假如你们想要离开农村,就应该如何如何的思想;学生想的也是如何学习可以取得好的成绩,考上好的学校,跳出农村,步入城市,进入上流社会。农村学校所使用的教材虽然体现了现代文明的水平,但是少了农村学生在农村生活的适应性,客观上离开了农村的生活实际。

(4)"跟风走"

农村学校教育目标究竟是什么,很多学校领导根本就没有认真思考和研究过,奉行的是"唯上是从",上面让怎么做,就怎么做;"跟风走",哪种做法受到提倡,就学着那样做。至于农村、学校自身的特点、优势,可以实事求是地做哪些改革,都未曾花心思去思考。

长期在农村学校工作的教师于日复一日的机械劳动中,由于目标不明而"条件反射式"地工作,没有主动性,没有创造性,只有"年年岁岁花相似"的重复,缺少"岁岁年年人不同"的思考,时间一长,便失去了对工作的好奇心,产生了严重的职业倦怠,一切只在惯性的轨道上滑行,缺乏职业幸福感。由于目标不明,农村学校基本上是千校一面缺乏特色,学校管理水平相对较低,基本上是"留守内阁"毫无创意。一位小学校长感叹,20世纪90年代之前乡村中小学教育搞得如火如荼:孩子就近入学,离学校稍微远些的村庄设有教学点;许多村小和中心小学一样,从校容校貌、硬件设施到教师配备甚至教学质量,都不比中心小学逊色;每一所学校都有自己的性情和品格,对学校来说,教育的目的就是教育的本身。因此,学校可以安静地做教育,师生可以安静地享受教育生活。今天,整个教育观念已经有了大的改变,但文化却在一点一点地减少,教育的灵魂也在一点一点地迷失,乡村教育到底应该做什么?在苏北乡村,我们现在已看不到费孝通先生笔下一如江村般自给与安分的乡村生活了,但我们知道新型的农民总是要从乡村学校培养,即使是到城里务工的学生,他们所需要的素养也不仅仅是考试卷面上的那些内容所能包含得了的,他们也期待乡村学校能够教给他们用得上的东西。为了乡村学生的发展,乡村学校的教育目标定位必须要考虑学生的发展需求。除了规定的教学内容外,还应该教育和培养学生一些什么内容?这是乡村教育改革和发展必须要思考的问题。

2. 巨型学校、大班额和学生规模严重萎缩的学校并存,真正意义上的均衡发展远未实现

灌南县义务教育阶段学生共计 82 299 人,其中小学在校生 55 191 人,初中在校生 27 108 人。城区义务教育阶段学生共有 35 700 人,其中实验小学 4 883 人,实验中学 3 100 人,初级中学 3 248 人,华侨双语学校 4 900 人。这些巨型学校的形成源于义务教育"划片招生,就近入学"的政策没有执行到位,热点学校的大班额现象非常严重,实验中学、实验小学平均班额分别为 69.8 人和 68.3 人,远远超过省定标准。与之相对的是农村学校的生源严重不足,全县 14 所乡镇初中中学生数超过 500 人的只有 2 所,在 300—450 人之间的有 9 所,200 人以下的有 3 所。相对于城区初中一个班级近 70 名学生的拥挤不堪,在教育现代化设施配备齐全的乡镇初中,有的班级却只有十几到二十几个学生,这是否是一种新型的"奢侈"与"浪费"呢?

3. 教师队伍的逆向流动导致城乡教学质量差距拉大

现阶段以合理配置"硬件"教育资源为核心的教育均衡发展在灌南县已成为现实,办学条件不断改善,标准化学校的建设已基本到位。但指向于内涵均衡的教育质量、教师队伍水平、学校文化与特色等城乡之间差距不仅没有缩小,反而有扩大之势。乡村大量优秀教师进城,没有教学经验的新毕业的学生到农村执教,城乡教师队伍建设没有体现均衡意义的流动,这些因素在一定程度上导致了乡村中小学教学质量每况愈下。2010、2011、2012 年三年,城区通过考试等形式从农村选拔优秀教师 211 人,以致很多农村学校甚至出现无人能胜任教研组长的现象。这些因素促使并拉大了城乡教学质量的差距,在 2012 年小学数学教学质量调研检测中,城乡平均分差达 21.3 分,最大分差达 40 分之多。

4. 撤点并校后学生流向城区,农民负担日益加重

在调研过程中,课题组成员查阅了灌南县 2000—2002 年的教育档案,并调取了当时的灌南县学校发展规划白皮书。2002 年时,全县共有小学 305 所,其中乡镇中心小学和城镇小学 24 所,村小 281 所。截至 2012 年底,全县村级小学及办学点仅有 63 所。从一定意义上来说,布局调整、撤点并校优化了资源配置,但一个不争的事实是这也加重了农民的负担。在发放的 1 000 份调查问卷中,认为撤点并校后负担加重的占 91%。访谈中,课题组成员了解到,撤点并校后,学生一般得到2—3千米外的定点完小就读。于是很多家长选择把孩子送到更远些的乡镇中心小学住校或早出晚归,抑或是选择让孩子在县城附近的民办学校寄宿就读。在这种情况下,家庭中自然就多支出了孩子的住校费用、交通费用和吃饭费用。北陈集镇杨圩村是灌南县北部一个偏僻的村庄,由原杨圩村与八庄村合并而成,全村人口4 636人,义务教育阶段适龄儿童282人,其中初中段84人,小学段198人。走访中课题组成员了解到,282人中,在北陈集镇中学和规划的定点完小就读的有137人(小学116人,初中21人);在城区中小学就读的有26人(小学7人、初中19人);在民办学校就读的有62人(小学29人、初中33人);另有33人随父母打工就读于城市民工子弟学校;24人成为流生。布局调整后,面对农村教育质量低下的现状,一部分家庭选择了城区学校和民办学校;一部分家庭则因教育负担的加重选择了放弃与逃离。

5. 初高中招生乱象丛生,素质教育在泥沼中挣扎

就全国来看,随着义务教育均衡发展不断深入,择校现象已得到部分缓解。但在灌南县,无序择校现象仍比较严重。2010年,该县按照区域内适龄儿童少年数量和学校分布情况,科学划定每所学校的服务范围,并向社会公布了区域内各义务教育阶段学校招生范围、招生时间、招生计划及有关信息。与此同时,加大实行了优质高中招生名额合理分配到区域内初中的力度,并计划逐步提高分配比例。城区优质学校实验小学、实验中学实施了教育集团化办学,并与农村部分学校建立了托管机制。但由于部分优秀学生选择去邻市淮安就读带来压力及教育局主要领导更替等原因,这一促进义务教育均衡的有效制度并未得到很好实施。从2011年起,全县招生情况一切回归故旧。每当招生季到来,城区各校各显神通,提前招生、选拔考试,"金钱生"、"条子生"应运而生。灌南县实验中学2012年共招收1 085名初一新生,其中,提前摸底招收城区小学尖子生200名,通过乡镇考试选拔招收学生306名,施教区学生307名,其余272名学生都为"高价生"和"关系生"。对于没有金钱和关系的家庭而言,只好也只能把目光聚焦于各招生学校"公平"的选拔考试上。于是,应试教育沉渣泛起,有偿家教愈演愈烈。家庭与社会再次把升入城区优质学校的学生数作为评判一所学校优劣的标准,各初中与小学又纷纷陷入了应试教育的泥沼之中而不能自拔。

6. 教育经费投入不足制约着学校的进一步发展

2011年,灌南县举全县之力,通过了"江苏省教育现代化示范县"创建验收。在创建过程中,县政府投入6.2亿元对学校创建中的硬件设施设备实行"打包",极大地促进了全县各校办学条件的改善。但是由于乡镇配套资金没有到位,不少学校承担了合同的主体责任。此外,原来公办民营的改制学校实验中学和实验小学回归公办,未能赶上全省的债务化解。两者合并,至2012年底,全县累计负债2.3亿元。面对巨额的债务,实行义务教育的学校本身已无力偿还,在政府责任旁落的同时,学校的长足发展遭遇了狭隘的"瓶颈"。

7. 布局调整后的教育资源大量流失

从2002年到2012年,十年之间灌南县全县小学从305所调整成88所(含教学点),带着寻访被撤并的217所学校现状的想法,课题组成员用十一天时间进行了现场察看。其中,163所校舍已被村支两委卖给群众,转为民居或小工厂;29所校舍已成为村支两委的办公用房;14所校舍被乡镇政府卖给个人举办民办中小学或幼儿园;仅有11所校舍在小学校撤并后成为公办幼儿园园舍。

8. 教师工资标准不统一,"孔雀东南飞"现象有所抬头

灌南县隶属于连云港市,但全市教师工资标准却不尽相同,市直学校高于区、区高于县,县域教师的平均工资比市直学校低2.2万元左右。由于工资待遇低、工作环境差,农村学校得不到应有的重视,造成农村学校教师的大量流失。随着近六年教师进城考试的推行,农村学校流失骨干教师共约千名,有的一个学校教师流失就高达50多名,师资差不多进行了全部的轮换。教师流向的方向主要是当地的民办学校和城区学校,农村教师流向城镇,城镇教师流向县城、市区,初、高中教师的流失尤甚。其中,名教师、特级教师多向发达地区流动,全县共有市中小学高层次人才"333工程"骨干教师层次以上的教师361人,而目前仍在农村学校执教的仅有68人。农村学校优秀教师的流失,导致农村中小学师资队伍年龄结构老化,教育教学水平和质量难以保证。

9. 农村学校发展式微,乡村文化逐渐荒芜

近年来,虽然灌南县努力推进义务教育均衡发展,但城乡教育质的差距仍然没能有效缩小,并开始出现"两极化"的趋势。城区的教育和学校办得越来越好,农村教育则越来越艰难,发展中面临的各种障碍与问题在农村初中和乡

村小学内表现得尤为明显。随着城镇化进程的推进,灌南县城镇化水平不断提高,农村办得较好的中小学不断向乡镇和城区集中,于是各类办得较好的中小学在乡镇和城区的集中度越来越高,与乡镇和城区的扩张相伴随,与城乡一体化和新区建设相伴随。此外,新建学校基本上位于比较发达的乡镇和城区,教育投入水平较高,办学条件较好,师资水平也较高。随着中小学布局结构的调整,每个乡镇保留一所左右的中心小学,且一般建在乡镇,大规模的村小撤并后,乡镇以下的村小和教学点一般规模很小,办学条件较差。农村学校的式微,直接导致了大量学生的流失。

(1) 生源变化影响办学规模

随着计划生育政策效应的充分显现,人口出生率持续降低,学校学生数显著减少,有些学校办学规模日趋萎缩,由此诞生了小规模学校。近年来,城市化进程加快,农村人口大量涌入城区,他们在城市站稳脚跟后往往会选择将自己的子女带到城市就读,这样亦导致了农村中小学生生源的减少。与此同时,农村新一代学生家长不惜本钱把孩子从农村学校转到城区学校就读。乡村学校规模日渐缩小,教师数量锐减,很难形成一个优化的整体结构,从而也影响了教育质量的整体提高。

(2) 留守儿童教育问题愈显突出

农村劳动力向城市转移的速度正在加快,由此引发了许多留守儿童的教育问题:爷爷奶奶(外公外婆)的溺爱使孙辈养成了一些不良习气,学校与他们又难以沟通;留守儿童缺乏父母的关爱和教育,往往情感孤独、彷徨、郁闷,造成了精神上、心理上的伤害,不易形成良好性格。灌南县三口镇是一个人口近八万人的乡镇,该镇在外务工人员近两万人,农村留守儿童约有3 000人,其中37.4%是后进生,每班倒数十名内的学生大部分是留守儿童。留守儿童年龄大多在8—15岁之间,情绪容易消极,表现出焦虑、任性、极端、暴躁等性格特征,有的儿童甚至存在着叛逆、怨恨情绪。

(3) 简单撤并造成学生上学不便

课题组成员在张店镇进行了学校布局调整相关情况的调查。被调查的100人中,上学路程在1千米以内的19人,1千米以外不足3千米的37人,3—6千米的44人。撤点并校给上学路途遥远的学生带来了安全隐患,学校无法配备校车、不具备寄宿条件,学生只能乘坐无牌照的报废车上学,有的乘坐农用三轮车上学;有的家长不得不用自行车或摩托车一天往返6趟接送孩子(因学校没有食堂,中午也要回家吃饭);还有的几个学生合租一辆三轮出租车上学,每个月的车费在80—100元不等,这样一学期就需要500元左右,一年花费大概在1 000元。一些家长为了照看孩子上学背井离乡而荒废土地,到学校附近租房,也加重了农民家长的经济负担。

(4)乡村教育文化氛围逐渐淡漠

在农村,乡村学校本来是一方文化标志和中心,是村民的一种精神依托,但不断撤村撤校使许多乡村失却了这种教育文化氛围。村民对教育关心求学的少了,社会上的"大户"资助教育少了,教师节、六一儿童节上门捐款办学的少了。村民对教育的理解越来越狭隘:学生只要考出好成绩就行了;教育孩子就是学校的责任,孩子只要在学校出了事,都将责任统统推给老师。随着学校的撤并,没了学校的村庄显得孤独寂寞,听不到读书声的村民心灵也随之空空荡荡。精神贫困下村民便转向打牌打麻将,新的"读书无用论"有所抬头。一位教师说,班上总有一些桀骜不驯的孩子,原以为能通过家校联合共同帮助孩子,哪知电话打了无数遍,家访去了无数回,要么家长不来,要么给你个闭门羹,要么就是甩手一句话:"学不好就算了,反正学好了也不一定能挣大钱……"农村中小学生辍学率有不断上升的趋势。

四、思考与建议

作为发达省份的欠发达地区,灌南县在推进义务教育均衡的过程中形成了很多的做法与经验,值得与之类似地区借鉴与参考。但相伴而生的问题,也值得高度关注。如何能更有效更切实地推进义务教育均衡发展?这一问题需要深思。

1. 落实责任、增加投入,进一步强化经费统筹规划

各级党委和政府要切实把教育摆在优先发展的战略地位,从科学发展观的高度,从推进本地经济、社会全面、协调、可持续发展的全局,来认识教育发展的战略地位和作用,认识义务教育均衡发展对构建和谐社会的意义和价值。要将义务教育均衡发展作为构建和谐社会的重要指标,纳入经济、社会发展的整体框架;要进一步落实教育在国民经济、社会发展中的重中之重地位,把基础教育尤其是义务教育置于优先发展的地位,不断强化政府责任,充分发挥各

级政府的统筹和协调作用。要把义务教育发展好坏、发展水平、均衡程度等，列入各级领导干部目标责任制和政绩考核的重要内容。

（1）依法增加教育投入，确保教育经费"三增长、两提高"

要坚定不移地贯彻落实《中华人民共和国教育法》和中共中央、国务院《关于中国教育改革与发展纲要》的有关规定，提高财政性教育经费占国内生产总值的比例，各级政府要确保各级财政教育拨款的增长高于财政经常性收入的增长，并使按在校学生人数平均的教育费用和公用经费逐步增长。要按照建立和完善公共财政体制的要求，优化财政支出结构，逐步提高财政总支出中教育经费所占的比例，切实做到各级财政对教育的拨款高于财政经常性收入的增长。县级政府要完成县、乡（镇）财政体制调整，进一步优化财政支出结构。必须将义务教育经费包括教师工资、公用经费和学校建设资金全额纳入本级财政预算，确保教师国标工资及省出台的地方津补贴按时足额发放，确保学校基本办学条件和正常运转。要加强中小学学杂费的管理，建立中小学公用经费专户和县级教育结算中心，健全财务管理体制。财政预算内拨付的公用经费和学杂费全部纳入专户核算和管理，封闭运行，专款专用。严禁截留、挪用、平调中小学杂费用于发放教师工资、福利、津贴、补贴和基本建设支出，严禁调用学杂费平衡财政预算或提取任何形式的调节基金。

（2）从农村教育的实际情况及未来发展需要出发，制定农村义务教育合格学校标准，合理规划，分阶段实施，大力推进农村合格学校的建设工程

要制定适合本地区社会经济发展水平的义务教育办学基本条件和统一的农村义务教育合格学校建设标准。这个标准应当从学校建制、场地与校舍、设备与设施、经费与保障、校长与教师、课程与管理、奖励与惩罚等若干方面做出明确的量化要求和具体的发展标准。在关注硬件指标体系建设的同时，应更多地关注校长配备、师资质量、学生巩固、课程管理、奖惩机制等学校发展的软件因素，因为这些软件因素将更加直接地影响义务教育能否持续健康稳定的均衡发展。对义务教育阶段学校办学基本设施、设备等硬件的要求，要坚持从实际出发，不应简单追求数量，甚至追求豪华，一切要以实用为原则。

2. 定向培养、加大交流，进一步合理配置教师资源

师范教育招生与分配要向农村义务教育倾斜，以计划性的定向培养为主，以市场性的非定向招生为辅，确保农村义务教育有稳定合格的教师来源。目

前,农村义务教育均衡发展的最大难题是师资短缺,优秀师资匮乏。一方面,业务骨干教师流向城市或经济发达地区;另一方面新毕业的师范生不愿意到农村任教。因此,师范教育有必要扩大面向农村中小学教育的招生指标,以定向计划培养的方式确保师范生毕业后到广大农村学校任教。

要加大教师对口支援力度,通过制度安排,鼓励城区学校优秀校长、教师到农村艰苦地区支教,同时为农村学校校长、教师到城区优质学校学习提供机会,充分发挥名校及名师资源的辐射作用。为了缩小校际之间的差距,采取校长、教师定期交流制度是一项基本的策略。教育主管部门可以尝试出台有关教师城乡轮岗的政策,把到农村任教年限作为教师职称评定及岗位晋升的必要条件,以改善和提高农村尤其是贫困地区学校的师资水平。同时,要加大教师对口支援的力度,鼓励发达地区教师到贫困农村任教,一轮任教时间不低于两年,支教期间应给予这些教师专项补助,使之安心并乐于在异地农村学校任教。创造条件让农村学校教师到城区优质学校或发达地区学校交流,使他们在具体实践中迅速成长。

3. 突破形式、注重内涵,提高教育教学质量的均衡

要以科学发展观为指导,坚持为了中华民族的伟大复兴、为了每一个孩子成功发展的核心理念,进一步明确义务教育的质量内涵。联合国教科文组织第32届大会发表的《教育部长圆桌会议关于"有质量的教育"的公报》中指出:"在我们共同致力于'有质量的教育'时,必须承认我们生活在一个不平等的世界——在这个世界上,巨大的差异使得目前对许多人来说,接受'有质量的教育'的平等机会还是不可实现的梦想。减少以至消除这些差异,是达到全民有质量的教育目标的必由之路。"义务教育均衡发展的目标就是要为每一个孩子提供"有质量的教育"。问题在于,我们的义务教育需要什么样的"质量"。在政策层面,我们应彻底摒弃以考试分数论质量的错误做法,从时代发展的需要出发,全面界定义务教育质量的内涵。和谐社会建设需要每个社会成员具有终身学习的愿望和能力,具有良好的道德观和价值观,具有信息意识和素养,具有创新精神和实践能力,具有国际意识和开放的思维方式。这些素质要求应成为义务教育质量评定的重要指标。在强调以人为本的今天,教育质量不应只强调社会对人的发展需要,也要观照个体自身的发展需求,学生健康的心理、完善的人格以及鲜明的个性,也应成为

义务教育质量的重要内涵。

要从服务农村经济、社会发展的大局出发，加强农村教育改革的调查研究，把农村课程改革作为基础教育课程改革的重点来抓。与城区相比，农村教育改革相对滞后，教师素质普遍偏低，农村中小学的课程设置、教学内容和教学方法等都不同程度地存在脱离农村生产和生活实际的问题，仍然偏重普通文化知识的传授，不重视职业技能教育和创业创新能力教育。针对这些问题，教育主管部门应把农村课程改革作为基础教育课程改革的重点来抓，使教学内容更加贴近农村生产和生活实际，鼓励农村学校广泛进行教育资源开发，编写有特色的乡土教材，加强对学生进行热爱农村、建设农村的教育，提高学生的实践能力。要广泛建立农村中小学劳动实践基地，在实际劳动实践中培养学生的劳动观念、劳动技能和创新精神。

要整合当地的教育专家资源，建立多重智力帮助平台，为农村中小学的教育改革和发展提供有力的专业支持。组织教育专家和名师定期到农村中小学进行业务指导，规定地方教研、科研部门的研究人员到农村学校听课、研讨、辅导每学期不少于两周时间，着力构建市、县、乡三级教研网络，定期开展教学研讨活动、课堂教学展示活动，为农村教师的业务交流构建有效的平台，争取把最先进的教育理念、最有效的教育技术及时地传播到广大农村学校。在专家指导下，广大农村中小学应积极建立校本教研制度，实现教学与研究的统一，确保教学质量稳步提高。

4. 因材施教、关注差异，以特色发展和多样选择促进均衡

教育平等有两种情况：一种是完全平等，它基于人的发展的基本需要和人性平等的要求；另一种是比例平等，它对应于个体发展程度的差异。前者注重学生和教师的同质，同时推行公立中小学的标准化建设，要求所有儿童接受同等的教育内容，保证学生所受的教育完全相同；后者承认个体差别，倡导多样化和注重"选择"的平等，为不同能力和个性发展需要的学生创造适合的教育机会和条件。

受传统平均主义思想的影响，我国在对义务教育均衡的理解上实质平等的思想非常严重。绝对的平均主义不适用于教育，因为教育面对的是一个个具体的人，而人与人之间的差异是客观存在的。从人的发展的角度来看，最适合于每个人的教育就是最好的教育。在义务教育均衡发展中，我们必须树立

"统一标准"和"多样选择"相结合的均衡发展观,通过学校标准化建设,在保证基本的、合格的质量标准基础上,促进学校特色发展,建设特色学校,为每个学生的发展提供足够的多样化选择,使他们得到适切的教育,满足他们不同发展的需求。学校的特色发展,使学校之间的差异不再是一种同质化的差距,而成为一种个性差异的互补。因此,教育既要体现义务教育要求的统一性,又要体现个体发展的差异性,为每个学生提供底线平等基础上的差异性教育、多样化选择,包括多类型学校、多类型课程、多样化教学模式、多元教育评价等,使每个学生都能自由而富有个性地成长。

5. 深化教育改革,促进动态均衡

"均衡"是一个阶段性目标。这是因为我们目前存在比较突出的不均衡的情况,所以现阶段需要提出一个目标来促进这个问题的解决。但要实现教育均衡,必须立足于教育的发展,在发展的过程中逐步实现基本教育公共服务的均等化。我们既要防止盲目追求"忽视公平的发展",也要防止盲目追求"没有发展的公平"。《国家中长期教育改革和发展规划纲要(2010—2020年)》中指出:"到2020年,全面提高普及水平,全面提高教育质量,基本实现区域内均衡发展,确保适龄儿童接受良好的义务教育。"我们需要完整地理解这句话,"均衡"与"发展"是不可分割、紧密联系的两个概念。促进义务教育均衡发展,就是要把提高均衡水平与提高发展水平结合起来。

现在,有些地区均衡水平很高,发展水平也很高;有的地区均衡水平很高,但发展水平不高;有的地区均衡水平较低,但区域整体发展水平很高;有的地区则是均衡水平较低,整体发展水平也很低。一般来说,教育总体上比较落后的地区,均衡水平相对比较高。因此,我们既要关注发展水平高而均衡水平低的地区的均衡问题,更要重视解决发展水平低而均衡水平高的地区的发展问题,通过政策倾斜,提高困难地区、困难学校、困难群体的发展水平。

从教育生态与系统的思维出发,强调基础教育与其内外部环境的平衡与适应,意味着所谓平衡就是不同教育单位与其所在环境双方之间客观的价值关系的运动状态。完全平衡稳定只能是暂时的,发展是永恒的。因此,政府的义务教育均衡发展政策既要坚持促进区域教育系统内部的公平,还要研究构成区域义务教育系统的每一所学校自身系统发展的内在矛盾,强调学校文化的构建与改进,强调学校内涵的发展和相互影响,从而推动义务教育的可持续发展。

第三节　中部 Y 县义务教育均衡发展调查报告

  2013 年 2—3 月,课题组赴中部某省 Y 县进行义务教育均衡发展的实地调研。课题组成员首先走访了该省教育厅基础教育处,专题了解并收集省级教育行政部门近年来出台的有关义务教育均衡发展的政策文件与举措。2 月 16 日至 25 日、3 月 7 日至 16 日,课题组又分两次深入 Y 县进行实地调研。调研的形式包括非正式访谈、文件和统计资料收集、问卷调查、现场考察等。非正式访谈的对象涉及教育局主要领导、各股室干部、中小学校长、教师代表、学生家长和社区群众等;所收集的文件和统计资料主要来源于教育局、统计局、财政局、相关学校和派出所等,包括政策文件、统计报表和总结报告等;现场考察了 1 个行政村和 8 所义务教育中小学,其中城市和农村中小学各 2 所(含 1 所城市民办初中)。

一、县情简介

  Y 县是一个农业县,位于其所在省东北部,东部与发达省份相邻,交通便利,外出务工人员众多。全县总面积 1 728 平方千米,辖 11 个镇 5 个乡,189 个行政村、30 个居委会。林地面积占土地总面积的 66.5%,森林覆盖率为 64.8%。

  2012 年末,全县总人口 62.09 万人,其中农业人口 51.75 万人,占总人口的 83.34%。县城所在镇为 BX 镇,面积 37 平方千米,占全县总面积的 2.1%;人口 10.53 万人,占全县总人口的 16.96%,其中非农人口 8.8 万人,占全县总人口的 14.2%。全县城镇化率为 45.27%。人口自然增长率为 7.13‰。

  2011 年末,全县生产总值 819 965 万元,人均生产总值 14 216 元,占全省人均生产总值 26 150 元的 54.4%。第一、二、三产业结构为 14.39∶49.27∶36.34。财政收入 101 086 万元,人均 1 654 元,占全省人均财政收入 3 665 元的 45%。财政支出 166 742 万元,人均 2 727.6 元,占全省人均财政支出 5 447

元的50%。其中BX镇财政总收入12 356万元，占全县财政总收入的12.2%，人均财政收入1 190元，占全县人均水平的72%。

2011年，全县农民人均纯收入6 912元，占全省农民人均纯收入6 891元的100.3%。

2011年末，全县有各级各类学校472所，普通中学25所，高中6所，初中19所，职业中学1所，进修学校1所，小学（含教学点）188所，其中，城区小学4所，农村小学184所。普通中学在校生32 523人，与上年持平，小学在校生53 626人，增长5.08%，其中BX镇小学生12 905人，占全县小学在校生数的24.06%，小学阶段无民办学校学生；初中在校生22 834人，其中BX镇初中生7 718人，占全县初中在校生数的33.8%，民办学校学生4 404人，占全县初中在校生数的19.29%，且全部在BX镇。

2012年，全县中小学在编在岗教职工4 092人，其中小学教师2 127人，初中教师1 329人，高中教师636人。代课教师581人（中学148人，小学433人）。全县中小学校园面积2 409亩，校舍面积56万平方米，计算机3 700台，多媒体投影教室230多间，装备卫星接收装置73个，拥有图书130多万册。

二、现状与问题

调研的总体结论是：进入新世纪以来，该县采取多种措施，积极推进义务教育均衡发展，不断取得发展的新成效。但由于多种原因，该县城乡义务教育均衡发展依然存在突出的问题。这里，仅对存在的突出问题做一陈述与分析。

1. 大量农村义务教育阶段学生涌入县城就学，导致城区中小学人满为患，农村中小学呈空心化趋势

（1）大量农村义务教育阶段学生进城入学，并呈低年龄化、民校化趋势

据课题组成员对全县城乡人口分布与义务教育阶段在校生分布的统计对比分析（如表2-1所示），从比例上看，2008—2012年，BX镇人口占全县总人口的比例分别为15.5%、16.5%、16.9%、17.0%、17.0%，而城区在校生数占义务教育阶段全体在校生总数的比例分别为24.2%、25.5%、26.6%、27.0%、29.0%，后者比前者分别高出8.7%、9%、9.7%、10%、12%，可明显看出农村义务教育阶段学生明显向城区集中的趋势。

其中，进城就学学生小学阶段的比例分别为 21.5%、22.3%、23.5%、24.1%、25.8%，与人口比例相比分别高出 6%、5.8%、6.6%、7.1%、8.8%；初中阶段的比例分别为 30.6%、32.9%、33.9%、33.8%、37.0%，与人口比例相比分别高出 15.1%、16.4%、17%、16.8%、20%。这说明初中阶段学生向县城集中的程度明显高于小学阶段。

若将学生数比例与人口数比例之差作为衡量非户籍因素进城学生就学的参数，把这一参数乘以相应阶段学生总数，再除以相应阶段城区在校生数，可得出非户籍因素进城就学学生占城区学生的比例。估算结果为：义务教育阶段进城就学学生占城区义务教育阶段学生总数的比例的五年平均数为 37.3%，其中小学阶段进城学生数占城区小学生数的 29.1%，初中阶段进城学生数占城区初中生数的 50.6%，进入民办学校的初中生数占城区初中生数的 13.1%。统计分析还发现，近五年农村学生进入县城民办学校择校学生数占城区初中学生数分别为 7.9%、14.3%、13.0%、12.0%、18.5%，呈急剧增长趋势。

从增长率上看，2008—2012 年，城区人口平均增长率为 3.9%，而城区义务教育阶段在校生数平均增长率为 9.6%，其中小学在校生平均增长率为 10.0%，初中在校生平均增长率为 9.0%，民办初中在校生平均增长率为 9.8%。城区义务教育阶段学生数以高于人口增长率 5.7 个百分点的速度快速增长。其中，初中平均增长率为 9%，小学平均增长率为 10%，高于初中，这说明进城就学学生出现了低年龄化的倾向。民办初中平均增长率为 9.8%，高于城区义务教育阶段学生平均增长率和城区初中的平均增长率，这进一步证明有更多的学生选择了进入民办初中就读。

农村学生进城就学的原因可分为两类，一类是因正常城市化因素（如在城区购房、进城务工等）选择在城区学校就读；另一类是因对农村教育质量不满意而纯粹进城择校的。根据课题组成员对城区中小校长的访谈，在义务教育阶段进城就学学生占城区义务教育阶段学生总数的 37.3% 这一比率中，约有 10%—15% 是正常城市化因素带来的，纯粹因择校进城的学生占 20%—25%。其中，在小学阶段进城就学学生占城区小学生总数的 29.1% 这一比率中，约 15%—20% 是纯粹择校的；在初中阶段进城就学学生占城区初中生总数的 50.6% 这一比率中，约有 35%—40% 是纯粹进城择校的。

表 2-1 县城与农村的人口数、义务教育阶段学生数比较

年度	城区人口		城区初中和小学			城区小学			城区初中			城区民办初中	
	占全县总人口的比例	城区人口增长率	占全县初中和小学生的比例	进城学生占城区初中和小学生的比例	城区初中和小学生的增长率	占全县小学生的比例	进城学生占城区小学生的比例	城区小学生增长率	占全县初中生的比例	进城初中生占城区初中生的比例	城区初中生增长率	占全县初中生总数的比例	进城学生占全县民办初中学生总数的比例	城区民办初中生增长率
2008	15.5%	/	24.2%	36.2%	/	21.5%	28.2%	/	30.6%	49.5%	/	16.8%	7.9%	/
2009	16.5%	8.4%	25.5%	35.2%	10.0%	22.3%	26.1%	8.1%	32.9%	49.8%	13.2%	19.3%	14.3%	20.8%
2010	16.9%	3.7%	26.6%	36.2%	9.3%	23.5%	27.7%	10.1%	33.9%	50.1%	7.9%	19.5%	13.0%	5.7%
2011	17.0%	2.2%	27.0%	37.0%	6.6%	24.1%	29.4%	7.8%	33.8%	49.8%	4.7%	19.3%	12.0%	4.2%
2012	17.0%	1.4%	29.0%	41.5%	12.6%	25.8%	34.3%	14.0%	37.0%	54.1%	10.2%	20.8%	18.5%	8.7%
五年平均	/	3.9%	/	37.3%	9.6%	/	29.1%	10.0%	/	50.6%	9.0%	/	13.1%	9.8%

大量农民子女进城择校的现象导致农村学校空心化,成班率不足;而城区学校则人满为患,班额和校均规模急剧增加(如表2-2、表2-3所示)。同时,进城择校也加重了农民的教育负担,助长了教育不正之风和腐败。在对进城择校的学生家长的访谈中,我们了解到,由于教育局规定不能收择校费,为了让子女能在城区接受更好的教育,家长只好东托西求找关系,实际上花费的钱并不比交择校费少,而且这些钱都流入了个人腰包(原来由学校收择校费,多少还有些用在教育上)。好不容易进入城区学校,孩子离家远,又没有人管,要么全托给任课老师,要么寄养在亲戚家,每个月还要花费800—1 500元不等的托管费或寄养费。有的家长则直接背井离乡,到县城临时租个斗室陪读。教育局和城区学校校长也叫苦连天,尽管近三年每年都在城区新建1所小学,扩建2所中学,但仍供不应求。各种关系的都来求情,要求择校,而学校容量有限,接又不是,不接又得罪人。

表2-2 城乡公办小学班额和校均规模比较

单位:人

乡镇		班额				校均规模			
		2008年	2009年	2010年	2011年	2008年	2009年	2010年	2011年
全县平均		41.9	43.0	43.3	46.4	251.7	259.2	274.7	288.3
农村小学	平均	38.6	39.1	39.6	41.4	202.6	207.5	217.0	223.7
	HYS乡中心小学	36.6	36.8	36.8	39.9	246.0	252.4	252.0	250.7
	ZC镇中心小学	47.0	45.2	47.1	49.6	354.8	320.9	338.8	362.2
	NS乡中心小学	34.4	35.4	34.7	35.2	127.2	130.9	132.0	133.9
	LH乡中心小学	38.9	38.0	40.3	41.7	217.4	216.8	227.4	230.6
	BM乡中心小学	42.9	45.2	46.0	47.5	234.0	254.6	263.2	271.8
	XT乡中心小学	39.5	40.1	40.1	43.4	206.3	213.5	222.6	226.7
	HJ镇中心小学	38.6	38.2	39.6	44.0	160.7	175.1	191.3	205.3
	WC镇中心小学	36.2	38.0	37.3	40.5	224.6	243.5	257.1	304.1
	ZH镇中心小学	33.1	32.7	33.3	35.2	162.7	163.5	203.2	176.2
	SM镇中心小学	35.7	38.8	38.7	39.7	153.7	161.3	163.9	167.8
	SGQ乡中心小学	38.5	39.9	40.9	41.3	174.6	184.0	192.1	196.8

续表

乡镇		班额				校均规模			
		2008年	2009年	2010年	2011年	2008年	2009年	2010年	2011年
农村小学	YL镇中心小学	39.4	41.0	39.2	40.4	203.2	207.3	206.5	210.5
	XZ镇中心小学	43.6	42.2	44.0	46.7	305.4	299.3	321.5	350.0
	XY镇中心小学	39.0	38.3	40.2	42.8	202.7	199.0	209.0	201.3
	LD乡中心小学	33.8	34.2	34.1	33.6	158.8	165.9	163.9	168.0
城区公办小学	平均	61.9	67.8	63.8	75.0	3 218.7	2 612.0	2 869.5	3 226.3
	JS小学	75.9	73.1	63.0	94.9	4 025.0	4 238.0	4 850.0	5 503.0
	县后山小学	/	33.7	42.7	54.3	/	202.0	299.0	651.0
	逸夫小学	75.3	77.0	73.8	72.1	3 012.0	3 158.0	3 027.0	3 028.0
	BX镇小学	41.6	58.2	60.0	62.1	2 619.0	2 850.0	3 302.0	3 723.0

(2) 初中阶段：城乡学校呈两极分化、双雄崛起之势

从表2-3中可看出，在办学规模上，2008—2011年，农村初中校均规模在761—840人之间，学生数并没有明显随全县初中生数增长的平均幅度(3.9%)而增长，呈相对萎缩趋势。城区6所初中(2所公办初中、4所民办初中)校均规模从862人增加到1 286人，增幅明显，而且呈两极分化、双雄崛起之势。公办学校以BX镇初级中学为代表，民办学校以私立WY学校为代表，两所学校在校生占县城初中在校生总数的80%以上，除私立WY学校以外，其他3所民办初中学生数逐渐萎缩。从发展趋势上看，城区初中在校生数由公办学校占一半以上发展到民办学校占一半以上。

从班额上看，2008—2011年，农村初中平均班额在50—55人之间，个别学校(ZC中学)班额最高达到71人；城区初中平均班额在57—61人之间，个别学校(BX镇初级中学)班额最高达到65人。

表 2-3　城乡初中班额和校均规模比较　　　　　　　　　　　单位:人

类别			2008年		2009年		2010年		2011年	
			校均规模	班额	校均规模	班额	校均规模	班额	校均规模	班额
全县平均			789.6	53.2	829.9	54.5	904.8	54.8	951.4	57.1
农村学校平均			761.3	51.5	773.2	52.3	797	52.4	839.8	55.2
城区学校平均			862.3	57.5	975.7	59.4	1 228	60.4	1 286	61.3
公办学校	公办学校平均		821.4	52.7	837.3	53.5	874.4	54.0	921.5	56.2
	HYS初级中学		586	53.3	603	54.8	595	59.5	673	56.1
	ZC中学		1 215	71.5	1 284	67.6	1 330	66.5	1 422	71.1
	NS初级中学		565	56.5	567	51.5	617	51.4	704	70.4
	LH初级中学		872	58.1	998	58.7	1 113	55.7	1 191	56.7
	BM初级中学		864	54.0	893	59.5	932	62.1	993	62.1
	XT初级中学		421	46.8	544	54.4	654	50.3	709	47.3
	HJ初级中学		730	42.9	713	47.5	761	54.4	817	54.5
	WC初级中学		1 002	55.7	976	54.2	986	54.8	1 064	56.0
	ZH初级中学		752	53.7	761	54.4	760	50.7	848	53.0
	SM中学		723	45.2	741	46.3	817	48.1	879	51.7
	SGQ初级中学		845	49.7	845	49.7	862	50.7	980	54.4
	YL镇	全镇中学平均	1 329	45.8	1 309	50.3	1 269	48.8	1 272	48.9
		BY初级中学	397	44.1	404	44.9	442	49.1	440	48.9
		YL初级中学	932	46.6	905	53.2	827	48.6	832	48.9
		XZ初级中学	1 633	48.0	1 525	44.9	1 486	43.7	1 379	57.5
		XY初级中学	1 056	58.5	1 052	58.4	1 001	55.6	970	53.9
	LD乡	全乡中学平均	370	44.4	368.7	44.2	387.7	46.5	405	45.0
		LD完全中学	354	39.3	371	41.2	383	42.6	381	42.3
		HC学校	455	50.6	440	48.9	476	52.9	530	48.2
		QL初级中学	301	43.0	295	42.1	304	43.4	304	43.4
	BX镇初级中学		1 800	62.1	1 900	63.3	2 158	65.4	2 293	63.7
	第二中学		924	54.4	929	54.6	984	57.9	1 021	56.7

续表

类别		2008年		2009年		2010年		2011年	
		校均规模	班额	校均规模	班额	校均规模	班额	校均规模	班额
私立学校	私立学校平均	662.4	56.1	800.2	58.8	1 057	58.7	1 101	61.2
	私立WY学校	2 584	63.0	3 120	63.7	3 471	63.1	3 680	63.4
	私立YC学校	100	33.3	132	44.0	112	37.3	119	39.7
	私立QL中学	266	44.3	247	41.2	345	43.1	324	54.0
	私立HS学校	297	49.5	345	49.3	300	50.0	281	56.2
	私立MS中学	65	21.7	157	52.3	/	/	/	/

(3) 农村中小学优质生源大量流失，近郊区学校生源流失尤其严重

课题组成员对全县各乡镇2008年六年级学生的流向进行了统计分析（如表2-4所示），2008年共有六年级学生6 936人，到2009年初一时增加到7 559人（基本上是外出务工人员子女回乡就读），到2011年初三时学生数又降到了6 884人，与六年级时比总流失率为0.7%。

按此统计口径，到2011年县城增加学生995人，流失率为－68%。在农村16个乡镇中，有15个乡镇学生净流出，只有1个乡镇略有流入；其中，流失率超过40%的有2个乡镇（1个为近郊区，1个为边远山区），流失率在20%—30%的有4个乡镇（3个为近郊区，1个为边远山区），流失率在10%—20%的有4个乡镇（2个为近郊区），流失率在0—10%之间的有4个乡镇。

表2-4　全县各乡镇2008年六年级学生的流失情况　　单位：人

	2008年六年级	2009年初一年级	流失人数	流失率	2011年初三年级	与六年级时比流失人数	流失率
全县合计	6 936	7 559	－623	－9.0%	6 884	52	0.7%
城区学校合计	1 463	2 521	－1 058	－72.3%	2 458	－995	－68.0%
农村学校合计	5 473	5 038	435	7.9%	4 426	1 047	19.1%
公办学校合计	6 936	6 003	933	13.5%	7 825	－889	－12.8%
HYS乡	240	225	15	6.3%	182	58	24.2%

续表

	2008年六年级	2009年初一年级	流失人数	流失率	2011年初三年级	与六年级时比流失人数	流失率
ZC镇	423	478	-55	-13.0%	442	-19	-4.5%
NS乡	213	207	6	2.8%	211	2	0.9%
LH乡	535	442	93	17.4%	310	225	42.1%
BM乡	366	310	56	15.3%	292	74	20.2%
XT乡	303	250	53	17.5%	238	65	21.5%
HJ镇	263	225	38	14.4%	206	57	21.7%
WC镇	306	315	-9	-2.9%	291	15	4.9%
ZH镇	262	285	-23	-8.8%	238	24	9.2%
SM镇	330	310	20	6.1%	279	51	15.5%
SGQ乡	294	298	-4	-1.4%	278	16	5.4%
YL镇	639	468	171	26.8%	338	301	47.1%
XZ镇	521	492	29	5.6%	463	58	11.1%
XY镇	342	346	-4	-1.2%	303	39	11.4%
LD乡	436	387	49	11.2%	355	81	18.6%

在对农村学校校长进一步调研后发现，农村学校流失的都是优质生源，即学生成绩比较好、家长比较重视子女教育、家庭经济状况相对好的学生。以近郊区YL镇为例，2009年小升初毕业考试成绩前100名的学生中，留在本乡镇就读的仅30人，在外乡镇就读的有70人，绝大部分进入县城公办学校和私立WY学校就读。2010年，小升初毕业考试成绩前100名的学生中，留在本乡镇就读的仅36人，在外乡镇就读的有64人，绝大部分进入县城公办学校和私立WY学校就读。

生源大量流失造成农村学校缺乏规模效益，"普九"时投资建设的校舍等办学资源大量闲置。优质生源大量流失造成农村学校师生丧失教育信心，人心涣散，形成恶性循环，进一步导致了生源尤其是优质生源的流失。农村学校校长对此普遍反应强烈，忧心忡忡。

2. 城乡中小学教育质量两极分化,农村中小学师生丧失教育信心

城乡教育质量差距明显过大是造成家长进城择校的最主要原因。我们暂且以2012年中考文化成绩和小学毕业会考成绩来衡量各初中和小学的教育质量。

(1) 中考成绩校际间两极分化现象非常严重,优生高度集中

第一,从表2-5中可看出中考成绩校际间两极分化现象严重。

全县24所学校中,只有4所学校中考总平均分离均差为正数,其中县城学校有私立WY学校(+80.3)、二中(+14.7)、BX镇中学(+10.4)三所,农村中学仅NS中学(+5.8)一所。其余20所学校总平均分离均差全为负数,其中离均差在-30以上的学校有10所,剔去民办学校,离均差最多的为-77.3分。

表2-5 2012年中考各校文化课成绩排名情况

学校	总分平均分	全县排名	离均差	学校	总分平均分	全县排名	离均差
WY学校(县城,私立)	485.7	1	+80.3	SM中学	382.2	12	-23.2
二中(县城)	420.1	2	+14.7	SGQ中学	395.7	6	-9.7
BX镇中学(县城)	415.8	3	+10.4	BY中学	376.6	13	-28.8
ZC中学	359.4	19	-46.0	YL中学	353.4	20	-52
HYS中学	373.8	15	-31.6	XZ中学	386.8	11	-18.6
NS中学	411.2	4	+5.8	XY中学	361.8	18	-43.6
LH中学	390.4	8	-15.0	QL中学	394.6	7	-10.8
XT中学	328.1	22	-77.3	LD中学	387.8	10	-17.6
BM中学	397.4	5	-8.0	HC中学	341.8	21	-63.6
HJ中学	370.7	16	-34.7	QL中学	376.1	14	-29.3
WC中学	370.7	16	-34.7	HS中学	278.0	24	-127.4
ZH中学	389.8	9	-15.6	YC中学	290.6	23	-114.8
				全县	405.41		

第二,从表2-6中可看到初中优生高度集中于县城一所私立中学。

从 2012 年中考高分段学生在各学校的分布来看,县城三所学校中考考生为 1 997 人,占全县考生数的 36.20%,600 分以上的 604 人,占全县的 62.74%。其中,私立 WY 学校考生数为 1 236 人,占全县考生数的 22.40%,但 600 分以上人数占全县的 49.64%。

从优生率(高分段学生占本校中考总人数的比例)看,全县只有两所县城中学的优生率超过全县平均水平(17%),一所是县城的二中,一所是县城的私立 WY 学校。尤其是这所民办中学,优秀率高达 39%,可谓鹤立鸡群。

2011 年的中考情况也大致如此。

由此可见,全县优生向县城、向私立 WY 学校相对集中的现象十分明显。

表 2-6　2012 年各校中考高分段学生数比较表(高分段指总成绩 600 分以上者)

学校	2012年考试总人数	2012年高分段人数	高分段人数占本校考试总人数百分比	与2011年比高分段人数增减	学校	2012年考试总人数	2012年高分段人数	高分段人数占本校考试总人数百分比	与2011年比高分段人数增减
WY 学校(县城)	1 236	478	39%	+14	SM 中学	214	27	13%	+10
二中(县城)	275	53	19%	+11	SGQ 中学	230	40	17%	+20
BX 镇中学(县城)	486	73	15%	-46	BY 中学	87	9	10%	+5
ZC 中学	347	25	7%	+6	YL 中学	168	14	8%	-1
HYS 中学	131	10	8%	-3	XZ 中学	299	39	13%	-10
NS 中学	113	15	13%	+8	XY 中学	261	28	11%	+10
LH 中学	211	16	8%	+1	QL 中学	38	3	8%	-3
XT 中学	190	5	3%	-2	HC 中学	106	10	9%	+1
BM 中学	176	16	9%	-2	LD 中学	77	18	23%	+9
HJ 中学	153	16	10%	-7	QL 中学	88	10	11%	+6
WC 中学	230	21	9%	-2	YC 中学	61	3	5%	0
ZH 中学	189	31	16%	+6	HS 中学	74	1	1%	-3
					全县	5 517	963	17%	-1

(2)城乡小学教育质量仍然存在较大差距,均衡发展任重道远

如果以小升初毕业会考成绩入手进行分析:第一,从 2009 年到 2012 年,县城学校与农村学校小升初毕业会考成绩的平均分差距都高达 20 分,高出比例均超过 11%,而且差距呈急剧拉大的趋势,详见表 2-7。

表2-7 近四年县城4所小学与农村小学小升初毕业会考成绩平均分比较

年份	县城小学平均分	农村小学平均分	平均分差距	高出的比例
2009	191.19	171.12	20.07	11.7%
2010	201.29	174.25	27.04	15.5%
2011	193.21	167.8	25.41	15.1%
2012	236.58	205.44	31.14	15.2%

第二,从2012年小升初毕业会考总分平均分排名来看,县城共有5所小学,包揽了全县的前5名,详见表2-8。

表2-8 2012年小升初毕业会考总分平均分排名

名次	学校	学校所在地区	总平均分
1	城东小学	县城	250.1
2	JS小学		239.9
3	逸夫小学		237.2
4	明德小学		232.9
5	BX镇小学		227.0
6	YL小学	农村	223.7
7	XY小学		221.5
8	SM小学		220.3
9	HC小学		217.0
10	ZH小学		215.9

*注:共20个单位,县城共5所学校(城东为原JS分校),农村按15个乡镇进行统计,下同。

第三,从2012年小升初毕业会考全科合格率排名来看,县城共有5所小学,包揽了全县的前5名,详见表2-9。

表 2-9 2012 年小升初毕业会考全科合格率排名

名次	学校	学校所在地区	全科合格率
1	城东小学	县城	88.11%
2	明德小学	县城	86.54%
3	JS 小学	县城	84.60%
4	逸夫小学	县城	82.41%
5	BX 镇小学	县城	75.58%
6	XY 小学	农村	73.16%
7	YL 小学	农村	72.03%
8	ZH 小学	农村	71.88%
9	SM 小学	农村	70.21%
10	HC 小学	农村	62.90%

第四,从 2012 年小升初毕业会考学科成绩排名来看,语文学科中,县城 5 所学校分别拿到前 4 名和第 6 名;数学学科中,县城 5 所学校包揽了前 5 名;英语学科中,县城 5 所学校拿到了前 3 名和第 5 名,详见表 2-10。

表 2-10 2012 年小升初毕业会考学科(平均分)成绩排名

学科	第一名	第二名	第三名	第四名	第五名	第六名	第七名	第八名
语文	逸夫小学	城东小学	JS 小学	BX 镇小学	YL 小学	明德小学	LD 小学	XY 小学
	71.91	71.12	69.97	67.65	67.65	67.38	67.13	66.85
数学	JS 小学	逸夫小学	城东小学	明德小学	BX 镇小学	HC 小学	YL 小学	SM 小学
	89.63	89.11	88.09	87.79	84.76	81.01	80.59	80.30
英语	城东小学	JS 小学	明德小学	XY 小学	逸夫小学	XT 小学	HYS 小学	NS 小学
	90.93	80.29	77.69	76.53	76.20	76.01	75.92	75.51

3. 城区优先的教师政策导致农村优秀教师仍在不断向城区学校聚集

(1)农村优秀教师进城考试和教师支教政策导致农村教育元气大伤

如果说农村学校优质生源的流失动摇了农村教育的根基的话,那么长期施行的农村优秀教师进城考试政策则令农村教育元气大伤。该政策从 1997

年开始执行,历经4任教育局长,从未间断。文件设定的农村学校进城考试教师资格门槛高,且要经过业绩排名审核、统一笔试、公开教学等多个环节,最后胜出者一般都是农村学校的骨干教师、学科带头人等优秀教师。以2012年为例,文件设定的资格门槛是:第一,工作满五年;第二,师德高尚,事业心、责任心强(由学校推荐);第三,学历达标;第四,近三年担任所申报学科教学工作且周课时不少于6节;第五,没有受党纪、政纪处分,近一年病假累计不超过3个月,事假不超过1个月,本年度所教学科不能在全校或全乡倒数第一;第六,各类获奖、评优等可以加分。

2012年,该县又出台了所谓的教师支教政策,实际执行中,90%以上都是农村学校优秀教师到县城支教。这些支教教师往往都是走进城考试道路没走通的关系户。支教时间一般为2—3年,享受被支教学校待遇(一般都比原来学校要好)。而县城学校教师每年仅2—3人到农村地区支教。

课题组对该县2008—2012年农村学校教师进城考试录用人数和2012年支教教师人数进行了分析,所涉及的299名教师中,有235人调入县城,64人到县城支教,仅有3人是从县城到农村支教。去向主要是县城的5所公办小学、2所公办初中和3所民办初中。县城全部的5所小学中,JS小学、逸夫小学和BX镇小学是三所老牌优质小学。通过进城考试选拔的教师和支教教师中,JS小学为65人,占该校教师总数的35.1%。逸夫小学为49人,占该校教师总数的47.1%。BX镇小学为47人,占该校教师总数的38.8%。新建的明德小学为13人,占该校教师总数的57.7%。新建的端明小学(31人)和城东小学(12人)全部都是2012年参加进城考试和支教的教师。二中占20.3%。BX镇中学占26.1%。民办WY学校21人,占30%。详见表2-11。

表2-11 通过2008—2012年进城考试政策和2012年支教政策进城的教师人数及流向

单位:人

学校	2008—2012年进城教师总数	2012年该校教师总数	进城教师占2012年该校教师总数的比例
二中	13	64	20.3%
BX镇中学	31	119	26.1%
WY学校(民办)	21	70	30.0%
QL中学(民办)	5	56	8.9%

续表

学校	2008—2012年进城教师总数	2012年该校教师总数	进城教师占2012年该校教师总数的比例
YC中学（民办）	1	16	6.3%
县教师进修学校	1	19	5.3%
JS中学	65	185	35.1%
BX镇小学	47	121	38.8%
逸夫小学	49	104	47.1%
城东小学	17	12	141.7%
明德小学	15	26	57.7%
端明小学	31	28	110.7%
从县城到农村支教	—3		
合计	299		

＊注：端明小学和城东小学比例超过100%是因为有部分进城教师随后被分流或调动到县城其他学校。

从学科上看，通过进城考试流入县城学校的教师涉及中小学各学科，主要是语（34.9%）、数（30.2%）、外（9.4%）三个"主科"和体育（5.5%）、艺术（7.7%）等农村学校薄弱学科，详见表2-12。

表2-12　2008—2012年进城考试教师任教学科情况

单位：人

学科	语文	数学	英语	物理及实验员	化学及实验员	生物及实验员	计算机	政治	历史	地理	体育	艺术	合计
人数	82	71	22	4	3	2	11	3	2	4	13	18	235
比例	34.9%	30.2%	9.4%	1.7%	1.3%	0.9%	4.7%	1.3%	0.9%	1.7%	5.5%	7.7%	100%

（2）追求城区学校教师的隐性收入是农村优秀教师流向城区的另一重要原因

绩效工资改革后，城乡教师名义上的工资收入已无多大差别，收入差距主要体现在城区教师存在部分隐性收入。这些隐性收入主要来源有二：一是有偿家教。许多主科教师通过有偿家教获取的收入已接近或超过教师的正式工资收入。二是从公用经费中开支给教师的各类加班费、补贴和福利等。尽管上级文件明确规定公共经费不得用于人员经费,但城区学校由于规模比较大,与农村学校相比公用经费相对宽松,而且学校有从公共经费中给教师开支这类费用的传统,教育局结算中心往往是睁一只眼闭一只眼,而对农村学校则严格执行相关文件规定。

相反,农村学校教师生活条件艰苦,有偿家教的机会也相对较少。如果住在城区,还要增加往返交通等生活成本。尽管近年来该县给少数几个边远乡镇的教师增发了边远农村教师津贴,但每月仅70元和120元两个等级,标准比较低,没有吸引力。

4. 全县师资统筹机制尚未建立,小学教师普遍缺编,初中教师劳逸不均,学科结构性缺编比较突出

(1) 小学教师普遍严重缺编,又面临退休高峰期,代课教师逐年增多且素质堪忧

课题组对教育局所提供的2008—2012年教育统计报表上的相关数据进行了进一步统计分析(详见表2-13),按1∶19的省定城区小学师生比标准计算,县城4所公办小学近四年全部都存在教师缺编问题(县后山小学2009年是例外,因为该校是当年新办学),其中有两所学校生师比分别高达59.1和41.1。按1∶23.5的省定农村小学师生比标准,从统计数据上看,除HYS乡、BM乡、XT乡等乡镇教师缺编外,似乎其他农村学校不缺教师,但事实上农村乡镇各学校均严重缺编。主要原因是由于农村小学分散、校均规模小、班额小、班级数量多,以师生比来衡量实际上掩盖了教师缺编的现实。课题组对XZ中心小学、BM中心小学等2个农村小学的现场调查均发现存在教师严重缺编现象,XZ中心小学缺编56人,BM中心小学缺编53人。

如果不执行2008年省里规定的"村小及教学点按班师比不低于1.5标准配备教师"的规定,而是按2002年省定师生比编制标准(即县城初中1∶17,小学1∶18;农村初中1∶19,小学1∶23.5)进行测算,全县中小学净缺教师323人。2012年,全县有代课教师581人,绝大多数在农村小学(该数据来源于2012年县教育局局长向县委主要领导汇报的材料)。

表 2-13　2008—2011 年小学生师比统计

学校		生师比				
		2008 年	2009 年	2010 年	2011 年	标准
全县平均		20.2	20.0	20.5	22.5	
农村小学	平均	19.2	19.1	19.7	20.8	23.5
	HYS 乡中心小学	22.4	24.5	24.2	23.7	
	ZC 镇中心小学	26.2	20.8	21.6	22.0	
	NS 乡中心小学	19.3	18.7	18.3	17.6	
	LH 乡中心小学	26.0	20.3	21.1	21.3	
	BM 乡中心小学	24.1	25.0	25.2	25.8	
	XT 乡中心小学	24.1	25.3	26.0	25.8	
	HJ 镇中心小学	14.4	15.3	15.6	19.9	
	WC 镇中心小学	18.0	19.6	21.6	21.0	
	ZH 镇中心小学	19.2	20.2	20.6	20.2	
	SM 镇中心小学	17.1	17.2	18.1	20.2	
	SGQ 乡中心小学	16.4	18.0	18.8	20.6	
	YL 镇中心小学	16.2	17.7	17.8	18.8	
	XZ 镇中心小学	19.1	18.6	23.1	22.4	
	XY 镇中心小学	18.8	16.3	17.0	18.8	
	LD 乡中心小学	15.5	16.3	15.0	17.8	
县城公办小学	平均	25.0	24.3	24.0	29.9	18.0
	JS 小学	26.8	27.5	25.5	41.1	
	县后山小学	/	15.5	23.0	59.2	
	逸夫小学	26.2	26.8	24.0	22.3	
	BX 镇小学	21.5	19.7	22.0	24.8	

课题组分析调研发现,小学教师老龄化现象比较严重。从表 2-14 中可看到,小学阶段,农村小学 50 岁以上的教师(老龄教师)占 28.5%,县城小学这一比例为 10.9%,而初中阶段,农村和县城小学的这一比例则分别为 7.3%

和 2.6%。这几年正是小学教师退休高峰期。自 2006 年以来,全县因退休、离职等原因离岗教师人数高达 623 人,超出招聘教师总数 200 多人,而全县学生数却增加了 9 000 人,所以代课教师数量呈逐年增加趋势(该数据来源于 2012 年县教育局局长向县委主要领导汇报的材料)。

表 2-14 初中和小学教师年龄结构

类别		各年龄段教师人数占全县教师总人数的比例							
		25岁及以下	26—30岁	31—35岁	36—40岁	41—45岁	46—50岁	51—55岁	56—60岁	61岁及以上
小学教师	县城小学	1.5%	12.4%	17.4%	20.4%	24.9%	12.4%	9.7%	1.0%	0.2%
		31.3%			57.7%			10.9%		
	农村小学	8.9%	14.7%	16.1%	11.3%	11.7%	8.8%	17.7%	10.3%	0.5%
		39.7%			31.9%			28.5%		
初中教师	县城初中	5.3%	13.9%	17.2%	19.9%	23.8%	14.7%	3.3%	1.9%	
		36.3%			58.4%			2.6%		
	农村初中	1.8%	13.8%	24.5%	23.2%	19.4%	10.2%	5.2%	2.1%	
		40.0%			52.7%			7.3%		

*注:数据来源于县教育局提供的统计报表。

农村小学校长普遍反映,由于农村代课教师待遇太低(工资仅 800—1 000元/月),代课教师需求量又大,中心小学还能返聘一些退休教师或"村姑"顶一顶,但一些村小和教学点连年轻的"村姑"都请不到,只能随便到村上请一个人管管纪律、充充数。

(2) 全县师资统筹机制尚未建立,初中教师劳逸不均

初中教师主要是结构性缺编。受区域的制约,各校教师劳逸不均。按省定的 1:19 的师生比标准计算,除 ZC 中学、NS 中学、LH 中学等偏远乡镇中学教师缺编外,其他农村中学都不同程度存在教师富余现象,尤其是 YL 中学、LD 中学、三中等近郊区乡镇中学教师严重富余,详见表 2-15。

课题组对 YL 中学进行了现场调研,该校位于学生流失特别严重的近郊镇,由两所中学合并而成,现有教师 109 人,中层干部 17 人,学生仅有 832 人,

生师比连续多年一直在8.1左右,教师超编50多人,人均周课时不到4节。人多、事少,校长也特别头痛。一是工作量不好安排,排了6节课的老师看到别人才2节,心理不平衡。二是绩效工资没办法拉开差距。三是能进这个学校的教师都是有点关系的人,都是进不了县城学校然后找关系调动到这个近郊学校的,很多教师不服从管理。类似这样的学校还有LD中学和三中。LD中学是完全中学,现有教师103人,初中生381人,高中生159人,生师比为5.2,教师超编60多人。三中为职业中学,位于近郊区的LD镇,在校生不足800人,教师现有104人,严重富余。

表2-15 全县公办初中生师比

学校		生师比				省定标准
		2008年	2009年	2010年	2011年	
全县平均		12.3	12.7	13.1	14.1	
农村	农村初中平均	11.8	12.2	12.5	13.3	19.0
	HYS初级中学	14.3	14.7	14.2	16.4	
	ZC中学	27.0	28.5	29.6	31.6	
	NS初级中学	20.2	19.6	16.7	23.5	
	LH初级中学	15.6	17.2	18.6	20.9	
	BM初级中学	18.4	18.6	18.6	18.4	
	XT初级中学	9.8	14.3	16.4	16.9	
	HJ初级中学	9.9	10.2	11.0	11.8	
	WC初级中学	10.7	10.6	11.1	12.1	
	ZH初级中学	13.7	13.1	13.3	14.9	
	SM中学	9.3	9.6	10.8	11.6	
	SGQ初级中学	9.1	9.4	9.9	11.3	
	YL镇 全镇平均	8.1	8.3	7.9	8.1	
	BY初级中学	8.1	8.6	8.8	9.0	
	YL初级中学	8.0	8.2	7.5	7.6	

续表

学校			生师比				省定标准
			2008年	2009年	2010年	2011年	
农村		XZ初级中学	14.3	13.9	13.4	12.8	19.0
		XY初级中学	14.5	14.0	13.2	12.8	
	LD乡	全乡平均	7.3	7.3	7.7	8.0	
		LD完全中学	5.1	5.3	5.5	5.4	
		HC学校	10.8	10.7	11.6	12.6	
		QL初级中学	7.3	7.4	7.6	7.6	
县城		BX镇初级中学	16.7	16.5	18.6	22.7	17.0
		第二中学	13.8	13.9	14.7	15.2	

此外,该县还存在教师学科结构性缺编。全县17所公办初中学科差缺79人,小学学科差缺达277人,大部分农村小学无专职的英语、音乐、体育、美术教师(该数据来源于2012年县教育局局长向县委主要领导汇报的材料)。

5. 义务教育公用经费标准过低,支出结构不合理,存在人员经费挤占公共经费的现象

目前,该县城乡义务教育公用经费标准为小学生均500元/年,初中生均700元/年。名义上都下拨给了学校,但实际上中小学能够自主支配的部分不到70%。另外30%是由教育局统筹或直接支付的,支出项目包括:教师培训经费提取5%,电教经费提取10%,工会会费、残疾人基金等提取2%,教师降温费、取暖费和保留津贴占13%(降温费、保暖费880元/人,保留津贴中本应由单位和乡镇支付的25元/月,均属人员经费,本该由财政另行拨款)。

根据对该县教育经费明细表的统计分析和对5所学校公用经费的个案分析,学校可支配的70%的公用经费支出项目和比例如下:代课教师工资,约占10%,其中小学约占15%,初中平均约占5%,详见表2-16;学校基本建设历史欠账和前期费用(如图纸设计费、监理费等,这部分经费本该列入基本建设项目经费预算,但实际上因地方项目配套资金无法到位,只能从学校公用经费中列支),约占10%;课桌椅、办公设备等折旧费,约占7%;教育局统一组织的

教师培训差旅费等,约占 3%;水电费等,约占 10.3%;招待费,约占 10—15%;绿化、设施维护等费用,约占 10%;办公耗材等其他支出,约占 5—15%。

表 2-16　2008—2012 年全县代课教师工资占公用经费总额的比例

年度	学校类别	生均公用经费(元)	代课教师工资(千元)	代课教师工资占生均公用经费的比例
2012	初中和小学合计	37 679 400	4 108	10.9%
2011	初中	12 639 698	609	4.8%
	小学	23 477 802	3 644	15.5%
	初中和小学合计	36 117 500	4 253	11.8%
2010	初中	10 614 057	298	2.8%
	小学	18 457 543	2 012	10.9%
	初中和小学合计	29 071 600	2 310	7.9%
2009	初中	8 364 327	202	2.4%
	小学	13 535 673	1 097	8.1%
	初中和小学合计	21 900 000	1 299	5.9%
2008	初中和小学合计	21 716 050	1 291	5.9%

从支出结构上看,学校公用经费中大部分都是勉强维持正常运转的刚性支出,真正能用于学校内涵建设的经费非常有限。如果本该由财政负担的约 30% 的经费(其中人员经费 13%、代课教师经费 10%、项目建设前期费用 10%)都能到位,不用去挤占学校公用经费,则学校将会有更多的经费投入内涵建设。此外,应付各类检查的招待费也是学校一笔沉重的负担。尤其值得注意的是,近五年代课教师的工资挤占公用经费的现象越来越严重,从 2008 年的 5.9% 升高到 2012 年的 10.9%,几乎翻了一番。

与城区学校相比,农村学校的日子更加难过。一是农村学校办学规模比较小,生均公用经费总量不多,但"麻雀虽小,五脏俱全",学校正常运转所需的相应支出都不能少。二是农村学校一般硬件建设欠账较多,基本建设前期费用、设施维护和更新的费用相对较多。三是农村初中住宿生比较多,相应会产生更多的水电费、床具等设施添置费开支,以及生活教师工资、晚自习辅导人员加班费等。现在国家又不准收住宿费,城乡生均公用经费标准却是一样的。有农村学校校长反映,城区学校甚至还被允许比农村学校多收一笔60元/生的看护费。

6. 义务教育经费逐年增长,但因历史"欠账"过多,教育经费缺口仍然很大

表2-17、表2-18、表2-19对该县2008—2012年义务教育阶段教育经费总支出和分科目生均支出进行了统计分析。

（1）义务教育经费总支出增长速度慢于财政收入增长速度,增加教育经费投入仍有空间

从表2-17中可看出,义务教育经费总支出以平均每年24.8%的增长率逐年上升,但财政总收入和一般预算收入平均增速为34.0%、38.9%,相比较而言,教育经费总支出增长率比全县财政总收入增长率和全县地方财政一般预算收入增长率的增速要慢10多个百分点,这说明财政增加教育投入仍有一定空间。

表2-17 2009—2012年义务教育阶段教育经费支出与财政收入情况比较

年份	学校类别	教育经费总支出增长率	全县财政总收入增长率	全县地方财政一般预算收入增长率
2012	县城和农村学校合计	25.8%	28.7%	27.8%
	县城学校	32.3%		
	农村学校	23.6%		
2011	县城和农村学校合计	28.1%	30.0%	37.9%
	县城学校	28.3%		
	农村学校	28.0%		
2010	县城和农村学校合计	26.6%	45.8%	51.0%
	县城学校	64.8%		
	农村学校	17.6%		

续表

年份	学校类别	教育经费总支出增长率	全县财政总收入增长率	全县地方财政一般预算收入增长率
2009	县城和农村学校合计	18.6%	31.6%	38.7%
	县城学校	13.9%		
	农村学校	19.8%		
四年平均	县城和农村学校合计	24.8%	34.0%	38.9%
	县城学校	34.8%		
	农村学校	22.3%		

（2）农村义务教育经费增长慢于城区，教育经费投入仍是城区优先的取向

从表2-17可看出，从2009年到2012年，县城义务教育经费总支出平均增长率为34.8%，高于全县义务教育阶段学校平均24.8%的增长率。

从表2-18可看出，县城学校的生均教育总支出平均增长率为23.0%，高于农村学校18.6%的平均增长率。

造成城区教育经费增长高于农村的最关键的因素是2010年、2012年城区学校基本建设投入超常规增长。

（3）农村学校办学效益不高

从绝对数看（如表2-18所示），农村义务教育生均经费仍高于城区义务教育生均经费。2008—2012年，农村与县城生均教育经费之差分别是677元、1 088元、369元、529元、811元，五年平均值为699元，但农村学校较之于县城学校更多的生均教育经费并未带来更高的教育质量。

表2-18　2008—2012年义务教育阶段生均经费增长情况一览表

单位：元

年份	学校类别	经费总支出		生均基本建设支出
		生均	增长率	
2012	县城和农村学校合计	5 590	20.1%	146
	县城学校	5 015	17.5%	400
	农村学校	5 826	21.5%	43
	县城学校与农村学校之差	-811	-4%	357

续表

年份	学校类别	经费总支出 生均	经费总支出 增长率	生均基本建设支出
2011	县城和农村学校合计	4 653	21.9%	0
	县城学校	4 267	20.3%	0
	农村学校	4 796	22.4%	0
	县城学校与农村学校之差	−529	−2.1%	/
2010	县城和农村学校合计	3 818	20.7%	52
	县城学校	3 547	50.8%	196
	农村学校	3 916	13.8%	0
	县城学校与农村学校之差	−369	37%	/
2009	县城和农村学校合计	3 163	13.6%	137
	县城学校	2 353	3.6%	0
	农村学校	3 441	16.7%	184
	县城学校与农村学校之差	−1 088	13.1%	/
2008	县城和农村学校合计	2 784	/	115
	县城学校	2 271	/	13
	农村学校	2 948	/	148
	县城学校与农村学校之差	677	/	/
五年平均	县城和农村学校合计	4 002	19.1%	90
	县城学校	3 796	23.0%	122
	农村学校	4 495	18.6%	75
	县城学校与农村学校之差	−699	5.6%	47

（4）农村义务教育人员费用显著高于城区学校，公用经费略低于城区学校

从五年生均经费的平均数来看（如表2-19所示），农村义务教育经费中的个人部分为2 550元，占生均经费总支出的56.7%，城区学校的个人部分为1 688元，占生均经费总支出的44.5%，绝对数农村学校比城区学校高862

元。公用部分,农村学校为1560元,占生均经费总支出的34.7%,城区学校为1681元,占生均经费总支出的44.3%,绝对数农村学校比城区学校低121元。因此,要提高农村教育办学效益,应当以盘活人力资源、增加公用经费投入为主要方向。

表 2-19 2008—2012 年义务教育阶段生均事业性经费支出

单位:元

年份	学校类别	生均事业性经费支出					
		总支出	占生均经费总支出的比例	个人部分		公用部分	
				生均	占生均总支出的比例	生均	占生均总支出的比例
2012	县城和农村学校合计	5 444	97.4%	2 788	49.9%	2 656	47.5%
	县城学校	4 614	92.0%	2 008	40.0%	2 606	52.0%
	农村学校	5 783	99.3%	3 106	53.3%	2 677	45.9%
2011	县城和农村学校合计	4 653	100.0%	2 243	48.2%	2 410	51.8%
	县城学校	4 267	100.0%	1 589	37.2%	2 679	62.8%
	农村学校	4 796	100.0%	2 485	51.8%	2 310	48.2%
2010	县城和农村学校合计	3 766	98.6%	2 543	66.6%	1 223	32.0%
	县城学校	3 351	94.5%	1 840	51.9%	1 511	42.6%
	农村学校	3 916	100.0%	2 798	71.5%	1 118	28.5%
2009	县城和农村学校合计	3 026	95.7%	2 046	64.7%	980	31.0%
	县城学校	2 353	100.0%	1 493	63.5%	860	36.5%
	农村学校	3 257	94.7%	2 235	65.0%	1 022	29.7%
2008	县城和农村学校合计	2 669	95.9%	1 977	71.0%	692	24.9%
	县城学校	2 258	99.4%	1 510	66.5%	748	32.9%
	农村学校	2 800	95.0%	2 126	72.1%	674	22.9%
五年平均	县城和农村学校合计	3 912	97.8%	2 319	57.9%	1 592	39.8%
	县城学校	3 369	88.8%	1 688	44.5%	1 681	44.3%
	农村学校	4 110	91.4%	2 550	56.7%	1 560	34.7%

(5) 城乡义务教育学校校舍建设历史"欠账"较多,经费缺口仍然很大

从表2-20可看出,教育基本建设投入方面,2008年和2009年重点投入方向为农村,2010年和2012年重点投入方向为县城;专项项目支出方面,从2011年开始,无论是农村还是县城,生均专项项目支出都有显著增加,占生均经费总支出的比例一下子增加到20%以上。这表明,为改善办学条件,该县在校舍建设与修缮等硬件建设方面还是做出了很大的努力。

但由于历史"欠账"较多,该县现有校舍危房比例仍很高。根据县教育局提供的资料,全县中小学尚存危房19.55万平方米,占全县校舍面积的36.9%,其中D类危房6.95万平方米,占全县校舍面积的13.1%。从县教育局提供的《"十二五"教育基建规划学校基表》可看出,全县"十二五"期间急需加固、改建、新建校舍19 595平方米,需要投入资金23 761万元。

表2-20　2008—2012年义务教育阶段生均事业性经费支出和基本建设支出情况

单位:元

年份	学校类别	事业性经费支出								基本建设支出	
		公用部分									
		生均	比例	商品和服务支出		资本性支出		专项项目支出		生均	比例
				生均	比例	生均	比例	生均	比例		
2012	县城和农村学校合计	2 656	47.5%	953	17.0%	149	2.7%	1 554	27.8%	146	2.6%
	县城	2 606	52.0%	1 012	20.2%	211	4.2%	1 383	27.6%	400	8.0%
	农村	2 677	46.0%	929	16.0%	124	2.1%	1 624	27.9%	43	0.7%
2011	县城和农村学校合计	2 410	51.8%	1 156	24.9%	75	1.6%	1 179	25.3%	0	0.0%
	县城	2 679	62.8%	1 267	29.7%	59	1.4%	1 353	31.7%	0	0.0%
	农村	2 310	48.2%	1 115	23.3%	80	1.7%	1 115	23.2%	0	0.0%

续表

年份	学校类别	事业性经费支出								基本建设支出	
		公用部分									
		生均	比例	商品和服务支出		资本性支出		专项项目支出		生均	比例
				生均	比例	生均	比例	生均	比例		
2010	县城和农村学校合计	1 223	32.0%	827	21.7%	39	1.0%	357	9.4%	52	1.4%
	县城	1 511	42.6%	948	26.7%	20	0.6%	543	15.3%	196	5.5%
	农村	1 118	28.6%	783	20.0%	45	1.2%	290	7.4%	0	0.0%
2009	县城和农村学校合计	980	31.0%	380	12.0%	64	2.0%	537	17.0%	137	4.3%
	县城	860	36.6%	469	19.9%	76	3.2%	316	13.4%	0	0.0%
	农村	1 022	29.7%	349	10.1%	60	1.7%	613	17.8%	184	5.3%
2008	县城和农村学校合计	692	24.9%	428	15.4%	72	2.6%	193	6.9%	115	4.1%
	县城	748	32.9%	441	19.4%	56	2.5%	251	11.1%	13	0.6%
	农村	674	22.9%	423	14.4%	77	2.6%	175	5.9%	148	5.0%
平均	县城和农村学校合计	1 592	39.8%	749	18.7%	80	2.0%	764	19.1%	90	2.3%
	县城	1 681	44.3%	827	21.8%	84	2.2%	769	20.3%	122	3.2%
	农村	1 560	34.7%	720	16.0%	77	1.7%	763	17.0%	75	1.7%

(6) 校际办学条件差异巨大,校园标准化建设任务很重

第一,小学办学条件(见表2-21)。

由于大量农村学校学生进城入学,城区学校生均办学条件普遍不达省定标准化校园建设标准,农村小学较城区学校相对宽裕,但专用功能教室和设备普遍不达标准(注:这里的达标不考虑学校规模,仅以最低标准统计,也不考虑未来学生数增加的因素)。

生均校舍面积:城区 4 所小学无一所达标;农村 2 个乡镇不达标,2 个乡镇资源闲置。

生均占地面积:城区 2 所小学不达标;农村 1 个乡镇不达标。

生均图书册数:城乡学校无一所达标。

生均计算机台数:城区 2 所小学不达标;农村仅 4 个乡镇达标,11 个乡镇不达标。

生均固定资产总值:农村学校普遍比城区学校高,农村学校的差距主要表现在功能教室和设备方面。

表 2-21　2011 年小学办学条件一览表

	学校类别	生均校舍（m²）	生均占地面积（m²）	生均图书（册）	生均计算机数（台）	生均固定资产总值（元）
	省定标准	5.66—7.85	20—34	≥15	≥0.33	/
县城	平均	4.1	14.3	8.2	0.031	1 279.3
	BX 镇小学	3.7	10.4	7.7	0.034	1 829.2
	JS 小学	5.6	21.6	10.9	0.027	1 012.2
	县后山小学	3.4	27.6	4.0	0.000	2 150.5
	逸夫小学	1.9	2.9	5.0	0.041	901.6
农村	平均	7.3	30.3	11.5	0.027	1 597.0
	LH 镇中心小学	6.7	26.8	10.6	0.028	1 528.1
	BM 镇中心小学	8.8	28.8	10.3	0.020	411.4
	HJ 镇中心小学	7.2	32.8	9.3	0.014	1 084.0
	WC 镇中心小学	3.8	14.3	9.5	0.034	1 361.4
	XZ 镇中心小学	7.4	33.4	13.7	0.038	1 068.6
	YL 镇中心小学	7.4	38.1	12.4	0.022	1 647.5
	SM 镇中心小学	7.5	31.3	12.2	0.030	1 591.0
	ZH 镇中心小学	8.1	30.9	11.5	0.018	1 161.0
	XY 镇中心小学	9.4	27.4	12.4	0.038	1 669.2

续表

学校类别		生均校舍（m²）	生均占地面积（m²）	生均图书（册）	生均计算机数（台）	生均固定资产总值（元）
农村	ZC镇中心小学	7.6	32.7	12.1	0.020	1 035.3
	NS乡中心小学	7.9	31.4	12.0	0.018	881.3
	HY乡中心小学	7.8	33.2	14.4	0.033	7 977.2
	XT乡中心小学	6.1	26.5	11.5	0.026	1 784.3
	SGQ乡中心小学	7.8	34.4	9.7	0.031	1 590.5
	LD中乡心小学	7.5	31.7	11.6	0.032	1 476.2
全县平均		6.5	26.5	10.7	0.028	1 520.5

第二，初中办学条件（详见表2-22）。

生均校舍面积：有1所农村学校（ZH初级中学）不达标，其他学校都基本达标。

生均占地面积：城区2所学校（私立WY学校、BX镇初级中学）不达标；农村3所学校不达标。

生均图书册数：城区有2所学校基本达标，4所学校不达标；农村有3所学校达标，15所学校不达标。

生均计算机台数：城乡基本上都达标。

生均固定资产总值：校际差距很大，农村学校功能教室和设备比较欠缺。

表2-22 2011年初中办学条件一览表

学校名称		生均校舍（m²）	生均占地面积（m²）	生均图书（册）	生均计算机数（台）	生均固定资产总值（元）
省定标准		6.66—10.04	25—39	≥25	≥0.33	/
农村	HYS初级中学	9.8	22.8	16.8	0.08	2 392.3
	BM初级中学	8.2	65.5	14.8	0.043	1 631.4
	LH初级中学	7.7	28.5	5.9	0.055	2 884.4
	NS初级中学	8.3	34.6	7.3	0.048	2 017.0
	XT初级中学	7.4	308.7	10.6	0.051	1 650.2

续表

	学校名称	生均校舍（m²）	生均占地面积(m²)	生均图书(册)	生均计算机数(台)	生均固定资产总值(元)
农村	HJ 初级中学	9.3	54.3	16.5	0.045	1 701.2
	WC 初级中学	9.3	62.7	20.5	0.055	1 926.7
	SM 中学	10.0	24.3	17.2	0.108	2 292.4
	SGQ 初级中学	9.1	34.0	14.0	0.062	3 021.4
	ZH 初级中学	5.8	35.4	12.8	0.107	1 830.7
	BY 初级中学	16.0	71.2	23.5	0.123	2 203.0
	YL 初级中学	13.1	39.7	27.5	0.159	3 149.0
	XZ 初级中学	9.2	25.1	24.7	0.091	2 991.3
	QL 初级中学	12.7	37.5	23.4	0.115	3 782.9
	HC 学校	9.4	30.1	20.1	0.113	4 415.1
	XY 初级中学	11.0	24.7	23.9	0.065	2 580.4
	ZC 中学	11.0	25.8	31.0	0.045	3 022.7
	LD 完全中学	23.1	90.4	42.5	0.102	8 571.2
县城	第二中学	14.2	29.8	36.0	0.084	7 530.3
	BX 镇初级中学	6.5	22.4	6.5	0.033	4 064.5
	私立 HS 学校	19.5	71.2	17.8	0.128	10 676.2
	私立 YC 学校	58.2	605.0	92.4	0.345	13 445.4
	私立 QL 中学	20.5	43.1	16.6	0.364	9 544.2
	私立 WY 学校	9.7	14.8	8.9	0.041	10 203.8

7. 因政府监管不力，个别民办学校成为义务教育均衡发展的障碍

该县有民办中学 5 所，近年来，除私立 WY 学校外，其余 4 所初中基本上都已萎缩，在校生不足 200 人。私立 WY 学校是该县重点中学的初中部，属"名校改民校"性质。2003 年转制合同约定，政府以学校无形资产、无偿划拨

城区中心地段90亩土地以及保留原68名优秀公办教师的方式入股,占转制后学校股份的43%;民营资本交县财政1 000万元资本金,另外投资2 000万元资金用于学校硬件建设,占转制后学校股份的57%。68位公办教师工资福利等待遇不变,仍由财政划拨;其他公办学校教师去该校任教,保留公办教师身份,教龄、职称评定不受影响,但工资福利等由民办学校负担。学校面向全县自主招生,正常标准择校费为每生4 800元/6个学期,最高不超过1.2万元,国家不划拨其他经费。合同有效期10年。

公办学校和民众对该校反映比较强烈的问题主要包括以下三个方面:

(1) 违规择优录取新生

违反国家规定,在义务教育阶段以不正当手段择优录取学生,造成公办学校尤其是农村初中优质生源大量流失。每年5月份,该校在全县举办"WY杯"小学生学科竞赛,派人到全县各小学做工作,并以按一定比例返回竞赛报名费的形式,吸引各小学校方和六年级的班主任动员本校的尖子生报名参加竞赛,7—8月份则以学生参加该次竞赛的成绩作为择优录取新生的标准。以当年招生计划的50%左右为界划定分数线,按4 800元/6个学期收取择校费;排名很靠前、确实有培养潜力的,学校则许以优厚的条件,招为新生。分数线之后的,按5分一档,每档2 600元的标准(2012年标准)收取择校费。2011年,该校在校生3 680人,占县城初中生总数的48%,是全县在校生最多的初中。该校也是每年中考优生最多的学校,2012年,该校考生数占全县中考考生的22%,却创造了600分以上优生占全县49%的佳绩。相较于小升初时优生的流失,农村学校校长意见更大的是,农村学校初中学生平均流失20%左右,绝大部分优生都流进了该校。在初中学习期间,往往学校自己很不容易培养出来的几个好苗子,有时不明不白就流到该校去了。

(2) 以较好的条件吸引公办学校优秀教师

由于公办学校教师到该校任教仍保留公办教师身份,许多公办学校优秀教师都争相通过正式程序(进城考试、支教)或非正式程序(双方校长、教师三方私下协商,教师保职,薪留学校)去民办学校任教。该校现有的190名教师中,通过正式程序进校的有60余人,至少还有20多人是通过非正式渠道去的。

(3) 收费不规范

由于学校以自主组织竞赛的成绩来录取新生,阅卷评分没有监管,有教师反映,分数段在前300—500名的优生评分还比较公正,之后就故意压低成绩,以拉开分数档而多收择校费,所以中等生很吃亏。学校实际上没有执行择校费不超过1.2万元的上限,有的学生择校费高达2.5万到3万元。该校每年收取的择校费远远超出一般家长的想象。

由于农村学校优质生源流失、优秀师资流失,教育质量每况愈下,形成了恶性循环。而该校前身就是名校,现在又有优质生源、优秀师资,加上民办的机制,在民众中口碑好上加好,形成良性循环,致使前面所说到的中考成绩"两极分化,优生高度集中"的现象愈演愈烈。

教育局对这些现象都是清楚的。每逢校长会,公办学校校长反映非常强烈,认为"办好了一所WY学校,搞垮了全县农村初中教育"。民众也多有怨言。但教育局始终没有采取有效纠正措施。课题组对教育局相关领导进行访谈时,局领导亲口说,"这个学校是全县义务教育均衡发展的'大毒瘤'"。但该领导对此也表示很无奈,似乎教育局有许多难言的苦衷。具体是什么苦衷?采访中,许多校长和干部都很敏感,欲言又止,欲说还休。

出现这些乱象的原因,一是政府监管不到位,二是学校没有合理的法人治理结构。该县DY中学代表国家拥有该校43%的股份,但调查中发现,该学校和教育局在WY学校的管理中基本上完全缺位,没有实际作为。

8. 城乡教师待遇普遍偏低,农村教师职业倦怠现象比较突出,城区教师有偿家教越演越烈

通过对校长和教师访谈,课题组了解到,该县教师目前的工资水平是初级职称每年约2万元,中级职称每年约2.5万元,高级职称每年约3万元。这与该县统计局提供的在岗职工平均工资水平基本吻合。从表2-23可看到,2011年该县在岗职工平均工资为26564元。从横向来比,该县在本省相邻的3个县中居中游水平;但与外省相邻的2个县相比,差距巨大,一河之隔,人均工资却只有外省相邻县的一半左右。从纵向比,该县平均增幅位居中游。与相近行业相比,该县教师平均日均工资为74元/天,而该县最不需要技术的民工工资一般为100元/天,明显出现了脑体倒挂的工资现象。

表 2‑23　Y 县与相邻县在岗职工平均工资比较

单位:元

年份	Y 县	本省相邻县			外省相邻县	
		SR 县	GF 县	DX 县	JS 县	CS 县
2008	18 609	17 793	21 940	21 797	32 084	25 643
2009	21 550	22 598	22 378	23 200	38 163	25 643
2010	25 037	23 201	23 520	25 287	41 980	30 164
2011	26 564	25 514	25 800	29 045	47 451	50 729
从 2009 至 2011 年三年的平均增幅	12.7%	13.2%	5.6%	10.1%	14.0%	28.6%

由于教师工资普遍较低,农村教师职业倦怠比较严重。校长们反映,不少教师仅是敷衍 45 分钟了事,能够坚持课上 45 分钟认真教学的教师就算是优秀教师了,课外能够主动辅导的凤毛麟角,根本不能指望普通教师去搞什么教研教改。比起城区学校教师,农村学校教师更难管理。教师们普遍认为,都已经在农村了,都在最底层了,连打工的都不如,反正你校长也不能拿我怎么办。城里的教师还担心如果不好好教书,校长会不会把他调到乡下去。

该县县城房价每平方米 3 000—4 000 元,许多外出打工的人纷纷在城里买房;但教师若仅靠工资根本在城里买不起房,许多教师开始做有偿家教。尤其是城区教师,有偿家教现象非常普遍,已成为该县义务教育工作中的另一个大问题。教育局曾默许(非成文规定)每位教师有偿家教不能超过 5 个学生,实际上很多教师带了十几个甚至几十个学生,有的教师甚至专门租了几套房子用来带学生,还请了专门人员做饭、照顾学生生活,俨然成了培训学校。很多教师有偿家教的年收入超过了工资收入,有的高达 10 来万元。这对农村教师来说是巨大的诱惑,加剧了农村优秀教师的流失。很多农村教师进城或担任城区代课教师就是冲着有偿家教而来。这些教师倾向于采用暗示或明示的方式提醒学生参加有偿家教,损害了良好的师生关系,有违师德。当然,在参加有偿家教的学生中,也有很大一部分是家长自愿的。

9. 留守儿童比例高,针对性的教育措施不足

该县紧靠经济发达地区,是劳务输出大县,留守儿童比例很高。全县初中

留守儿童占在校生的40%—45%,小学留守儿童比例约为36%左右。课题组对邻近发达省份的一个乡镇的留守儿童进行了摸底,该镇留守儿童比例高达66.0%,其中双亲在外的留守儿童的比例占学生总数的30%以上(如表2-24所示)。

表2-24 XZ镇留守儿童基本情况

单位:人

类别	学生数	留守儿童数	留守儿童占学生数的比例	单亲在外留守儿童	单亲在外留守儿童占学生数的比例	双亲在外留守儿童	双亲在外留守儿童占学生数的比例
小学	3 500	2 314	66.1%	1 055	30.1%	1 259	36.0%
中学	1 141	753	66.0%	307	26.9%	446	39.1%

目前,该县留守儿童教育工作基本上停留在登记家长电话、要求班主任定期与家长电话沟通这一层面。虽然曾经有上级文件要求学校设有留守儿童活动场所、设施,节假日和课余开展相关教育活动,但因缺少检查督促,尤其是缺少相应的经费支持,实际上目前基本没有开展教育活动。

10. 政府领导对义务教育均衡发展的意义认识不足,执行上级教育均衡政策不力

中央政府推行义务教育均衡发展的政策已有多年,下发了许多文件,开了很多会,也推出了很多的举措,但在该县似乎是"春风不度玉门关"。

(1) 违法的"重点班"依然遍地存在

《义务教育法》明确规定,义务教育阶段不能办重点班。但据课题组调查,包括县城两所公办初中在内,每个乡镇至少有一所初中办了重点班。如课题组现场调研的XZ镇中学,初三7个班,分为三类,一类重点班2个,二类重点班2个,普通班3个。初一也有重点班2个。这些重点班都是初一入学时就固定下来的,将优生集中起来,配以学校最优秀的教师,目标就是中考。

校长和教师认为办重点班的最重要的理由就是为了防止优秀生源流失。初一入学时,生源大战,只有许诺优生家长孩子可进重点班,优生才不会流失到WY学校或县城中学。其次,农村学校优秀师资太少,只有集中全校各学

科最好的教师来教全校最优秀的学生,才能培养出尖子生,三年后中考才能出成绩。部分教师私下说,第三个原因是有了重点班,有些重视子女教育的家长才会来找学校或老师,有的是想从普通班进重点班,有的是怕被从重点班降到普通班。

(2) 上级有关义务教育均衡发展的政策被束之高阁

就义务教育均衡发展,省政府及教育厅先后下发了《关于进一步加强全省中小学教职工编制管理的通知》(2007)、《关于印发中小学公用经费管理办法的通知》(2007)、《关于在全省开展创建义务教育均衡发展示范县活动的通知》(2009)、《××省义务教育均衡发展督导评估试点研究工作方案》(2009)、《××省人民政府关于推进义务教育均衡发展的意见》(2010)、《××省义务教育均衡发展示范县评选细则(试行)》(2010)、《××省普通初级中学、普通小学基本办学条件标准》(2011)、《××省人民政府办公厅关于印发××省实现县域义务教育均衡发展规划(2011—2020年)的通知》(2011)、《××省人民政府办公厅关于进一步规范农村义务教育学校布局调整的实施意见》(2012)、《关于进一步加强全省中小学教职工编制管理的通知》(2012)等文件。

课题组向该县教育局提出能否提供落实这些文件精神的县级文件、会议纪要、工作方案等相关资料,很遗憾的是,局办公室无法提供相对应的有价值的材料。他们所提供的是最为他们所乐道的该县县政府2011年的"一拖三"文件,即《关于优先发展教育加快建设教育强县的决定》(简称《决定》)、《关于全面提高教育教学综合质量的指导意见》(简称《指导意见》)、《关于切实加强和改进中小学教师队伍管理的意见》(简称《管理意见》)、《关于进一步加快民办教育发展的实施意见》(简称《实施意见》)。除了《决定》在"发展目标"中提出"切实推进公平入学、就近入学,缩小城乡义务教育差距"和《管理意见》在"人事调配"中提出要"促进教育公平的均衡发展原则"外,四个文件中其他地方鲜有提及"教育公平"、"均衡发展"等相关词汇。在具体举措方面,除了《指导意见》中提出"把县城学校与农村学校、品牌学校与薄弱学校组合成八个中学小学教研共同体"外,就再也没有提出其他加强农村教育的切实可行的具体举措。而仅教研共同体这一条,实际上最后也没有具体实施。

在城区教育公平方面,《决定》中提出新建一所小学、改造一所薄弱小学、新建一所初中来解决城区学校大班额问题,2所小学已建好,初中正在建设中,但大班额问题依然存在,而且越来越严重。

三、政策建议

1. 加大对县域义务教育均衡发展的政府督导

城乡教育质量差距之所以越拉越大,重点班之所以能公然存在,上级义务教育均衡发展文件之所以会被束之高阁,优秀农村教师进城考试之所以畅通无阻,名校转民校之所以能顶风而行,民办学校违规择优抢生源之所以明目张胆……有违教育公平的怪象层出不穷,关键是县教育局领导乃至县委、县政府主要负责人对义务教育均衡发展的意义认识不足,对新型城镇化道路理解不深刻,甚至个别领导主观上可能存在以城乡教育差距"迫使"农民进城买房来加快城镇化速度的错误观念。也不排除少数既得利益集团精心策划,打着拉大校际差异"迫使"民众择校以牟取高额择校费的如意算盘。

为此,上级政府应加紧、加大对县级政府义务教育均衡发展工作的督导。督导的形式可以多样化,除了上级政府对下级政府进行督导,人大、政协对政府进行督导外,也可以委托专业教育评估机构分批进行督导评估。

2. 加强县域教育财力,建立与县域教育事权与财权相匹配的管理体制

当前,县域财力不足以支撑义务教育均衡发展的迫切任务,这是客观事实。数百名教师缺编,近 20 万平方米的校舍危房,众多的薄弱学校改革任务,还有不断增长的学生数和事业发展要求等,经费压力根源是县级政府事权与财权的不匹配。解决问题的路径,要么是提高承担教育统筹责任的政府主体的层级,要么是改革财税体制,增强县域财力。此外,要节约办学,提高教育经费使用效益,切实把钱用到"刀刃"上(如许多农村学校校长和教师反映,当前的贫困生补助面太广,而对真正贫困的学生来说补助得又太少,不如提高标准,压缩覆盖面,将节约下来的经费用在消除代课教师上,这才能够真正让农民家庭受益,而不是作秀式的"撒胡椒面")。

3. 努力提高中小学教师工资水平,改革教师人事管理制度,激活农村教师工作积极性

从该县的情况看,教师工资偏低,脑体倒挂现象已非常严重,严重挫伤了农村学校教师的工作积极性,催生了城区学校教师的有偿家教。为此,一方面

要普遍提高教师工资待遇,在此基础上整治有偿家教;另一方面要提高农村学校教师津贴标准,使其真正对优秀教师有吸引力;同时,要加大统筹教师工作的力度,教育行政部门领导要有魄力和勇气,动真格,切实做到全县教师一盘棋,通过经济、行政等各种手段,调剂余缺,奖勤罚懒,把农村教师的"教育生产力"激发出来。

4. 设立留守儿童教育专项基金,调动全社会力量关心和支持留守儿童教育

留守儿童数量很大,教育任务很重,需要学校、社区、家庭、专业性社会机构等各方面力量的共同努力。可以在借鉴我国台湾地区做法的基础上,设立留守儿童教育专项基金,由学校、社会团体、专业机构通过项目申报的形式,以竞争性的项目管理方式来实施有针对性的教育工作。

5. 加强对民办学校的监管,完善转制学校法人治理结构

民办学校不是私人投资者的"自由地"。要破除少数干部头脑中的民校"不需管、不能管、不好管"的错误观念,教育行政部门要依法切实担负起监管责任,守护教育公平,切实改变民办学校招生、管理等方面存在的问题。

对于名校转制的学校,国家持有43%的股份,从产权性质上是公私混合所有制,其优质教育资源应当以公平、恰当的方式让全县人民合理分享。为此,也需要加强对民办学校的监督,完善转制学校法人治理结构。

第四节 甘肃省金塔县城乡义务教育统筹发展调查报告

甘肃省金塔县总面积1.88万平方千米,辖区内有5镇5乡、86个行政村、463个村民小组,总人口14.7万人,其中农业人口11.2万人。2009年,全县生产总值完成28.5亿元,财政收入1.24亿元,城镇居民人均可支配收入13 320元,农民人均纯收入6 426元。目前,全县共有中小学30所,其中高级中学1所,职业中等专业学校1所,初级中学3所,小学25所;另有城乡幼儿园39所。全县共有在编正式教职工1 587人,学生29 720人。

一、布局调整前金塔县中小学面临的发展性困难

1. 乡村优秀教师奇缺,城乡教师差距拉大

中小学校布局调整前,县教育局为了鼓励教师留在乡村任教,从20世纪90年代开始,实行乡村学校教师固定工资上浮一级,以及职称上浮一级的政策措施,努力将优秀教师留在乡村。但由于城乡生活环境和工作条件差异较大,这些措施并没有从根本上解决乡村教师难以留住的状况。2000年开始,教育局采取城乡教师交流制度,规定城市学校优秀教师定期到农村学校交流,并在职称评定、工资改革等方面与城乡交流挂钩。这种做法在一定程度上改善了部分农村中小学的师资状况,但由于城乡教师数量相差较大,城市只有2所学校,乡村有100多所小学,能够享受到优秀教师到校交流机会的乡村学校依然较少,城乡学校师资质量差距持续拉大,乡村学校教师往城市流动的动机十分强烈,农村吸引教师的能力不断降低,城乡教育差距不断加大。课题组调研过程中,南关小学魏校长描述乡村小学办学困难时说:

> 我们有的村小只有10个学生,教育局只能派1名老师,这一位老师要带4个年级,什么课都要上,一些课比如英语课、信息技术课等根本没办法开。

2. 乡村布局分散,教学质量降低

村小越来越被"边缘化",教学质量缺乏保障,不少村级小学呈现出一种"衰败"的景象。由于村级小学规模偏小,教师数量少且结构不合理,课程与教学改革难以切实推进,教学质量难以保障。全县100多所小学,人数未超过百人的已经达到60多所。调研中发现,有一所小学,学生14人,4个年级,这个学校离其他小学的最短距离为二三千米,没有办法与其他村小合并,如果合并,就得让小学一年级不足8岁的孩子每天步行3千米以上的距离去上学,这显然不具有可行性。而如果保留这样的村小,就意味着一位教师要承担全部的教学任务,再加上这样山大沟深的地方,很难吸引到优秀教师前来任教,只能安排本地的代课教师,或者安排本地户籍的"民转公"(即民办教师转为公办

教师)教师任教,这些"民转公"教师大都知识结构老化、年龄较大,教学理念和教学方法陈旧。这在一定程度上制约了村小教学质量的提高。

3. 小学儿童就学不便,部分地区出现生源的"散状"外流

由于该县部分乡村布局分散,而且有些村庄人口较少,使得很多村庄办学出现严重困难。每个年级的适龄儿童都很少,甚至出现了每个年级只有1—2名适龄儿童的情况,如果将这些孩子按年龄编班上课,则会出现6个年级不足10人的状况。甚至在有的村庄出现了隔年招生一次,小学一年级也不足5人的状况。这样,就只能将相距二三千米的两个村庄小学合并办学和招生。由于孩子年龄太小,上学路途较远,不少家庭只能亲自接送孩子上下学。这对于经济条件较为落后的农村家庭而言,是一件十分不便的事情,一方面家长们缺少足够的时间和精力,另一方面也给他们正常的农业生产带来了不便。一位农村家长表达了这样的无奈:

> 村小合并后,我们家长根本没有办法接送娃娃上学,早上把娃娃送到学校后,刚回家到地里干活,又要停下手中农活去邻村接孩子。有的家长干脆就不回来了,在学校附近等着,我们农村哪能耗得起这样的时间。

此外,一些经济条件较好的以及对子女接受优质教育有强烈需求的家庭,选择将孩子送往县镇学校读书。这些家长送孩子上学的方式和地点"五花八门":有的送到本乡镇政府所在地读书,有的送到离村子较近的邻近乡镇读书,有的直接送到县城读书,还有的送到市里读书。有的将孩子寄宿在亲戚家,有的将孩子寄宿在学校,还有的在学校周围租房子,等等。一位小学教师这样描述乡村孩子就学的"散状"外流:

> 近年来,随着农村经济变化,原来种粮食,现在种棉花比较赚钱,又有温室大棚,农民收入逐渐提高,有的地方达到人均6 000多元,在这种情况下,家长就纷纷把娃娃往城里送,想尽一切办法,在城里买房子、租房子。

二、金塔县中小学布局调整的主要措施

1. 确立了"高中向一校归集、初中向城镇归集、小学向乡镇归集"的布局调整思路

金塔县在调研和分析论证的基础上,于2007年实施全县中小学布局调整规划,按照高中向一校归集、初中向城镇归集、小学向乡镇归集,高中与初中分离、初中与小学分离、小学与幼儿园分离,布局调整与解放农村生产力相结合、与社会主义新农村建设相结合、与城镇化发展相结合的"三归集、三分离、三结合"的思路,采取先农村后城区"两步走"的方式,启动实施中小学布局调整改革方案。

2. 实施"双线联推"的工作机制,形成了政府主导型布局调整运行方式

该县确立并形成了"双线联推"的布局调整工作机制,一线是县乡政府的纵向推动,一线是教育局与中小学的纵向推进。县政府研究制定了《金塔县中小学布局调整工程实施意见》,成立了由政府主要领导任组长,各有关部门主要负责人为成员的全县教育布局调整工作领导小组,召开了由县四大组织(党委、政府、人大、政协)主要领导和分管领导、各乡镇和县直有关部门主要领导参加的全县学校布局调整工作会议,强化了政府主导的布局调整的责任意识。县政府常务会议定期研究和听取布局调整的工作汇报,了解布局调整的进展情况,督促布局调整的进度,检查布局调整的质量。

该县还通过召开家长会、印发宣传材料、组织群众观摩等方式,取得群众的支持和理解。按照这样的改革思路,该县有序推进中小学布局调整工作,到2009年底,全县中小学由120所撤并为30所,并带动幼儿园由103所撤并为39所。

3. 针对寄宿学生较多的特点,实施中小学管理配套改革

通过布局调整,全县寄宿制学校占到了学校总数的67%,寄宿学生占到了学生总数的71%,寄宿生比重大幅上升,且呈现低龄化趋势。针对这一情况,该县围绕寄宿制学校管理这项重点工作,认真实施中小学管理配套改革。

(1) 制定了多项管理制度

制定了《金塔县寄宿制学校管理办法》和《金塔县贯彻〈中小学幼儿园安全条例〉实施细则》等多项管理制度,规范和细化了学校教、学、吃、住、医、娱等方

面的管理。鼓励各学校结合自身实际，创设管理方式。例如，有的学校采取低高年级混合住宿、错时就餐、设置矮化护栏床或通铺等多种办法，化解低龄寄宿生在校生活的矛盾和困难。该县一寄宿制小学校长对学校的亲情化管理做了这样的表述：

> 比如，有的孩子一个人睡不着，或尿床的，我们安排他们和老师一起住在亲情宿舍，夜里老师定时叫学生起来上厕所，有些老师还亲自搂着低年级孩子睡觉，做这些人性化的服务。但这样就会使老师的负担加大，得24小时一管到底。

以下是2011年9月9日甘肃《酒泉日报》对金塔县中小学布局调整的相关报道内容：

> "除了在生活上给予孩子们优越的条件，还有'一对一，大帮小'为我们解决实际问题。"魏国勤告诉记者。为了更好地照顾低年级学生，学校专门安排一名高年级学生对口帮扶一名低年级学生。高年级学生住上铺，低年级学生住下铺，生活上可以随时照应。
> 　　三合小学二年级的小彬有尿裤子的习惯，由于年龄太小，他总是穿着湿漉漉的裤子上课。为了解决这个问题，学校安排四年级的卢金龙每天晚上定时把小彬叫醒上厕所。这一照顾就是两年，可是懂事的卢金龙从未抱怨过。

（2）由政府牵头，协调相关部门，制定了一系列安全管理制度

针对校园人数增多，学校安全隐患加大，以及周末学生集中返村带来交通压力等问题，该县建立了以分管县领导为总召集人，由教育、公安、建设、卫生、交通、农牧、文化等部门负责人为成员的全县学校安全管理联席会议制度，健全了学校安全管理的横向协调机制，重点解决了学生往返家校乘车、校园周边环境综合治理、重点路段交通管制、农用车接送学生以及学校卫生防疫工作的困难和问题。

4. 以项目建设为主要方式，改善办学条件，优化教育资源

针对寄宿制学校，围绕住宿、就餐、活动、教学设施等方面的设施建设，该县实施了"项目拉动"战略。2007年以来，共完成投资1.4亿元，组织实施了县第三中学新建、县第四中学扩建、县东大街和建新路小学改建等70多个建设项目。

据统计，全县根据布局调整后学校建设的需要，共新建校舍8.26万平方米，消除危房1.2万平方米，80%的学校校舍为框架房或砖混房；66%的寄宿制学校新建了学生浴室，消除了布局调整前全县学校都没有浴室的空白；94.4%的寄宿制学校建起了学生餐厅，改变了布局调整前全县只有2所学校有学生餐厅的状况。基于西部地区冬天寒冷，需全部供暖的现实，目前，全县100%的教室和师生宿舍采用锅炉供暖。全县90%的寄宿制学校新建了标准化体育运动场，100%的中学新装备了理化实验室，90%的中小学装备了计算机教室。同时，全县建成多媒体教室26个，实现了多媒体教学"班班通"，完善了中小学教育资源库。据该县教育局高局长介绍，2010年，他们开始启动实施以校园信息化、实验仪器、图书阅览、艺体器材、生活设施、校园文化物质载体为内容的"新六配套"工程。高局长这样充满自信地描述了他对该县教育现代化的"美好畅想"：

> 我们决心利用三年时间，使全县所有学校完成"新六配套"工程建设任务，基本达到国家标准，使全县各类学校办学条件的规范化、标准化、现代化水平迈上一个新台阶。

5. 建立优化教师队伍的制度措施，加强教师队伍建设

该县通过布局调整，将过去分散在乡村的教师适度集中到乡镇、城镇和县城，改善了中小学教师的生活环境和工作条件，特别是将高中和部分初中建在县城的做法，解决了一大批教师的"进城难"问题，较好地稳定了教师队伍。与此同时，该县针对布局调整后家长对子女接受更好教育的需求采取措施，加强了教师队伍建设。

（1）对教师队伍进行优化配置

通过县第三中学教师公开选调、城乡教师横向动态流动、校际间教师余缺调配等方式，分步骤、稳妥地实施了教师队伍整合，实现了全县高中、初中、小学、幼儿园四个层面师资力量的优化重组，形成了学历合格、专业对口、满足需要的教师队伍配置格局，有效均衡了城乡学校师资配置。

（2）采取多项措施调动教师积极性

通过实施名师培训工程、教师培训导师团引领，落实城乡教学制度化交流措施，评选首席教师、课堂教学单项奖和教育科研百花奖，启动实施教师教育技术能力"三级"培训认定工程等，调动教师钻研教学的积极性。全县还启动实施了由教育局主导、按三年规划、全员化参与、分学校进行的教师校本培训工程，对教师进行普遍的专业和技能培训，形成了以校本培训为主要形式，以专题集训、省市调训为补充的复合式教师培训机制。据了解，该县普遍建立了城乡教师交流机制，仅2009年就先后选派38名城区教师到农村学校任教。

三、金塔县中小学布局调整的主要成效

1. 城乡教育差距明显缩小，教育均衡发展水平明显提升

该县通过中小学布局调整，实施人力资源和硬件设施提升工程，完善师资力量的优化配置，学校之间、城乡之间的差距明显缩小，从根本上消除了学生人数10人左右、1名教师包教所有科目的村级教学点，城乡差距由过去的教学点、村小、乡镇中心校、县城学校之间的差距变为现在的县城学校与乡镇学校的差距。在高中阶段，全县只保留一所高中，实现了高中阶段教学资源的"零差距"。2008年9月23日，甘肃省全省教育工作会议专门在金塔县安排了现场会，与会教育管理人员对金塔县的教育模式进行了分析和讨论。

2. 学校管理水平和教学质量明显提升

布局调整过程中，该县始终将教学质量和办学效益的提升作为重点工作来抓，并将教学质量的提升作为获取家长和社会认可的重要方式。该县针对学校布局调整后全县教育面临的新形势和学校规模扩大的事实，适时召开了全县第一届、第二届教学大会，并建立了以学年度召开教学大会的制

度,建立了打造高效课堂、推进教学质量有效提升的机制,使各阶段教学质量在短时间内得到了提升,满足了人民群众对优质教育的需求,巩固和促进了学校布局调整的成果。该县一位教育局的官员这样评价布局调整后教学管理工作的"便捷":

> 县城和乡镇的每一所学校都集中了该地区优秀的教师,汇集了优秀的管理经验,过去我们检查全县100多所学校要一个多月,现在我们将全县学校检查一遍最多一个星期就完成。

布局调整还进一步优化了教师队伍结构,布局调整前,不少村小,甚至有的乡镇学校,音乐、英语、美术、体育教师短缺,使得这些科目不能开设。布局调整后,所有学校都有了专职的英语和音体美教师,各门功课均能按照教学计划要求开齐和开足。通过布局调整,该县将过去分散在各村小和教学点的勉强应付工作的"老弱病残"教师进行了很好的分流和安置,更为重要的是,布局调整后,该县彻底取消了"代课教师"。以下是一位小学校长对布局调整后师资队伍配置带来的积极变化的表述:

> 布局调整前,我们有的学校英语课没办法开,单独雇一个老师不可能,在这样的学校中,教师既要能教语文也要能教数学,还要能上其他课,但当老师的不可能什么都会,让他们教英语课,年轻的老师还可以,但教出来以后都成了"四不像",到中学以后还要重新再教。后来采取了优秀教师"走教制",早上去一个小学上课,下午骑自行车去另一个小学上课,有的教师要上两个小学的课,有的要上三个小学的,很不方便。而人家合并起来的小学就不存在这样的问题。再比如,老教师不好安排,学生不喜欢,但这部分老师责任心强,又有爱心,所以老教师可以管宿舍。

3. 减轻了家长接送孩子的时间和精力负担,培养了学生良好的卫生生活习惯

布局调整前,不少家长承担着繁重的接送孩子的任务,不但耗费了很多的

时间和精力,影响了生产和经营,也引起了很大的安全问题。孩子每天奔波于学校和家庭之间,也花费了很多的时间。布局调整后,该县配合义务教育"两免一补"政策,大幅度减少对家庭的收费数额,解放了家长的时间和精力,化解了家长在照看孩子方面的负担和压力,让家长有更多的时间和精力用于农田农活和进城务工。

该县将寄宿制学校管理的效果看成决定布局调整成效的关键,针对寄宿制学校增多、寄宿生大幅度增加和管理服务难度加大的实际,从关心学生生活、关注学生成长出发,成立了寄宿制学校管理机构,制定了寄宿制学校管理制度和考核标准,建立了部门联动机制以及有利于学生全面发展、符合寄宿实际的管理机制。在寄宿制管理过程中,针对农村孩子以往生活卫生习惯较差的问题,该县细致做好学生的生活指导和关怀工作,不少学生过去没有洗漱的良好习惯,还有的学生没有睡前洗脚的习惯,在老师的指导和帮助下,他们现在养成了良好的卫生生活习惯。有的学生还将在学校里养成的良好生活习惯带回到家里,帮助父母形成良好的卫生意识和习惯,促进了乡村文明建设和农村文化建设。

四、金塔县中小学布局调整的问题与思考

1. 金塔县中小学布局调整的主要问题

(1) 由于学校硬件建设产生了新的债务负担,部分中小学出现了资产闲置

该县在布局调整中,大力推进项目建设,建设了一批新的校舍,改建和扩建了一些旧校区,增加了新的教育财政债务。2007—2009 年全县用于布局调整的教育负债为 4 000 万元,调研过程中,教育局长预计 2010 年产生新的债务 3 000 万元,随着后期建设项目的启动,该县教育债务将超过一亿元。这对于年均财政收入刚过亿元的西部县城而言,是一个不小的财政负担。此外,该县在学校撤并和调整过程中,虽然采取了一些措施,避免校舍的闲置和浪费,诸如将乡镇撤走的初中用作乡镇小学校舍,将乡镇小学校舍用于乡镇幼儿园建设等,但仍有不少乡镇的中小学校舍还是因布局较为分散而闲置,特别是还有些以往建设得比较好的学校校舍也由于布局调整而闲置。一位小学校长这样描述道:

2005年,我们金坛镇建立的一所小学,还是台商支持的,建设标准还是很好的,但这所小学离城镇比较远,所以建起来以后很快学生数量就衰减了。从财政上人力上投入都很大,最后合村并镇后把这个村又合并掉了,这个学校也没办法办了,就浪费掉了。

(2) 农村儿童出现新的上学困难,公共安全出现隐患

这个问题主要表现在三个方面:一是农村儿童年龄较小,实行寄宿制后,对他们而言,不但带来了日常生活的困难,也带来了生活中亲情的缺失。许多儿童从小学一年级起就寄宿在乡镇,不少儿童对寄宿生活严重的不适应,有的儿童还产生了严重的焦虑和恐惧心理,这都给儿童的健康成长存在不利影响。二是农村儿童周末返村及回校存在严重的安全隐患,全县17 000余名寄宿儿童集中于双休日在城乡流动,"浩浩荡荡"的人流和物流,使得全县每到周末增开80辆公共汽车依然不能满足需要,个别家长私自用农用车等交通工具接送孩子又带来新的交通隐患。三是加重部分农村家庭经济负担。农村孩子到县城和乡镇读书并寄宿,使得家庭伙食费、交通费等生活开销加重,这对于一些经济条件较差的家庭而言,是一个不小的负担,甚至在一定程度上提高了农村儿童的辍学率。

(3) 寄宿制学校的生活指导教师和专职保健人员工作压力加大,学校安全管理的风险责任增大

为了做好全县近2万名寄宿生的就餐和住宿工作,各个学校都采取了有效的措施,诸如配备生活指导教师和专职保健人员等。由于这些岗位的教师在中小学编制设置中没有安排,所以有关学校要从现有任课教师中调剂解决。对于那些年轻的一线优秀骨干教师,学校"舍不得"让他们离开一线,从事生活指导工作;而对于那些年龄较大、教学水平和能力相对薄弱的教师,不但他们不愿意承担这样的压力和风险,而且他们的年龄也使得他们常常力不从心。

此外,大量的中小学实行24小时寄宿制生活,给学校的安全管理带来了很大的挑战,尽管学校领导和教师经常处于"高度戒备"状态,但校园安全事故的发生概率还是有所提高,防不胜防的意外事故还是时有发生。特别是小学一二年级的寄宿制学生,他们生活自理能力很差,需要足够的人力、时间和耐心的陪伴,这对于教师编制紧张、工作强度较大的西部中小学而言,是个不小

的难题。

2. 对金塔县完善中小学布局调整政策的建议

（1）适度适时调整"一刀切"的布局调整方式，实施集中与分散相结合的更加灵活的布局设置方式

在肯定金塔县布局调整方式合理性的同时，也应该看到"一刀切"的布局调整给儿童就学和生活带来的不利影响，特别是对低年级儿童和经济困难家庭的不利影响。从这个意义上讲，金塔县的中小学布局调整一定程度上存在着与当地经济社会发展不协调的情况，存在着对教育规律和儿童身心成长规律尊重不够的问题，需要适时适度地对现有布局调整方式进行"再调整"。一是要将认真办好村级小学，特别是小规模村级小学作为一项长期的政策设计，努力做好校舍、设备和师资的配备工作。二是对布局调整中儿童就学不便带来的问题要及时解决，要为低年级儿童的成长提供必要的服务和帮助，必要的时候还可以恢复一些已经撤并的中小学。

（2）国家和地方教育行政主管部门适时出台有关寄宿制中小学的管理规范，制定服务寄宿制中小学的师资和人员编制政策

寄宿制学校的建设涉及学校内部的就餐、住宿和校园安全等一系列复杂问题，还涉及学生集中回家和返校的交通安全等公共服务问题，这些问题的合理安排和解决对于儿童的身心健康甚至是社会稳定具有重要意义。从目前的情况看，包括该县在内的国内诸多地区在寄宿制学校建设的标准，特别是在与就餐和住宿有关的标准方面，缺乏统一的标准，随意性较大。有必要在国家层面出台有关寄宿制中小学的管理规范和要求，特别是针对部分地区寄宿制学校生活指导教师和专职保健人员编制缺乏、素质不高的状况，国家要出台专门的编制标准，为这些地区寄宿制学校的科学和规范管理提供政策支持。此外，国家和地方教育行政部门还应该针对寄宿制学校的管理需要，及时开展有关管理人员的培训，提高他们的岗位工作能力，优化他们的服务能力，为寄宿儿童的健康成长提供专业化管理和服务人员队伍。

（3）建立西部中小学布局调整债务负担的预警和检查机制，避免因债务负担过重带来新的办学困难

包括金塔县在内的西部中小学布局调整的现实启示我们，在继续支持西部农村办好村级小规模学校的同时，要直面城镇化过程中中小学布局调

整不断集中这一"不可逆转"的趋势。这一"不可逆转"的趋势启示我们,在农村中小学不断向城镇集中的过程中,村小的消失和撤并,以及由此带来的资源浪费虽然可以尽量减少,但绝不是可以避免的;这一趋势还启示我们,在农村中小学不断向城镇集中的过程中,新建、改建和扩建学校需要大量的经费投入,这都需要我们用灵活动态的思维方式调整和设置农村居住分散地区的中小学经费投入方案。为此,可以尝试探索西部农村中小学办学经费的预警机制、分担机制和检查机制。充分考虑农村中小学布局集中过程中,特别是在寄宿制学校建设过程中包括师资、管理人员、校舍在内的各项经费需求,建立有效的财务分担和督导检查机制,保证西部中小学办学经费的充裕,避免因债务负担过重带来新的办学困难,为西部中小学发展提供良好的保障条件。

第五节 宁夏回族自治区固原市义务教育统筹发展调查报告

按照课题研究规划,2011年10月8日至13日,课题组成员刘孙渊、王强赴宁夏回族自治区固原市进行课题调研,重点考察了固原市义务教育统筹发展的状况,了解少数民族地区义务教育统筹发展的措施、政策成效与存在的问题。

固原市位于宁夏回族自治区南部的六盘山地区,总面积10 540平方千米,市区面积45平方千米,辖西吉县、隆德县、泾源县、彭阳县和原州区。东部、南部分别与甘肃省庆阳市、平凉市为邻,西部与甘肃省白银市相连,北部与本区中卫市、吴忠市接壤,处于西安、兰州、银川三个省会城市所构成的三角地带中心。固原市是中国西部的待开发地区。2011年,国务院发布《中国农村扶贫开发纲要(2011—2020年)》,六盘山区被国家确定为今后十年扶贫攻坚主战场之一,宁夏回族自治区据此编制了《六盘山区集中连片特殊困难地区扶贫攻坚规划》。2012年,固原市整合资金3.86亿元,完成132个整村推进扶贫村开发年度任务,新增互助村84个,改善了421个贫困村的生产生活条件,全年贫困人口减少5.4万。

2011年,固原市全市户籍总人口155.3万,其中,农业人口130.92万,回族人口71.81万,占总人口的46.2%。全市人口出生率控制在15.87‰以内,同比下降1.37个千分点;计划生育率达到84.11%,上升0.91个百分点。人口自然增长率控制在10.94‰以内。

一、固原市推进义务教育统筹发展的措施和成效

宁夏回族自治区在推进义务教育均衡发展中创造了不少具有区域特征和民族特色的好经验、好做法。一是自治区党委、人民政府将推进义务教育均衡发展放在全区经济发展、社会进步、民生改善和民族团结的大局中,作为教育改革和发展的重中之重。2007年,自治区人民政府批转了《宁夏义务教育均衡发展行动计划》,明确了推进义务教育均衡发展的指导思想、目标任务和政策措施。《宁夏义务教育均衡发展行动计划》从加强农村学校和城市薄弱学校建设、统筹教师资源配置、深化考试评价制度改革、完善和落实农村义务教育经费保障机制、建立健全义务教育均衡发展的评估监测机制等五个方面制定了推进义务教育均衡发展的政策措施。宁夏期望通过实施《义务教育均衡发展行动计划》,努力使县(市、区)域内义务教育阶段各学校之间在办学条件、生均经费、生源分布、师资水平和教育质量等方面基本均衡。县域内义务教育的均衡发展成为宁夏推进义务教育均衡发展的重点。2008年,自治区人民政府将义务教育均衡发展行动计划纳入10项民生计划和为民办30件实事之中并强力推进。二是宁夏各个方面形成合力,把义务教育学校标准化建设作为推进义务教育均衡发展的基础工程。自治区教育、发改、财政、住建等部门制定了《宁夏义务教育阶段学校办学基本标准(试行)》,大力实施农村中小学危房改造工程、校舍安全工程、百所回民中小学标准化建设工程等,全区农村中小学办学条件得到明显改善。三是宁夏探索推进义务教育均衡发展的体制机制改革,努力扩大优质教育资源,带动区域教育质量和办学水平的整体提高。通过开展城区扩充优质教育资源改革试点、教育对口支援活动等,努力实现优质教育资源共享。通过组织"国培计划"和自治区级"骨干教师培养培训计划"等大规模的培训计划,不断提高农村中小学教师队伍的整体素质。四是宁夏关注特殊群体,保障所有适龄儿童少年平等接受义务教育。坚持以流入地政府管理为主、以公办学校为主,妥善解决进城务工人员随迁子女受教育问题,努力建立农村留守儿童关爱体系。健全和完善家庭经济困难学生资助政策体系。对六盘山集中连片贫困地区儿童实施了营养改善计划,使贫困地区儿童的营养和健康情况得到了有效改善。五是宁夏建立激励机制,开展义务教育均衡发展示范县创建活动,实施创建"教育强县(区)"工作。制定《宁夏义务教育均衡发展评估指标体系》,从入学机会、发展规划、经费保障、办学条件、师资队伍、发展结果等几个方面对县域义务教育均衡发展进行评估验收。在此基础上,启动实施了创建"教育强县(区)"、"教育强乡(镇)"活动。已有3个县(区)获得"义务教育均衡发展示范县(区)"称号,22个县(市、区)全部通过了自治区人民政府的评估验收。六是宁夏明确了推进全区义务教育均衡发展的时间表和路线图。《宁夏中长期教育改革和发展规划纲要》和《宁夏教育事业发展"十二五"规划》把义务教育均衡发展作为教育事业发展的重要目标之一。2011年7月,自治区政府发布了《宁夏回族自治区进一步推进义务教育均衡发展实施方案》。该《实施方案》提出了义务教育均衡发展的两大工作目标:一是建立健全义务教育均衡发展保障机制,推进义务教育学校标准化建设,均衡配置教师、设备、图书、校舍等资源,提高义务教育质量;二是进一步缩小县域内义务教育阶段学校城乡之间、校际之间办学差距,薄弱学校的办学条件和水平得到较大幅度提高,确保到2017年全区各县(市、区)实现义务教育基本均衡发展。按照"先易后难、梯次推进"的原则,稳妥有序地推进义务教育均衡发展工作,确保到2017年全区实现义务教育基本均衡发展。《实施方案》确定的具体步骤是:2012年,贺兰县、灵武市、石嘴山市大武口区实现义务教育基本均衡发展;2013年,银川市金凤区、西夏区,石嘴山市惠农区,吴忠市利通区,青铜峡市实现义务教育基本均衡发展;2014年,银川市兴庆区、永宁县,石嘴山市平罗县,固原市彭阳县,中卫市沙坡头区、中宁县实现义务教育基本均衡发展;2015年,吴忠市红寺堡区、盐池县,固原市原州区实现义务教育基本均衡发展;2016年,固原市隆德县、泾源县,中卫市海原县实现义务教育基本均衡发展;2017年,吴忠市同心县,固原市西吉县实现义务教育基本均衡发展。七是宁夏把生态移民和教育移民相结合,充分发挥教育在消除贫困、改善民生、开发民智和促进农村劳动力有序转移过程中的积极作用。2011年5月,自治区人民政府发布了《宁夏"十二五"中南部地区教育移民实施方案》。该《实施方案》抓住自治区党委、人民政府实施中南部地区生态移民工程的契机,坚持教育为生态移民服务,努力改革创新,推动教育均衡发展,不断提高教育公共服务的针对性和有效性。教育移民实施范围为《宁夏"十二五"中南部地区生态移民规划》所确定的生态移民范围,即固原市原州区、西吉县、隆德县、彭阳县、泾源县,吴忠市同心县、盐池县,中卫市海原县、沙坡头区等9个县(区)的91个乡镇684个行政村1 655个自然村的约35万名移民子女。确保35万名生态移民子女在初中教育阶段后和普通高中教育阶段后能继续接受职业教育和技能培训,并实现其向县域外、区外发达地区的有序转移。为此,自治区人民政府要求着力推进生态移民地区县域内义务教育均衡发展。生态移民迁出、迁入县(区)紧密结合本地"十二五"经济社会发展规划和生态移民规划,坚持"移民先移教"、"移教先移校",进一步优化教育结构,推进学校布局调整。人口迁出县(区)将规模小、质量低的校(点)适度撤并,人口迁入县(区)结合"中小学校舍安全工程"、"义务教育学校标准化建设工程",加速推进县域内县(镇)中小学校的扩建、新建工作,以有效解决"大班额"、"大通铺"问题,优先保证移民子女就近入学,推动义务教育均衡发展。

固原市依据自治区推进义务教育均衡发展的政策,按照自治区的决策部署,着力贯彻落实、积极推进城乡统筹背景下的义务教育均衡发展。固原市为了贯彻实施《宁夏教育改革和发展规划纲要》,制定了相应的实施意见。实施意见提出,固原市要深入实施义务教育均衡发展行动计划,推进义务教育学校标准化建设,均衡配置教师、设备、图书、校舍等资源。广泛开展义务教育均衡发展示范县创建活动,按照市统筹、县为主、城乡一体、全面建设和先易后难、梯次推进的原则,建立城乡一体化的义务教育发展机制。适应城乡发展需要,结合生态移民工程,合理规划学校布局。小学按就近入学原则,宜撤则撤,宜合则合,宜增则增。到2015年,人口相对集中的乡镇原则上保留一所初中。对短期内难以撤并的教学点、规模较小的村小学在财政投入上要予以倾斜,提升办学水平。对长期在农村基层和艰苦边远地区工作的优秀教师,在职务(职称)评定等方面优先,稳定农村学校教师队伍。采取市、县优质校和薄弱校校际间、城乡校际间的结对帮扶、强带弱、师带徒、共同科研、相互听课等形式,促进教师业务水平提升。坚持以公办接收为主、政府委托民办接收为辅,确保进城务工人员随迁子女平等接受义务教育。建立健全政府主导、社会参与的农村留守儿童关爱服务体系。加快农村寄宿制学校建设,优先满足留守儿童住宿需求。健全完善"控辍保学"专项督查制度、通报制度和问责制度，建成义务教育阶段学生学籍电子档案管理及动态监管网络平台，巩固提高九年义务教育水平。实施意见强调要高度重视民族教育。固原市全面贯彻党的民族政策，按照教育事业发展规划中对民族教育"三个优先"（教育事业发展规划优先谋划、公共教育资源优先配置、财政资金优先保障）原则，优先发展民族教育。加快发展民族聚居县（区）、乡（镇）学前教育，巩固提高民族聚居区"两基"水平。制定完善民族聚居县（区）、乡（镇）发展高中教育、职业教育、民族学校等特殊政策，使少数民族在校生比例不低于少数民族人口自然比例。加大薄弱学校改造力度，实施好二期"百所回民中小学标准化建设工程"，改善项目学校办学条件，提升教育质量和管理水平。落实民族教育发展工程，实现全市独立设置的民族中小学全部标准化。

为推进义务教育均衡发展，固原市实施了一系列教育重点工程。一是实施义务教育学校标准化建设工程。实现全市义务教育学校在建设用地、校舍面积、条件装备（含场地）、师资配置、公用经费等方面标准化办学，推进学校师资、教学仪器、阅读和运动场地等基本达标，基本实现教育资源配置均衡化。二是实施中小学校舍安全工程。依据新的抗震设防标准和综合防灾要求，认真实施自治区改造规划，加大力度，如期完成改造建设任务。实施农村学校教师周转宿舍建设工程和学生"安全寄宿计划"，改善农村学校师生住宿和生活条件。三是实施教育信息化建设工程。提高中小学每百名学生拥有计算机台数，为农村中小学班级配备多媒体现代远程教学设备。建设各级各类数字化教学资源库和公共服务平台。基本建成覆盖城乡各级各类学校的教育信息数据库和监测分析系统。四是实施民族教育发展工程。实现全市独立设置的民族中小学全部标准化。加大民族中小学校长和教师培养力度，提高民族教育质量。五是实施教育惠民工程。通过"普通高中家庭经济困难学生资助计划"、"中职学生免费教育计划"、"宁南山区义务教育阶段学生营养改善计划"、农村地区学生"安全寄宿计划"等项目的实施，保障和改善民生。六是实施教师素质提升工程。重点加强农村教师队伍和中小学骨干教师、职业教育"双师型"教师的培养。将教师培训经费列入财政预算，对教师实行每五年一周期的全员培训。实施中小学骨干教师培养培训计划，建成骨干教师培训体系。加强校长和班主任培训。七是实施村小强质工程。对地处偏远、难以撤并的教学点、规模小的乡村小学在财政拨款、学校建设、师资配备、教师职称评定等方面给予倾斜,增强学校办学能力,提升教学质量。八是实施优质资源倍增工程。加快适应固原市城市规模扩大的需求,新建、改建一批标准化学校,扩大优质学校规模,缓解城市大量新建住宅与配套学校、幼儿园不足的矛盾,逐步解决部分学校"大班额"问题。充分发挥优质名校的辐射带动作用,全面提升教育整体实力和品质,最大限度满足人民群众对优质教育资源的需求,实现县域内义务教育均衡发展。

固原市2002年8月建市,至今已经超过十年。固原市成立十年来,教育事业尤其是义务教育取得了显著的成绩,主要体现在以下几个方面:一是2003年实现了基本普及初等教育和扫除青壮年文盲的目标,二是2006年普及九年义务教育,三是2008年全市"两基"工作通过国家教育督导团评估验收,四是2011年实现自治区教育强市创建目标。

2011年12月,固原市西吉、泾源两县教育强县创建工作和原州、隆德、彭阳三县区基本普及高中阶段工作通过自治区人民政府验收。自此,全市5县区全部实现了教育强县创建目标,这是继固原市2003年普及初等义务教育,2006年普及九年义务教育,2008年"两基"工作通过国家教育督导团评估验收后教育事业发展中的又一件大事,标志着固原市教育发展迈上了一个新的台阶。2010年原州区、隆德县、彭阳县如期实现"教育创强"目标后,市委、市政府进一步加大教育投入,突出加强学前教育,均衡发展义务教育,普及优化高中教育,大力发展职业教育,全市各类教育办学条件得到较大改善,教育水平得到较大提升。通过撤、并、合、迁等方式,撤销小学174所,中学22所,使学校布局更趋合理。投入近8亿元,实施了固原一中、西吉中学、泾源县高级中学等12所高中的新建、改建、迁建,完成了固原民族职业技术学院改建和各县区职业中学迁建、扩建。小学、初中适龄儿童入学率分别达到99.67%和98.07%,辍学率控制在0.01%和0.4%。

2002年以来,固原市紧紧抓住西部大开发的历史机遇,在国家和自治区的大力支持下,坚持多渠道筹集建设资金,多方面争取项目支持,相继启动了一大批教育重点建设项目,使教育面貌发生了很大的变化。固原市全面推进中小学标准化建设,使全市中小学彻底告别了窑洞,告别了危房,实现了砖瓦化、楼房化、标准化,学校面貌焕然一新。固原市全面优化教育布局结构,2002

年以来,全市结合国家、自治区行政区域调整、撤乡并镇和生态移民,按照统筹规划、因地制宜、分步实施的原则,以教育建设项目为带动,以农村中小学为重点,通过"撤、并、合、组"等方式,全市小学从2002年的1 140所减少到909所,初中从108所减少到67所,小学、初中、高中校均规模分别达到185人、1 118人和2 519人。

固原市积极采取"奖、贷、减、补、助"等多种形式,确保每一个学生拥有受教育的机会。在精心组织实施各类教育惠民工程的基础上,不断创新工作方式,大力提升教育保障能力,健全了全方位的教育保障机制和资助机制,实现了从义务教育收费向全面免费教育,从单一入学保障向营养、就学全面保障,从争取社会救助向依靠资助机制全面保障的转变。一是农村义务教育经费保障机制和"两免一补"政策全面实施。义务教育实行全免费教育,城市义务教育阶段中小学生全部纳入义务教育经费保障范围,小学、初中公用经费从2006年每生每年的168元、258元分别提高到现在的375元、575元,"一补"标准从小学、初中每生每天1元、2元提高到3元、4元,范围扩大覆盖所有义务教育阶段寄宿生。二是学生营养改善计划全面实施。针对南部山区学生营养水平较低的情况,从2010年秋季开始,自治区启动实施了营养早餐工程,为宁夏中南部山区义务教育阶段学生提供每天每人一个熟鸡蛋,固原市共有20.6万名学生受益。从2012年春季开学起,涵盖营养早餐和午餐的学生营养改善计划在全市农村小学全面实施,惠及学生12.5万名,全市农村小学生每生每天膳食补助达到了4.6元。三是高中家庭经济困难学生资助机制全面建立。通过国家资助项目,在高中设立宏志班、民族班、工会班,同时通过社会其他资助项目,全面保障高中贫困生就学,年均资助高中生7千余人,资助金额800多万元,确保了无一名学生因家庭经济困难而辍学。2012年,固原市7 049名农村留守儿童、少年和14 721名进城务工人员子女全部入学,残疾儿童、少年入学率达80%以上。这些惠民政策的全面落实,切实减轻了农民的经济负担,真正实现了适龄儿童、少年"一个都不能少"的目标。

"营养早餐工程"惠及广大学生

2010年秋季学期开始，宁夏回族自治区党委、政府在中南部地区农村学校实施学生营养早餐工程，这一工程对进一步提高人口素质、推动义务教育均衡发展具有重要意义。固原市一区四县的农村学校都在工程的实施范围之内。固原市成立了"营养早餐"工程相关管理机构，建立了相关管理制度，明确了相关管理责任人，制定了相关操作程序，基本做到了有章可循、对接有效，保证了"营养早餐"工程实施快速步入规范化的轨道。固原市各级教育行政部门积极主动协调，投入必需的财物、人力，各基层学校也积极行动，克服经费困难，通过购置储存、加工设备等行之有效的措施，有力地保障了"营养早餐"工程的顺利实施。学校通过橱窗、校园广播等不同途径对"营养早餐"工程的相关事项进行大力宣传，同时还通过告家长书、给家长的一封信等形式宣传"营养早餐"工程的相关政策、意义等，客观上提高了政策的透明度、支持度。学校基本保证了每天给学生发放一个熟鸡蛋。问卷调查的结果表明，92.7%的学生能够每天（周一至周五）在学校领到一个熟鸡蛋，94.9%的学生认为每天早晨食用的熟鸡蛋不会给自己的身体带来任何的不适感。分性别看，女孩的适应性高于男孩6个百分点；分学校类型来看，农村中小学学生的鸡蛋适应性高于县城寄宿制学生。有83.1%的学生喜欢吃"营养早餐"工程所提供的鸡蛋。无论是从学生性别还是学校类型来看，学生对鸡蛋的适应性和喜好度较高，较易接受"营养早餐"工程的实施形式和内容。总体而言，"营养早餐"工程有效促进了中小学生早餐的营养供给，提高了学生家长对学生早餐的重视程度。

固原市成立以来，全市教育系统始终抓住提高质量这一核心任务，不断深化教育教学改革创新，不断总结积累教育教学经验，走出了一条符合地方实际、卓有成效的现代教育发展之路。固原市以德育教育为切入点，不断提升学生道德素质。实施了"五项育人工程"，即中小学校园文化示范校创建、书香校园创建、德育"七个一"计划、民族团结教育和中华经典诵读工程。从2005年开始，全市启动实施了为期三年的校风建设活动；从2009年开始，启动实施了全市校园文化建设示范校创建活动，全市各级各类学校管理水平得到显著提升，营造了浓郁的校园文化氛围，涌现出像原州区三营镇鸦儿沟小学、西吉三中、隆德二中、泾源白面民小、彭阳城阳中学等一大批校园文化建设示范学校。建立健全了校园安全工作机制和突发事件应急机制,有力保障广大师生生命财产安全。以教学改革为突破点,不断提升办学质量。在全市各中小学校开展了教育质量提升年、基础教育学校综合管理质量工程、基础教育质量提升年活动和"树师德新风促质量提升"活动,大力提升教育管理质量、保障质量和办学质量。

近年来,固原市坚持多措并举,拓宽渠道,优化教师队伍结构。2002年以来,全市通过实施"特岗计划"招聘特岗教师1 260名、编内考录教师400多名、接受免费师范生42名,组织支教教师4 000多名。各县(区)自然减员空出的编制首先补充教师,有效缓解了教师短缺问题,全市中小学教职工总数由2002年的14 596人增加到16 743人。固原市坚持严格管理,加强培训,全面提升教师队伍整体素质。实施了中小学校长教师能力提升计划和校长培训计划,启动了"千、百、十工程"、骨干教师建设工程、园丁工程等一系列师资队伍建设工程。全市年均培训中小学教师1.5万名,完成了全市中小学校长市级轮训,中小学校长持证上岗率达到100%。从2009年开始,市政府每年筹措100万元资金表彰教育先进,形成了重教、兴教、助教、乐教的良好氛围。目前,全市师资结构基本合理,梯队完备,小学、初中、高中教师学历合格率分别达99.5%、98.9%和93.9%,较2002年分别提高3.9、10和27.8个百分点。教师中有各级人大代表131人,政协委员150人,荣获国家、区、市、县"优秀教师"、"先进工作者"称号1 864人次。

> **固原市原州区新聘或进城教师最少下乡工作三年**
>
> 2008年9月24日,固原市原州区出台城乡教育支援和教师调动相关政策,要求新聘任教师或需进城工作的教师,必须在乡下学校工作最少3—5年,以此缓解当前农村学校师资力量薄弱、结构性短缺等突出矛盾。按规定,原州区每年将选派城镇学校校长到农村薄弱学校挂职支教,选派农村薄弱学校校长到城镇学校挂职锻炼,每学期组织特级教师、骨干教师送课下乡。同时,将城区中小学教师到农村薄弱学校开展支教工作,作为教师职称、职务晋升评聘的必备条件。没有农村学校任教经历的城镇教师,均须到农村或薄弱学校支教,否则不能晋升高一级教师职务,不得参加骨干教师和特级教师评选。

对无正当理由拒不执行支教任务的教师，三年内不得评优、晋级。新聘教师及新招录的大中专毕业生，均须先到农村工作三年以上。近年来，随着教学经验丰富的农村中小学教师向原州区城区流动，造成农村中小学师资力量减弱，部分课程无法开课，进一步加剧城乡教育差距。为改变这一局面，原州区采取财政补贴的办法，提高农村中小学教师待遇，并将各种教育资助、帮扶项目向农村倾斜，加强农村中小学校软硬件建设，使农村中小学教学环境得到极大改善，为教师奉献农村教育提供条件。

各种形式的教育移民，带动城乡群众脱贫致富，是推动固原市经济快速发展，实现与全区、全国同步进入全面小康社会的重要途径。固原市把生态移民作为全市的"一号工程"，以"搬得出、稳得住、逐步能致富"为目标，举全市之力强力推进。县内移民采取"七个一"建设模式，投资6.5亿元建成水、电、路、通信、学校、卫生、商贸等公共服务设施配套的安置区(点)43个，建成生态移民安置房4 436套、劳务移民周转房1 184套，完成移民4 252户17 948人；22个县外移民安置点建成生态移民安置房6 966套、劳务移民周转房3 639套，完成移民1 352户4 650人。2012年，固原市开工新建中小学7所、乡级中心幼儿园11所，完成中小学校舍安全工程33.9万平方米。为使教育更好地服务于全区经济社会发展全局，2011年5月4日，宁夏回族自治区人民政府根据《宁夏"十二五"中南部地区生态移民规划》制订了《宁夏"十二五"中南部地区教育移民实施方案》。教育移民实施范围为《宁夏"十二五"中南部地区生态移民规划》所确定的生态移民范围，即固原市原州区、西吉县、隆德县、彭阳县、泾源县，吴忠市同心县、盐池县，中卫市海原县、沙坡头区等9个县(区)的91个乡镇684个行政村1 655个自然村的约35万名移民子女。固原市的一区四县都有实施教育移民方案的任务。固原市按照自治区的要求，坚持"移民先移教"、"移教先移校"，进一步优化教育结构，推进学校布局调整。人口迁出县(区)将规模小、质量低的校(点)适度撤并，人口迁入县(区)结合"中小学校舍安全工程"、"义务教育学校标准化建设工程"，加速推进县域内县(镇)中小学校的扩建、新建工作，以有效解决"大班额"、"大通铺"问题，优先保证移民子女就近入学，推动义务教育均衡发展。

宁夏固原实施教育移民：帮移民打开新生活之门

宁夏回族自治区中南部山区十年九旱、土地贫瘠，世代居住于此的老百姓，生活艰难。为了帮助他们走出大山、彻底摆脱贫困，"十二五"开局之年，宁夏正式启动了中南部地区生态移民工程，涉及农民35万人。六盘山下的固原市隆德县部分乡镇，列入此次移民工程范围。当政府动员大家搬迁到几百千米之外的石嘴山市大武口区时，很多人犹豫了。在新地方能否过上好日子？很多人心里没有底。但很快，他们的疑虑就被打消了。为他们解除后顾之忧的，不仅有更好的居住条件，还有政府出台的教育、培训及就业政策。"移民新村的学校建得很好，以后娃娃再也不用走5千米山路上学了。"一位村民说出了大家的心里话。"移民先移教"、"移教先移校"。为了让生态移民移得出、留得住、能致富，宁夏推出了"教育移民"工程，推动移民子女搭乘"教育快车"走出大山、走向富裕。

固原市历届党委、政府从全国、全区发展的大格局着眼，从全市经济社会发展的实际出发，响亮地提出了教育决定固原未来的战略思想，把教育作为全市经济社会发展重要的基础性工作和民生任务来抓，坚持以提高质量和促进公平为重点，以各项攻坚计划为抓手，以重点工程为带动，以破解教育难题为突破口，无论是教育普及程度、基础建设水平还是教育质量、教育体制机制改革，都有了显著的成效，实现了从保基本向促均衡，从重点推进向全面协调的根本转变。

固原市"两基"攻坚任务全面实现，基础教育步入均衡发展轨道。2003年，全市实现了普及初等义务教育的目标；2006年，全市"两基"工作提前一年通过自治区人民政府的评估验收；2008年6月，全市"两基"工作顺利通过国家教育督导团评估验收，专家组给予了"两个领先、一个跨越"的高度评价。创建教育强县区工作顺利开展。2008年9月，自治区确立了用三年时间完成创建教育强县区、强乡镇工作目标，全市按照"四高两化"的创建工作目标，针对教育投入低、信息化水平低等问题，以市级评估验收和专项督导检查为手段，不断强化地方政府教育投入责任，大力提升教育信息技术配备水平，2010年，全市62个乡镇全部实现教育强乡镇创建目标。2011年全市四县一区全部实现创建教育强县区目标。

民族教育发展基础不断夯实。固原市各县（区）优先保证民族教育经费的开支,对回族学生的入学、上学和升学实行补贴和激励等优惠政策,确保了回族儿童能"进得来、留得住、学得好"。全市先后有 22 所学校进入"百标工程"建设,率先成为宁南山区民族教育的窗口学校。全市小学、初中、高中回族学生占在校生比例分别达到 52.3%、38.8%和 26.6%,义务教育阶段少数民族适龄人口入学率达到 99.33%。

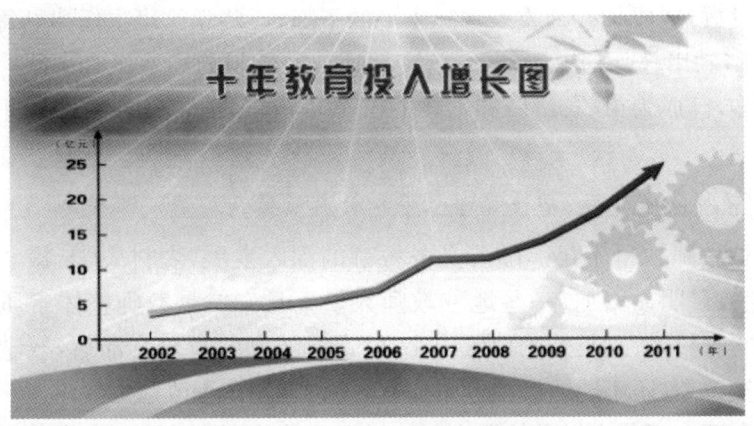

近年来,固原市牢固树立抓民族教育就是抓教育大局、求教育突破的发展理念,优先发展民族教育,确立了教育事业发展规划优先谋划、公共教育资源优先配置、财政资金优先保障"三个优先"原则,加大投入,夯实民族教育发展基础。以实施自治区百所回民中小学标准化建设工程为重点,积极改善民族学校办学条件。工程实施以来,全市争取将 33 所学校纳入"百标工程"建设学校,投入教学设备购置资金 3 300 万元。"百标工程"的实施,使西吉县兴隆希望小学、彭阳县新集中学等一批少数民族聚居、地理位置偏僻的回民中小学整体面貌发生了巨大变化,办学条件得到彻底改善,师生的教育观念得到进一步更新,成为全市民族教育的窗口学校,推动了民族教育的快速发展。

二、存在的主要问题

固原市地处六盘山区,大部分是六盘山区集中连片特殊困难地区,经济和社会事业欠发达。虽经地方政府多年努力,义务教育取得了很大成绩,但发展还不够平衡,目前仍然面临着一些不容忽视的困难和问题。主要表现在:

1. 义务教育投入不足与教育事业发展的矛盾仍然比较突出

固原市虽然已全面实现"两基"目标,但在农村地区,由于受历史条件的制约,进一步巩固"两基"效果还需要增加经常性投入。在调研中,课题组发现,由于投入不足,一些学校办学条件比较艰苦,尤其是住宿等后勤设施建设比较滞后。实施新机制后,学校不再向学生收取学杂费,而公用经费又不能用于教师津贴发放,造成了教师收入实际水平的下降,一些学校班主任津贴每月只有5—10元,聘用教师的工资较低,落实教师激励机制的经费没有来源。"普九"欠债较多,已成为市、县政府和学校的沉重负担,制约着义务教育事业的健康发展。

2. 教师队伍建设、学校管理水平和教育质量还需进一步提高

一是教师数量不足。随着义务教育的深入发展,农村失学、辍学儿童返校,学生数量明显增加,一些地方教师数量不足。二是教师整体素质有待提高。有的农村,特别是贫困地区中小学,部分教师教育理念滞后,教学手段和方法比较单一,还不能适应推进素质教育、实施新课程改革的要求。三是教师结构不合理。部分农村学校语文、政治、数学专业的教师偏多,物理、化学、外语、音乐、美术、计算机、心理健康等专业教师不足。部分农村和偏远学校的管理水平和教育质量较低,影响了中小学生的全面、健康成长。

3. 企业移交学校还存在一些突出问题,影响着义务教育工作的整体推进

固原市企业移交学校共有12所,经移交后整合为9所。由于近年来企业办学职能逐步剥离,许多企业多年未对所属学校增加投入,大部分企业移交学校存在着校舍紧缺陈旧,教学设备缺乏,骨干教师流失,教师素质参差不齐等问题。例如,其中部分中小学存在着校园没有硬化,校舍陈旧拥挤,教学质量较低等问题。尽管在移交地方后,各级政府给予了一定的投入,但由于财力有限,这些学校存在的困难多、任务重,一定时期内仍然制约着当地义务教育整体水平的提高。

4. 地区之间、城乡之间、学校之间义务教育发展还存在着不均衡现象

从固原市的情况来看,义务教育不均衡首先体现在城乡之间存在着较大差异,农村地区义务教育的整体条件与城市相比还有较大的距离。其次,在山区与川区之间,由于历史原因以及教学、管理、设备等水平差异造成了不均衡。再

次，城市和农村还存在着一些薄弱学校，主要是由于教师水平、教学设备配备等差异造成了不均衡。农村学校学生为了享受优质教育资源，大量涌入县城和城市，加之流动人口的增多，给县城和城市学校带来很大压力，大班额问题日益突出。例如，固原市彭阳县县城第二小学一年级一个班的学生多达98人。

三、相应的对策建议

针对固原市在推进义务教育均衡发展过程中仍然存在的困难和问题，各级政府应牢固树立科学发展观，坚持求真务实的工作作风，进一步采取措施，加大工作力度，促进义务教育事业均衡、协调、持续发展。

1. 继续加大义务教育法的宣传贯彻

义务教育是现代国民教育体系的核心部分，是其他各级各类教育的基础。当前，固原市经济社会发展已经步入了新的阶段，新的形势和任务要求固原市必须在更高层次更高水平上推进义务教育事业更好地发展。新《义务教育法》把维护教育的公平公正、促进义务教育均衡发展作为重要的指导思想，把普及九年义务教育、实施素质教育和促进人的全面发展作为立法的基本目标，做出了一系列重大的制度创新，为全面推进依法行政、依法治教、依法治校，在新的起点上提高义务教育整体水平提供了有力的法律保证。因此，各地各有关部门和社会各方面要充分认识贯彻实施新《义务教育法》的重大意义，进一步统一认识，切实增强责任感和自觉性，加大学习、宣传和贯彻、实施的力度，严格按照法律的规定，始终把教育摆在优先发展的战略位置，把发展教育特别是义务教育作为推动自治区经济社会健康快速发展的基础工程，抓紧抓好。

2. 强化政府职责，继续加大对义务教育的投入

新《义务教育法》明确了中央和地方政府分担义务教育经费的责任特别是农村义务教育经费保障新机制实施以来，农村义务教育学校的办学经费有了初步保障，但是，仍然存在着投入不足的问题，还有不少问题需要进一步解决。因此，建议固原市政府及有关部门加强监督管理，促进基层政府在完成好分担义务教育经费责任的基础上，更好地履行对义务教育承担的重要责任，重点解决好义务教育学校宿舍、食堂等后勤保障不足，城乡接合部义务教育资源不足不优，企业移交学校投入不足等问题。针对"普九"欠债问题，自治区党委、政

府积极研究制订了化解1.72亿元乡镇教育债务的方案,但全面偿还全区"普九"和历史债务的任务依然很重,建议各级政府予以重视,尽快解决义务教育欠债问题。

3. 进一步加强师资队伍建设,切实保证教师数量,努力提高教师待遇

建议固原市机构编制部门针对部分市、县(区)义务教育阶段教师缺编问题,尽快重新核定编制。在核定编制时,应充分考虑农村中小学区域广、生源分散、教学点较多等特点,保证这些地区教学编制的基本需求。建议固原市政府及有关部门尽快研究解决农村义务教育经费保障机制改革实施后,部分农村中小学缺少教师津贴、奖励等资金,缺乏激励机制的问题。建议采取提高待遇、政策引导、加强培训等措施,鼓励教师到农村、偏远、贫困和少数民族地区从事义务教育工作。探索建立切实可行的教师聘任制度,实行动态管理,运用科学合理的机制促进教师队伍的优胜劣汰、进退流转。按照素质教育的要求,进一步加强农村教师和中小学校长的培训工作。

4. 进一步强化学校管理,提高教育质量,努力促进义务教育均衡发展

随着新《义务教育法》的实施,适龄儿童"有学上"的基本要求已基本满足,当前最迫切的要求是"上好学"。这就要求政府要尽快提高农村义务教育质量,促进地区、城乡、学校之间的均衡发展。因此,建议固原市政府进一步推进标准化学校建设,加快缩小校际差距的步伐;进一步完善"以县为主"的管理体制,强化县级政府对学校的管理职责;进一步统筹城乡教育资源,加快构建城乡一体化义务教育发展格局,推进区域内义务教育均衡发展,整体提高固原市义务教育水平。

5. 依据既定的义务教育均衡发展的时间表和路线图,认真贯彻落实

2011年,宁夏回族自治区和教育部签署了推进义务教育均衡发展备忘录,明确了宁夏各县(市、区)基本实现县域义务教育均衡发展的时间表和路线图。按照时间表和路线图,宁夏回族自治区政府和各县(市、区)政府签订了目标责任书,建立目标管理责任制,整体规划,分步推进,到2017年基本实现县域义务教育均衡发展目标,比国家规划纲要提前三年。固原市要按照自治区的决策部署,分批实现义务教育基本均衡发展的目标,分别是:2014年彭阳县实现义务教育基本均衡发展;2015年原州区实现义务教育基本均衡发展;

2016年隆德县、泾源县实现义务教育基本均衡发展;2017年西吉县实现义务教育基本均衡发展。固原市需要千方百计排除困难,努力奋斗,保证这些目标能够如期实现。

6. 在深化推进义务教育均衡发展的体制机制改革中创造新经验

固原市需要充分借助国家和自治区给予的特殊政策和扶持措施,大胆探索,进一步深化推进义务教育均衡发展的体制机制改革。固原市可以通过建立学校联盟、集体化办学、对口帮扶、学区化管理和共同研讨备课、研修培训、学术交流、开设公共课等方式,形成区域内优质学校与薄弱学校间相对稳定的共建机制。固原市可以实行县域内公办学校校长、教师固定交流制度,突破县域内校长、教师交流遇到的体制机制障碍。固原市要实施好"推进义务教育均衡发展"改革试点项目,通过试点地区不断探索,建立健全义务教育均衡发展的推进机制。

第六节 常州市流动儿童"同城待遇"教育政策实施的调查报告

加速农村工业化、城镇化进程,深入推进城乡统筹发展,是构建和谐社会的必然要求。在农村工业化、城镇化进程中,大量的农村剩余劳动力向非农产业和城镇转移,他们逐步形成了我国社会转型发展时期一个数量庞大的、特殊的社会阶层——农民工(在不同时期,"农民工"也被称为"外来务工人员"、"进城务工人员"、"新市民"等)。自20世纪90年代始,新一代农民工(通常指"80、90后农民工")向城镇转移出现了一个新特点:他们不再像老一代农民工一样独自外出务工,而是抱着强烈的市民化愿望,或进行拖家带口式的迁移,或直接在城镇成家就业。于是,农民工子女——流动儿童的教育问题,就成为影响我国农民工流入城镇后一个日益突出的社会问题。

流动儿童教育问题十分复杂,其重点是流动儿童平等接受义务教育问题。在城乡统筹发展、和谐社会建设的时代背景下,保障流动儿童平等接受义务教育十分必要。其一,保障流动儿童平等接受义务教育是保障公民基本权益的要求。适龄儿童平等接受义务教育的权利,在我国受到了法律的严格保护。

《中华人民共和国宪法》第四十六条规定："中华人民共和国公民有受教育的权利和义务。"《中华人民共和国义务教育法》第四条规定："凡具有中华人民共和国国籍的适龄儿童、少年，不分性别、民族、种族、家庭财产状况、宗教信仰等，依法享有平等接受义务教育的权利，并履行接受义务教育的义务。"《中华人民共和国教育法》第九条规定："中华人民共和国公民有受教育的权利和义务。公民不分民族、种族、性别、职业、财产状况、宗教信仰等，依法享有平等的受教育机会。"保障流动儿童平等接受义务教育的权利，不仅体现了法律的权威性，也是对公民基本人权的起码尊重。其二，保障流动儿童平等接受义务教育是促进教育公平的需要。教育公平是社会公平的基本表征，它首先体现为义务教育公平，这已成为世界各国教育发展的共识。教育具有不同的层次和类别，受社会政治经济发展水平、家庭条件、个人天赋等因素的制约，在社会发展的任何一个历史阶段，任何一个政党和政府，都无法保证任何人在任何层次和类别教育上的绝对平等。但在现代社会，我们却可以通过公正的教育制度设计，保证适龄儿童接受义务教育权利的平等。义务教育是保障公民基本人权的基础教育，让流动儿童平等地接受义务教育，是教育公平的应有之义。其三，保障流动儿童平等接受义务教育，是推进城乡教育均衡发展的重要手段。城乡统筹发展包括城乡教育统筹发展。城乡教育统筹发展的含义之一是不断缩小城乡教育发展差距，让农村儿童能够与城镇儿童一样，平等地享有优质教育资源。解决好流动儿童的义务教育问题，有利于减轻农村教育发展负担，缩小城乡教育发展差距，促进城乡教育均衡发展。其四，保障流动儿童平等接受义务教育，能有效推动农村剩余劳动力的转移，加速我国城镇化进程。城乡统筹发展的过程也是一个农民市民化、农村城镇化的发展过程，这已为西方现代化的发展历史所证明。农民工问题是我国城镇化进程中必须有效解决的一个重大社会问题。解决农民工问题的根本出路在于让农民工真正融入城市，成为"新市民"。农民工子女的教育问题是农民工最关心的问题之一。农民工能否较好、较快地融入城市，不仅取决于农民工个人素质，还在很大程度上受到农民工子女教育问题的影响。保证流动儿童平等地接受义务教育，化解农民工的后顾之忧，有利于推动农民工问题的解决，有利于加速我国城镇化进程。

我国幅员广阔、区域发展差异显著，各地解决流动儿童教育问题的方法不尽相同。常州市作为我国经济发达地区一座充满发展活力的代表性城市，其解决流动儿童教育问题的成功经验,值得我们认真总结和分析。

一、调查过程

常州市解决流动儿童教育问题的重大举措是以保障流动儿童平等接受义务权利为重点,对流动儿童实施"同城待遇"的教育政策。为深入了解"同城待遇"教育政策的实施状况,我们成立了以周敏为负责人的课题组,进行了专项课题调研。

课题调研主要采用了问卷法、访谈法和实地考察法。其过程如下。

首先,2012年3月——2012年4月,课题组在常州市部分中小学校进行了现场考察,同时,也对部分中小学生和农民工进行了访谈。通过前期调查,了解常州市社会经济发展水平、教育发展形势、流动儿童教育现状等,为后续研究进行必要的知识准备。

其次,2012年9月——2012年10月,课题组以常州市Q校、L校(两所公办全日制初级中学)为重点,进行了问卷调查。问卷包括《常州市部分学校同城待遇教育政策实施现状的调研问卷(学生卷)》《常州市部分学校同城待遇教育政策实施现状的调研问卷(家长卷)》《中国中学生心理健康量表》。学生问卷对象均为随机抽取的Q校、L校就读的流动儿童(或称"农民工子女"、"外来学生"、"外来务工随迁子女",下同),家长问卷对象则均为这些学生的家长。《常州市部分学校同城待遇教育政策实施现状的调研问卷(学生卷)》共发放了400份,回收了有效问卷396份;《常州市部分学校同城待遇教育政策实施现状的调研问卷(家长卷)》共发放了400份,回收有效问卷391份;《中国中学生心理健康量表》共发放了200份,回收有效量表197份。所有问卷数据均采用SPS1.2进行分析处理。

再次,2012年12月,课题组成员集中开展了实地访谈。访谈对象主要包括:(1)常州市教育局及所辖四区(钟楼区、天宁区、新北区、武进区)教育局行政人员,共12人;(2)常州市公办、民办中小学校领导和教师,共36人;(3)Q、L初中具有"流动儿童"身份的学生,共20人;(4)Q、L初中"流动儿童"家长20人;(5)社区工作人员8名。

此外,在实地访谈过程中,我们还重点对Q校、L校进行了实地考察。包括了解学校的硬件设施、课程设置;查看教师的教案、学生的作业、课程表等文本;了解学校日常教育教学活动和管理的基本情况等。

二、常州市流动儿童"同城待遇"教育政策的实施背景及其主要含义

常州市流动儿童"同城待遇"教育政策是指常州市对非本市户籍的外来农民工子女实施的与本市儿童在教育权利与义务上同等对待的政策。

1. 常州市流动儿童"同城待遇"教育政策的实施背景

常州市流动儿童"同城待遇"教育政策的实施，有两个具体的时代背景：一是国家对解决流动儿童教育问题的高度重视。从20世纪90年代开始，随着第二轮"民工潮"的涌动，流动儿童的教育问题迅速引起了社会的广泛关注，以及党和国家政府的高度重视。从20世纪90年代中期开始，为解决流动儿童教育问题，中央政府相继出台了一系列的政策、法规。如：1996年4月，原国家教委颁布了《城镇流动人口中适龄儿童、少年就学办法（试行）》，规定"流入地人民政府要为流动人口中适龄儿童、少年创造条件，提供接受义务教育的机会"；1998年由原国家教委和公安部联合发布的《流动儿童少年就学暂行办法》，进一步规范了流入地对流动人口中适龄儿童的义务教育责任；2001年5月，《国务院关于基础教育改革与发展的决定》确立了流动儿童接受义务教育的"两为主"原则；2006年，国务院关于《解决农民工问题的若干意见》首次将农村流动儿童的教育作为公共服务的主要内容；2007年，中组部发出的《关于贯彻中央指示精神，积极开展关爱农村留守流动儿童工作的通知》明确要求城市公立学校降低入学门槛，简化入学手续；2008年，《国务院关于做好免除城市义务教育阶段学生学杂费工作的通知》明确提出了"对接收流动儿童的公办学校足额拨付教育经费"的要求；2010年，《国家中长期教育改革和发展规划纲要（2010—2020）》第四章又明确提出"坚持以输入地政府管理为主、以全日制公办中小学为主，确保进城务工人员随迁子女平等接受义务教育，研究制定进城务工人员随迁子女接受义务教育后在当地参加升学考试的办法"，等等。二是大量流动儿童涌入常州市带来的教育问题。常州是苏南地区的"工业明星"城市，经济较为发达，吸引了大量农民工前来就业。伴随着农民工的大量涌入，流动儿童的教育问题很快就成为常州市社会经济发展中的一个突出问题，需要认真加以解决。

2. 常州市流动儿童"同城待遇"教育政策的主要含义

常州市作为外来农民工的主要流入地，很早就开始关注流动儿童的义务教育问题。早在2003年，常州市政府就开始实施"蓝天工程"，由政府资助改善和扶持农民工子弟学校，重点解决流动儿童"有书读"的问题；与此同时，还启动了以改造薄弱公办中小学校为重点、实现区域义务教育均衡发展的"金边银角"工程。从2006年起，常州政府正式实施流动儿童"同城待遇"教育政策，重点保障流动儿童平等接受义务教育的权利。

常州市流动儿童"同城待遇"教育政策的主要含义，我们可以简要解读为如下几点。

• "同城待遇"教育政策的价值：体现教育公平理念，推动城乡义务教育均衡发展。

• "同城待遇"教育政策的功能：保障流动儿童平等接受义务教育的合法权利。

• "同城待遇"教育政策的主要内容：入学机会平等、教育过程平等、升学机会平等。

第一，入学机会平等。符合政策条件的流动儿童，依法享有与本市儿童同等的入学机会。其主要内容包括下列几点：① 同时符合以下"四项条件"的流动就业人员随迁子女在常入学享受同城待遇：父母符合国家计划生育政策；父母在常州市具有稳定住所和暂住证；父母在常州市具有稳定就业和稳定收入来源；有经现居住地公安部门查验过的原籍家庭户口簿、身份证及儿童的预防接种证；② 以公办学校吸纳为主，最大限度地利用公办学校现有资源，对符合就读条件的流动儿童以"就近入学"原则安排就学；③ 对符合条件且服从暂住地教育行政部门安排的流动就业人员随迁子女，收费项目和标准与本地学生一致，任何单位和学校不得以任何理由对其再收取或变相收取其他费用；④ 在常州市公办学校还不能全部吸纳外来务工随迁子女的情况下，加大对民办农民工子弟学校的管理力度，依法关停办学条件差、教学质量低的学校，以少量条件好、规模大的民办农民工子弟学校吸纳作为补充，明确规定留存的民办农民工子弟小学招生对象为学校所在区域内有相对稳定住所且符合入学年龄的流动就业人员随迁子女，不得跨区域招生，各辖市区撤并民办农民工子弟小学时，做好预案,由公办学校吸纳已在民工子弟学校就读的学生;⑤ 凡不符合"四项条件"之一的流动就业人员随迁子女,在户籍所在地有监护条件的情况下,原则上劝回户籍所在地就学。

第二,教育过程平等。流动儿童与本地儿童在一个学校学习,就应该享受同等的对待,不能因为学习基础、学习习惯等因素而区别对待。其主要内容包括:① 常州市教育局明确要求各公办义务校分班时不得将外来务工随迁子女单独列班,不以任何形式或名目开设教改班、实验班;② 外来务工随迁子女就读时,同等享受学校内开设的国家课程、地方课程、校本课程等各种活动。同时,重视对他们的心理课教学和心理健康教育;③ 在学校的各项评优评先中,外来务工随迁子女享有相同的申报权利。当然,如果违反校纪校规,也同样要承担相同的责任。

第三,升学机会平等。流动儿童在完成教育经历,取得相应的学历的前提下,可以和本地原籍学生一样报考高一级学校。其主要内容包括:① 报考初中,具有常州学籍的小学毕业生,无论当地还是随迁子女,都可以按照初中学校招生要求,参加常州市学区入学的初中招生,进入公办初中就读。如果志愿选择民办初中,则与本地学生一样参加人机对话,或者小学推荐,由民办初中择优录取,择校费、学费与本地生一致;② 报考高中,具有江苏省学籍的初中毕业生,可以参加常州中考,按照中考分、志愿录取相应常州市高中,不另外加分或收费,也同样享受常州市星级高中的学位分配名额;③ 报考中职,具有常州学籍的初中毕业生,可以按照中考分,参加职高、中专类的招生专场,与本地学生一样,与学校进行面对面的交流,提前录取,费用按各校招生简章执行;④ 报考大学,根据 2013 年 2 月出台的最新高中招生通告,在常州市就读的外地学生,同样可以在常州参加高考。

三、常州市流动儿童"同城待遇"教育政策实施的积极影响

本报告从"成绩"和"问题"两个方面陈述常州市流动儿童"同城待遇"教育政策实施的实际影响。

常州市流动儿童"同城待遇"教育政策的积极影响,主要表现在如下几个方面。

1. 公办中小学成为流动儿童接受义务教育的主体,使"入学机会平等"从梦想变为现实

流动儿童"同城待遇"教育政策的主要内容之一,就是在义务教育阶段,给予符合常州市入学政策规定的流动儿童,与本市儿童同等的接受义务教育的资格与机会,使公办中小学校成为流动儿童接受义务教育的主体。

常州市是一个农民工流入较多的城市。从2003年开始,常州市针对流动儿童义务教育实施了"蓝天工程",这标志着常州市政府开始以政府为责任主体,从政策层面解决流动儿童义务教育问题。"蓝天工程"是常州市实施流动儿童"同城待遇"教育政策的基础,其重点是加强对农民工子弟学校的扶持与规范化管理,逐步扩大公办中小学校接纳流动儿童入学的比例。在"蓝天工程"实施前,与全国多数城市一样,常州市的农民工子弟学校是流动儿童接受义务教育的主体,绝大多数在农民工集聚区举办,属于社会力量办学,政府一般不予资助和扶持。这些农民工子弟学校大多存在校舍破旧、设备简陋、师资良莠不齐、办学行为随意、教学质量较差、安全隐患众多等突出问题。实施"蓝天工程"后,常州市制定了《常州市民办农民工子弟学校办学基本条件评估标准》,每年都进行督导调研,扶持较好的农民工子弟学校,同时关停较差的学校。例如,2003年,常州市政府投入7 800万元买下了一所铁路职工子弟学校,创建了常州市蓝天实验学校,建成了常州市第一所由市财政全额拨款的专门招收流动儿童的公办小学。截至2010年,该校有来自全国20多个省市自治区的771名流动儿童,他们与常州本地儿童一样,接受同等质量的义务教育。

2006年,常州市正式实施流动儿童"同城待遇"教育政策。为解决流动儿童的入学问题,政府采取的主要政策措施包括:规定所有符合政策规定的流动儿童,在义务教育阶段均享有与本市儿童同等的入学资格和机会;对达不到办学基本条件的农民工子弟学校实行关、停,由公办中小学校接纳被关停的农民工子弟学校的学生。全市民办农民工子弟学校由2008年的35所逐年减少到2011年的21所(武进16所、天宁2所、钟楼3所),仅2011年全市全日制公办中小学就全部分流接纳了这些被关闭校的流动儿童3 000多人;实行"就近入学"政策,规定居住在同一社区的所有适龄儿童,均可进入常州市全日制公办中小学校就读。

"入学机会均等"政策实施的直接结果是大幅度提高了流动儿童就读公办中小学校的比例,使国家解决流动儿童义务教育问题的"两为主"政策("以流入地为主"和"以公办中小学校为主")得到了较好落实。目前,全日制公办中小学校已经成为常州市流动儿童接受义务教育的主体(具体数据见表2-25),使流动儿童在义务教育阶段与城市儿童享有平等的入学机会从梦想变为了现实,促进了义务教育的公平发展。

表2-25 近五年常州市公办学校吸纳流动就业人员随迁子女情况一览表

年 份	2006	2007	2008	2009	2010	2011
就读公办学校人数	8.2万	8.1万	8.4万	8.8万	9.7万	11.6万
公办学校吸纳比例	77%	77.8%	79.6%	83.9%	85.1%	87.3%

(本表数据由常州市教育局办公室、基础教育处提供)

2. 推动了"薄弱学校"的整体改造,让流动儿童能够平等地分享优质的公共教育资源

受历史和现实多方面因素制约,常州市实际上存在三种水平的普通中小学校:一是重点中小学校;二是一般水平的中小学校;三是薄弱学校,即"差校"。这三种办学质量、发展水平不同的中小学校之间存在巨大的校际差距,使义务教育均衡发展成为一个实践难题。

常州市流动儿童"同城待遇"的教育政策内容之一,就是不仅要让流动儿童享有平等的入学机会,而且还要使流动儿童平等地分享优质的公共教育资源。流动儿童一般跟随进城打工的父母生活在城乡接合部的农民工集聚区,根据义务教育"就近入学"原则,在实施入学机会均等政策后,他们大多数依然要在位于城乡接合部的公办中小学校就学。相对而言,分布在城乡接合部的公办中小学大多是办学水平一般或较差的"薄弱学校"。当这些公办中小学在事实上成为流动儿童接受义务教育的主体后,就面临着一个非常现实的问题:如何保障流动儿童不但能平等地进入公办中小学校接受义务教育,而且还能平等地享有优质的公共教育资源?如果流动儿童进入的公办学校都是"差校",那么,这种"入学平等"又有多大实际意义?

为保障流动儿童在入学机会平等的基础上平等地享有优质公办教育资

源,一方面,常州市政府逐年加大了对符合办学标准的民办农民工子弟学校的财政资助与扶持力度,帮助这些农民工子弟学校不断改善办学条件、提高办学质量;另一方面,常州市在实施"金边银角"工程的基础上,以改造"薄弱学校"为重点,实施了"优质学校"建设工程,从办学特色、办学理念、办学规模、办学条件、办学业绩等多方面对各级各类学校进行考核督导,以评促建,整体提高常州市所有中小学校的办学条件、办学质量,以缩小校际差异,均衡教育资源。

作为落实流动儿童"同城待遇"教育政策的"优质学校"建设工程,自2006年实施以来,已取得了明显成效。主要表现为:"薄弱学校"的办学条件得到了大幅度改善,校际差距明显缩小,流动儿童在"优质学校"就学的比例逐年提高(具体数据见表2-26)。据统计,截至2011年末,常州市有大专院校12所、中等职业技术学校24所、普通高中37所、普通初中125所、普通小学186所、幼儿园213所、特殊教育学校(机构)6所,在校学生74.49万人。其中,省优质幼儿园126所;优质小学、初中246所;省四星级高中18所、三星级高中16所,公办高中全部创建成省三星及以上等级的高中。

表2-26 常州市优质学校与就读学生比例表

年 份	2008年	2009年	2010年
省市级优质学校占全市对应学校的比例	中小学:53%	幼儿园:61%; 中小学:60%; 公办高中全部成为省三星级以上	幼儿园:61%; 中小学:60%; 省三星级以上:91.9%
优质校就读学生占全市就读人数的比例	中小学:67%	幼儿园:72% 中小学:70%	幼儿园:77% 中小学:73.1% 三星高中:95.1% 四星高中:59%

(本表数据引自:常州年鉴2008、2009、2010"基础教育综述"部分)

3. 初步实现了"升学机会"平等,为流动儿童接受义务后教育提供了更多的机会

从我国绝大多数地区解决流动儿童教育问题的政策实践可以看出,流入地政府通常只对流动儿童接受义务教育承担较大责任,而把流动儿童义务后

教育责任推向社会。常州市流动儿童"同城待遇"教育政策的实施,不仅在很大程度上实现了流动儿童在义务教育阶段的"入学机会"平等,而且还初步实现了高中阶段教育的"入学机会"平等。其典型体现有以下两点。

(1) 流动儿童享有平等地升入普通高中的机会,接受普通高中教育的比例逐步提高

常州市普通高中和中等职业学校严格执行"1∶1"的招生政策,普通高中的招生名额按比例分配给各初中。根据常州市流动儿童"同城待遇"教育政策的相关规定,凡是在常州就读高中、具有常州初中学籍的流动儿童,都可以无任何附加条件地进入分配名额排序。从2006年起,常州就将热点高中的录取名额分配给各初中,最初是录取总额的30%,2009年提高到50%,2011年提高到55%,2012年提高到70%,进一步为就近入学提供了有利条件。2013年实行的新政策又规定:凡是公办初中的择校生,将不能进入到相应高中的分配名额序列。这种具体的政策规定和相应的配套措施,一方面较好地遏制了择校热,为真正实现就近入学提供了有力的政策保障;另一方面也使家庭社会资源较为贫乏的流动儿童能够依靠自己的努力,平等地进入普通高中就读。常州市教育局的数据表明,实施"同城待遇"教育政策以来,流动儿童就读普通高中的比例在逐年上升。

(2) 流动儿童享有同等的接受中等职业教育的机会,就读中等职业学校的流动儿童数量在迅速增加

实施流动儿童"同城待遇"教育政策后,中等职业教育的大门彻底向流动儿童敞开,流动儿童拥有较多的接受中等职业教育、选择职业学校的机会。根据"同城待遇"教育政策,流动儿童只要符合参加常州市中考的条件,参加中考后取得成绩,就能和常州本市儿童一样,申报高职、技工院校;对家庭困难的流动儿童接受职业教育给予与本市儿童的同等资助;在中等职业学校就读的流动儿童,拥有与本市儿童同等的接受高等教育的机会。2013年2月26日,常州市招生办公室发布公告:根据江苏省教育考试院公布的有关规定,从2013年起,非我省户籍的来苏务工就业人员随迁子女符合下列条件的,可在我省报名参加高考。具体条件为:在我省取得普通高中学籍并有完整的普通高中学习经历;其监护人在我省有合法稳定职业、合法稳定住所(含租赁)。该项教育新政又为流动儿童打开了一扇通向高等教育的大门。

常州市流动儿童"同城待遇"教育政策的实施,既实现了流动儿童接受义务后更高层次教育的机会平等,也在客观上保证了中等职业教育的生源,对优化常州市中等教育结构、稳步发展中等职业教育发挥了积极作用(具体数据见表2-27)。

表2-27 2011年常州市职业技术教育学生情况一览表

职业教育类别	2011年末在校生（人数）	招收新生（人数）	毕业学生（人数）
初中后职业教育	8.4万	2.5万	25 900
其中:五年制高等职业教育	2.91万	6 024	6 394
技工学校	2.6万	10 510	10 229
其中:技师班	1 020	611	349
高技班	8 239	4 225	3 152
中技班	1.68万	5 674	6 728
中等专业学校	2.02万	8 310	6 423
职业高中	4 712	0	2 002
综合高中(含综合职高)	241	0	79
成人中专	136	136	30

(本表数据来源于常州年鉴2011"基础教育综述"部分)

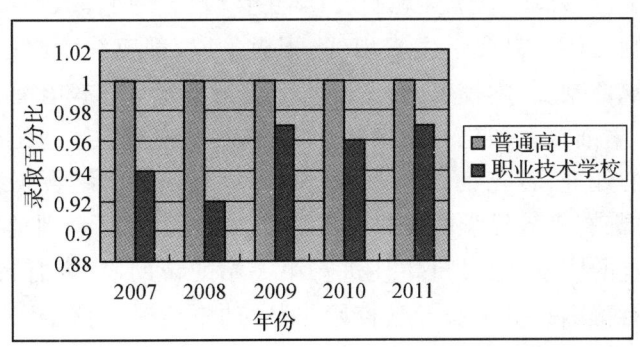

图2-2 常州市2007—2011年普通高中与职业技术学校录取比例

(本图数据来源于常州年鉴2007、2008、2009、2010、2011"基础教育综述"部分)

4. 体现了"教育过程平等",为流动儿童健康成长创造了良好的教育环境

常州市流动儿童"同城待遇"教育政策的实施,不仅使流动儿童拥有与本市儿童平等的入学机会、升学机会,还使"教育过程平等"在学校教育实践中得到具体落实和体现,为流动儿童健康发展和成长创造了良好的学校教育环境。在此,我们以常州市Q校、L校为例加以说明。

Q校、L校均位于城乡接合部,是常州市接纳流动儿童较多的两所公办全日制初中。Q校每年级有18个班,每个班40人,全校共两千多名学生,是常州市区最大的初中,外来务工随迁子女大约占到全校学生总数的32.7%;L校每个年级6个班,每班40人,全校近千人,外来务工随迁子女大约占到全校学生总数的57.8%。这两所学校的外来学生家庭经济状况相对较差、父母学历层次较低,在文明行为习惯养成方面存在不少问题。

为在学校管理和日常教育教学实践中,真正落实流动儿童"同城待遇"教育政策,Q校、L校结合自身实际,采取了一系列措施,在学校管理和教育教学过程中平等地对待每一个流动儿童,努力为流动儿童健康成长创造良好的教育环境。这主要体现在如下几个方面。

(1) 学校制度制定确保校内学习机会平等

① 班级划分制度:两校在起始年级,都是将本地生源和外来务工随迁子女混合编班。为学生创设良好的成长环境和舆论氛围,不以户籍和成绩来简单判定学生"好坏";② 奖惩制度:学生在校内参加各级各类的活动,不因户籍而区别对待。只要学生表现好,积极争取,都应给予奖励。当然,如果违反学校规章制度,学校也会一视同仁,进行教育。Q校有着完善的德育工作制度,科学细致系列化。制定并全面实施《Q中学学生违纪处分条例》,将问题学生的处理、转化工作做好、做实;③ 帮困制度:结合工会和党建工作,两所学校都有义务导学的安排制度,对于学困生进行个别辅导。对于家庭有经济困难的同学,通过班主任进行第一站的帮助,校内有帮扶机制,常州教育系统有帮困扶贫中心。学校始终坚持"不让一个孩子因为家庭贫困而辍学"的宗旨。

(2) 学校课程开设确保校内学习内容平等

其一,建立合理的课程评价机制。Q校制订《Q中学课程评价方案》,围绕课程目标与计划的评价、课程开设准备与投入评价、课程实施过程评价、课

程实施效果评价四个控制点进行课程质量评价,通过评价机制对课程实施全程质量管理和质量保障;② Q 校开发了"节日""纪念日"校本课程。以挖掘节日纪念日教育资源为切入点,以实践体验为途径开发"节日""纪念日"校本课程,突出传统的浸润教育。对于外来务工随迁子女,注重对他们的孝亲敬长的感恩心、责任心的培养。进一步打造"普适+兴趣"的 Q 校特色校本的课程架构;③ 两所学校还以"分层作业"作为突破口,研究学生,分层作业,减负增效,让更多的孩子在细节中成功,每天感受到进步的快乐。对流动儿童,教师格外重视对他们的常规教育、细节教育,培养他们的学习习惯和行为习惯。

(3) 努力推进数字化校园,确保流动儿童素养提升机会平等

Q 校从"微型课堂"入手,以提升师能为核心,组织教师,尤其是青年教师开展微课程拍摄和研究,拍摄教师课堂实录以供教学反思研究,开展"教学中的互联网应用"优秀教学案例(教学设计、微视频、多媒体课件)评选活动。紧扣"e 学习"微课程,要求教师在课堂内外进行研究使用,来提高课堂的容量,拓展学生的学习途径,锻炼他们获取和筛选信息的能力。数字手段也为高效课堂的打造提供了技术支持。该校即将启动北校区的二期工程,正在积极筹建"智慧校园"。L 校从课题研究着手,为课题研究做好硬件提升:提高计算机网络系统、多媒体教学系统、校园通信系统及新技术在教育教学中的技术支撑能力;提升校园网宽带网速,实现校园无线网络覆盖。为课题研究做好软件提升:推进电子政务,加强学校网站建设,提升网站服务功能,建设教师发展和学生成长管理系统,加强学校网络教研平台的建设和运用。建立学校"技术推动学习"研究工作室,鼓励教师积极开展数字化校园实验与研究,促进教学方式变革。目前,常州市进行数字化校园试点走在前列的都是办学条件相对薄弱、外来务工随迁子女较多的中小学校,比如北环小学、北郊小学等。

(4) 同等对待,确保每个流动儿童能同等地享受各项政策的优惠

课题组以在 Q 校、L 校就读的流动儿童家长为对象,分别发放了 200 份问卷,共回收了 391 份有效问卷。在回收的 391 份问卷中,有 365 位家长认为自己的孩子享受到了常州"同城待遇"政策,占比 93.4%;对于"学区上学""义务教育免学费""义务教育免教材费"三项,100% 的家长认为享受到了政策优惠;在征询对常州市"同城待遇"教育政策实施的意见时,有 96.4% 的家长表

示"满意""无意见"。

(5) 开展"免费导学",确保流动儿童享有平等的补偿教育机会

2011年常州市教育局首创导学惠民之举。中小学实施"减负增效"后,双休日学校不再组织任何形式的教学活动,学生课后的学习成为家长的后顾之忧。对此,常州市教育局组织实施了优秀教师进社区免费导学活动。2011年9月,首批21名教师进入天宁区天宁街道5个社区,对5—9年级学生进行免费导学,诊断学生的学习问题、帮助学生掌握正确的学习方法,提升学生的自学能力。优秀教师的无私奉献行为,不仅受到广大学生的响应,而且还受到社区家长、社会各界的好评,树立了教师良好形象,优化了教育行业风气。2012年9月又启动了第二批优秀教师免费导学工作,并在全市县区推广,受到社会一致好评。常州市成立了隶属于教育局行政管理的专门机构——教育服务中心,来管理和协调免费导学活动,中心工作人员每月要负责超过一千节次辅导课,处理超过万人的预约,安排、落实免费导学等。他们的工作得到了社会的认可,还有很多家长到中心志愿服务。与常州市教育服务中心预约的同学,按照学科场地的分配,到各校参加义务导学。Q校是教育局社区导学的定点学校之一,每周要接待6个课程、三百至五百不等的学生到校辅导,其中很大一部分为流动儿童。Q校、L校还分别组织骨干教师、党员教师在双休日设立本校的义务导学岗,为基础差、学业有困难的学生,特别是流动儿童进行个别辅导。据不完全统计,Q校、L校接收过的各种形式免费校外辅导的学生中,50%以上是流动儿童。

5. 深化了教育改革,使常州市义务教育质量得到了普遍提高

常州市为实施流动儿童"同城待遇"的教育政策,不仅在学校硬件建设上加大投入,使中小学办学条件得到了普遍改善,而且以实施"同城待遇"教育政策为契机,以组建教育集团为突破口,推动了基础教育改革的深入发展。截至2012年12月,常州市将传统的热点优质学校与相对薄弱的学校结对,组建了24个义务教育集团。义务教育集团的组建,主要采取了以下几种形式:① 一体化办学:两校合并,统一管理;② 合作办学:两校联合,共建管理;③ 委托管理:派驻引领,参与管理;④ 分校式管理:分为几个校区,统筹规划、统一管理。

组建义务教育集团,以经济、高效、"以强带弱"的方式,实现了优质教育资源的共有、共享,使常州市义务教育质量得到了普遍提高。例如,常州市第二

实验小学是新基础教育的实验学校,是常州市区首屈一指的重点小学;翠竹新村小学是常州北面一所社区小学,由于该社区较老,学区面积大,位处外环高架附近,有大量暂住人口,所以翠竹新村小学学生中有大量的外来务工随迁子女,又因外地务工人员流动性大,原籍也比较分散,学生学习习惯和学习基础差异较大。翠竹新村小学的学校管理规范、师资水平与第二实验小学还是有很大差距的。在两校一体化办学,组建为新的第二实验小学教育集团后,两校实行了统一招生、统一管理。借助教育集团的统一管理,翠竹新村小学的老师也加入了新基础教育的研究队伍,成为了叶澜教授研究团队的成员,教育理念发生了改变,课堂教育产生了变革。两年来,翠竹新村小学教师队伍有了明显的变化,课堂研究的多了,加入市"五级梯队"的人数增加了,参加省市各项竞赛获奖多了,教学质量有了显著提高。

总之,常州市以保障流动儿童平等接受义务教育权利为重点,立足入学机会平等、升学机会平等、教育过程平等,采取了一系列措施,大力实施流动儿童"同城待遇"教育政策,不但较好地保障了流动儿童的教育权利,尤其是平等接受义务教育的权利,而且也极大地促进了常州市教育事业的健康发展。

四、常州市流动儿童"同城待遇"教育政策实施中存在的主要问题

常州市"同城待遇"教育政策的实施虽然成效显著,但也存在如下几个突出问题。

1. 给地方教育投入带来了巨大的财政压力

实行流动儿童"同城待遇"教育政策,给常州市教育投入带来巨大的财政压力。其主要原因在于:① 常州市外来人口较多,流动儿童基数大,实施流动儿童"同城待遇"教育政策又进一步增强了对外来人口的吸引力,这又反过来推动了流动儿童数量的持续增加。越来越多的流动儿童涌入常州,导致了常州市教育财政投入压力的持续增大。本课题组问卷调查显示:有84%的流动儿童家长选择孩子在常州市上学,是他们认为常州市的教育环境和质量明显优于当地,仅有15%的家长是因为老家没人照料而把孩子接到常州市入学;② 实施流动儿童"同城待遇"教育政策,对流动儿童接受义务教育全部免除学杂费、书本费,这些免除的费用需要地方财政全额承担;③ 流动儿童通常家庭经济困难,需要地方财政给予较多的资助。问卷调查显示:Q校回收的197份

学生卷中,父亲职业是产业工人的共有 81 人,占 41.1%;从事个体经营的有 83 人,占 42.1%;从事建筑或装修工作的共有 26 人,占 13.2%;无就业岗位的共有 7 人,占 3.6%。家庭月收入在 3 000—5 000 元的居多,共有 85 个家庭,占 43.1%;家庭月收入在 5 001—7 000 元的,共有 43 个家庭,占 21.8%;家庭月收入在 7 000 元以上和 3 000 元以下的,分别占 17.8%和 17.3%。L 校回收的 194 份学生卷中,父亲职业是产业工人共有 72 人,占 37.1%;从事个体经营的有 48 人,占 24.7%;从事建筑或装修工作的共有 69 人,占 35.6%。;无就业岗位的共有 5 人,占 2.6%。家庭月收入在 3 000—5 000 元的居多,共有 69 个家庭,占 35.6%;家庭月收入在 3 000 元以下的共有 57 个家庭,占 29.4%,家庭月收入在 5 001—7 000 元的和在 7 000 元以上和分别占 21.1%和 13.9%。常州市是一个经济收入和消费水平都相对较高的城市,流动儿童家庭的经济状况与本市居民家庭相比还存在一定差距,地方财政需要较多的财政投入,对家庭经济困难的流动儿童给予资助;④ 实施流动儿童"同城待遇"教育政策,需要大力资助和扶持那些目前还有存在必要的农民工子弟学校,同时,还要加快改善"薄弱学校"的办学条件,这也需要地方财政的大笔资金投入;⑤ 实施流动儿童"同城待遇"教育政策,公办全日制中小学校成为了接受流动儿童义务教育的主体。随着流动儿童增多,公办学校需要增加设备、扩建校园、建设新校区等,每一项都需要地方财政的巨大投入。此外,实施流动儿童"同城待遇"教育政策,流动儿童同样能够接受免费的中等职业教育,并享受同等的教育权利,这也加大了地方财政对中等职业教育和培训的投入压力。

目前,国家出台的解决流动儿童义务教育问题的"两为主"政策,对地方政府来说,总体上是一项"有责任、无资源"的政策。常州市实施流动儿童"同城待遇"教育政策,尽管有其较强的经济实力作支撑,但是,同样面临巨大的教育财政压力,且这种压力还在持续增加。

2. "同城待遇"教育政策难以惠及全部流动儿童

"同城待遇"教育政策针对的只是那些符合政策规定的流动儿童,而不是全部流动儿童。与我国绝大多数地方一样,常州市对流动儿童就学也设置了"合理门槛",这种"合理门槛"会把部分流动儿童排除在"同城待遇"教育政策的范围之外。就常州市而言,主要是那些出生在非独生子女家庭的流动儿童,难以享受"同城待遇"教育政策的各项优惠,这样的流动儿童不在少数。在Q校回收到的197份家长问卷中,独生子女家庭有67个,仅占家庭总数的34%;一个家庭有两个孩子的有93个,占家庭总数的47.2%;一个家庭有三个孩子的有36个,占家庭总数的18.3%;一个家庭有四个孩子的有1个,占家庭总数的0.5%;在L校回收到的194份家长问卷中,独生子女家庭有55个,仅占家庭总数的28.4%;一个家庭两个孩子的有91个,占家庭总数的46.9%;一个家庭有三个孩子的有45个,占家庭总数的23.2%;一个家庭有四个孩子的有3个,占家庭总数的1.5%。这表明有不少流动儿童生活在多子女家庭。这些生活在多子女家庭的流动儿童,因不符合常州市相关政策规定,一般就被排除在"同城待遇"教育政策覆盖的范围之外。如何保证这些出生在多子女家庭的流动儿童的受教育权利,尤其是平等接受义务教育的权利,就成了常州市流动儿童"同城待遇"教育政策实施中的一个难题,也是一个有待解决的遗留问题。

3. 流动儿童"同城待遇"教育政策实施中学校的"隐性排斥"

实施流动儿童"同城待遇"教育政策,使全日制公办中小学成为流动儿童接受义务教育的主体。受多方面因素影响,不可否认,流动儿童在学习基础、行为习惯、家庭教育投入等方面与城市儿童还存在一定差距。这种差距的存在,给公办中小学校带来了比原来单纯针对本市儿童教育更大的办学压力。一些公办中小学担心,流动儿童入学会导致其生源质量下降,降低其教育质量和升学率,影响其办学声誉。因此,一些中小学校或多或少带有抵触情绪,以各种方式"隐性排斥"流动儿童"同城待遇"教育政策的实施。在实地访谈中,不少被访谈的中小学校领导和教师,都表达了类似的看法。

此外,在实地调查中我们还发现,实施流动儿童"同城待遇"教育政策,在客观上带来的学校管理成本和管理压力的增大,也是一些公办中小学校隐性排斥政策实施的一个重要原因。Q校主管学生工作的F校长说:"外地的学生一般都比较质朴,但是在礼仪上有所欠缺,说脏话比例较高,学习两极分化的现象比较明显。由于常州地区学习氛围浓厚,常规抓得比较严,有些外来务工随迁子女如果学习跟不上,家长又不能很好地予以帮助,常常会出现初中辍学现象。"而学校一旦出现管理问题,社会、家庭往往又把矛头对准学校,让学校承受了过多的指责和压力,用F校长的话说:学校接受流动儿童,"承担的责任无限扩大,学校很纠结"。这种压力和纠结,就会导致一些学校尽管不能、不敢公开反对流动儿童"同城待遇"教育政策,但却在政策实施过程中,采取一种被动应付、隐性排斥的消极态度和对策。

4. "同城待遇"教育政策实施中家长的无奈与无力

"同城待遇"教育政策的实施,需要流动儿童家庭的积极配合。调查表明,家长教育能力的不足,是影响流动儿童"同城待遇"教育政策有效实施的一个不可忽视的因素。

为了解家长教育能力、家庭教育行为对流动儿童"同城待遇"教育政策实施效果的影响,我们在 Q 校、L 校进行了集中访谈,并以 Q 校、L 校流动儿童家长为对象,进行了问卷调查。调查显示:① 来常州 5—9 年的有 155 人,占 39.6%;10 年以上的有 173 人,占 44.2%;1—4 年的有 63 人,占 16%;一年以下的仅 1 户家庭,占 0.2%;② 家庭多以租房居住为主:租住在农民平房的共有 171 户,占 43.7%;租住在新村套房或借住他人房屋的共有 133 户,占 34%;已经在本地购房的共有 87 户,占 22.3%;③ 除成绩外,孩子的身心健康成为流动儿童家长最大的关注点。超过九成的流动儿童家长比较关心孩子的身体健康,77%关心孩子的品德修养,54%的家长关心孩子的学习习惯;④ 能及时关注并辅导孩子学业的家长仅占 13%。家长在孩子学业辅导上投入的并不多,有 31%的家长认为自己工作忙,根本没时间辅导和督促孩子的学习,有 55%的家长认为自己文化水平不高,辅导不了孩子,还有 10%的家长认为孩子学习习惯和成绩都不错,无需辅导;⑤ 61.7%的流动儿童的课余活动时间只是待在家里面,也有 12.1%的流动儿童在课余时间打电脑游戏。家长们的日常工作很繁忙,也无暇照顾到孩子。

不少流动儿童在流入城市前,是在农村接受学前教育、义务教育的,而且不少流动儿童在流动前还是无人照管的"留守儿童"。由于在生活条件、成长环境、家庭教育、学习基础等方面的城乡差距,流动儿童在流入城市后的一定时期内,在生活、学习、行为习惯等方面还存在不小的适应性困难。实施"同城待遇"教育政策,流动儿童与城市儿童既享有平等的受教育权利,也要履行相同的教育义务。不少流动儿童家长缺乏正确的教育观念,教育能力也存在明显不足,不能给子女必要的教育支持和帮助。在调查中,我们听到流动儿童家长说得较多的一句话是"我不知道怎么教育孩子"。在流动儿童"同城待遇"教育政策实施中,流动儿童家长表现出来的无力和无奈,在一定程度上使这项好政策的实施效果打了一个大大的折扣。

五、常州市流动儿童"同城待遇"教育政策有效实施的建议

针对流动儿童"同城待遇"教育政策实施中存在的问题,为提高政策实施效益,我们提出如下几点建议。

1. 改变以户籍人口为统计口径的义务教育拨款方式,国家实施教育券制度

目前,我国义务教育经费投入机制是"以县为主",按户籍人口统计拨付教育经费。按照国家解决流动儿童义务教育问题的"两为主"政策,这对农民工子女流入地政府而言就意味着:其一,流动儿童本应享受的义务教育经费并没有因其流动而相应地转移至流入地政府,流入地政府需要额外承担流动儿童的义务教育费用;其二,流入地政府解决流动儿童义务教育问题的政策越好,对流动儿童吸引力越强,流入的外来儿童就越多,随之而来的是流入地政府的教育财政压力也就越大。无疑,这种按户籍人口统计的义务教育经费投入机制和"两为主"政策的叠加,对流入地政府而言存在一个激励不相容的问题。如果这种激励不相容问题得不到根本解决,那么,流入地政府可能缺乏积极解决流动儿童教育问题的热情和动力,或基于保护自身利益的考量,以各种方式向流动儿童家庭转嫁因执行国家"两为主"教育政策而额外支出的成本。因此,国家应改变传统的按户籍人口统计的义务教育经费投入机制。

常州市流动儿童"同城待遇"教育政策的实施,同样面临着教育经费相对短缺、地方教育财政压力不断增大的问题。借鉴西方发达国家和我国一些先进地区在解决教育经费问题上的成功经验,我们建议在国家层面实施"义务教育券"制度。"义务教育券"由国家财政统一承担,将由国家财政承担的义务教育经费制作成"义务教育券",分发给接受义务教育的适龄儿童,"券随人走",流动儿童流入某地,其"义务教育券"就交给当地政府,当地政府凭借"义务教育券"向国家申请拨付相应份额的义务教育经费,地方政府主要负责对流动儿童教育的日常管理。实施"义务教育券"制度,不但能较好地体现义务教育的国家责任,也能够较好地化解流入地政府因解决流动儿童教育问题而不断增大的教育经费投入压力。

2. 强化政府在"同城待遇"教育政策实施中的责任

我们建议常州市政府重点采取如下措施,保障"同城待遇"教育政策的实施:① 通过政策创新扩大教育经费来源。例如,对房地产建设项目,强制预留教育用地和征收相应教育附加经费,鼓励社会捐资助教,鼓励民间资本投资教育等;② 合理调整常州市中小学校的布局结构,强化义务教育集团建设,推行优秀教师区内流动、校际交流,优化、均衡教育资源;③ 坚决贯彻执行义务教育"就近免试入学"政策,确保每一个流动儿童都能平等接受义务教育;④ 继续开展"优质学校"建设工程,积极改善薄弱学校的办学条件,缩小校际发展差距;⑤ 设立流动儿童补助基金,确保每一个家庭困难的流动儿童都能够得到较好的资助,实现"不让一个孩子因家庭贫困而辍学"的帮困助学宗旨;⑥ 充分调动和利用社区文化教育资源,发挥社区教育力量在流动儿童"同城待遇"教育政策实施中的积极作用。

3. 深化学校教育改革,在教育实践活动中落实"同城待遇"政策

学校是儿童接受教育的主阵地,流动儿童"同城待遇"教育政策的实施需要学校通过深化教育教学改革加以落实。这包括:① 确立科学先进的办学理念,营造良好的校园氛围。学校不被应试教育所束缚,应建立健全完善的教育教学管理和评价制度,平等对待外来学生;② 完善丰富多样的课程文化,让校本课程、特色活动激发学生的学习兴趣,帮助流动儿童尽快适应城市学校教育,激发他们的学习兴趣,培养他们良好的学习习惯和能力;③ 充分利用校外教育资源,为流动儿童提供更多的帮助。如:开展多种学习指导活动,提高教师义务导学容量,为流动儿童进行有针对性的指导和补偿教学,提高他们的学习成绩;建立学校的帮困助学机制,设立勤工俭学岗位,帮助家庭困难的流动儿童;④ 加强师德教育,给流动儿童更多的呵护和关爱。针对流动儿童学习基础不牢固、行为习惯差等实际情况,老师应树立"以人为本"的人文关怀理念,在日常管理和教育教学实践中,公正地对待每一个流动儿童,给他们更多的关爱和鼓励等。

4. 提高家长素质,让流动儿童家长有能力参与"同城待遇"政策的实施

流动儿童"同城待遇"教育政策的实施,离不开流动儿童家庭的大力支持。目前,流动儿童家长普遍受教育程度低、参与能力不足,这直接影响了"同城待

遇"教育政策的实施效果。为此,还应提升流动儿童家长素质,让他们有能力参与"同城待遇"教育政策的实施。我们建议重点采取如下措施:① 常州教育服务中心举办的公益性的"常州公开课"为流动儿童家长开设专场,并将其常态化、制度化。"常州公开课"经常邀请国内外各界人士对教育问题进行探讨,以鲜活的教育事例来提高广大家长的认同感与参与度,形成一个全社会关心家教、重视家庭教育、支持家庭教育的良好氛围。从 2013 年 1 月起,服务中心在一票难求的现状下,调整出部分票源专门提供给流动儿童的家长,让他们也有机会聆听到世界名家的教育理念。同时,应鼓励辖市区尝试区办"公开课",让更多的流动儿童家长接受教育和培训。② 学校应进一步完善家长开放日、亲子活动、家长委员会制度,让家长更多地了解学校、参与学校管理;③ 大力开办家长学校,帮助家长转变教育观念、提高教育能力和文化素质。

此外,在"同城待遇"教育政策实施中,我们也不能忽视流动儿童自身的作用。政府、社区、学校、流动儿童家庭应形成一股教育合力,激发流动儿童内在的潜力,帮助他们在城市中快乐地学习、健康地成长和生活。

第七节 江苏省 L 县支教政策执行的调研报告

为了促进城乡义务教育统筹发展,新世纪以来,江苏省积极探索建立城市教师支援农村教育的新机制、新办法,以有效提升农村教师队伍整体素质和农村教育水平。为此,2006 年 12 月 11 日江苏省教育厅、财政厅下发了《关于实施"千校万师支援农村教育工程"的通知》。该《通知》明确提出:从 2007 年开始到 2010 年底,在江苏全省义务教育阶段遴选千所优质学校、万名骨干教师,与苏北农村千所薄弱学校实行"校对校"结对帮扶、对口支教,全面提升苏北农村学校的教育教学质量和水平。千所支教学校将在全省城镇优质学校(原则上为原省、市级示范初中和实验小学)中遴选,其中初中 450 所左右、小学 550 所左右;千所受援学校主要在苏北 5 市农村最薄弱的初中和小学中确定。通过 4 年的结对帮扶,使受援学校在教学管理、课程实施、师资素质、教科研工作和教育教学质量等方面有显著提高。支教学校要根据受援学校的实际需要,每年安排 3 名以上骨干教师赴受援学校支教。支教教师到受援学校承担教学任务、指导教研活动、参与教学管理等。支教时间原则上不少于1学年。2007年3月7日,江苏省教育厅办公室、省财政厅办公室下发了《关于公布"千校万师支援农村教育工程"结对帮扶项目学校的通知》,公布了"千校万师支援农村教育工程"的1 000对项目学校名单。按照计划安排,江苏省2007年有3 000名城镇教师赴苏北5市农村支教[①]。2011年,江苏省教育厅、财政厅又联合印发了《关于继续实施"千校万师支援农村教育工程"的通知》,"十二五"期间,全省继续组织实施"千校万师支援农村教育工程",以全面提升苏北农村学校教育教学水平和师资队伍整体素质,促进城乡教育协调发展。

在江苏省全省推进城乡义务教育统筹的政策背景下,支教政策作为促进城乡义务教育统筹发展的政策体系中的重要内容,其政策执行的效果如何?存在什么样的问题?应当如何改进?针对这些问题,课题组对江苏省L县的支教政策执行情况进行了调研,并就提高支教政策执行的成效提出一些建议。

一、调查经过与调查方法

课题组选择了江苏省L县作为调查县份。L县位于江苏省北部,东西长60公里,南北宽51.5公里,全县总面积1 676.34平方公里,其中陆地面积约1 592平方公里,占95%,水域面积约84平方公里,占5%,有耕地约132.59万亩,占陆地面积55.5%[②]。2008年全县辖20个镇(乡)、11个办事处和县经济开发新区,总人口105万人[③]。L县的基础教育规模大,到2012年,全县有各级各类学校437所,其中省、市重点中学4所,普通高中1所,初中37所,小学319所,全县小学在校生12.32万人,中学在校生5.63万人。为了解江苏省实施的城市教师支持农村义务教育发展的政策执行情况及其存在的问题,从2010年2月初至2012年5月底,课题组对江苏省L县支持政策的执行情况进行了实地调研。本次实地调研分三个阶段开展。

第一阶段:对江苏省N市B区教育局、H市教育局以及L县教育局有关

---

① 任松筠.江苏省启动千校万师支援农村教育工程[N].新华日报,2007-3-13.
② L县志[M].江苏古籍出版社,1997:2.
③ L县地方志办公室.L县年鉴2009[M]. 255-298.

领导和农村义务教育学校的校长等进行访谈,了解当前支教的政策内容以及执行现状,对江苏省当前采取的支教政策的执行所面临的矛盾以及问题有了较为直观的了解。

第二阶段:对江苏省 L 县就实施支教政策的系列活动进行了细致的观察;同时,继续对县教育局领导、学校校长、教师等人员开展访谈和问卷调查。

第三阶段:针对政策执行链条上的县教育管理部门的一些相关官员、校长等人员进行重点访谈,同时,还对江苏省 L 县的中小学学校校长及部分支教教师进行多次回访,以弥补前面访谈中的不足,获取更丰富的政策执行信息。

在这三个阶段的调研过程中,课题组走访了派出支教教师比较多的城市学校 6 所(2 所初中、4 所小学),并对这些学校的校长和部分教师进行了访谈,访谈对象有 15 位参加支教的城市学校教师、5 位校长和 5 位没有参加支教的城市学校教师。同时,课题组还通过问卷调查的方式,了解支教教师的支教态度等情况。通过对访谈资料和调查问卷的分析,不仅得到了大量的访谈资料,也得到了大量的相关文献档案资料。总之,课题组通过采取实地研究,包括通过非参与性观察、重点访谈和文献收集等方法来获得了大量的第一手资料,为研究者开展支教政策执行的个案分析提供了十分便利的条件。

二、江苏省 L 县支教政策的执行及成效

支教政策在 L 县的实施,一方面体现在江苏省 N 市 B 区教育局和 L 县教育局所形成的结对帮扶关系,N 市 B 区教育局自 2007 年开始选派教师赴 L 县农村学校开展结对帮扶支教;另一方面体现在本县教育局实施的城乡学校结对帮扶支教工作。通过实施支教政策,L 县农村义务教育迎来了新鲜的气息,取得了非常明显的政策效果。

1. 加强支教政策执行的组织领导

政策的执行依赖于对政策执行的组织领导。通过设立相应的领导机构,形成政策执行通道的上下贯通,有利于加强对政策执行过程的控制和协调。在 L 县的支教政策执行中,其对支教政策执行的组织领导情况如下。

(1) 设立支教领导小组

对于支教政策的组织与领导,江苏省教育厅、省财政厅联合下发的《关于实施"千校万师支援农村教育工程"的通知》(苏教师〔2006〕23号、苏财教〔2006〕220号)中明确要求"省教育厅成立支教工程领导小组,在厅党组的领导下,负责全省支教工程的组织实施、统筹协调和监督工作。领导小组组长由分管师资工作的厅领导担任,成员由师资、基教、财务、人事处负责同志组成,领导小组办公室设在师资处。各市、县(市、区)教育行政部门也应成立相应的领导小组,负责本辖区内支教工作的组织、管理、考核、协调和监督工作。支教学校和受援学校间要建立定期研究协调支教工作的制度,双方校长要作为支教工作的第一责任人,共同承担支教组织实施和具体管理工作"[1]。按照省教育厅实施支教工程的要求,各市、县(市、区)教育局均成立了支教工作领导小组,负责本区支教工作的组织实施、督促、指导和管理工作;支教学校成立支教工作小组,定期研究、协调支教工作。因此,在支教政策的组织领导方面,形成了自上而下的三级管理机构:省支教工程领导小组—市(县、区)支教工程领导小组—学校支教工作领导小组。三级管理机构的设立,有利于加强对支教工程的管理和协调。

一般而言,组织机构的设立需要遵循三个方面的原则,即:因事设职与因人设职相结合的原则,权责对等的原则和命令统一的原则[2]。一些地区和单位在实施一项新的政策、工程或项目时,为减少管理层次,提高工作效率而往往以"领导小组""指挥部""办公室"等名义设置临时性组织机构,它虽无编制但由当地政府部门发文认可,从各相关单位或部门抽调人员临时组建。在落实省教育厅财政厅关于实施"千师万校支援农村教育工程"这一支教政策过程中,地方教育行政部门也设置了相应的临时性组织机构。如,2010年L县教育局对全县组建教育集团暨开展城乡学校结对帮扶工作,也同时组建了领导小组,组长由LJN(L县教育局教育局长)担任,副组长由ZCY(L县教育工委

---

[1] 江苏省教育厅、省财政厅.关于实施"千校万师支援农村教育工程"的通知(苏教师〔2006〕23号、苏财教〔2006〕220号).

[2] 周三多,陈传明,鲁明泓.管理学——原理与方法(第三编)[M].复旦大学出版社,1999:283-284.

书记)担任,其他教育局党委委员为成员,领导小组下设办公室,办公室设在教育科,人事科、督导室、局办公室、教研室为成员单位①。又如,2007年B区教育局为了有效实施本区27所中小学与L县农村中小学的结对帮扶、对口支教工作,成立了支教工作领导小组,领导小组组长由教育局领导担任,成员由中教科、小教科、计财科、人事科有关同志组成,领导小组办公室设在人事科。其领导小组的构成如下:组长由WWL(B区教育局局长)、WHX(B区教育工委书记)担任;副组长由CYL(B区教育局副局长),XYJ(B区教育局副局长)担任;成员包括CDX(B区教育局中教科科长)、DXY(B区教育局小教科科长)、ML(B区教育局计财科科长)、XWX(B区教育局人事科科长)等4人②。在B区和L县的结对学校之间,也建立由双方校长、分管教学副校长、办公室主任等人组成的支教工作小组。相对于省、市、县(区)教育行政部门成立的支教领导小组而言,学校层面上的领导小组的职能更侧重于对政策的执行,比如选派教师、支教教师的教学与生活安排和对支教教师的考核等。

设立这样的临时性领导小组,体现了省教育行政部门对支援农村教育工程的这一政策的精神要求,也体现出市(县)等地方教育行政部门领导抓好支教工程的决心。

(2)实行支教双重考核

对支教教师省里提出进行双重考核:一方面是受援学校对支教教师教育教学质量的考核,另一方面是派出学校对教师的年度考核。

对于支教教师教育教学质量考核工作,省教育厅提出"教师支教期间,以受援地县(市、区)教育行政部门和学校为主管理,年度考核由受援学校负责"③。这意味着,支教教师的支教工作考核是受援的农村学校和当地的县(市、区)教育行政部门来担负的。按照考核要求,支教教师需要统一填写《江苏省千校万师支援农村教育工程支教教师考核表》,并将考核表存入教师档案。而在统一填写的考核表中,支教教师需要根据自己的支教情况填写支教

---

① 关于组建L县教育集团暨开展城乡学校结对帮扶工作的意见(L教发〔2010〕81号).

② B区关于实施江苏省"千师万校支援农村教育工程"的通知(B教发〔2007〕2号).

③ 江苏省教育厅、财政厅.关于实施"千校万师支援农村教育工程"的通知(苏教师〔2006〕23号、苏财教〔2006〕220号).

工作小结。考核分为"优秀、合格、基本合格、不合格"四个等第。对于城镇教师来到农村学校支教,从某种意义说已经是一种高尚的行为,因此只要支教教师在支教中按照支教工作的要求去做,没有发生大的教学事故,其年度考核都会以"良好"和"优秀"的成绩通过。

对支教教师的年度考核工作,由支援单位按照教师支教的考核结果,确定年度考核的等次。通常情况下,学校对教师的年度考核分"优秀、合格、基本合格和不合格"四个等第。而对支教教师的年度考核,只要其支教期间教学上认真对待,教育教学过程中没有出现大的事故,与领导和同事没有矛盾,教师的年度考核基本上是都是合格。对于支教期间表现良好甚至有突出表现的教师,派出单位在年度考核的时候,往往会给予"优秀"等第,以示对其支教工作的肯定与褒奖。

(3) 重视对支教教师的选派

对于支教工作,省教育厅提出"参与支教工程的项目学校由千所支教学校和千所受援学校结对组成。千所支教学校在全省城镇优质学校(原则上为原省、市级示范初中和实验小学)中遴选,其中初中 450 所左右、小学 550 所左右;千所受援学校主要在苏北 5 市农村最薄弱的初中和小学中确定"[①]。为此,江苏省教育厅根据各市义务教育事业规模和优质学校数量,初步拟定了各市项目学校名额分配表。对于具体项目学校,则由各市教育局确定。按照省教育厅初步拟定的项目学校数量,B 区为小学 16 所、初中 11 所。相应地,L 县作为结对受援地,县教育局也筛选出最薄弱的农村小学 16 所、初中 11 所,与支援学校结成帮扶对子校。

那么,选派谁去支教?支教教师的选派有标准吗?对此,省里提出"支教学校要根据受援学校的实际需要,每年安排 3 名以上骨干教师赴受援学校支教"[②]。同时要求"支教教师到受援学校承担教学任务、指导教研活动、参与教学管理等;支教时间原则上不少于 1 学年"。那么,B 区教育局又是按照什么样的条件来选派支教教师的呢?B 区教育局 CYL 副局长对课题组调研人员说:"我们承担项目的学校校长就教师的选派工作提出了几点要求,首先是教

[①②] 江苏省教育厅财政厅.关于实施"千校万师支援农村教育工程"的通知(苏教师〔2006〕23 号、苏财教〔2006〕220 号).

学业务能力强,是教学骨干;其次是有科研能力和管理经验;第三要求是青年、身体好,能够克服困难,最好是35岁左右;第四是家庭条件要能够允许外出支教。"①

2. 支教政策执行的积极效果

从2007年到2010年底的四年里,N市B区的27所城市中小学和L县的27农村中小学实行了"校对校"结对帮扶、对口支教活动。而在此之前,L县在2006年开始,就在本县教育系统内部开展了城市中小学教师到农村中小学支教的活动。在城镇教师支持农村学校发展的政策实施过程中,L县涌现出一大批对农村教育心怀美好理想,扎根支教学校,兢兢业业向学生传播知识、向受援农村学校的教师无私传授先进的教育思想和理念的优秀教师。这些优秀的支教教师在热情无私地帮助广大的农村教师提高教育教学能力和素质、推进农村学校管理改善的同时,自身也获得了洗礼和升华。可以说,通过连续多年的支教政策的实施,L县的农村中小学的广大学生、教师是实实在在的受益者,其具有广泛而良好的积极效果。

(1) 支教教师:圆梦农村

从2007年3月开始,江苏省实施为期四年的"千校万师支援农村教育工程"。农村教育对长期在城市从事教育工作的老师而言,是陌生的,而走进农村学校进行教育工作,是很多城市教师心中的梦想。支教,成为他们了解农村教育的桥梁;支教,也将成为他们生活中精彩难忘的一段经历。在访谈中,L县H乡中心小学的HDY校长说:②

> WY老师有30多年教龄,他是N市ZS小学的老师,支教时已经52岁。作为一名支教老师,WY老师就是想把自己多年丰富的教学经验传授给农村地区的教师们,实现自己的"支教"梦。WY老师是支教老师中最年长的一位。2007年4月份,他自愿报名加入了赴L县农村小学支教的队伍。用WY老师自己的话来说就是,"我虽然年纪大了,但还是想在教育的第一线战斗,我想到农村去继续发挥

---

① 来自访谈录音:2010-11-2-CYL.
② 来自访谈录音:2010-12-10-HDY.

我的余热,退休之前的几年当中能使我的作用发挥得更大"。由于WY老师年纪比较大,而且身体不太好,我们就没有给他安排什么课务,主要让他搞教科研工作和指导该校的语文教师。可是WY老师主动要求学校把自己的宿舍安排在办公楼里。在他办公桌前和宿舍的墙壁上,都贴着全校的课程表、近期工作内容等等,他给农村教师上示范课,跟农村教师一起从事教学研究,跟农村教师谈他们教育上有什么问题,给农村教师提供一些教学资料。为了把先进的教学理念和教学方法传授给农村教师,WY老师亲自动手创办了一份教育资讯报,每半月一期。WY老师来我们学校虽然只有短短一学期的时间,但是通过他的努力,我们学校已经完成了一个市级课题并申请了两个省级课题,而且在他的精心辅导下,有多名语文教师在省级期刊上发表论文。在支教中,为了提高农村学生的学习积极性,WY老师还拿出2 000元奖励优秀学生和有显著进步的学生。

WY老师支教的学校是L县H乡中心小学,该乡经济发展落后,交通不便利,虽为乡中心小学,学校的办学条件和经济发达地区仍然有很大的差距,和省城及苏南地区的学校比差距更是明显。但WY老师为了圆自己的支教梦,不顾学校路途遥远,不顾自己年高体弱,用自己的支教行动为农村学校带来了一位老教师对教育的一片真诚。也有的老师通过支教活动,洗净了城市的铅华,换来的是心中的诚挚与真实。

N市B区J小学SY老师是一位有10多年教龄的女教师,她出生在N市,在N市上的小学、中学和师范大学,毕业后又在N市当了一名小学老师。当SY老师接到支教任务后,她在《支教已是我生活的一部分》里写道:

忙忙碌碌一天半,整理离开刚刚两天的家,处理学校的工作,接到课务安排后到处搜罗备课和练习的资料,

集中冲洗了这两三年间出行的照片,入册;半月前家里定做的沙发套取回来,套上;放了几天的衣服要洗,要晒;把坏了很久的手表修好戴上,不用动不动掏手机看时间;老公的生活要照应一下,给自己补充的七七八八的日用品把包撑得鼓鼓的。

学校有一些报表要出，对错只等我下次回来再修改了；档案的工作还在继续……办公室自己的桌子粗粗收拾了一下，摊了满桌子影响同事办公的心情。

接到课务通知是晚上，教四年级数学。打了一圈电话后第一时间杀到学校，像肥老鼠搬家样的扒拉了一堆资料满满塞了一包，还顺手抄了两本二年级的书带着，需要衔接一下，不然真的怕不会教！

望着前方，又要离开热闹、什么都便利的N市，再次踏上那个清冷、生活不便的苏北小镇，领导说我代表了B区，代表了N市；高谈阔论者说我们自愿去当红烛，去奉献的；现实是，在我们的群体中，有为数不详的冲锋陷阵者是勉为其难接受了学校的顾总安排……

我确实是自愿来的那一种，不过我倒也没有想的那么高那么远，余秋雨先生形容欧洲，"当历史不再留有伤痛，时间不再负担使命，记忆不再承受责任，它或许会进入一种自我失落的精神恍惚。"这段文字也可以用来形容人生，没有目标就失去了原动力。我只是想，换个环境，去实现另一个自己，如果同时又有益于自己之外的很多人，那自然是一举两得。

就让生活再历练自己一回吧，身上总有一些城市的浮华习气需要洗礼，让支教成为生活的一部分……

在支教工作中，N市B区一批又一批参与支教的中小学老师，舍小家、顾大家，离开繁华的都市，告别温馨的家庭，来到苏北的L县，来到条件艰苦的农村。他们倾尽热情、智慧和精力，在当地孩子们的心灵里播撒希望和知识的火种；他们不辱使命，在L县的大地上传递快乐，传递爱心，传递梦想，用行动促进城乡基础教育均衡发展；他们把奉献的足迹、工作的业绩和高尚的师德留在了受援学校，在N市B区和L县帮扶两地之间留下了深厚情谊。N市B区H小学的YL老师在支教后写下了一篇感人的题为"勇敢而浪漫的旅程"的支教笔记，课题组摘录整理如下：

"老师，你不要走好不好？""老师我很舍不得你！""老师你还会回来吗？""老师再多留几天好吗？"这声声呼唤我永远忘不了。这是在

2008年1月26日，我离开支教半年的L县的那一天，学生对我的声声呼唤。那天天空下着雪，N市已经积了好厚好厚的雪。我本可以在学生一考完试就离开，可以躲过这场百年不遇的大雪，可是我为了看学生最后一眼，为了和学生说声再见，推迟了回家的时间。

当我拿着行李离开生活半年的学校和宿舍，我的心情就如同天空飘落的雪花一样纷纷扬扬。在我即将关上宿舍门的那一瞬间，泪水夺眶而出，我不再压抑自己的情感，让眼泪尽情地流落，因为这一刻这个小小的屋子里只有我自己，因为这一刻，只有这样，我的心情才能好一点。

我早上六点多上了回N市的汽车，车在高速路上开着，车外的雪花漫天飞舞，我想起了我第一次走进L县课堂，学生们集体起立向我问好时，那里的老师羡慕和敬仰的眼光，真是令我兴奋不已。走上讲台，看着同学们认真的神态，充满渴望的双眼，整个人都振奋起来，讲起课来格外的有激情。车在向N市方向开着，但不是很快，雪下得越来越大。车最后离开了高速公路，开到了很窄很窄的小路上，在那条并不起眼也许很长时间没有汽车开的小路上集聚了去N市方向的好多好多车。也许是困了，我居然在这个时间有了点睡意。前几天，在知道自己即将要离开的日子里，在连续几天睡眠严重不足的情况下，白天讲课我居然一点都不觉得有困意，人的潜能还真是无限啊，至少我以前从未发现自己这么能熬夜。等我休息好了，以为已经到N市了，谁知道车开了8个多小时还没有进N市。我看着远处的山，漫天的雪花，我在想：支教是一次内心与灵魂的洗礼，支教也是一场社会责任感的呼唤。我也才发觉，支教是一个勇敢而浪漫的旅程。

车子像蜗牛一样慢慢地向前行驶着，到了晚上八点多我走下汽车，我的心真的好宁静。在我去支教的时候，我想要给那些单纯而干净的孩子们一个充满希望的未来，想要让他们相信，贫穷即使是与生俱来的，也绝不会伴随一辈子……我知道，如果有机会，我一定会再去那里的。因为去贫困的地方教小孩子读书很有意义，能帮助需要帮助的人们。

是啊,支教老师带来的不仅仅是城市的气息,还给农村孩子们带来了知识和对改变贫困生活充满希望的信念。同样,在L县本地组织实施的城镇教师支持农村教育结对帮扶工作中,也涌现出许多优秀的支教教师。L县实验小学的ZTJ老师就是其中的一位,她通过一年的支教工作,为自己教育人生填写了精彩难忘的一页。ZTJ老师在支教日记《我的支教情结》里写道:

> 2010年8月底我接到支教的通知,9月1日我就正式被派往L县YW中心小学,开始为期一年的支教生活。我支教的YW中心小学是当地条件最好的小学,即便是当地最好的小学,学校的硬件设施也不是很完备,校区很老,还保留着以前建盖的砖墙瓦房,瓦房前面是新建的三层教学楼,操场是水泥地面的,厕所是老式的,这让我想起自己十几年前上小学时的情景。不过这里的孩子们却没有发半点牢骚,不怕脏不怕累,每天认认真真地完成老师布置的校园卫生工作。每每看到孩子们质朴的脸蛋,我的心里总是有莫名的感动。
>
> 刚进校的那几天天气还是比较热的,这里的教室没有空调也没有电风扇,上课时必须要开着前后门通风,这样一来隔音效果就不是很好,各个班级都在上课,自己班级的学生被其他班级的声音分散注意力怎么办?我由衷佩服这里老师们的课堂组织能力,上课时间老师在教室外面走走看看也几乎没有孩子转头向门外看,这种情景在县城学校可是不多见。这里的老师对我这个新来的老师很是关心,他们对我说:"赵老师,夏天比起冬天那是好过些的,就怕你冬天适应不了,我们这里冬天是要生炉子的。"老师们说起这话都是轻描淡写的样子,他们都觉得这些都是极微小的事情,不值得一谈,只是怕我这个城里来的支教老师不适应,拿出来说说让我做个心理准备,一群多么可爱的同事啊。"那有什么呢!"我说,是啊! 那有什么呢! 我来到这里就是要让那些可爱的孩子们学到更多的知识,至于是在什么样的环境下工作那只是小问题。这里的老师没有任何怨言,他们总是自豪地说,我们中心小学可是这一片最好的小学了,家长们都放心把孩子送到这里来。这是一种怎样的骄傲啊! 我彻彻底底地被他们

感动了,也坚定了我扎根这里认认真真开始支教工作的决心。

支教期间,我担任一年级语文教师兼班主任,仍清楚地记得当校领导第一次把我领进教室时,那些漂亮的小女孩捂住脸从指缝里露出两只清澈的大眼睛朝我偷偷笑的场景。那一刻我感觉自己的心里温暖得都不知说什么好。总说农村的孩子是比较调皮的,可是我发现在课堂上他们那一双双渴望知识的眼睛一刻都不离开老师的身影,他们从头到脚都透露出朴实善良,这让我还有什么困难不能够克服的呢。在这仅有的一年支教时间里,我会尽自己最大的努力让这群孩子快乐充实地学习成长,让每一个孩子都能得到最大的发展,给自己的教育人生添上最精彩难忘的一笔。

是啊,环境条件再苦,工作再累,但每当看到教室里孩子们一双双渴望知识的眼睛,看到学校里的老师对待教育乐观豁达的态度,任何一个支教老师来到这里,都会主动地融入其中,成为学校中的一员,而不再把自己当作是城里来的支教老师,走走形式、过过场子,他们用自己对农村中小学教育的理解和不懈努力不断勾画出支教老师的精彩生活,诠释一名普通的城镇教师对农村义务教育的人生感悟。

(2) 农村师生:共同发展

支教,旨在"提升农村教师队伍的整体素质和农村教育水平,促进城乡、区域教育协调发展"①。农村中小学教师,因为长期待在农村,少有外出进修学习的机会,对教育教学改革动态了解不多,教学业务满足于"能教"。而当支教教师来校并为他们上"示范课"和做"报告"后,农村教师的心里还是很有感触的。通过对支教工作当事人的访谈,我们可以获得更为真实的情况。L县H乡小教助理HHS告诉课题组说:

支教老师的首要任务,不是带一个班、教一门课,关键是让他们传递教改信息,发挥他们的引领作用,带动我们农村学校教师的专业

---

① 江苏省教育厅财政厅.关于实施"千校万师支援农村教育工程"的通知(苏教师〔2006〕23号、苏财教〔2006〕220号).

发展,提高学校的教育教学水平,让他们融入并参与学校的教育教学管理。作为大都市来的教师,水平高、业务精、理念新,凭借支援农村教育的一腔热忱,毅然决然地来到苏北 L 县农村支教,这种精神就非常值得人敬佩。更可贵的是,他们给 H 乡中心小学带来了全新的教育理念和育人观念,为农村老师了解当前的教育教学前沿发展,提高教育教学水平提供了一个好的平台,让农村教师不出门就能听到名师的优质课。例如,2007 年度第一学期,来我校支教的 N 市 RJL 小学的 CJ、YH 老师就为我们精心准备了 10 节公开课、4 个讲座。他们张弛有度的教学风格,灵活多变的教学方法,纯正的普通话,关注每一位学生发展的理念,无不给人耳目一新的感觉,诠释了一个充满生机的全新的课堂,学生的主体地位和老师的主导作用体现得淋漓尽致,给我们学校老师以极大的震撼。以这次支教为契机,通过他们的言传身教,许多老师也迅速地成长起来,教学水平提高了,成为教学一线的骨干。

通过访谈与调查,我们得知,很多支教教师因为在原先的学校里就是教学骨干,教学业务能力是较为突出的。他们来到支教学校后,往往会以他们"精湛的教学水平"和"高尚的师德"给农村教师以一种"震撼"。访谈中,L 县 F 乡中心小学的 ZXH 老师谈了对来 F 乡中学小学支教的 WHL 老师的一些看法:

  2009 年 9 月,L 县 N 小学的 WHL 老师来到我们 F 乡中心小学从事支教工作。WHL 老师以前曾在 F 乡中心小学工作过不足一年,因为教学成绩突出调进县城小学教书。学校安排我和 WHL 老师一同从事二年级的教学管理工作,在一年的支教工作中我觉得她是一个好同事、好搭档。在一个个支教的日子里,我体验到了她在工作中的真诚、热情、勤奋,感受到她教学扎实,有很强的上进心,可以说 WHL 老师是一位具有人格魅力的教师。说她优秀,一是因为 WHL 老师细心观察每一位学生的学习情况、家庭情况,默默地关注着每一位学生。村里有的孩子家庭经济条件不好,他们穿的衣服又小又旧,很不合身,WHL老师看在眼里,记在心上。她在自己家里精挑细选了一大包衣物,洗得干干净净,叠得整整齐齐,拿到班级发给孩子们穿。她用自己的关爱向学生传递着快乐,用自己的行动向学生传递着爱心。寒冷的冬季,她为学生买了水壶、杯子,每天清晨在炉子上烧一壶开水,课间孩子们就会拥到她跟前,一小口一小口品尝着老师倒给他们的热水,"老师,这水真好喝!""老师,我还想喝点!"一杯热水让学生感受到了一股融融的暖意,一份真诚的感恩,一种深深的敬意。二是她的课堂高效,尽显功力。在农村只有一支粉笔、一块黑板的简陋条件下,WHL老师把课堂教学效果升华到了一个更高的层次。每一堂课都让学生意识到自己生活在深深的母爱之中,她把浓浓的情意传递给学生,学生体会到了"妈妈"无私的爱。为了帮助这里的孩子提高阅读能力,拓宽知识面,她不仅在家找书,还回原学校募捐书报,在班级创建了图书角。每天中午WHL老师发给每个孩子一本书,他们爱不释手地伏案阅读,从孩子们的一张张笑脸可以看出,书籍给他们带来的是宝贵的知识和一种前所未有的喜悦!三是关心同事,无私奉献。每天清晨她都很早来到单位,做的第一件事就是为自己沏上一杯菊花茶,然后拿着抹布擦拭办公桌。擦过自己桌子过后,也逐个擦拭办公室的每一张桌子,一遍遍地,很认真、很投入,那样子就像是在做一件很重要的工作。有段时间,三年级的唐老师生病休假,学校师资紧张,面对学校的窘境,WHL老师主动跟校长提出要给三年级孩子上语文课。同时上两个年级的语文课,工作量异常繁重,那段时间经常看到她劳累的身影穿梭于两班之间,从她身上折射出的大局意识和奉献精神让我暗暗佩服。

在支教工作中,像WHL老师一样认真、热情、无私奉献的教师大有人在。农村教师从支教老师的日常行动中感悟、触动,有助于农村教师的发展和提高。很多支教老师在支教过程中,还通过对口联谊活动,丰富师生的生活,让学校教育中充满"爱的气息",为农村学校架设友谊桥梁。

B区DGL小学自2007年7月把L县S中心小学作为对口支援学校,就架起了苏南苏北"教育联姻"的友谊桥梁。在支教中,他们举行了"为S中心小学献爱心"活动,来校支教的老师每人捐款 100 元,DGL 小学在经济并不宽裕的情况下先后为 SM 中心小学捐献了 1 000 多本图书和一套音响器材。2008年"六一"期间,DGL 小学还邀请 SM 中心小学 12 名师生代表前去南京参加"六一"儿童节联欢活动。两校师生同台献艺,载歌载舞,倾吐浓浓支教情,结交拳拳师生缘。①

从上面的支教访谈和有关材料中,我们可以看出:城镇教师到农村学校开展支教工作,给农村学校带来了新的教育教学观念、新的教学方法和手段以及一些物资和教学设备,对长期囿于相对闭塞环境的农村中小学老师来说,无疑是带来了一股新鲜的气息,对农村中小学教师的专业发展和学生的发展是有益的促进。

(3) 农村学校:整体提升

在支教过程中,经过支教老师们的辛勤耕耘和受援学校的大力配合,他们在师德引领、教学示范、教科研以及学校文体活动等很多方面有力地促进了受援学校的发展,支教工作取得了显著的成效,深得受援学校老师的称赞。在访谈中,L 县 Q 乡中心小学 ZK 校长对课题组说:

> 我们中心小学的教科研工作,以前只是搭起了架子,没有多少实质内容。N 市 B 区 ZS 小学的支教老师走进我们的校园,学校教科研工作迅速地从肤浅的常规教学研究向纵深发展。YJ 老师十分敬业,她经常不失时机地将 ZS 小学的优秀作风、先进教育理念传授给我校老师们,对青年教师的帮助不遗余力。在她的悉心指导下,我校 LCM 老师的语文课《草原》在 L 县课堂教学比赛中获一等奖。在 2007 年 10 月 17 日举行的全县公开课教学交流中,她作了《如何提高教学质量》的讲座,详细阐述了教学质量管理的重要性和可行方法,震撼了每一位与会的农村教师。PHF 老师多次参与学校的教研活动,听课、评课,课后与执教老师一起研讨新课改模式,一起进行新课改方案的实验与实施。FL 老师主动开设了公开课,用上了多媒体教学设备。在她的引导下,孩子们学得积极主动,收到了良好的教

---

① 浓浓支教情,拳拳师生缘[N].L 县快报,2008-10-10.

学效果。课后,她与一些老师一起讨论多媒体教课件的制作方法,并把做好的一些课件和同轨老师一起分享。支教的 DXM 老师担任了体育学科组长的角色,她上示范课,教广播操,样样上手,样样精彩。同时,她利用课余时间带领学校老师进行集体舞学习,填补了学校体育教科研的空白。

长期以来,L 县农村学校由于办学条件有限,学校管理水平一直上不来。支教和结对帮扶工作,为 L 县农村学校管理水平的提高提供了良好的契机。L 县 J 镇中心小学和 N 市 B 区 JKL 小学是结对帮扶学校。在访谈中,L 县 J 镇中心小学的 MXK 校长告诉课题组说:

> 纵观两年的受援支教过程,我们 J 中心小学感受最深的首先是 JKL 小学领导对支教工作高度统一的思想认识。他们自接到上级支教的通知起,就立即召集行政会,明确支教工作的重要意义,研究部署支教工作,成立了支教工作领导小组,并指定分管教学工作的 XP 副校长专门负责对我校的日常交流、援助工作,选派本校的教学精英来我校支教。支教过程中,领导多次来我校访问,对支教老师进行亲切慰问,了解他们的工作、生活情况,对他们在支教工作中取得的成绩给予表彰和鼓励,对存在的问题及时分析、及时解决。其次是支教老师的无私奉献精神。几位支教老师都比较年轻,支教工作给他们的家庭和生活带来许多不便,但这些老师都有坚定的决心,把支教工作当作对自己的锻炼,当成自己人生中的财富。LY 老师的孩子才 2 岁,而且父母年龄较大,身体都不甚好,真是"上有老,下有小"。HYB 老师结婚不到一年,但他能识大体顾大局,说服家人,义无反顾地踏上了支教的征程。JY 老师身体不好,每周都要到专科医院就诊。ZXQ 老师夫妇分居两地,饮食起居本就枯燥,但在 JKL 小学支教动员大会上能主动请缨,起到了带头作用。在我校支教期间,她的爱人自千里之外驾车来接她返回 N 市,她却婉言拒绝。我们深知,她不是不想回去,她不是不理解爱人对她的善意,但她心中装的是她心爱的学生……可以说,每一位赴 L 县支教教师都有许多困难,但他们都没有怨言,

一一克服,为我校的发展做出了不可磨灭的贡献。

支教老师的敬职敬业、支援学校的传经送宝、教师之间坦诚交流、学校领导之间的互相研讨等等,这些做法和行动对农村学校的教师和支教老师来说,都是一种促进、一种发展。B区选择的项目学校都是义务教育的优质示范校,这些学校不仅教学质量高,在学校管理方面也有诸多的优势。对L县的农村学校来说,通过支教活动和相互交流,向城市学校汲取丰富的养料,整体提升学校办学水平,这也是省里实行支教政策的一个初始目的。

(4) 结对学校:双方共赢

与此同时,我们也看到,支教活动在给农村学校、教师带来影响和变化的同时,对城市支教工作者本身和结对学校方也会带来一些变化。对此,N市YFXJ小学YL老师说:

> 转眼间,支教生活已过去几个月,先不说在这里的生活,个中的酸甜苦辣只有自己能体会。然而这次的支教之旅不仅仅有这些。慢慢地才发觉,支教是一个勇敢而浪漫的旅程;支教是一次内心与灵魂的洗礼;支教还是一场社会责任感的呼唤。之所以勇敢而浪漫,在于我们队员独自上路,踌躇满志地工作。我喜欢我们支教团队的每一个队员,大家是那么的善良真诚,那么的努力坚韧,那么的热情奉献。之所以是对内心和灵魂洗礼,在于孩子们带来的一次又一次的感动,每次看见这里的孩子用清澈而期待的目光注视着我们时,我们就有一种忍不住想要帮助他们改变命运的冲动。
>
> 在这有限的支教的日子里,从革命老区教师的身上,我学到了很多东西,尤其是他们吃苦耐劳、无私奉献的工作精神时刻感染着我、鞭策着我。因为这里条件与环境实在和城里的学校无法相提并论,很多学生冬天都是用冷水洗漱的。而革命老区的孩子在困境中刻苦学习,力求上进的优良品质也时时打动着我们,增加了我的工作热情和干劲。更令人感动的是,革命老区人民身处在较为闭塞的自然环境中生活生产,自强不息的斗志,使我倍感支教的光荣和肩上所负载的神圣使命。

毋庸置疑，支教是对我们人生观、世界观的又一次洗礼，它使我们变得更加坚强、乐观、自信；使我们面对困难，敢于勇挑重担，拼搏进取。现在，哪怕仅仅是对于工作的回忆，也都会让我们倍感欣慰。因为支教使我们感悟到，只要用心爱自己和这个世界，生活就是快乐的，只要付出了辛勤的汗水，坚持不懈，持之以恒，就必定能在身后播下一路希望的火种。应该感谢脚下的这片黄土地，感谢 L 县各级领导的亲切关怀，感谢 L 县人民的深情厚谊。

　　通过支教，我们看到了苏北老区人民的淳朴与执着，支教也给了我们一个广阔的舞台传播教育教学理念、传播先进的教育教学方法和实践成功的课堂教学模式。支教让我们有机会与 L 县农村学校的领导和师生并肩作战，取长补短，共同进步，同时也加深了友谊。我们相信，当我们在这片美丽的土地上真情无声地播撒时，希望的种子一定能在这里生根发芽、茁壮成长。

到农村中小学支教，时间多为一学期，长的也不过一学年。尽管在一些人看来，支教工作显得有些短暂和平淡，但是在众多的支教老师看来，支教工作却是忙碌的、充实的。到农村学校参与支教工作不仅是他们教师职业生命中的一抹亮色，也是他们人生道路上浓墨重彩的一笔，更成为了他们在以后的教育教学工作中不断进取的不竭动力，而且通过支教活动，结对帮扶的学校双方互动，实现了校际之间的共同进步。N 市 B 区 RJBC 小学在支教工作总结《在支教工作中共同成长》中写道：[①]

　　经过半年的探索和实践，我校开始实行一种新的支教模式——集体支教，即由支教老师牵头，建立联系纽带，组织骨干教师分期到受援单位指导工作，加强两校之间的交流，采取全方位、集体式的支教方式，学校间建立稳定的互访机制，充分发挥我校的资源优势，让受援单位共享教育教学资源，共同提高办学效益。一是领导互访，了解帮扶工作实施情况，确定下一阶段的工作重点，相互协调，保证帮

---

① N 市 B 区教育局.这片美丽的土地[M].2009：76-79.

扶工作顺利开展。二是教师互访,开展教研活动。主要是以公开课、示范课、讲座课为载体,来提高受援学校教师在实际教学中的运用能力。三是受援学校选派中青年教师到我学校进行教学培训,以提高其教学业务素质。如 2008 年 6 月,C 中心小学的领导以及 10 名骨干教师莅临我校,从课堂教学到学校的常规管理,进行了为期一天的教学常规的观摩,回去后,专门召开全体教师会议,将南京之行的感受以及两校之间教育教学理念的差异进行总结讨论,找出不足,并给全体教师提出了新的要求。四是学生互访。支教学校的学生与受援学校的学生开展"手拉手"互助互学活动。鼓励学生捐款捐物,使受援学校贫困学生和学习困难生得到精神上、物质上和学习上的帮助,从而达到共同进步的目的。

通过一年半的支教活动,我们的感受、启发、收获很多。一是支教学校和受援学校的领导有了新的办学理念,明确了办学目标;二是支教教师在农村偏远学校艰苦创业、自强不息、乐于奉献教育事业的精神得到了发扬和升华;三是处于困境中的学生奋发向上的学习积极性感染了城市的孩子们;四是优质教育资源得到了共享,促进了教育改革的进一步深化和农村基础教育的均衡发展;五是受援学校得到的教学上和物质上的资助,改善了办学条件,增强了发展后劲。

结对帮扶和支教工作,从一定程度上说,是城镇学校对农村学校的教育教学支援,这也可以从政府颁发的一系列政策文件中得到印证。城镇学校支援农村学校,从现实层面讲,城市学校教育要优于农村学校教育,而从城乡教育差别产生的根源来说,"中国社会长期存在的城乡分割对立的二元经济结构和社会体制是使城乡教育产生严重差别的社会制度原因。城乡二元经济结构导致教育制度的种种设置与安排存有突出的'城市取向',这自然构成城乡教育的严重差别"①。在推进教育公平发展、推进城乡教育均衡发展的当代,实施

---

① 张乐天.城乡教育差别的制度归因与缩小差别的政策建议[J].南京师大学报(社会科学版),2004(3).

城镇学校支援农村学校的政策，也就成为政府的正确选择。但是，地处农村的农村学校，在发展过程中也积聚形成了自身的教育资源，如学校艰苦办学、教师默默奉献、学生刻苦勤学、农村校本课程资源等，这些教育资源有的确实是城市学校教育所不足抑或缺少的内容，这就让支教成为结对帮扶双方学校实现共同发展的结合点。从上面 N 市 RJBC 小学创新集体支教模式、学校间建立稳定的互访机制等一些做法来看，改变了以往城市学校对农村学校单向的支教方式，形成了城市学校和农村学校双向的互动交流，确是有助于在支教工作中实现支教双方学校的教师对对方教育教学资源的吸纳，达到城乡双方学校共同发展的目标。

三、L 县支教政策执行中存在的问题

几年来，L 县通过实施支教政策，有效地促进了农村义务教育学校教育的发展，促进了农村教师的教学业务水平和学校管理水平的提高。而通过开展支教活动，城市学校参与支教的教师自身业务也得以发展，城市学校的教育资源也得以不断丰富。通过调查，课题组认为 L 县支教政策在执行过程中在取得积极成效的同时也存在着支教动机异化、支教缺乏针对性、支教管理存在真空、人情在支教考核中的渗透等四个方面的问题。

1. 支教动机的异化

对于为什么开展城市学校和农村学校结对帮扶、对口支教工作，2006 年教育部在《关于大力推进城镇教师支援农村教育工作意见》中明确提出：城市教师支援农村教育的目的是统筹城乡教育协调发展、优化教师资源配置、解决农村师资力量薄弱问题，提高农村教育质量，促进义务教育均衡发展。2006 年江苏省在《关于实施"千校万师支援农村教育工程"的通知》中也明确指出"为提升农村教师队伍整体素质和农村教育水平，促进城乡、区域教育协调发展，从 2007 年到 2010 年底，在全省义务教育阶段遴选千所优质学校、万名骨干教师，与苏北农村千所薄弱学校实行'校对校'结对帮扶、对口支教，全面提升苏北农村学校的教育教学质量和水平"[①]。L 县教育局在 2010 年《关于开

---

① 江苏省教育厅财政厅.关于实施"千校万师支援农村教育工程"的通知(苏教师〔2006〕23 号、苏财教〔2006〕220 号).

展城乡学校结对帮扶工作的意见》中,也明确指出是为了"优化教育教学资源配置,加快农村教育事业发展,提高农村学校管理水平,促进城乡教育均衡发展"①。可以说,江苏省实施城镇支教政策,其政策的目的是非常明确的。然而,从下面几位老师的访谈情况看,当前城市教师参加支援农村教育考虑更多是则是一些关系他们自身发展的内容,他们支教的最大目的往往是"为获得农村从教经历,为评高一级职称"。对于城市中小学和农村中小学开展结对帮扶、城市学校的教师到农村学校开展支教工作,他们是自愿到农村中小学支教还是"被支教"? 他们到偏远的农村学校从事支教工作有着什么样的目的? 访谈中,N 市 B 区 RJBC 小学 WDH 校长对课题组说:②

> 根据区教育局的安排,要求我们学校在 2007 年 9 月安排 5 个人到 L 县农村学校支教。接到教育局的通知后,我们学校当时就召集全体行政人员研讨有关支教工作,由我担任学校的支教领导工作小组组长。学校在开完支教动员大会后,在报名截止日只有 2 个老师报名,还空 3 个名额。后来,我们就通过约请老师谈话,敲定了 5 位将要评职称的老师去 L 县 C 乡中心小学开展为期一年半的支教活动。学校老师对支教不是很主动,有的考虑到下去支教后,脱离自身学校较好的教育教学氛围,会影响自身的发展;有的老师考虑到支教会给自身和家庭带来许多不便而有思想顾虑。对此,学校在他们支教期间均安排了专人定期负责和支教教师家庭联系,帮助他们解决后顾之忧。

作为支教结对的项目学校,按照 B 区教育局的安排,RJBC 小学要从学校选派 5 名骨干教师参与支教工作。经过宣传发动、自愿报名过程,到报名截止时间还差 3 个名额。怎么办? 学校只有找"将要评职称的老师"去。访谈中,WDH 校长有点无奈地对课题组说:"老师不愿去,我们总不能压着他去啊。"经过多方面做工作,学校最终敲定了 5 位将要评职称的老师去 L 县支教,总

---

① L县教育局.关于组建教育集团暨开展城乡学校结对帮扶工作的意见(L教发〔2010〕81号).

② 来自访谈录音:2011-3-2-WDH.

算是完成了任务。对于参加支教是为了评职称,很多老师并不讳言。参与支教的 L 县 NM 小学 BRH 老师对课题组说:

  我毕业以后就一直在 L 县 NM 小学工作,我参加了 2009 年县教育局组织的支教活动。学校一开始动员教师到农村支教,我们学校是县城里条件较好的一所学校,说实在的,大家还真不想下去,主要是到下面学校后,家庭就照顾不上了,而且农村学校的住宿条件差。后来学校说到农村支教这一经历在评职称时可以优先考虑,我再过两年就要评小高职称了,所以就报名参加了支教活动。

对于自己参加支教的原因就是"为了将来上评职称可以优先",很多老师都很清楚。而且学校在动员支教的时候也讲得很清楚。对此,L 县 DS 中学的 CGQ 老师很直白地告诉课题组:

  到农村支教,大道理、空话我们说不上,但可以肯定的是目前我们学校老师去支教主要是为了评职称。2006 年我们学校安排下去 3 个老师,校长在老师下去之前就和老师讲好,回来评职称一定是要照顾。况且,教育局的文件也很明确,教师支教评职称同等条件下予以优先考虑,我们学校还有好多老师关心这个东西,因为当他们在评职称时到农村支教可以算上一条。

当然,也有很多农村学校老师对于来支教的老师是"为了评职称"很看不上。但是,在省里的支教文件里,很明确地提出"支教一年且考核合格的教师,参评省、市级优秀教师、先进教育工作者、特级教师以及晋升职务时,在同等条件下予以优先"[①]。对此,L 县 SH 乡中心小学 ZKJ 老师对课题组说:

  2008 年县教育局派了 3 位老师到我们学校来支教,这 3 位老师

---

 ① 江苏省教育厅财政厅.关于实施"千校万师支援农村教育工程"的通知(苏教师〔2006〕23 号、苏财教〔2006〕220 号).

到我们这里教书倒是没有什么可说的,教学水平也可以。但是,他们每次和我们学校老师谈到为什么到我们学校来支教的时候,他们都说是为了评职称才到我们学校来支教的。这个想法很让我们有点看不上,但又不好说人家不是。这3位老师在我们学校待了一个学期,后来我们学校就没有安排老师来支教了。

同时,课题组就"为什么参加支教"这一问题对参与L县农村学校支教的200名城市中小学教师(外地的和本地的城镇教师各100人)进行问卷调查,通过调查发现,城镇教师到农村支教的原因"为了圆农村教育的梦想,丰富自己的教育经历""评职称有农村支教经历可以优先""支教有补助,可以增加收入""学校安排,自己并不想去"这四个选项上所占的比例分别为11%、74.5%、5%和9.5%。而且,无论是本地教师还是外地教师参与农村学校的支教工作,考虑最多的都是"评职称有农村支教经历可以优先",完全抱着"圆农村教育的梦想"的目的或者是为了支教补助的只是很少的部分人,并且外地来的支教教师在"为了圆农村教育的梦想"上人数较本地参与农村学校支教的教师要多。同时,因为迫于教育行政部门的要求和学校的安排,有9.5%的教师是不得不参与支教工作的,迫于现实的压力和周边的舆论,他们成为众多支教人员中的"被支教"一族(见表2-28)。

表2-28 城市教师参与支教的目的调查

	为了圆农村教育的梦想,丰富自己的教育经历	评职称有农村支教经历可以优先	支教有补助,可以增加收入	学校安排,自己并不想
外地支教教师(人)	17	72	2	9
本地支教教师(人)	5	77	8	10
总计(人)	22	149	10	19
所占比例(%)	11	74.5	5	9.5

事实上,江苏省在实施"千校万师支援农村教育工程"这一政策中,为了鼓励广大的城市教师到农村支教,加强对支教工作的组织管理,对"支教一年且考核合格的教师,参评省、市级优秀教师、先进教育工作者、特级教师以及晋升

职务时,在同等条件下予以优先"[①];B区教育局对年度考核合格的支教教师,"在评优、晋升职称等方面,在同等条件下予以优先考虑"[②];L县教育局对"支教先进单位进行表彰,年终考核加10分。先进个人除在评优、评先、晋升等活动中予以优先考虑外,还给予一定的物质、精神奖励"[③]。正是因为有了对参与支教可以"优先考虑评职称""参评省市优秀教师、先进教育工作者、特级教师"等因素,农村学校成了城市教师获取农村从教经历的"阵地",城市教师是为了评职称才"迫不得已"到农村学校去支教。如果参加支教并非是出于个体的意愿,那么他们参与支教工作的动机就显得很"现实"。支教动机的异化,使得有些支教者在支教工作中的积极性不高,其支教效果大打折扣。

2. 支教缺乏针对性

俗话说:"缺什么就补什么。"城市学校和农村学校结对帮扶、城市学校选派教师到农村学校去支教应该从农村学校的实际需要出发,有针对性地开展帮扶和支教工作,这样才能从客观上保证支教取得效果,只有"对症下药"才能从根本上改变农村义务教育学校教育教学观念落后、师资薄弱的情况。对于当前农村义务教育学校办学中存在的这些问题,L县D镇中心小学HDJ校长对课题组说:

> 我们中学校现有900多学生,一线教师51人,在周边几个乡镇中算是规模较大的学校了。我们学校当前办学中的问题主要有四个方面:一是教师职称整体偏低,结构不合理。学校教师大部分都是小教一级和二级职称,小学高级职称只有1人。二是学校里缺英语、信息技术、音乐、体育教师,这些课程的教师我们是想进人但是却没有

---

① 江苏省教育厅财政厅.关于实施"千校万师支援农村教育工程"的通知(苏教师〔2006〕23号、苏财教〔2006〕220号).

② N市B区教育局.白下区关于实施江苏省"千校万师支援农村教育工程"的通知(B教发〔2007〕2号).

③ L县教育局.关于组建教育集团暨开展城乡学校结对帮扶工作的意见(L教发〔2010〕81号).

名额,而且人家也不肯来,像信息技术课程,实在没人上,学校就安排1名电脑技术较好的数学老师参加县里组织的信息技术教师培训,回来就转上信息技术课。三是部分教师教学水平上不去,教学科研跟不上。教师就是有课上课,大多数老师是不搞教科研的,也没能力搞科研。四是一些教师的责任心不强,对待工作很是马虎,只是面子上去完成学校布置的教学任务,学校工作之外的时间再想让他们参与那是要说破嘴皮并给补助才行,真拿这类人没办法。

对于L县农村义务教育学校的教师薄弱情况,T镇中学也有和D镇中心小学一样的难处。对此,T镇中学的YAH校长告诉课题组:

我们T镇中学有初中学生600人,教师42人。当前我们学校存在的问题和困难主要是教师的水平不够。多数教师是工作后进行函授教育拿到专科、本科的学历文凭,文凭提高了,水平没有提高,大多是混过来的。有三五个人是由原来的"民办教师""代课教师"转化而来的,其本来的学历只有初中或高中,通过继续教育后才达到学历要求。由于是农村学校,信息闭塞,教师无法及时、有效获取新课改的各种信息、资料,加之学校专项培训经费少,教师外出学习、培训、交流的机会少,教学观念是比较落后的,多是满堂灌的教学方法,不能跟上新课改的形势要求。而且,教师被分配到农村学校任教,他们心理上就将自己定位为"教书匠",上进心不足,展示才华的机会少。比如,市县的公开课多由城区教师来承担,参加赛课和汇报课的也是城区教师,许多有进取心的农村优秀教师难以得到展示的机会,也没有机会推荐与培养,时间一长,他们难免产生悲观、失落的情绪与难以作为的现象,工作的积极性和成就感低,说的严重点,就是麻木了。

因此,对于支教工作,L县农村学校从心理上说是欢迎的,希望通过支教和结对帮扶,给农村学校的教师和学校带来新鲜的气息。支教学校也理应从农村学校的实际需要出发,派出具有丰富教学经验的优秀教师到农村学校去,切实为农村学校的教育教学、教研活动带来新理论、新观念和新方法,形成一种"示范"效应,这样才能有效地带动农村中小学教师的教育教学观念更新,改变他们的教育教学行为,提高他们的教育教学水平,才能达到城镇教师到农村中小学支教的根本目的。但是,现实却恰恰相反,由于部分教师参与支教工作是为了评职称,所以城市学校派出的教师不一定是农村中小学所需要的,导致赴农村中小学支教的实际效果并不令人满意。其原因主要有以下四个方面。

第一,支教教师队伍的职称结构不合理。当前城乡教育存在的一个情况是,高级职称者富集于城市学校,农村中小学鲜有高级职称者,农村中小学教师初级职称的比例远大于城市中小学教师初级职称的比例。具有高级职称的教师,成为农村中小学的稀缺资源,在某些乡镇的中小学甚至找不出一个有高级职称的专任教师。调查发现,在200位支教教师中有高级职称的教师为23人,所占比例是11.5%,有初级职称的教师为35人,所占比例为17.5%,而有中级职称的教师居多,为142人,所占比例为71%。而高级职称获得者往往是较为优秀的教师,对农村义务教育的支持,首先应体现在优质教师到农村去支教,因而也应体现在有较高职称的教师支持上。

第二,支教教师队伍的学科结构不合理。目前,L县农村小学和初中教师队伍中,英语、物理、历史、音乐、美术、体育、劳技、信息技术等专业教师较缺。例如,农村小学应该从一年级起开设英语课程,但是由于缺少科班出身的英语老师,就让其他学科的教师半路出家,改行教英语。专业教师的缺乏导致农村学校教学质量低下,直接影响了农村中小学素质教育的全面开展,也不利于农村学生素质的全面发展,不利于义务教育均衡发展。城市教师到农村支教能否解决这一难题?在对L县T镇中学YAH校长、C乡中学LZP校长、D中心小学HDJ校长3位农村中小学校长的访谈中,他们都认为:"支教老师的到来在一定程度补充了农村师资,但是有些支教老师在学科配置上并不是受援学校所需要的,而且不同的教育阶段对教师的需求也不同"。调查显示:2010年L县教育局开展的城市教师到农村中小学支教活动中,初中阶段赴农村支教的城市教师共28位,占全部支教教师的40.6%。支教教师的任教科目涉及语文(7人)、数学(8人)、英语(3人)、物理(3人)、历史(1人)、政治(1人)、音乐(1人)、美术(1人)、化学(2人)和计算机(1人),其中支教老师人数最多的两门学科是语文和数学,占支教总人数的53.6%。小学阶段赴农村支教的城市教师共41位,在全部支教教师中所占的比例为59.4%。小学阶段支教教师的(任教)科目涉及语文(11人)、数学(14人)、英语(8人)、音乐(2人)美术(1人)、体育(3人)和计算机(2人),支教教师人数最多的两门学科也是语文和数学,约占支教总人数的61%。从上述调查数据可以看出,无论是初中阶段还是小学阶段,参与支教的教师在学科结构上,农村中小学最缺乏的英语、体育、音乐、计算机等课程的专业教师所占比例较小。课题组在访谈中也了解到,农村中小学实际上最需要的是英语、音乐、美术等学科的专业教师,这样的支教教师学科结构显然是不合理的,也是不符合农村中小学实际需求的,正如C乡中学LZP校长所说:"来的并非所需要的,需要的却没有来"。

第三,支教教师队伍的年龄结构不合理。课题组对L县3所农村小学、2所农村初中的教师年龄情况进行了抽样调查,调查结果显示:当前L县农村中小学教师存在年龄结构不合理的现象,该县农村中小学教师在年龄上有两极分化的态势,一方面是老龄化趋势,46岁以上的教师占29.67%,另一方面又存在年轻化趋势,35岁以下的教师占48.90%,接近教师总数的一半。而36—45岁的教师所占的比例只有21.43%,还不到四分之一,而这一年龄阶段的教师具有教学经验丰富、事业心责任心强、事业相对稳健的特点,他们往往是农村中小学教师群体中的骨干,调查显示L县农村中小学缺少骨干教师,骨干教师占教师群体总数的比例较小(见表2-29)。

表2-29　2010年L县5所农村中小学教师年龄分布情况

年龄	25岁以下	26—30岁	31—35岁	36—40岁	41—45岁	46—50岁	51岁以上
人数	21	33	35	21	18	36	18
比例(%)	11.54	18.13	19.23	11.54	9.89	19.78	9.89

因此,当前城市学校在实施支援农村学校的政策活动中,派出支援农村教育的城市教师时应尽量考虑36—45岁之间的骨干教师,一是因为农村中小学缺少这一年龄层次的教师;二是因为这一年龄层次的教师有丰富的教育教学经验,其事业心责任心也强;三是因为有高级职称的教师、学科带头人、骨干教师大部分都处在这个年龄段。课题组通过对L县2010年、2011年到农村中小学支教的教师进行调查,发现该县派到农村中小学支教的教师年龄在26—35岁的人数最多,占支教人员总数的41.8%,而36—45岁

之间的骨干教师只占21.4%。这充分说明,城市学校偏重派出35岁以下的年轻教师到农村中小学支教,支教教师队伍在年龄结构上具有一定的不合理性(见表2-30)。

表2-30　2010年、2011年L县城镇学校参与支教教师年龄分布情况

单位:人

年份\年龄	25岁以下	26—35岁	36—45岁	46岁以上	合计人数
2010年	6	21	10	13	50
2011年	7	20	11	10	48
比例(%)	13.3	41.8	21.4	23.5	100

无论是省教育厅,还是各市、县在实施支教工程的相关文件中均提出选派"骨干教师"、"优秀教师"、"学科带头人"等到农村中小学支教。事实上,拥有"骨干教师"、"优秀教师"、"学科带头人"等称号的教师,一般说来,他们的教育教学业务水平比较高,是所在学校的招牌,也是学校办学质量的可靠保障。因此,学校视"骨干教师"、"优秀教师"、"学科带头人"为学校之宝,不肯轻易让他们流动到其他学校。因而,在支教工程的实施中,一些城市学校的领导明确表示"不会派骨干教师去支教"。课题组在访谈中也了解到,大部分城市学校为了完成县教育局布置的支教任务,往往会派一些业务水平不高的教师到农村学校支教,同时也会象征性地派出一些"骨干教师"去支教。对于支教教师的教育教学业务水平,课题组成员把它分为"较高"、"一般"、"薄弱"和"较差"四类,通过问卷调查,获得对支教教师教育教学业务水平的认识情况(如表2-31所示)。

表2-31　对支教教师教育教学业务水平的认识情况调查

业务水平类别	较高	一般	薄弱	较差	合计
城市教师(人)	13	51	33	3	100
农村教师(人)	21	34	39	6	100
合计(人)	34	77	72	9	200
比例(%)	17	33.5	36	4.5	100

从表2-31可以看出,有17%的被调查者认为城市学校派去支教的教师业务水平"较高",这类教师可以说是学校的骨干教师。同时,有33.5%的被调查者认为城市学校派去支教的教师业务水平"一般",有36%的被调查者认为派去支教的教师业务水平"薄弱",有4.5%的被调查者认为支教教师的业务水平"较差"。这表明在当前城市学校和农村学校结对帮扶政策执行中,城市学校往往从自身的利益需要考虑,很少派骨干教师去支援农村教育;即便派出一些骨干教师、优秀教师或者学科带头人参与支教,也往往是"挂个名",有时到受援学校开堂"公开课"或"示范课"就算完成支教任务。然而只让他们到农村中小学上一两节示范课、公开课,交流一下经验,对农村中小学的促进意义不大,对农村中小学的发展也起不到示范作用。访谈中课题组也了解到:"一些城市学校出于'锻炼'的目的,会派出学校中教学业务薄弱的老师下去支教,名为'锻炼',实为从学校自身利益考虑,让这些'薄弱教师'暂时从学校流出去,相对地保证学校自身的教学质量。也有一些城市学校为保证自身教育教学的正常开展,让一些不承担课务的教师(如理科实验教师)去农村学校支教,而对那些需要评职称的骨干教师,学校会想方设法地把他们留下来,这样对城市学校本身的影响要小些。"[①]派出这样的支教教师,其参与支教的效果就可想而知了。

3. 支教管理上的真空

作为一种物理现象,真空是一种不存在任何物质的空间状态。作为一种管理现象,真空就是管理中存在盲区或是漏洞,造成没人管或管理不到位的情况。当前L县支教工作管理上的真空现象主要表现在以下几个方面。

(1) 教师选派规则模糊

在江苏省的支教政策文件里,只是初步拟定了每个区县应当选派的结对学校和教师总数,教育主管部门对每个城市学校每年要派出支教老师的数量没有做出具体的规定,有的学校一年就派出4名教师支教,有的学校连续四年在支援活动中只派了1名教师;另外,教育主管部门对支教教师的质量没有做出明确的要求,只是在向各城市中小学下达的支教文件中提出选派"优秀教

---

① 来自访谈录音:2010-10-9-YAH、LZP、HDJ。

师"、"骨干教师"去农村学校支教,至于支教教师的质量由各有关支援学校自己来控制,上级教育主管部门对学校上报的支教教师的业务水平、职称、年龄等等往往不做任何考察。

对支教教师数量和质量要求的模糊性,使得城市学校成为掌控选派到农村学校支教教师标准的主体,因此学校往往会从自身利益出发,派去支教的教师不一定就是农村学校所需要的。对此,课题组对参与 L 县农村中小学支教的部分教师就"支教教师产生的方式"进行了问卷调查①,情况如下(如表 2-32 所示)。

表 2-32 支教教师产生的方式

	教育局指派	学校领导确定	学校教师推荐或选举	教师自愿申请	其他
支教教师(人)	0	37	24	58	9
比例(%)	0	28.91	18.75	45.31	7.03

从表 2-32 中可以看出,有 45.31% 的教师认为支教教师的产生是由"教师自愿申请"的,这主要是因为教师参与农村支教工作,评职称可以优先。还有 28.91% 的教师认为是由"学校领导确定"的,因为城市学校为了完成教育主管部门下达的支援农村教育的任务,从自身学校实际工作出发,在派出支教教师的过程中,往往并不是出于支教教师对农村支教工作的认同,甚至是违背了学校教师的意愿,而指派一些领导看不惯或业务水平低的教师去农村支教。这就证明了教育主管部门对派谁去支教并没有一定的选拔标准,支教教师主要依靠一线的支援学校来产生,支援学校只是按照要求上报支教名单并让指派的教师在规定的支教时间内去农村中小学支教。这些做法,虽然有违江苏省关于支援农村教育工程中关于教师选派的初衷和政策精神,但也正是因为这一政策在支教教师的产生方面表述得并不具体而导致了一线学校在执行该项政策时形成管理上的真空现象。

---

① 本次调查人员涉及 2007 年 N 市 B 区支教教师 30 人以及 2009 年、2010 年 L 县本县支教教师 98 人。

(2) 部分支教教师在岗不敬业

按照支教政策的要求,支教教师不仅要完成受援学校分配的教育教学任务,工作量要达到所派学校教师的平均工作量,还要参与受援学校的教学管理、集体备课、课题研究、指导教育教学改革与研究等,通过支教活动,促进受援学校学习、引进先进的教育思想、教育理念和课改经验,充分发挥支教教师的示范指导作用。但是课题组在调查中发现,200位支教教师中有16人(占所调查的支教教师总数的8%)表示自己到受援学校的主要任务就是上课,上完课就回到县城,基本上是早出晚归,至于学校的早读课或者自习课则由支教学校的班主任代为管理。为什么会出现一部分支教教师在岗不敬业的现象呢?课题组通过调查发现,支教教师在岗不敬业的原因主要有以下两点:一是这部分支教教师主观上认为支教只是为了获得农村从教经历,没有必要太认真;二是有一部分教师因在原学校承担教学和管理的任务,平时事务繁忙,分身乏术,因而他们难以像受援学校中的其他普通教师一样,全身心地从事学校的教育教学以及班级管理工作。当然,支教教师在岗不敬业的现象主要发生在L县本区域内从城镇学校到农村学校支教的教师身上,对于从外地来L县对口支教的城市学校教师来说,由于空间距离太远,经常性回家或回校是不现实的,只能在双休日或节假日回家看看。平时,他们只能选择"待在支教学校,以校为家,既管教学,也管班级,比受援学校的老师还尽心、尽力、尽职"[①]。

由于支教的动机异化,使得城市学校教师支援农村教育失去了它原本的意义。为此课题组就"您认为目前城市学校教师支援农村教育存在的问题是什么?"这一问题对参与支教的一些教师以及受援学校的教师进行了调查,发现有59.0%的教师认为支教中存在的最大问题是"支教工作中作秀成分多",而且无论是参与支教的教师还是受援学校的教师,选择"支教工作中作秀成分多"这一选项的都占有较大的比例,且比其他选项要高得多(如表2-33所示)。

---

① 来自访谈录音:2011-3-2-WDH.

表 2-33 目前城市学校教师支援农村教育存在的问题

	支教缺乏理论指导	没有成为学校的常规性工作	支教工作中作秀成分多	对受援的农村学校作用不大	对支教教师的实际困难考虑不够	宣传力度不够,没有获得支教教师的理解
支教的教师(人)	12	10	57	5	12	4
受援学校教师(人)	6	13	61	10	8	2
总计(人)	18	23	118	15	20	6
比例(%)	9.0	11.5	59.0	7.5	10.0	3.0

(3) 存在"挂名支教"现象

所谓挂名支教是指安排去农村学校支教的城市学校的教师只在农村学校挂个名,并没有到受援学校去支教。按照对口支教的有关政策要求,城市学校支教老师在支教期限内应该在受援学校工作,由受援学校和派出学校双重管理,以受援学校管理为主。但是在访谈中课题组了解到,200位支教教师中有9名支教教师表示自己在受援学校只是挂个名,支教期间两地频繁跑,中间偶尔向受援学校提供一些城市学校中的试卷、随堂练习,到支教结束前,将支教考核表等材料拿到受援学校盖个章,就表示完成了支教任务。支教教师为什么在职不在岗?课题组成员认为,之所以出现这一现象,一方面是因为城市学校教师和部分支援学校的领导对城市学校对口支援农村学校的意义和重要性认识不够;同时也因为城市学校按照要求派出一定数量的支教教师到农村学校去支教,这些支教教师原来的工作就要转嫁给学校的其他教师,特别是物理、化学等学科的情况更为严重,原本这些学科的教师就比较紧张,现在又要再派出教师去支教,学校正常的课程教学运转就会发生困难,为保证学校教育教学工作的正常开展,派出学校领导就会和受援学校领导私下协商并达成口头协议,支教教师名义上挂到支教学校去支教,实际上还在原单位工作,支教教师本单位工作和支教任务两不误,对上级教育主管部门而言也算"交了差",对原学校单位和受援学校而言也没有什么损失,这样做是既有"工作业绩"也有"支教之名"。

(4)"擦边球"问题

由于城市学校中一些学科的教师也比较紧缺,而教师到农村中小学支教又享有评职称的优先权,一些人就打起了"擦边球"。调查中发现,有一位学科带头人,原本城市学校的领导同农村学校的领导通过协商,该教师在农村学校挂名支教就行,但受援的农村学校也缺少该学科的教师,需要城市学校支教教师填补教师空缺。于是,农村受援学校的领导要该教师来上课,原单位也给这名老师安排了课务,该教师就在两个学校同时承担课务。L县中学在原单位城市学校和受援的农村学校同时承担教学任务的WAH老师在访谈中对课题组说:

> 支教前的工作量我是一周上15节课,是3个平行班级的物理课,这么多课已经算超工作量了。到农村学校支教后,我要上农村学校初二3个班的物理课,再加上自习课,每周工作量达到18节课。但是,在农村学校工作了两个星期后,原来学校物理课没有老师上,校长让我回去上课,并同受援学校的校长进行了协商。由于受援学校也缺物理老师,不愿意让我走。最后原来学校校长和受援学校校长沟通后,让我在两个学校同时上,把我的自习课减掉,这样我一周还有30节课。我每天穿梭在两个学校之间,感觉自己就像陀螺一样,不停地转动,没有时间休息,真的很累。好在我在两个学校都是教初二物理,准备好同样的教案就可以了。因为农村学生的基础比较差,答题的速度也比较慢,我尽量选教案中基础性的题目来讲,提高性的题目我就不拿出来讲了,避免挫伤学生的积极性。至于学生作业的批改,我们物理每天都有课,所以每天都有作业,要批6个班学生的作业,工作量太大,不能做到全批全改,只能在每个班取选两组学生的作业进行批改。虽然支教很累,但我认为农村学校教师的教育理念和教育方法跟城市学校的教师还是有一定的差距,支教还是有必要的。只不过,现在有很多人在支教中大多是走走样子,没有发挥其实际作用,需要教育主管部门加强对支教工作的管理和监督,消除支教工作中存在的一些不足和弊端;同时应当建立农村学校和城市学校教师相互流动机制,既可以让城市学校教师到农村学校去支教,也可以让农村学校教师到城市

学校来教学、来培训，这样就不会造成像我这样同时在两个学校奔波上课的现象了。

课题组认为，这种打"擦边球"现象的存在，让支教教师不得不奔走在城市学校和农村学校之间，放弃任何一方，对教师而言，都是不利的。而一名教师的精力是有限的，给支教教师同时在原先的城市学校和受援的农村学校安排较多的教学工作量，会严重影响到支教教师每节课的质量，也让支教教师拿不出更多的时间和精力同农村学校的教师交流教育教学理念、教学方法、教学经验等，更谈不上科研指导，这样也就达不到预期的支教效果。

4. 人情在考核中的渗透

如何对支教教师的教育教学工作进行考核？江苏省教育厅在政策文本中明确提出，"教师支教期间，以受援地县（市、区）教育行政部门和学校为主管理，年度考核由受援学校负责"①。这意味着对支教教师的考核有二：一是作为支教者的考核，二是作为单位人的年度考核。在支教工作考核时，支教教师需要统一填写《江苏省"千校万师支援农村教育工程"支教教师考核表》，同时需要根据自己的支教情况填写支教工作小结。受援学校和当地教育局根据小结所写情况给予支教教师考核结果。考核等第分"优秀、合格、基本合格、不合格"四档。通常情况下，支教教师写的小结都很好，受援学校也不会太为难。原学校对支教教师的年度考核也分"优秀、合格、基本合格和不合格"四个等第。一般对教师的年度考核，只要其教学上认真对待，教育教学过程中没有出现大的教学事故，与领导和同事没有矛盾，教师的年度考核基本上都是合格的。而城镇学校教师到农村学校支教，从某种意义说已经是一种高尚的行为，因此只要支教教师在支教中按照支教工作的要求去做，没有发生大的教学事故，其年度考核基本上都会以"合格"或"优秀"的成绩通过。显然，这样的考核存在着"人情"成分。一方面，支教教师到农村学校支教已经是够辛苦的了，一年下来，受援学校在教师评测和领导测评中都会给予"照顾"；另一方面，支教教师在年度考核时，也会和学校的一些教师和领导"打打招呼"，受援学校的教

---

① 江苏省教育厅,江苏省财政厅.关于实施"千校万师支援农村教育工程"的通知(苏教师〔2006〕23号、苏财教〔2006〕220号).

师和领导一般情况下都会"做做好人",因而,支教教师的年度考核"全部合格"和"大部分优秀"也就是再正常不过的事情了。

对支教教师的考核,按理说应当依据支教教师的教育教学情况来进行。但是,支教教师的教育教学情况主要呈现在其日常教育教学中,教师本人表现如何、学生的反映如何、受援学校的教师和领导反应如何,这些都需要以"数据"或"材料"来体现,而这些"数据"和"材料"又往往带有很大的主观性。因而,这就需要教育管理部门制定相应的支教教师考核标准,而非简单地填写一张考核登记表并依据教师的"个人小结"和年度考核等第来确定其支教的考核情况。

课题组通过调查发现[①]:被受援学校或教育主管部门年度考核为"优秀"等第所占的支教教师所占的比例为63.28%,而"合格"等第所占的比例为31.25%,两者所占比例为94.53%;考核等第"基本合格"的有6人,占4.69%,"不合格"等第的只有1人,而这个唯一的1人"不合格"的原因是该老师在支教期间"患有颈椎错位、骨质增生、腰椎间盘突出等疾病"[②],导致其停止支教工作。对于支教工作考核的依据,有94.53%的支教教师选择"年度考核"作为考核依据,同时有5.47%的支教教师认为自己"不知道"支教的考核依据(如表2-34所示)。

表2-34 支教中对支教教师的考核情况

	考核等第				考核依据	
	优秀	合格	基本合格	不合格	年度考核	不知道
支教教师(人)	81	40	6	1	121	7
比例(%)	63.28	31.25	4.69	0.78	94.53	5.47

这些数据表明了目前教育主管部门缺少明确的对支教教师支教工作考核的标准,对支教教师的考核较为模糊。首先,没有明确的评价标准。江苏省N市B区在文件中附上了"支教教师考核表",里面的主要栏目就是"支教工作

[①] 本次调查人员涉及2007年N市B区支教教师30人以及2009年、2010年L县本县支教教师98人。

[②] L县2009年城区学校结对帮扶工作考核情况汇报(第二组),2009-12-18.

小结"。这就意味着,只要教师参加了支教活动,无论实效如何,就看工作小结写得好不好,写得好的年度考核均给予"优秀"等第,把这种考核当作对支教教师的一种奖励。其次,农村受援学校对支教教师采取听之任之的态度。农村受援学校知道支教教师来的时间不长,大都不愿意得罪支教教师,对支教教师平常的工作态度、工作情况、工作实绩采取无所谓的态度,年度考核一律予以通过。再次,支援学校对受援农村学校不重视。城市学校派出教师支援农村教育后,很少关心这些支教教师在工作、生活上的困难,往往认为支援农村教育是支教教师个人的事情,使得支教教师缺少归属感,找不到支教的成就感,因此很多支教教师在支教中的积极性不高,想早点结束支教,回到原单位。

为了改变对支教教师支教工作的考核较为笼统的情况,L县教育部门对支教教师的考核要求"每学期结束,帮扶教师写出自我小结,由接受学校集中报县局教育科","县局考核将采取平时随机考核和年度集中考核相结合的办法进行。年底由教育科牵头,组织相关科室,对单位帮扶情况和互派人员的德、能、勤、绩等方面进行量化考评"。[①] 同时,L县教育局还制定了"L县教育集团办学暨城乡教师结对帮扶工作督查表"(见表2-35),对支教教师支教工作情况进行督查。督查内容分为职业道德、教学业务、履行职责和教学绩效四大方面18项内容,并对每一项内容设置了相应分值。这一量化考评办法与日常的随机考核和年度集中考核结合起来,将有效改变以往支教教师支教工作考核标准模糊和方法单一的不足。

四、提高支教政策执行成效的建议

1. 政策过程需要满足多元化的利益诉求

詹姆士·布坎南(James M. Buchanan)认为:"在行动能力内,人们被认为是理性利益的最大化者。"[②]政策过程作为一种选择性行为,它追求的是效用最大化,也就是机会成本最小化。而机会成本,就是当存在稀缺性时,因选

[①] 关于组建L县教育集团暨开展城乡学校结对帮扶工作的意见(L教发〔2010〕81号)。

[②] James M. Buchanan, et al.. The Economics of Politics[M]. London:Institute of Economic Affairs,1978:17.

择而放弃了最优替换物或失去最好机会的价值。如果不存在稀缺性,也就不存在错过、放弃或损失机会与取舍的问题。美国公共政策学者尤金·巴达克把政策执行过程视为一种赛局,在冲突和竞争的情况下,每一名参加者都努力寻求最大的收获,并且试图将损失降低到最低限度。政策的成功与失败,取决于各方参加者的"战略选择"。[①]

地方各级教育行政部门在贯彻江苏省教育厅"千校万师支援农村教育工程"政策的过程中,无疑出现了各方参加者的"战略选择"问题。支教教师会较多地考虑"评职称或先进"这一系列的"私人"目标,而非出于支教政策本身的公益目的。处于关键环节的支援学校会较多地考虑学校的"组织"目标,它一方面要权衡派出教师这一行为不能影响到学校正常的教育教学秩序和教育教学质量,另一方面却不能拒绝实行该项政策,因为学校最终要接受对其发展前途具有决定权的地方教育行政部门的评估,校长要接受教育行政部门的考核和任命。这对任何一所中小学来说都是再平常不过的事情了。因而,支援学校在执行支教政策过程中基于其利益诉求,需要反复权衡,其采取的应对形式主要有以下几种。一是基于政策的硬性要求将必须派出的教师派到农村学校或是薄弱学校去支教;二是将不合格、拟淘汰的教师派出支教,以强化对这类教师的"锻炼";三是将聘用中落聘且属超编范围的教师派出支教,以缓解学校管理的压力。不管哪一种形式,都只是在"形式上"配合了该政策的实施,"达到了"上级要求,却较少关注到对受援学校是否有实质性的帮助。教师是支教政策的具体承载者,在支教政策执行中也会进行自身的利弊分析,其"利"的方面包括根据国家或地方相关文件精神,享有职称评定、评优评先等方面的机会优先;"弊"的方面包括家庭与工作难以兼顾、农村学校工作及生活条件相对艰苦以及对自身在原来学校的定位有可能会被动摇的担忧等。尽管在江苏省教育厅颁发的《关于实施"千校万师支援农村教育工程"的通知》以及各地出台的相关支教政策文件中,都对参与支教教师的工资福利待遇、工作关系、支援补贴等有了明确规定,但这些相较于教师对自身支教可能带来的"弊"的分析来说,还不足以构成吸引力,不足以抵消支教教师的担忧。

政策的实质就是对利益的分配和调整,基于利益分配和调整的需要,政策

---

① 陈振明.政策科学[M].北京:中国人民大学出版社,1998:318.

执行中,各类利益主体会利用各自的权力或权利将政策"用足用活"。在执行支教政策的过程中,地方教育行政部门根据自己的理解和需要,会利用其既是政策执行者同时也是政策决策者的地位和角色,适当搞些"本土政策";在保证教育教学质量的借口下,学校尤其是支教学校会钻政策的"空子",搞"上有政策、下有对策",有选择性地执行政策;支教教师虽然无力改变政策,但在支教过程中往往会采取一些隐性消解的方式应付政策。巴里·诺顿曾说:"地方总是以对己有利的方式在执行政策时变通执行中央政策,因此政治体制的一大特点是存在很强的'执行差距'。"①因而,实施支教政策所带来的利益如何分配、如何调整,必然会遭遇各利益主体的博弈。政府会较多考虑政治方面,即如何促进城乡教育均衡;学校会较多考虑组织声誉方面,即如何提升自己的办学质量;教师会较多考虑个人发展方面,即如何提升职称获得荣誉等。一旦某一方追求自己的利益超过一定限度,其他方的利益就有可能会受到不合理的限制,甚至损害。而利益受到不合理限制方或者受损方则往往会采取措施,或公然阻抗,或隐性消解,从而降低政策的执行效果。

从 L 县支教政策执行中出现的种种问题来看,或多或少地存在着教育政策失真的情况。由于任何一项政策都具有原则性和强制性等特点,支教者往往会从维护自身利益主体的局部利益出发而对代表着整体利益的政策进行随意取舍,但这种对政策的取舍往往是以隐蔽而又相关的行为出现的,如支教者通过"挂名支教"等形式使自己的支教活动与既定的支教政策发生这样或那样的关系,以免除其个人利益或群体利益遭受损失。

2. 强化农村中小学在支教政策中的话语权

农村中小学作为"千校万师支援农村教育工程"等支教政策的目标群体,是支教政策的受益者,同时也是支教政策的执行者之一。这一政策的制定基于农村中小学需要城镇学校教师支援从而在学校管理或教学上获得帮助和提升的需求;在政策执行阶段,需要农村中小学接收支援教师,在工作内容、工作方式的安排以及工作和生活的保障上承担责任;在政策效果评估阶段,更是要以农村中小学为评估对象,通过其变化来判断政策是否达到预期效果。可见,在支教

---

① David Bachman(1987). Implementing Chinese Tax Policy[M]. Lampion,1983:8-12.

政策的每一个个环节、每一个周期内,农村中小学都扮演着极其关键的角色。

然而,从 L 县实施的支教政策的执行情况来看,课题组认为:在支教政策的制定、执行和评估过程中,农村中小学始终处于"中心—边缘"中的边缘位置,处于一种"失语"的境地。地方各级教育行政部门在制定支教政策的过程中,很少考虑农村中小学的实际情况和具体需求,比如农村受援学校是需要办学思想、学校规划、常规管理规范上的支持,还是课堂教学能力提升、师资队伍建设方面的支持,或是学生有效管理上的帮助,抑或是办学经费、设施条件方面的支持,等等,相关支援学校以及参与支教的教师对此都不甚明了。针对此种情况,法国行政学家夏尔·德巴什认为,对于行政机构来说,"如果决策与它所期望的东西不相符合或在它看来无法实施时,它将反对这种毫无活力的东西或者试图改变既定的措施的内容"[①]。在支教政策执行过程中,农村中小学似乎处于"被人家施舍"的地位,对于城市支援学校派什么人来、给予什么样的支持等,农村中小学没有发言权。而在政策考核中,作为支教政策实践场所的农村中小学处于一种附属的地位,县教育局是政策评估的主体,政策执行的最终结果由县级教育行政部门鉴定,农村中小学只有建议权没有决定权。因而,要让农村中小学成为支教政策的真正受惠者,就必须强化农村中小学在支教政策中的话语权,强化农村中小学在支教政策中的主体地位,发挥其在支教政策执行中的主体性,这样才能有效地改变大多数农村中小学在支教政策执行中被动接受的现状。

3. 改变支教政策执行评估主体单一的现状

一般情况下,政策评估的主体主要是政策制定部门,而政策分析人员、政策执行人员以及政策目标群体等在政策评估中所发挥的作用并不明显。从我国的政策执行评估实际来看,政策执行评估主体较为单一,容易导致政策评估时在评估标准的制定、评估方法的综合运用等方面陷入片面性,受评估对象难以对此予以重视甚至对政策评估持"敷衍了事"的态度。如就 L 县在县域内开展的城镇学校教师支持农村学校发展的政策执行而言,一方面,政策执行相对单一化,仅囿于教师上课,这涉及对政策的理解和把握,另一方面,支教教师被动执行问题也很突出。L 县教育局为了有效检查该项政策的执行情况,制

---

① [法]夏尔·德巴什.行政科学[M].上海:上海译文出版社,2000:26.

定了"L县教育集团办学暨城乡教师结对帮扶工作督查表"(见表2-35),从该督查表中我们可以看出,政策评估主体是L县教育局,督查的内容包括支教教师的职业道德、教学业务、履行职责、教学绩效等四个方面,督查的方法和途径包括对学生的问卷调查、本组教师评价、教师备课听课笔记查阅、科室与领导班子评价等。

表2-35 L县教育集团办学暨城乡教师结对帮扶工作督查表

姓 名		性 别		年 龄		职 称	
派出单位				接受单位			
督查项目	督查内容及分值					评价办法	得分
职业道德 (20分)	1. 依法执教,遵纪守法,执行"五严"规定。(3分)					此三项依据学生问卷给分	
	2. 爱岗敬业。忠于教育事业,不无故缺席、迟到、早退,做好本职工作。(3分)						
	3. 热爱学生。不挖苦、不讽刺、不歧视学生。不体罚和变相体罚学生。(3分)						
	4. 严谨治学。钻研业务,改进教学方法,成绩突出。(5分)					此三项依据本组教师评价给分	
	5. 团结协作。谦虚谨慎,尊重他人,互相学习,互相帮助。(3分)						
	6. 为人师表。严于律己,作风正派,遵守社会公德。(3分)						
教学业务 (30分)	1. 备课:按课时备课,教学目标明确,过程设计缜密,教案规范完整。(6分)					查阅该教师备课笔记	
	2. 上课:教学目标明确,教学内容准确,教学方法科学,教学行为规范。(6分)					查阅本组教师听课笔记	
	3. 批辅:作业批改及时,对学生辅导及时,教学信息反馈及时。(6分)					查阅学生作业	
	4. 教研:注重教学研究,定期开设示范公开课、业务讲座。(6分)					查阅教研组记录	
	5. 听课:跟班听课,听课次数达到规定要求。(6分)					查阅该教师听课笔记	

续表

督查项目	督查内容及分值	评价办法	得分
履行职责 （20分）	1. 完成教学任务情况。（5分）	座谈了解 相关科室完成	
	2. 积极参加学校集体备课，开设示范公开课、业务讲座情况。（5分）		
	3. 师徒结对指导、培养青年教师情况。（5分）		
	4. 担任班主任或外出其他工作情况。（5分）		
教学绩效 （30分）	1. 教学效果。（10分）	了解领导 班子完成	
	2. 育人情况。（10分）		
	3. 教研情况。（10分）		
督察组 意见		综合得分	
督查人员签字：		日期：	

对于支教工作的督查，L县Y乡中心小学XJ校长说："人家是来支教的，支教结束后就回去了……人家支教够认真的了，有些缺点何必去认真计较呢。说点好话，对大家都没有坏处……县局督查不可怕，就怕没有接待好人家。"有了这些想法，支教工作督查也就很少有不好的结果，关于政策执行的实效性往往就难以体现。又如，L县在执行江苏省"千校万师支援农村教育工程"政策的过程中，县教育局对该项政策执行情况的评估也是依据参与支教者个人所写的小结情况对其进行相应的鉴定，作为政策评估主体的县教育局对这项政策执行的具体情况（如政策目标是否发生偏移、政策投入是否到位、支援是否与学校需求匹配、政策利益主体之间的矛盾是否得到正确认识和妥善解决、政策执行是否具有效率和效果等）其实了解较少，这就在相当程度上助长了政策评估的"形式化"倾向。

政策执行评估主体较为单一，往往会导致政策评价过程缺乏透明，进而影响政策评估的实效。无论在政策评价的过程中，还是在评价结果的公布上，都需要信息公开，信息公开是对政策执行进行科学、公正评价的前提。要做到政策评价中信息公开，相关部门要敢于正视自身的不足，正视政策执行中的种种问题，要勇于让公众真正地参与到政策评价中来，并及时公布评价结果，以利于公众提出意见，进行监督。因此，在对支教政策执行情况进行评价时，需要让多重的支教政策利益相关者参与到政策评价中来，多尊重政策利益相关者的利益，倾听他们的声音，以提高政策评价结果的科学性和合理性。如对 L 县现行的农村支教政策进行评估时，当地受援学校、受援学校教师及学生的利益是否需要考虑？受援学校、教师、学生是支教政策的最直接的受影响者（也即政策目标群体），通过政策目标群体的感受，倾听他们面临的困难，更容易发现现行的支教政策执行中存在的一些问题。

4. 强化教育政策执行自由裁量权的伦理控制

教育政策执行过程中的自由裁量权是一把双刃剑，其正当行使能产生积极效应，不当行使则会带来消极影响。一方面，正当行使教育政策执行自由裁量权，能够促使政策执行主体审时度势、灵活机动地处理问题，提高教育政策执行效率，顺利实行教育政策目标；另一方面，教育政策执行自由裁量权由于存在一定的自由度和弹性空间，容易掺杂政策执行主体的个人判断和私人情感，导致滥用职权、谋取私利、拖延履行法定职责等行为的发生，从而对行政相对人的合法权益造成侵害。因此，教育政策执行主体行使自由裁量权时，必须受到自由裁量权原则和相应伦理机制的制约。

为保证教育政策执行过程中的自由裁量权能被正当行使，必须在依法行政、加强制度约束的前提下，同时加强对自由裁量权的伦理约束。只有使法律规制与道德约束形成合力，才能使教育政策执行自由裁量权真正发挥积极作用，避免政策执行的失真和政策目标的落空。

（1）建立教育政策执行自由裁量权责任追究制度

建立责任追究制度是由教育政策自身的性质决定的。教育政策执行的原则性、灵活性和科学性决定了必须建立责任追究制度。教育政策的原则性产生了政策执行中的政治责任、道德责任及人格责任。教育政策执行的灵活性规定了行使自由裁量权的空间和弹性，灵活性要受制于原则性的统领，要求政策执行者在执行政策时抓住政策的精神实质，允许"神似"下的政策变通，对一味追求政策"形似"而抛弃其精神实质的应追究其责任。教育政策执行的科学性也要求执行人员严格按科学的程序进行，对违反程序者同样应追究其责任。因而，教育政策主体必须明确自身的责任意识，执行政策以身作则，严格要求，符合政策的价值原则。对于教育政策执行人员，必须建立与其职位、职务、职权相一致的责任追究制度。因此,建立教育政策执行自由裁量权责任追究制度,可以有效防止自由裁量权的滥用,减少、避免和纠正政策执行中的种种机会主义行为,提高教育政策执行的效率与质量。

(2) 加强对政策执行自由裁量权的伦理监督

由于政策执行主体有可能滥用自由裁量权谋取私利,因此,需要加强对自由裁量权的伦理监督。教育政策是以公共教育利益为出发点和归宿的,政策执行的过程也是围绕着实现和增进公共教育利益的价值取向而展开的,政策执行主体行使自由裁量权必须基于公共教育利益的考量。另外,政策执行公开化、民主化、透明化是对自由裁量权实施伦理监督的有效方式,让公民参与到政策执行的过程中,有效监督政策执行者,用公民权利约束政策执行者自由裁量权的运作,防止自由裁量权的滥用,从而最大限度地避免政策执行的偏差和扭曲。①

5. 优化教育政策的县域执行环境

一项好的政策要想成功执行就必须要与特定的政策环境相适应。在众多的政策执行环境中,政策执行目标群体对政策执行的态度、政策运行机制、利益集团以及政策监控机制是影响政策有效执行的关键性因素。针对江苏省L县支教政策执行中存在的一些问题,课题组认为,应不断推进优化教育政策的县域执行环境。

教育政策的县域执行环境优化是一项系统性工程。首先,要积极推行行政管理体制改革,进一步精简政府机构,理顺各部门之间的关系,明确各部门的权利和责任,加强政府部门在政策执行过程中的整合程度,提高政策执行的效率。管理体制对政策执行有很大的制约作用,它能整合各种政治资源,协调政策执行机构内部与其他组织机构之间的各种关系,为政策执行提供制度保障。② 其次,要加大县域经济建设。通过经济建设和县域经济条件的改善,在为县域教育政策提供厚实的财源保障的同时,也可以不断促进县域社会经济文化生态的良性发展,提升教育政策受惠地区的内生力。再次,要建立健全政

---

① 陈洪连. 公共政策执行自由裁量权的伦理困境及其制约机制[J]. 中州学刊,2008(3).

② 戴艳军,吴非. 我国公共政策执行中的失控及对称探析[J]. 行政论坛,2003(3).

策监控制度,使监督经常化、制度化。通过政策的监控制度建设,强化政策执行过程中各方主体之间的协调配合,形成多层次、多功能、内外沟通、上下结合的监督控制网络,同时增加政策执行的透明度,通过调查、咨询、罢免、撤销、申诉控告等手段来实现对政策执行过程的有效监督。① 另外,要加快政策执行及其管理的信息化建设,创造良好的政策执行条件,优化政策执行环境,为教育政策县域有效执行提供技术保障。

第八节 河北省农村中小学"校校通"工程实施状况调查报告

《国家中长期教育改革和发展规划纲要(2010—2020年)》于2010年正式颁布实施。该《纲要》对加快教育信息化进程提出了专门要求:"提高中小学每百名学生拥有计算机台数,为农村中小学班级配备多媒体远程教学设备……到2020年,基本建成覆盖城乡各级各类学校的教育信息化体系……整合现有资源,构建先进、高效、实用的数字化教育基础设施。加快终端设施普及,推进数字化校园建设,实现多种方式接入互联网。重点加强农村学校信息基础建设,缩小城乡数字化差距。"

城乡教育信息化水平的统筹提升是城乡义务教育统筹发展的题中应有之义。但毋庸置疑的是,农村学校的教育信息化水平远远低于城市学校。2000年以后,全国广泛开展了"校校通"工程建设,以促进城乡教育信息化。"校校通"工程是中小学普及信息技术、推进教育信息化建设的基础工程,是一项包括课程资源开发、传输、使用及教学管理等多项内容的系统工程。它通过计算机网络、卫星宽带网、闭路电视等多种方式实现教育资源的共享。这一工程在农村地区执行的情况是考察农村教育信息化建设得很好的切入点。课题组成员在河北省C市的X县进行了调查,试图考察"校校通"工程在农村地区取得的成效和存在的问题。

---

① 宁国良.论公共政策执行偏差及其矫正[J].湖南大学学报,2000(9).

一、调研对象的选择和调研过程

X县隶属于河北省C市,位于河北北部,地处山区,是河北省首批农村中小学现代远程教育工程试点县市之一。在借鉴相关研究的基础上,课题组首先随机走访了几所中小学,通过与校领导、信息技术教师、学科教师以及部分学生的随机访谈,了解了这些学校的基本信息和目前"校校通"工程的实施情况,并以此为依据制定了相关的问卷和访谈提纲。调查问卷分为学校领导卷、信息技术教师卷、学科教师卷、学生卷,访谈提纲分为学校领导卷以及教体局相关领导和人员卷。样本的选择采用随机取样,确保每个乡镇都被涵盖在取样范围内。样本包括县城附近乡镇的2所中学和5所小学、偏远乡镇的3所中学和9所小学(如表2-36、表2-37所示),以及作为对照组的县区的1所中学和2所小学。访谈的对象是X县教体局主管教育技术装备的L副局长、电教站S站长和X副站长、各中小学的校长或副校长。

表2-36 学校类型数据源

学校类型	学校数(所)
中学	5
小学	14

表2-37 调研对象分布情况数据源

单位:人

调研对象	总人数	中学	小学	男性	女性
校长	19	5	14	12	7
信息技术教师	19	5	14	13	6
学科教师	76	20	56	22	54
学生	190	50	140	102	88

调研的学校类型和各类型学校数如表2-38所示。

表 2-38 学校类型

学校类型	县城（所）	农村（所）
中学	1	5
小学	2	14

本次调研共选择全县 6 所初级中学和 16 所小学（其中，县城中学 1 所，小学 2 所）。调研对象包括：各校校长（或副校长）共 22 位；各校信息技术教师共 25 位（其中，有 2 所初中和 1 所小学拥有两位信息技术教师）；学科教师每校 4 位，共 88 位；学生每校 10 位，每个年级 5 人，共 220 人，其中，初中选择了七、八年级，小学选择了五、六年级。调研对象分布情况如表 2-39 所示。

表 2-39 调研对象分布情况

单位：人

调研对象	总人数	中学人数	小学人数	农村人数	县城人数	男性人数	女性人数
校长	22	6	16	19	3	18	4
信息技术教师	25	8	17	21	4	21	4
学科教师	88	24	64	76	12	32	56
学生	220	60	160	190	30	122	98

二、X 县"校校通"工程的实施

X 县教体局非常重视教育信息化建设，在省市相关政策的指导下，根据"校校通"工程的政策要求，同时结合本县实际情况制订了详细的实施方案，以此来确保"校校通"工程的顺利实施。

1. X 县"校校通"工程的领导机构

X 县教体局成立了全县"校校通"工程领导小组，由时任教体局副局长亲自任组长，副组长是电教站的正副站长，组员由各中心校的校长组成。

对于 X 县"校校通"工程实施的具体情况，课题组在调研过程中访谈了 X 县教体局 L 副局长和多位校长，他们给出了相似的答案。

X县教体局L副局长：县局非常重视"校校通"工程的实施，将其看作是X县教育腾飞的契机，县教体局还成立了"校校通"领导办公室，由L副局长挂帅(此L副局长现已退休，非指本文所访谈的L副局长)，主要是负责全县"校校通"工程的规划和方案的制订、工程的实施和监督、工程的验收和评估以及上通下达等工作。同时，局里还要求各中心校也成立由校长亲自挂帅的"校校通"领导小组，层层推进，分工负责。

GYG中学W校长：整个工程的实施是由县里统一领导的，虽然各中心校也成立了领导小组，但是职责和权限都有限，也就是负责一些工程实施的协调和监督。

2. X县"校校通"工程的实施模式

各地在实施"校校通"工程时，根据地方社会、经济、教育等方面的实际情况而形成了不同的实施模式，如上海由于经济发达、财政投入充足而采取了政府包揽的模式，天津则是财政、教委、学校三方共同承担模式，陕西、安徽等地则形成了由厂商先行垫付资金建设、财政后期逐步还款的模式。X县"校校通"工程的实施模式与以上几种均不太相似，它具有自己的特色，工程实施的前期主要是在省教育厅的主导下各校独自承担、自主选择，后期是由各校申请、政府统一采购和招标施工。

对于X县"校校通"工程的实施模式，X县教体局电教仪器站X副站长告诉课题组：

最初实施的时候没有统一的模式和安排，财政也没那么多钱，所以各校就各自为战，自筹资金，只需向教体局打个报告就可以了。到了后来，才慢慢地规范化，由县财政统一安排资金购买设备，按省里文件的要求招标施工单位。

3. X县"校校通"工程的资金来源

"校校通"工程所需的资金，主要是来自于教育经费。《教育部关于在中小学实施"校校通"工程的通知》中明确提出:国家将对贫困地区实施"校校通"工程给予支持,同时,积极鼓励社会各界以适当的方式参与"校校通"工程的实施,向中小学,特别是偏远贫困地区的中小学捐赠所需设备和教育教学资源,这些地区也要以多种形式筹措资金用于工程的建设。但是,并未出台相应政策对扶持的额度和方式做出具体而明确的说明。

关于"校校通"工程建设的资金来源,课题组听到了以下回答。

  X县教体局L副局长:咱们县的教育经费投入是很大的,全市也就L县可能比咱们县多。平均每年至少投入600万,最近几年更多。至于资金的来源主要是上级拨付县政府转移支付资金、县财政教育拨款、城市建设维护税(部分)、城市教育附加费、学费、杂费以及企业捐助、学生上机费等。

  X县电教站X副站长:县里对电教这一块儿投资还是比较大的,基本够用。"校校通"的设备呢,以前是各校自己筹钱自己采购,自打2007年全县义务教育实行免费后,是由各校申请政府统一安排采购。

  TDH中学X校长:县里当年是统一拨付了一批设备和资金,但是根本不够用,大部分都是学校自己筹集的,资金来源主要是教育附加费和学杂费。

  YEN中学S副校长:经费来源呢,还是有一些,主要是镇上有矿,所以镇政府对教育的投入还是比较大的,再加上矿上那些捐助,学校的资金还是可以的,所以我们学校不敢说是最富裕的,也差不了多少。

  WZG小学B校长:农村和城里就是没法比呀,一没有校友捐助,二没有企业赞助,靠要又要不来,靠老百姓更是没指望,每年就是那些固定的经费,还幸好是贫困县,有国家补助,要不然经费更紧张。

除此之外,教育厅还对部分学校进行了补助,虽然金额不多、名额有限,但是对于县教育财政投入不足的各中小学来说,有总比没有要好一些,所以各校在争取上级财政补助之时可谓是"八仙过海,各显神通",力图能够拿到补助。

X县在实施"校校通"工程的过程中,主要采取的措施是按先县区、后乡镇、再农村,以及先中学、后小学的顺序,依次展开全县的教育信息化建设。在2008年底时,全县各级各类学校共有计算机教室86个,配置计算机2 118台,语音室32个,多媒体教室96个,新建校园网6个,中心小学以上学校实现"校校通",一中、二中、一小已达到班班通;①截至2011年10月18日,全县实现"校校通"学校达133所,县教体局建成高标准中小学教学资源库1个,全县实现了教育信息资源共享。②

三、X县"校校通"工程的实施效果

截至2011年10月18日,X县"校校通"工程建设已经基本结束,并且在"校校通"工程基础设施建设、网络建设、资源建设、开展信息化教学、信息化管理、信息化培训等方面取得了诸多成效。全县现共有各级各类学校140所,实现"校校通"学校达133所,全县范围内实现了教育信息资源共享。

1."校校通"基础设施建设初具规模

硬件设施建设是实施"校校通"工程的基础,其主要是指计算机教室、多媒体教室、卫星教学收视设备、电子备课系统、光盘播放设备等硬件配置。

(1)计算机教室的配备

X县每年都投入大量的资金在计算机或计算机教室的配置上,仅以2010年和2011年为例:

> 2010年,X县投资76万元为L小学等5所学校购置或新装计算机166台。
> 2011年,新建计算机教室11个,新增计算机433台,新增教师用笔记本电脑321台。

根据调查资料显示,5所中学共有6个计算机室,14所小学共有5个计算

---

① X县2008年教育年鉴.
② X县教育综合督导评估工作汇报,2011-10-18.

机室①,初中平均 1.2 个/所,小学平均 0.36 个/所。具体数据如表 2－40 所示。

表 2－40　计算机室个数

学校	计算机室(个)	比例(个/所)
中学(5 所)	6	1.2
小学(14 所)	5	0.36

本次调研的 5 所中学共有 285 台计算机,14 所小学共有 238 台计算机,生机比分别为 8.26∶1 和 10.45∶1。而河北师范大学林万新副教授在 2009 年进行的一项调查显示,河北省农村中小学"生机比达到 13.3∶1,已经超过了全国的平均生机比"②。

X 县农村中小学生机比具体数据如表 2－41 所示。

表 2－41　拥有计算机台数

学校	计算机数(台)	学生数(人)	所占比例(人/台)
中学(5 所)	275	2 272	8.26
小学(14 所)	238	2 486	10.45

在尚未配备标准计算机室的小学中,各校也拥有数量不等的计算机,基本上能够保证本校信息技术课的教学需求。

(2) 多媒体教室的配备

2010 年,X 县投资 12.6 万元为 H 小学等 6 所小学新装移动多媒体各一套;2011 年,全县中小学又新建多媒体教室 115 个。

根据调查资料显示,X 县每一所学校都拥有多媒体教室,但是拥有的数量有所不同,5 所中学共有 13 个多媒体教室,14 所小学共有 17 个多媒体教室,初中平均 2.6 个/所,小学平均 1.2 个/所。具体数据如表 2－42 所示。

---

① 计算机室是指符合省教育厅验收标准的计算机教室。
② 林万新. 河北省农村中小学教育信息化发展状况的分析与思考[J]. 中国电化教育,2010(3).

表 2-42 多媒体教室配备情况

学校	多媒体教室（个）	所占比例（个/所）
中学（5 所）	13	2.6
小学（14 所）	17	1.2

(3) 卫星教学收视设备的配备

调研的 19 所中小学均已配备卫星教学收视设备，而且可以正常接收卫星资源。具体数据如表 2-43 所示。

表 2-43 卫星教学收视设备配备情况

学校	卫星教学收视设备（套）	所占比例（套/所）
中学（5 所）	5	1
小学（14 所）	14	1

(4) 电子备课系统的配备

2010 年，X 县投资 16.5 万元为县二中装备教师备课计算机 40 台；2011 年，全县中小学新建电子备课室 55 个。

X 县是 2009 年起才开始配备电子备课室的，在调研中，课题组发现电子备课室非常受教师的欢迎，教师的应用积极性很高，使用的效果也很突出。

在调研的中小学中，所有中学均已配备电子备课系统和电子备课室，只有一半的小学配备了电子备课系统。具体数据如表 2-44 所示。

表 2-44 电子备课系统配备情况

电子备课系统	中学（所）	小学（所）
有	5	7
没有	0	7

(5) 光盘播放设备的配备

光盘播放设备是 X 县最早配置的多媒体教学设备，调研数据显示各校均配有光盘播放设备，其配备率达 100%。

2. "校校通"网络建设和应用步伐加快

"校校通"工程的网络建设主要包含三个方面：一是教育城域信息网建设；

二是学校校园网建设;三是校园联网建设。

(1) 教育城域信息网初步建成

为了加快C市教育信息化建设步伐,2002年,X县建成了X县教育信息网,并与C市教育信息骨干网相连。教育信息骨干网建成后,为使各县区教体局网管人员和工作人员了解和掌握教育信息骨干网管理平台的使用方法,C市教体局下发了2002年第41号文件《C市教体局关于举办〈教育信息骨干网管理平台应用培训班〉的通知》,该《通知》要求各县区教体局信息中心派出网管人员一名,参加由浙江大学网络信息系统有限公司技术人员所做的有关ZDsoft.net城域网管理平台管理、使用和维护的培训。这是X县最早的有关"校校通"工程的培训。

(2) 学校校园网建设初见成效

根据调研资料显示,5所中学均已拥有校园网主页,有的是依托于中国教育信息网集成的,有的是依托于县教体局的信息网集成的,还有采用其他方式建成的。在调查的14所小学中,有8所小学集成了校园网。而在没有校园网的其余6所学校中,有5所学校的校长表示正在规划校园网建设。具体数据如表2-45所示。

表2-45 校园网建设情况

学校	校园网(个)	所占比例(个/所)
中学(5所)	5	1
小学(14所)	8	0.57

(3) 校园联网建设步伐加快

2006年,全县各中心校连接2M宽带互联网均能登陆市、县教育信息网,实现了县域教育系统网络互通。

本次调研的5所中学均已联网,网络已经覆盖全校的计算机;14所小学中仅有2所未联网。

> BJG小学校长:我们学校只有我的办公室可以上网,基本上能满足行政办公需要。要想全校联网,条件根本不允许,更别说建校园网了。

XSZZ 小学校长:现在只有校长办公室和教师办公室可以上网,其他的教室还暂时没开通。

各学校联网情况如表 2-46 所示。

表 2-46 学校联网情况

学校	联网学校(个)	所占比例(个/所)
中学(5 所)	5	1
小学(14 所)	12	0.86

此外,农村中小学现代远程教育工程的实施为农村中小学送来了卫星网络资源,极大地丰富了农村学校的教育资源,弥补了农村中小学在网络建设上的不足。河北师范大学林万新副教授在 2009 年进行的一项调查表明,河北省农村中小学"绝大多数学校都接入了互联网,仅有 14.6% 的学校还没有接入互联网,有 58% 的学校建成或正在建设校园网"[①]。

课题组对上述现象进行了访谈,通过对访谈资料的整理,下面几位领导的话可能具有一定的代表性。

X 县电教站 S 站长:现在吧,除了个别建制不全的、极偏远的小学,基本上都已通网了。像这几所学校,在学区布局调整后就都撤了,所以这两年也就没投资扩建。但是,校长室或者行政用机肯定是联了网的。

WZG 小学校长:现在全县都在进行学区布局调整,调整后附近几个村子的小学将被合并,所以申报了多次,县里也没批。我们学校也没有钱去做这个事,现在看来还是省了一笔钱(说完还不由自主地笑了)。

"校校通"工程的网络建设已经取得了一定的效果,而且深受各校领导的

---

① 林万新.河北省农村中小学教育信息化发展状况的分析与思考[J].中国电化教育,2010(3).

重视。

  GYG 中学 W 校长:"校校通"取得的最大效果就是网络的联通,自从联网后,老师们获取资源和信息方便多了,而且在教学中使用的效果也还不错。

  TDH 中学 X 校长:现在老师们都喜欢用多媒体上课,尤其是年轻教师,而且网络的最大好处是可以随时随地交流、搜集资料、制作课件也更方便了。

3."校校通"资源建设渐成体系

资源建设是"校校通"工程的核心内容。"校校通"工程是一项包括课程资源开发、传输、使用及教学管理等多项内容的系统工程。① 因此,在实施"校校通"工程的过程中,资源的建设和开发就成了重中之重。

(1) 教育信息资源库已初步建成

X 县在实施"校校通"工程的过程中十分重视教育资源的建设,依托现代教育办公设备和 ZDsoft.net 资源库管理平台(学校版),不断引进和购买各种资源,建立城域教育信息网,现已基本建成覆盖全县的教育资源系统。2002年,X 县教体局购进了一套浙大资源库,丰富了全县的教育教学资源,同时促进了全县教育资源库的建立和共享。2005 年,X 县新增中央电教馆资源库、智能考试系统、教育书库等资源一套,并且与 C 市教育骨干信息网相连。2011 年,X 县教体局建成高标准中小学教学资源库 1 个,实现了全县范围内教育信息资源共享。

X 县在已有资源库的基础上,正在规划新的资源库建设。

  X 县电教站 X 副站长:C 市和 X 县将在 2012 年各建一个大型资源库,市里所建为初中资源库,县里所建的是小学资源库,并且两个资源库可以互联共享。

---

① 教育部.关于在中小学实施"校校通"工程的通知(教基〔2000〕34 号).

调研的 5 所中学均拥有自己的资源库,且与县教体局的资源库相连;14 所小学中有 8 所学校拥有自己的资源库,有 12 所小学与县教体局的资源库相连。基本上实现了县域内的资源共享。具体数据如表 2-47 所示。

表 2-47　教学资源库建设情况

学校	教学资源库	与上级资源库相连
中学(5 所)	5	5
小学(14 所)	8	12

(2) 远程教育资源建设已初具规模

X 县是远程教育项目试点县之一,因此,X 县的远程教育工作和远程教育资源建设均具有较高水平。2005 年,X 县有 46 所中小学与河北远程教育终端小站连建,119 所中小学(其中初中 19 所,小学 100 所)分别建成了教学光盘播放点、卫星教学收视点、网络计算机室,基本完成了"校校通"工程。2006 年,全县远程教育项目学校 95% 的设备进入了工作状态,能接收远程教育资源,优质教育资源开始为课堂服务。2007 年,全县中小学完成了模式二、模式三项目校"河北省卫星广播电视转星调整"工作,均能够正常接收信号,接收优质教育资源为课堂教学服务。2011 年,X 县教体局又转发落实了河北省电教馆《关于有效联通和使用河北远程教育网资源的通知》,该《通知》对有效联通和使用河北远程教育网平台与资源提出以下要求:丰富和集成"百木林"新课标教学资源库;组织专家、优秀教师研发系列化同步教学课件,解决学校缺乏多媒体教学资源的问题;从全省聘请资源专家、特级教师,以多种方式提供专家在线服务;为每所学校提供登录网络账号,一校一码,保证学校每位教师校内外登录和使用远程教育资源;各市建立河北远程教育网指导组,整体协调所辖县区网络平台和资源应用及指导。

根据农村中小学远程教育项目的要求,各校还配有专门人员对卫星接收的远程教育资源进行整理、分类和储存,为教师的使用提供了方便。

X 县所有中小学均已配备了卫星教学收视设备,可以接收大量教育教学资源,供日常教育教学使用。表 2-48 即为 X 县中小学卫星教学收视设备配备情况。

表 2-48 卫星教学收视设备配备情况

学校	卫星教学收视设备(套)	所占比例(套/所)
中学(5所)	5	1
小学(14所)	14	1

(3) 校本资源库建设正在兴起

除了市县教体局购买资源库外，X县各校还纷纷购买或组建自己的资源库。其主要做法是以购买的资源库为基础，同时把各种教学软件(如浙大教学资源等)、中国教育卫星宽带网资源、国际互联网资源、远程教育配发的教学光盘资源、校本开发的教学资源等资源进行整合，形成本校的校本资源库。通过此种途径建立起来的资源库，资源更加多样化、更加符合教材实际和农村的教学需要。

本次调研的19所学校中，有17所学校的校长表示正在开发本校的校本课程，而且有6位校长表示已经初步建成了本校的校本资源库。

> EZ中学F校长：在资源库建设上我们学校是投入比较大的，在2008年时就引进了北京四中的网校资源，与北京四中结成了对子，建立起了帮扶关系。
>
> GYG中学W副校长：我们学校不但建成了自己的校本资源库，而且还与二中的资源库建立了共享机制。

4. 信息化教学水平大幅提升

"校校通"工程的实施推动了农村中小学教育信息化进程，革新了教师的教育观念和教学方式，促进了农村基础教育的发展。

(1) 信息技术教师[①]专业化水平有所提高

"校校通"工程的关键在应用，而应用的关键在人才，是否拥有高质量的人才队伍是检验农村基础教育信息化水平的重要因素，而信息技术教师是这一

---

① 部分学校也将信息技术教师称为微机老师或计算机老师，相应地，信息技术课也称为微机课或计算机课。但是，其所指称的对象和内容是一致的。

队伍中最重要的一员。

农村中小学信息技术教师的专职化水平、专业化水平和学历水平分别如表 2-49、表 2-50 和表 2-51 所示。

表 2-49 信息技术教师专职化水平

专职信息技术教师	人数	比例
是	12	63.16%
否	7	36.84%

根据上表中的数据显示,农村中小学信息技术教师六成以上为专职信息技术教师,其比例为 63.16%。

表 2-50 信息技术教师专业化水平

计算机或信息技术相关专业	人数	比例
是	14	73.68%
否	5	26.32%

上表显示,农村中小学信息技术教师的专业多为计算机或信息技术相关专业,其专业化水平已达到 73.68%。

表 2-51 信息技术教师学历水平

学历	人数	比例
专科以下	1	5.26%
专科	11	57.89%
本科	6	31.58%
硕士及以上	1	5.26%

上表表明,农村中小学信息技术教师的专科率已接近 95%,而且本科率超过了 36%。农村中小学信息技术教师队伍已经具有了良好的基础,而且师资水平还在不断提升。此外,在调查中课题组发现,中学信息技术教师的专业化水平和学历层次都比较高,而且均为专职信息技术教师;小学信息技术教师

专科以上学历达到 73.68%,而中学信息技术教师专科以上学历达到 100%,本科以上学历达到 80%。

高度专业化的信息技术教师队伍,对于提高农村中小学的信息化水平、推动"校校通"工程的进一步实施、带动全校教师应用信息技术教学具有极其重要的作用。

(2) 教师备课初步实现信息化

农村中小学的师机比已达到 2∶1,部分学校已达到 1∶1,还有个别学校为教师配备了笔记本电脑,方便了教师备课和教学,同时也提高了教师的教学积极性和对学校的归属感。具体数据如表 2-52 所示。

表 2-52 师机比情况

师机比	人数(人)	比例
10∶1 以上	0	0
5∶1 以上	19	20.0%
2∶1 以上	54	56.8%
1∶1	22	23.2%
无办公电脑	0	0

截至 2011 年 10 月,X 县共有电子备课室 62 个,方便了教师备课和教研,为信息化教学奠定了基础。部分学校还装备了电子白板,使教育教学水平更上一层楼,极大地提高了当地教师学习信息技术和应用信息化设备教学的积极性。

(3) 信息技术课开课率提高

2008 年,X 县中小学信息技术教育开课率高中、初中、小学已经分别达到了 100%、100%、80%。在课题组调研的 21 所中小学中,目前已全部开设信息技术课,其开课率已高达 100%。

根据学生问卷的数据统计,所有学校均已开设信息技术课,且能够保证每周至少一节信息技术课。信息技术课开课情况如表 2-53 所示。

表 2-53 信息技术课开课情况

每周信息技术课时	初中人数（人）	小学人数（人）
2节以上	0	0
2节	44	28
1节	6	110
1节没有	0	2

（4）课堂教学信息化水平越来越高

在调查的76位学科教师中，使用多媒体进行教学的频率如表2-54所示。

表 2-54 教师使用多媒体教学频率

使用多媒体频率	人数（人）	比例
经常用	49	64.5%
偶尔使用	15	19.7%
一般不用	8	10.5%
从来不用	4	5.3%

从以上数据可以看出，X县农村中小学教师使用多媒体教学的频率已经很高，从来不用的只占5.3%，信息技术的应用能力和水平得到了大幅度提升。

（5）网络教研活动已悄然兴起

网络教研是随着网络技术和信息技术的兴起发展而成的一种新型的教研模式，它突破了传统教研的时间、空间限制，使得参与教研的主体更加多样化、组织方式更加灵活。网络教研可以促进教师的专业发展，通过群体互动交流，教师可以不断补充、完善自身的知识结构和理论水平，使教师的角色逐步向研究者转变。

随着"校校通"工程的实施，X县的教研水平也迈上了一个新的台阶，在本次调研的21所学校中，5所中学和6所小学的校长回答组织过网络教研活动，而且均持支持态度。已有超过一半的学校对网络教研活动表示重视或正在开展中。

根据整理的问卷数据显示，信息技术教师和学科教师对学校网络教研开展情况的相关回答如表2-55所示。

表2-55 网络教研开展情况

学校网络教研开展情况	人数	比例
组织过	61	64.2%
没组织过	34	35.8%

信息技术教师和学科教师，共计95人，从上表可以看出，64.2%的教师认为学校组织过网络教研，而网络教研这一新兴的教研模式也越来越受到广大教师的欢迎和推崇。

表2-56 学校领导对网络教研的态度

校领导对网络教研的态度	校长（人）	教师（人）
非常重视	16	32
不够重视	3	14
毫不关心	0	8
不清楚	0	7

表2-56中数据显示，19位校长中有16位表示非常重视网络教研，在参加过网络教研的61位教师中，有超过一半的教师认为校领导非常重视网络教研，认为校领导不关心或不清楚的教师只有15位，占总人数的24.6%。换言之，网络教研在农村中小学已经开展起来，而且校领导也非常重视，在不久的将来，随着"校校通"工程和"数字化校园"的进一步实施，网络教研这一新型的、高效的教研形式将会蓬勃发展。

(6) 信息化教学成果突出

X县教育信息化多次受到上级嘉奖，多位教师和学生在各种比赛中脱颖而出、屡获大奖，教师教学科研论文也多次获奖。

2007年，X县组织选拔了17名同学参加全省"六一"国际儿童节计算机表演赛，2位同学获得了省二等奖，5位同学获省三等奖，10位同学获省优秀奖。[①]

---

① X县2007年教育年鉴.

2009年，X县教体局多次组织教师参加省市教育技术评选活动，全县共有174人次分别在省市的评选中获奖。如参加了C市教体局举办的"2009年C市小学初中多媒体优质课、优秀论文、优秀教案、优秀CAI课件评选"活动和图书阅读课例录像评选活动等。其中，有3节小学数学多媒体课、3节初中多媒体课、2节图书阅读指导课例、56篇论文、41篇教案、46件CAI课件获全市一等奖；1节小学数学多媒体课、1节初中多媒体课获市特等奖；1节多媒体课和2节图书阅读指导课例获省评优三等奖。①

2010年，X县组织教师参加市信息技术与学科整合优质课评比活动，3名参赛教师获一等奖2名，二等奖1名；参加河北省实验教学研究论文评选活动，获省一等奖10名，省二等奖11名。组织教师参加"中国移动校讯杯"全国中小学信息技术与教育创新论文大赛活动，其中，获省三等奖1人，市一等奖1名，市二等奖3名，市三等奖6名。组织学生参加第11届中小学电脑制作评选活动，其中，获省三等奖1名，市二等奖5名，市三等奖1名。②

5. 信息化管理已初步实现

"校校通"工程的实施助推了学校管理的信息化。

（1）校园网的建成提高了学校管理水平

在本次调研的21所学校中，5所中学和3所小学建起了自己的校园网，还有7所学校的校长表示正在规划建设校园网。已有的校园网中包含的主要内容模块如表2-57所示。

表2-57 校园网主页内容构成

校园网主页内容	校长	信息技术教师
学校或领导简介	8	8
校园新闻	8	8
政策法规	6	7
通知公告	8	8

---

① X县2009年教育年鉴.
② X县教育体育局电教仪器站2010年教育技术装备工作总结.

续表

校园网主页内容	校长	信息技术教师
教育科研、培训信息	6	8
教育教学资源	7	6
师生园地	4	4
网络教研交流平台	5	4
互动交流平台	2	1
校长信箱	1	1
其他	心理健康、德育工作等	站外链接、教育新闻等

从学校的角度看，校园网的建设具有两个方面的意义：对校内而言，它可以提高管理水平和效率，节约办公成本，提高校务管理的公开化、透明化，促进校内教师交流和资源共享；对校外而言，它有助于宣传学校的办学理念和办学特色，吸引广大外校师生对学校的关注，加强学生家长对学校的了解、为学校的教学管理提出宝贵建议，方便毕业后的学生"回访参观"母校、对学校未来的建设和发展建言献策，提高学生对学校的归属感等。

(2) 城域教育网的联通使学校初步实现信息化管理

城域教育网的建设近几年发展迅速，成为继几年前校园网热潮之后的又一个高潮[①]。

> X县教体局L副局长：X县目前已经初步建成了覆盖全县的教育网络，除个别学校外，都已经实现了和县教育骨干网、市教体局城域网的连接。

从校长的回答看，已有84.2%的学校与城域网相连；从信息技术教师的回答看，有78.9%的学校与城域网相连。具体数据如表2-58所示。

---

① 杜兴义.城域教育网:推动校校通工程的有效途径[J].网络科技时代,2002(1).

表 2-58　与城域网相连学校

与城域网相连	校长	信息技术教师
相连	16	15
不相连	3	4

此外，从整理的数据中课题组还发现，所有的中学均已与城域网相连，未与城域网相连的学校全部为小学，而且是地处偏僻的、学校规模较小的小学。

依托于校园网和城域网，各校已初步实现了学校管理的信息化，部分学校已经建成了在线管理系统、学籍管理系统、教育统计系统、校务管理系统、电子备课系统等教学管理系统。

每一所学校都至少有两个以上的教学管理系统，所有中学已经具备上述7—8个教学管理系统，个别学校还装备了视频会议系统。

X县在2010年1月1日后全面实现网络办公，包括发布信息、政务公开、会议通知、人事管理、财务管理、统计报表等。这极大地提高了学校的管理效率和信息化水平。

(3) 网络化办公正在普及

2010年9月8日，X县教育体育局印发了《X县教育体育局2010—2011学年度校务公开工作实施方案》，该《方案》要求各校将财务、人事、规章制度、学生管理、重大事项计划、监督电话等校务以公开橱窗、公开栏、明白纸、服务热线、广播、座谈会、网络信息服务平台等形式进行公开，增强办事透明度，提高办事效率和服务质量。2010年，X县教育信息中心成立了"信息安全领导小组"，成功完成6次视频会议的转接。

随着"校校通"工程的深入实施、校园网和城域网的普及，学校管理的信息化、公开化、与外界环境的交互性不断提高，办事效率和服务质量也得到了一定程度的提高。

(4) "家校通"等现代化通信方式助推了学校管理信息化

"家校通"(或"校讯通"①、"家讯通"等)在我国的兴起大概始于2002年，它是随着现代通信技术、信息技术和"校校通"工程的实施而兴起的一种家校

---

① 梁云真. 基于"校讯通"平台的家校沟通研究[D]. 郑州:河南大学硕士论文,2009.

沟通方式。苏联教育家苏霍姆林斯基就非常重视家校沟通，他认为学校和家庭不但要一致行动、抱着一致的信念，还要向学生提出同样的要求、从同样的原则出发。基于这种理念，"家校通"应运而生。

从表2-59调查数据看，所有中学均已建立起了家校沟通平台，50%的小学建立起了家校沟通平台。

表2-59 "家校通"平台应用情况

家校通平台	中学	小学
有	5	7
没有	0	7

教师卷调查结果如表2-60所示。

表2-60 教师与家长联系方式（教师卷）

教师与家长联系方式	人数	比例
家校通	42	55.26%
电子邮件、博客等	4	5.26%
学生转告	15	19.74%
QQ等聊天工具	2	2.63%
家访	4	5.26%
直接电话联系	9	11.84%

学生卷调查结果如表2-61所示。

表2-61 教师与家长联系方式（学生卷）

教师与家长联系方式	人数	比例
家校通	115	60.53%
电子邮件、博客等	2	1.05%
学生转告	25	13.16%
QQ等聊天工具	17	8.95%
家访	14	7.34%
直接电话联系	17	8.95%

从教师卷和学生卷的统计结果看,学生转告和家访等家校联系方式已经逐步让位于现代网络和通信技术。

6. 教师信息化培训大规模展开

"校校通"为农村中小学教师信息化培训创造了条件。从培训内容上看,"校校通"对教师信息化教育观念和技术提出了要求,推动了教师掌握并应用信息技术进行教学的培训;从培训方式上看,"校校通"使农村中小学教师可以接受远程教育培训。

2009年6月10日,X县对全县中小学校网络管理员进行了专业技术培训。具体培训内容如下:网站的设计与制作、网络安全性管理(病毒与防护)、信息技术教材资源库和县信息中心资源库的安装与使用、校园网络绿色上网过滤软件安装与使用。同年,为了进一步优化教师队伍,X县采取"请进来、走出去"等方式,组织教师开展了计算机培训等工作,建立了研训人员包校制度,为教师做一节示范课、指导教师备好一节课、对教师进行一次业务培训、集中开展一次校本教研活动,促进了教师队伍整体素质的提高。[①]

除了传统的培训方式,"校校通"工程和现代远程教育工程还为教师培训搭建起了一座远程培训平台。

通过购买的光盘、卫星接收的资源以及其他资源库所提供的资源,农村学校教师足不出户就可以看到名师教学,使得农村中小学在师资培训和教学改革方面获益匪浅;一些乡镇学校利用远程卫星设备传输名师教学、示范课和同步课堂等内容,在全校开展对比教学活动,使教学有了很大的提高,教师的教学能力有了长足的进步;"校校通"工程所提供的教育资源解决了以往信息技术培训方面苦于缺少资料、师资不足的问题,使教师的信息技术水平有了很大的提高;部分建成校园网的学校把收集到的资源利用于校园网,作为校本培训和教师教学的直接素材,提高了资源的使用效率和效益。

2010年,河北省教育厅先后下发了《关于开展中小学教师远程培训工作的通知》和《关于2010年中小学教师继续教育工作安排的通知》,培训统一委托全国中小学教师继续教育网,整个培训采取以网上学习为主,以光盘学习为

---

① X县2009年教育年鉴。

辅的形式进行。硬件条件和网络环境不能完全满足教师网上学习的县区,要有计划地安排教师轮流上网学习,以及安排条件较好的学校对不具备条件学校的教师提供网上学习的支持和帮助。

2011年,X县教体局又转发了《河北省电教馆关于有效联通和使用河北远程教育网资源的通知》,为进一步提升河北远程教育网的服务质量,从全省聘请资源专家、特级教师,以多种方式提供专家在线服务。为每所学校提供登录网络账号,一校一码,保证学校每位教师校内外登录和使用远程教育资源。促进教师在自我研训的基础上,通过与专家远程对话,不断充实和提高自身的理论知识和专业素养。

许多学校还在校内组织过不同形式的信息化培训,调研结果如表2-62所示。

表2-62 学校组织过的信息化培训

学校组织过的培训	人数(人)
计算机基础知识	19
信息技术与课程整合培训	13
教育技术理论与技能培训	13
校本培训	17
网络情境下的教学培训	6
远程教育培训	15

7."校校通"工程为"三农"服务

"校校通"工程的实施,不仅促进了农村中小学教育的信息化,推动了我国基础教育的发展,还为我国社会主义新农村建设做出了贡献。

X县电教站在2005年时就策划通过实施"校校通"工程中所安装的中国教育卫星收视设备接收大量的农教信息,以学校为中心为当地农民送技术、送信息。这一举措,使学校在农民中有地位,缩短了学校和农民的距离,使"校校通"工程在为学校和广大师生服务之外,也切切实实地为"三农"服务。

X县教体局依托"校校通"工程、农村现代远程教育工程和成人教育学校,构建县、乡、村三级科教兴农网络。最近四年来,全县组织开展农业新科技推广培训班24期,推广新技术8项;组织开展实用技术,岗位培训和农村富余劳动力转移培训42期,为全县经济发展、农民增收提供了有力的技术支持。

在利用已有资源服务农民的基础上,各学校可通过农校结合的形式进行校本课程开发,让学生走出课堂,在农民的土地上实践和学习,并请有经验的农民为学生和教师提供技术指导,最终形成有特色的地方校本课程。

四、"校校通"工程存在的问题

"校校通"工程是一项包括课程资源开发、传输、使用及教学管理等多项内容的系统工程,因此,实施"校校通"工程的过程中在不同的环节上还存在着诸多问题。通过对X县农村中小学"校校通"工程实施情况的调研,课题组将主要问题归纳为以下几个方面。

1. 教育信息化观念与意识仍显淡薄

部分学校领导在信息化建设上投资意识失衡,他们过于重视硬件建设,而忽视了软件建设和人才培训。调查数据显示,有63%的学校在硬件上的投入超过总投入的八成,其他具体数据如表2-63所示。

表2-63 硬件、软件、人才培训投资比例

硬件、软件、人才培训(投资比例)	学校数	比例
9∶0.5∶0.5	3	15.79%
8∶1∶1	9	47.37%
7∶2∶1	5	26.32%
5∶3∶2	1	5.26%
4∶3∶3	1	5.26%

从上表可以看出,X县在教育信息化上资金的投入比例也不甚合理,国外在教育信息化上的投资比例一般是"4∶3∶3,40%是硬件,30%是软件和资源,30%是人才的培养"[①]。

---

① 李忠志.农村中学教育信息化应当确立的正确理念[J].新校园(理论版),2009(10).

在访谈中,课题组发现大多数学校领导对教育信息化的认识出现了偏差,他们只重视"有",而不是"用";课题组听到最多的是配置如何先进,却很少听到相关配置用得多不多。

> EZ中学F校长:我们学校现在不比大城市差,基本上都装备齐了,最先进的电子白板我们也装了,现在不只是"校校通",我们是"班班通"。
>
> TDH中学X校长:只要是上面要求的,该有的我们都有。

调查数据显示,学校领导对教师使用网络或多媒体教学持支持态度的比例仅为36.84%。具体数据如表2-64所示。

表2-64 学校领导对教师使用多媒体教学的态度

使用网络或多媒体教学的态度	人数	比例
支持	7	36.84%
没有明确态度	8	42.11%
不支持	4	21.05%

2. 经费投入不足制约"校校通"工程实施

经费投入是整个工程实施的基础,任何一项工程的实施都是以强大的资金链为支撑的,没有持续的资金投入和合理的规划是难以取得成功的。经费投入不足导致的主要问题是硬件设施配备不足、配置差,资源建设困难,教师培训机会少、级别低等,最终导致农村中小学"校校通"建设进展缓慢。

X县"校校通"工程的资金来源主要是政府投入,但是作为国家贫困县,X县教育经费本身就比较紧张,在税费改革和"一费制"实行后就显得更加捉襟见肘了,所以各校在工程建设过程中普遍存在着经费不足问题。同时,由于在资金的分配过程中还有先县城后农村、先中学后小学等制度性安排存在,原本就不充足的经费真正落实下来后就更加少得可怜。这也是各校在"校校通"工程建设过程中"重硬件建设,轻软件建设"的主要原因。经费投入不足所引起最主要问题就是硬件设施配备不足,或者装配的设备配置低、质量不高、售后维修没有保证等。

　　LXM 小学 S 副校长：学校没有那么多的资金用来投入，反正也没人动手检查，只要评估的时候这些设备齐全就可以了。

　　X 县农村中小学"校校通"工程的资金筹措主要还是依赖于政府投资，融资渠道单一。各农村学校既没有校办产业自给自足，也缺乏校友和企业捐赠。在课题组调研的 19 所学校中，没有 1 所学校接受过捐助。

　　TDH 中学 X 校长：有钱人不会将钱捐给学校，现在有的学校和老师名声不好。他宁可在汶川地震时叫儿子捐两千，也不愿意拿出一千捐给学校。

　　经费投入不足还制约着"校校通"工程的资源建设。不论是资源库的购买、教学软件或平台的引进还是校本资源的开发，均受到资金的限制，这直接导致农村中小学教育教学资源匮乏、信息化教学水平低、校本资源开发难度大。

　　教师培训和进修也受到了一定程度的影响，农村中小学教师接受培训机会少、级别低同样是由经费不足所导致。根据调查资料显示，X 县农村中小学教师接受过省级以上培训的仅占总人数的 3.95%。X 县教体局每年下拨的教师培训经费仅为每人 100 元/年，如果教师要走出去接受高水平的培训就必须自费或得到学校的补助，但是很少有教师会自己出钱进行培训，而学校也没有足够的资金支持教师外出培训。

　　3. 教师对信息技术教育认识尚不足，应用积极性不够高

　　教育信息化的主要表现方式是以网络或多媒体等为代表的信息技术应用于教学，而在调查中课题组发现学科教师对于信息化教学认可度还不够高，主动学习和应用信息技术的教师还不多。

　　调查数据显示，仅有 21.05% 的学科教师对信息化教学认识清晰，对教育技术或信息技术持认可态度。具体数据如表 2-65 所示。

表 2-65　学科教师对教育技术或信息技术的看法

对教育技术或信息技术的看法或态度	人数	比例
教育的大趋势,需要掌握	16	21.05%
计算机教师掌握就可以了	12	15.79%
不实用,没必要去学习	20	26.32%
传统教学手段更适合农村教学实际	28	36.84%

调查数据显示,只有不到一半(44.73%)的学科教师在教学中使用多媒体等信息化手段是出于兴趣爱好和教学需要,而超过一半的教师(55.27%)是迫于学校的规定或应付检查等而采用多媒体等信息化手段进行教学。具体数据如表 2-66 所示。

表 2-66　学科教师使用多媒体进行教学的原因

使用多媒体等信息化手段进行教学的原因	人数	比例
兴趣、爱好	11	14.47%
教学需要	23	30.26%
学校规定	15	19.74%
应付检查和评比	27	35.53%

此外,虽然多数学校均制定有鼓励教师应用信息技术的政策措施,但实际效果却并不明显,甚至可以说是应付检查多于实际需要。

4. 硬件基础设施尚不完备,故障率高,维修困难

由于受农村经济基础薄弱、投入不足等因素的影响,农村中小学的硬件设施水平仍显薄弱,且伴随着更新换代慢、维修困难等问题。

(1) 硬件设施配置尚未达标

在实施"校校通"工程的过程中,各校均不同程度地配备了计算机和多媒体等设备,但仍难以满足日常的信息化教学需要。以计算机配置为例,调研的19 所学校共配有 11 个计算机教室,平均不到 0.6 个/校,有 9 所小学尚未配备计算机教室,占学校总数的 47.37%。农村初中的生机比为 8.62∶1,小学的生机比为 10.45∶1,平均生机比为 9.27∶1。5 所中学共有 13 个多媒体教

室，14所小学共有17个多媒体教室，初中平均2.6个/所，小学平均1.2个/所。虽然所调研的学校均已配备多媒体教室，但与城里每间教室均为多媒体教室相比，差距十分明显。

  LXM小学S副校长：我们学校只有一间多媒体教室，却有37个教学班，这个教学怎么安排，根本排不过来。

  LJG小学W校长：学校就一个多媒体教室，30多位教师，要想用多媒体上课，基本上都得排队，还得提前预订。

"校校通"工程的实施的确为农村中小学提供了大量的信息化教育设备，但是依然难以满足广大农村中小学校的需求，仍需进一步加大投入，确保农村中小学硬件基础设施完备。

（2）硬件设施更新换代慢

根据教师卷的数据统计结果，目前农村中小学于近3年所配备的计算机比例仅为21.05%，更有高达31.58%的8年以上老计算机在"服役"。众所周知，随着信息技术的发展，计算机等硬件设备的更新速度很快，从表2-67中可以看出X县农村中小学的设备有78.95%（3年以上）都需要更新换代了。

表2-67 计算机的配备时间

计算机的配备时间	人数	比例
1—3年前	4	21.05%
4—7年前	9	47.37%
8—10年前	5	26.32%
11年以上	1	5.26%

（3）现有设备故障率高，维修困难

根据调查数据显示，农村中小学"校校通"工程所配备的信息化设备存在的主要问题首先是故障率高，维修存在困难，所占的比例是52.63%；其次是配置低和维修费太贵，所占比例分别为21.05%和21.05%。具体数据如表2-68所示。

表 2-68 现有信息化设备存在的问题

信息技术设备存在的主要问题	人数(人)	比例
配置低,更新换代快	4	21.05%
故障率高,维修存在困难	10	52.63%
操作复杂,难学难用	1	5.26%
设备维修费太贵	4	21.05%
其他	0	0

当设备出现一般性的问题时,能独立解决问题的计算机教师(或电教人员)还不到一半,仅占总数的 42.11%,而不能独立解决的却超过半数,为 57.89%。具体数据如表 2-69 所示。

表 2-69 信息技术教师独立处理设备故障的能力

独立处理大多数设备故障	人数(人)	比例
能	8	42.11%
不能	11	57.89%

某中学计算机教师在回答"'校校通'工程存在的问题"时表示:现在的设备集成性太高,一般人员根本无法维修,缺少专业的维修人员。

SST 小学 B 校长:我们连一个专业的计算机教师都没有,都是其他学科教师兼任的,靠的是喜欢摆弄这些东西,不是专业出身,根本谈不上维修,能用起来就不错了。

当设备出现重大故障需要维修时,相应单位响应时间在一周以内的仅占 10.53%,而在一个月以上和很难得到维修的却各占 15.79% 和 10.53%。具体数据如表 2-70 所示。

表 2-70　设备故障维修响应时间

相应单位的响应时间	人数(人)	比例
一周以内	2	10.53%
半个月左右	5	26.32%
一个月左右	7	36.84%
一个月以上	3	15.79%
很难得到维修	2	10.53%

对于学校的日常教学而言,如果教学设备得不到及时维修,教育教学质量又怎能得到保障!这不但会影响学校的正常教学进度,某种程度上还会打击教师的教学热情和积极性。此外,还有部分校长和计算机教师反映,部分批次的教育技术装备质量不合格,多是翻新机或淘汰机,使用起来故障频出,且难以得到及时、有效的维修,严重制约着学校教育信息化的开展。

5."校校通"工程网络建设尚未普及

在课题组所调研的19所学校中,只有8所学校(5所中学,3所小学)拥有校园网,仅占调研对象的42.1%,还不足一半。与此同时,几乎78.6%的小学还没有建成校园网。当然,课题组并不是推崇校园网建设,在此仅是陈述这样一个事实:农村的教育信息化还有很长的路要走。

虽然X县已经开通了教育信息网,城域教育网建设也已基本覆盖全县所有学校,但是城域教育网的建设远未达到应有水平。城域教育网是通过宽带骨干网连接教体局内部网和校园网的城市内数据传输网络。它不仅仅是网络管理中心、信息管理中心、教育资源中心,还应该是教育教学中心、教育技术培训中心、远程教育中心,而且还应该具有可升级性和可扩展性。

校园网和城域教育网的建设多是由企业承担的,它的规划和设计忽视了应用主体的参与——教师,导致其所提供的信息和资源与教育教学实际严重脱节,既不适用于教师的教,也不适合于学生的学,只是徒有其表和虚有其名而已。

校园网和城域教育网的建设成本和效益不成正比,还远未体现其应有价值。在已经建成校园网的学校的网站主页上,更多的是一些静态的消息,包括学校和领导简介、机构设置、规章制度、校园风景等,缺少家长、教师和学生对学校教学管理的监督、缺少教育教学的资源和互动,没有提供师生互动、校内外人员互动的平台,还没有实现真正意义上的网络通。建设校园网和城域教育网的意义不是为了"有",而是为了"有用"。课题组在访问C市教育信息骨干网时发现,教育信息下的二级菜单中的教育概况和教育统计居然是2000年和2002年的,而上传日期却是2009年,如此的更新滞后怎能体现信息的及时性与准确性呢?

6."校校通"资源建设效益低下

资源建设是"校校通"工程的核心部分,能否合理地开发、利用、共享这些教育资源直接关系到"校校通"的实施效果,并会直接影响农村教育信息化进程。教育资源包括教学过程中出现的所有辅助教学的资源和信息。现有的教育资源或资源库在满足教学方面还存在许多不足,其主要存在以下问题。

(1)资源总量匮乏,实用资源少

通过对教育资源库的统计,我们可以看到,还有将近3/4的中小学(比例为73.68%)没有建成自己的资源库,缺少有效的教育资源服务于教学。

学科教师认为现有的教育资源存在的最大问题是总量太少,其次是优质教育资源匮乏,二者所占比例分别为32.89%和27.63%。具体数据如表2-71所示。

表2-71 教育信息资源存在的最主要问题

教育信息资源存在的最主要问题	人数	比例
总量太少	25	32.89%
优质教育资源不足	21	27.63%
资源与教材不配套、修改难度大	16	21.05%
不适合农村学生	14	18.42%

农村中小学教育资源主要来源于上级教育部门所购买的资源库和本校卫星接收系统所接收的资源,然而,这些资源却难以满足实际教学需求。调查数据显示,教师(包括信息技术教师)对现有的教育资源认可度不高,认为教育资源很好、很实用的还不到20%,仅为18.95%。具体数据如表2-72所示。

表 2-72　现有教学资源的实用性

现有教学资源的实用性	人数	比例
很好,很实用	18	18.95%
一般,但是可用	33	34.74%
可用的很少	25	26.32%
很差,完全不可用	19	20.00%

同时,课题组在对问卷的梳理过程中还发现,对资源比较满意的多为科学(或思品)、语文等学科教师,而且多为小学教师。

此外,现有资源大多数是由城市里的"专家"开发研制而成的,其与农村学生的认知水平或知识背景相差甚远。部分课堂实录的确属于优质课程,但是农村中小学的现有基础设施和资源种类,根本无法满足示范课要求。还有一部分课程资源的开发者为技术型或缺少基本教学素养的人,他们既没有相应的学科背景,也没有教育学、心理学理论基础,所开发出来的课件难以符合教学实际要求。

(2) 资源种类驳杂,重复建设严重

"校校通"工程的资源建设并不是要求一校一库或一校多库,它强调的是各中小学要采取多种方式和渠道,获得优质教育资源,并且利用这些资源服务于教学和管理,最终实现资源的共享。

"校校通"工程的实施带活了一大批企业,激活了这些企业的商业动机,因此,企业面对"校校通"这块巨大的"蛋糕",在利益的驱使下蜂拥而上。为了快速占领市场,各企业不断推出各种新花样、新名词,各种资源库和应用平台层出不穷。但是,这些资源要么是业内人士仓促编制而成,要么是非业内人士拼装而成,无论是哪一种,都不符合教育教学需求。

除此之外,在新课程改革的大背景下,各种版本的教材令人眼花缭乱,于是出现了不同的教辅资料,如教学参考资料、试题库、教案、课件、论文、学科网站和各种各样的媒体素材等。即使是同一教材,不同的教辅机构或教育开发企业所开发的教育资源也是不尽相同的,而且质量参差不齐。大量的重复建设,不但浪费人力财力,还会使使用者产生"审美疲劳",难以选择到合适的教学资源。

(3) 校本资源少,开发难度大

在现有的教育资源不能满足教学需要时,一些农村中学开始转而自主开发教育资源,组建本校的资源库。但是,在资金和人才欠缺的情况下,自主开发的难度可想而知。在以教师为主体的校本研发中,既缺乏相关专家的理论指导,又缺乏一定的技术支持,而本校的信息技术教师又无法提供信息技术或教学设计等方面支持。仅靠学科教师自身的理论和技术,在有效指导缺位的情形下,很难产出高质量的教育资源。这些自主开发的资源多是一些简单的CAI类课件,或者是多种媒体素材的叠加,对教育教学的作用有限。

DSZZ中学Z副校长:校本资源建设不是那么简单的事情,哪个老师愿意花费大量精力去做这个事儿?而且,即使个别老师开发出了适合教学的课件资源,他也不一定愿意拿出来,大家是存在竞争的嘛。

TDH中学X校长:我们学校倒是有资源库,学校的老师们也制作了一批,但是都不太好,大多数都是在网上下载来改的。要说做也没法做,大多数老师只会做课件,动画啥的没几个会的,自己做出来的还不如在网上下载的呢。

(4) 资源建设缺少统一的标准和规范

教育资源市场的混乱严重影响教育:同种类型的不同软件之间不能兼容,同一问题的答案相去甚远,不同的厂商互相拆台等现象愈演愈烈。我们的教育工作者在五花八门的教育资源面前无所适从。所谓无规矩不成方圆,现在教育资源的开发还没有形成统一的标准或者是一套规范的体系,课程资源开发的随意性大,缺乏资源使用主体的介入和参与,与客观实践相背离。同时,各教育资源开发商之间存在利益之争,为了占有市场,不断出新花样和新名词,弄得教育资源市场一片混乱,类似的资源和平台难以有效地对接,兼容性和共享性差。

从学校的角度看,部分学校已经建有或购买了自己的教育资源库,但是出于各方面的考虑,不愿意共享给其他学校。大量的资源被闲置,因此而衍生的

"信息孤岛"现象十分严重。

从教师个人角度看,个别教师在教育教学上造诣比较深,结合自身的教育教学经验所制作或开发的教育资源具有很强的实用性和适用性,出于竞争的压力或其他方面的原因而不愿与大家共享。有的是仅在本校内部流通,而不愿意将之与其他学校共享。诚然,这里面有知识产权的因素,这个另当别论。

故而,无论基于何种立场,均需要制订一套统一的资源开发标准和体系,出台相应的政策法规来规范、保护和引导教育资源开发的各利益相关群体或组织,使其所提供的教育资源能够在合适的范围内得以真正地服务于教育、服务于社会。

7. 课程教学信息化难以落实

教育信息化的实现,信息化教育观念是先决条件,信息化硬件建设是基础,而信息化教学则是目标。信息化教学就是以"校校通"工程所构建的信息化设施和所提供的信息化资源为基础,通过信息技术手段将所需要的资源整合于课程教学之中,最终实现教学目标的过程。"校校通"工程的实施为农村中小学信息化教学提供了条件,但是在实现信息化教学的过程中还存在着诸多问题。

(1) 信息技术人才缺乏

在本次调研的 19 所学校中,专职的计算机教师有 12 人,所占比例为 63.16%;所学专业与信息技术相近或相关的有 14 人,所占比例为 73.68%;学历水平本科及以上的仅有 7 人,所占比例为 73.68%。具体数据见表 3-11、表 3-12、表 3-13。从数据来看,农村中小学信息技术教师的专职化、专业化和高学历化的水平还不够高,需要引进和完善信息技术人才队伍,加快农村教育信息化水平进程。

在访谈中,课题组发现几乎所有的校领导均将缺少现代化人才看作是"校校通"工程存在的主要问题。他们表示:设备没有,政府可以给配,但是人才进不来、留不住却是现实。

> WZG 小学 B 校长:不用说城里,就是县里教师就严重超编,但是乡下却编制不足。拿一小来说,我们去参观过,机房都是高标准的,而且配有两个计算机教师,还都是大学毕业的,我们这里却一个

都没有。

DD 小学校长:特岗教师也轮不到我们,都被那些中学挑走了,即使个别小学争取到一个名额,那也是镇里的小学。

MZL 中学 L 校长:全校就一个微机老师,还得上课,还得忙于整理卫星资源给其他老师用,学校设备哪儿出了问题、老师有什么不会的都得找他,你说怎么忙得过来。

BJG 小学校长:没人愿意来穷山沟儿,来了也留不住,咱也理解,哪个大学生愿意在山旮旯里蹲一辈子啊?

(2) 信息技术课开课质量未达到标准

2000 年 11 月 14 日,教育部下发了《关于在中小学普及信息技术教育的通知》,指出要采取积极措施,加快推进中小学信息技术课程建设,要求:2005 年前,所有的初级中学以及城市和经济比较发达地区的小学开设信息技术必修课,并争取尽早在全国 90% 以上的中小学校开设信息技术必修课。

据调查的数据显示,基本上所有中学均可以保证一人一机,但是还有 32.14% 的小学不能保证一人一机。信息技术课学生用机情况具体数据如表 2-73 所示。

表 2-73 信息技术课学生用机情况

信息技术课学生用机情况	初中(人)	小学(人)
1 人/台	48	95
2 人/台	2	37
3 人/台	0	8
4 人以上/台	0	0

不但学生用机未能满足学生上机要求,而且信息技术课的课时量也未达到标准要求。调查数据显示,初中每学期(每学期按 20 周计算)的信息技术课大概 40 课时、小学每学期的信息技术课平均还不到 30 课时。具体数据如表 2-74 所示。

表 2-74 每周信息技术课课时量

每周信息技术课课时量	初中(人)	小学(人)
2 节以上	0	0
2 节	44	28
1 节	6	110
1 节没有	0	2

而根据《关于在中小学普及信息技术教育的通知》的要求,中小学每学期信息技术课应不少于68学时,可见,几乎所有中小学都未达到这一标准。

除了信息技术课的课时量未达到标准要求外,信息技术课被占用的情况时有发生,从不被占用的初中比例为18%、小学为2.67%。具体数据如表2-75所示。

表 2-75 信息技术课被占用情况

信息技术课被占用情况	初中(人)	小学(人)
经常被占用	18	47
有时候被占用	23	89
从不被占用	9	4

在对学生问卷进行分析的过程中课题组发现,虽然将近100%的学校均已开设信息技术课,但是课程的质量却难以保证。个别小学由于计算机太少,上课时会出现两三个学生共用一台电脑的尴尬局面。在课堂上也主要是老师随便讲,学生随便练习,所讲授的内容也仅是一些计算机的基本操作,而且还经常被其他学科占用。教育部下发的《中小学信息技术课程指导纲要(试行)》中要求,信息技术课"上机课时不应少于总学时的70%",这一标准在X县农村中小学信息技术教学中远未达到。

(3) 教师信息技术应用能力有待提高

信息技术应用能力体现在教育中就是教育技术能力,而现代教育技术是教育改革的制高点和突破口,因此,是否拥有良好的教育技术能力,严重影响着教学质量和教学效果的好坏。

从对学科教师问卷的分析来看,目前大多数教师的计算机应用水平比较低,仅可以进行简单的 office 软件操作,对于一些多媒体课件制作软件的应用水平较低。具体数据如表 2-76 所示。

表 2-76 学科教师多媒体课件制作软件的使用水平

软件的使用水平	人数	比例
很好	10	13.16%
比较好	18	23.68%
一般	25	32.89%
差	14	18.42%
很差	9	11.84%

从上表中可以看出,只有不到 13.16% 的教师认为自己的课件制作水平很好,而有将近 30% 的人认为自己的水平差,甚至是很差。

(4) 教师的信息素养需进一步加强

课题组发现,很多教师都认可信息技术在课堂教学中的作用,但对于如何将信息技术与课程有效整合则普遍认知不足。只有 17.11% 的人认为自己获取网络资源的能力很强,而有 67.11% 的人认为自己获取网络资源的能力差或很差。这表明在传统教学模式和落后教学观念的影响下,农村中小学教师的信息技术素养无法跟上信息化的发展步伐。无论是学校领导,还是普通教师(包括信息技术教师),信息态度与意识、获取信息能力、应用和评价信息的能力都需进一步提高。

(5) 设备和资源不足,难以满足教学需求

由于客观条件的限制,农村中小学不论是计算机教室和多媒体教室的配备,还是教育教学资源的供给,都无法满足教师采用现代信息技术和多媒体资源进行教学。"校校通"工程的实施的确为农村中小学提供了大量的信息化设备和信息化资源,但依然难以满足广大学校的需求。从问卷调查的数据看,当前农村中小学的教师大部分还是有意愿应用现代信息技术进行教学的,只是设备和资源无法满足。

某小学校长：学校就一个多媒体教室，30多位教师，要想用多媒体上课，基本上都得排队，还得提前预订。

LXM小学S副校长：我们学校只有一间多媒体教室，却有37个教学班，这个教学怎么安排？根本排不过来。

在调查中，课题组发现，教师使用多媒体等信息技术进行教学的最大障碍排名前三位的是设备不足、缺少合适的资源、时间精力不够，所占比例分别为38.16%、27.63%、19.74%。具体数据如表2-77所示。

表2-77 教师使用多媒体等信息技术教学的最大障碍

教师使用多媒体教学的最大障碍	人数	比例
设备不足	29	38.16%
经验水平不高	7	9.21%
教育理念欠缺	4	5.26%
时间和精力不够	15	19.74%
缺少合适的资源	21	27.63%

8. 教育管理信息化程度相对低下

信息化管理是"校校通"工程目标的重要组成部分和评估指标之一，在"校校通"工程的建设中举足轻重。虽然X县几乎所有学校均已联通互联网，但是其管理尚未实现信息化。

（1）校园网的管理功能需进一步开发

部分学校校园网的建设并非出于实际需要，仅仅是为了追求"校校通"工程建设目标的完成、赶上"信息化"的潮流，或者是"评奖评先进"利益驱动下的政绩工程。

调查数据显示，已建成校园网的学校，其校园网主页多由静态信息组成，涉及教学管理的模块比较少。具体情况如表2-78所示。

表 2-78　校园网主页内容

校园网主页内容	校长	信息技术教师
学校或领导简介	8	8
校园新闻	8	8
政策法规	6	7
通知公告	8	8
教育科研、培训信息	6	8
教育教学资源	7	6
师生园地	4	4
网络教研交流平台	5	4
互动交流平台	2	1
校长信箱	1	1
其他	心理健康、德育工作、学校后勤等	站外链接、教育新闻等

校园网建设的目的是实现学校管理的信息化，促进学校与外界的信息交流，提高学校教学与管理的效率。但是，已有的校园网由于静态信息过多、信息更新频率低（如表 2-79 所示）、缺少互动交流版块、设计不完善等原因，未能体现校园网在提高学校信息化管理上的优越性。

表 2-79　校园网更新频率

校园网站信息的更新频率	校长	信息技术教师
每天	1	0
一周左右	2	2
一月左右	3	4
一学期左右	2	2
一年左右	0	0
从不更新	0	0

校园网的功能不只是介绍学校和发布通知公告那么简单,它还必须有学校管理的功能,如校务管理、学籍管理、成绩管理、财务管理、科研管理等。

(2) 网络办公和无纸化办公表面化

随着计算机和网络的普及,传统的手写方式已经逐渐被淡化,在办公时,资料打印无疑比手写要省时省力,无形中增加了办公成本,无纸化变成了"费纸化"。但也有部分学校,由于习惯于传统的办公方式,还依然采用原有方式进行办公和管理,没有充分地利用计算机、校园网或城域网等现代信息化手段。

就课题组所调查的情况而言,虽然 X 县教体局多次下发文件,不断强调落实网络办公和无纸化办公,但是效果不是很理想。即使文件通知挂在 X 县教体局的主页上,但是各校在收到后还是会打印出来,只是在办公和传达速率上较传统方式有所增强。网络办公和无纸化办公还需要进一步落实和深化。

(3) "家校通"加重"家校"负担

在调研中,部分教师反映"家校通"增加了教师的工作负担,在正常的工作之外,还要编写短信向家长汇报学生的成绩、在校表现、友情提示等,而且多是重复性的、毫无意义的信息。同时,有些学校还规定教师(尤其是班主任)每天发送信息不得少于一定数量,所以许多教师为了完成任务,不得不发,这为教师带来了身体和心理双重压力。部分家长也抱怨"家校通"收费高、服务不好,每天都是一些重复的或类似的信息,真正有用的信息太少。

> 某小学教师:现在手机是普遍了,但还是有许多家长没有手机啊,学校还非要"鼓励"学生家长开通"家校通",没手机怎么接收信息呀?
>
> 某中学教师:现在的教学压力多大呀,还得每天想着怎么编写这些信息,没那个精力呀。所以,有时候就一条信息所有老师共享了。
>
> GYG 中学 W 校长:这个是网通和教体局联合搞的,这个是任务,必须完成,有指标的。用局里的话说,这个搞不好,明年网通会涨价的(指宽带费)。

9. 信息技术培训不能满足教师的实际需求

在调研中,课题组发现,现有的信息技术培训未能满足教师的培训需求,其主要问题是培训级别低、效果差。

调查数据显示，有 39 位教师参加过县级信息技术培训，占总人数的 51.32%；有 22 位教师参加过市级信息技术培训，占总人数的 28.95%；有 3 位教师参加过省级及以上信息技术培训，占总人数的 3.95%；有 12 位教师没有参加过任何培训，占总人数的 15.79%。具体数据如表 2-80 所示。

表 2-80　信息技术培训情况

参加过最高级别的信息技术培训	人数	比例
县级	39	51.32%
市级	22	28.95%
省级及以上	3	3.95%
没有参加过任何培训	12	15.79%

可见，多数教师均未参加过高级别、高水平的培训，省级及以上级别的培训只有少数骨干教师或信息技术教师才有机会去参加。

在接受调查的 19 位信息技术教师中，仅有 42.11% 的人认为自己可以为本校教师提供一定的信息技术培训，而超过一半的人（比例为 57.89%）认为自己不能为本校教师提供信息技术培训。具体数据如表 2-81 所示。

表 2-81　信息技术教师提供信息技术培训情况

能否提供一定的信息技术培训	人数	比例
能	8	42.11%
不能	11	57.89%

10."校校通"加剧了城乡间教育发展的不均衡

"校校通"工程作为一项全国性的教育政策，旨在提高所有中小学的教育教学质量，推动我国基础教育信息化的发展，缩小地区间差距，消减教育发展不平衡的问题。但是，"校校通"工程在实施过程中却在某种程度上加剧了教育发展不平衡、不均衡的现象，城乡间的"数字鸿沟"在不断加深，在某种程度上甚至可以说，"校校通"工程是城乡教育发展不均衡的突出表现。

课题组在对县城一小、二小、二中三所学校进行调研时发现，同样是县域内的普通中小学，但其无论是在校园建设、师资队伍，还是在硬件设施、资源库建设、校园网建设等方面,无不领先于县域内的其他中小学。一小、二小、二中不但有着一流的师资、庞大的资源库、华美的校园网,而且已经超前一步实现了"班班通"(据 X 县教育年鉴显示,一小、二中于 2008 年就已实现"班班通")。"校校通"工程使得城乡学校在教育信息化进程上的差距被人为地拉大了,城乡教育发展的不均衡再一次被验证。

11. "校校通"冲击了农村学校教育生态系统

农村学校教育生态系统由当地的生态环境、学校人文环境、教学环境、教育管理者、教师、学生、家长等因子组成。"校校通"工程在农村中小学的实施,带来了农村教育理念、教育方式的变革,也引进了大量的教育资源,促进了农村中小学的教育信息化进程。但是,由于受到新技术、新理念等因素的冲击,农村原有教育生态系统被破坏,教学环境、教学方式、教师和学生原有的知识结构等均被改变。

已经习惯于传统教学环境的农村教师不适应信息化教学环境,他们的信息素养(信息化意识、信息化观念、信息化技术、信息化应用等)无法满足信息化教学的要求,无法实现信息技术与课程整合。在调查中,多位老师抱怨信息化教学费时费力、效果差。

> 某小学教师:上一节多媒体课,除了提前预订教室外,还得准备课件,自己又做不好,得请一些教师或计算机教师帮助修改,很麻烦的。而且就上这么一两次课,学生不适应这种方式,老师不写他们就不知道记笔记,一节课下来还不如平时效果好。

对于教师而言,他们既要学习信息化教育新理念、信息技术,还要完成自身的教学任务,参加农业生产活动,在多重压力下,他们不但不愿主动接受和适应信息化教学,反而还产生了抵触情绪。

网络环境也已成为农村教育生态环境的组成部分之一,但是由于广大农村教师网络安全意识薄弱、信息技术水平不高,在应对网络病毒和黑客等威胁网络安全因素时存在困难。在调查中课题组发现,许多教师不具备病毒防护等方面的技术,面对病毒的侵扰,他们唯一的办法就是求助于计算机教师。同时,在调查中,部分教师反映,许多家长反对学校使用多媒体进行教学,他们认为这些花哨的东西不如教师说写来得实在。

农村教育生态系统由于受到信息化的冲击,教学环境、教师、学生、家长等系统因子均受到了不同程度的影响,农村中小学如何应对这一危机,进而推动农村教育信息化的发展,还需要各相关部门的共同努力。

在信息化时代,无论是城市教育还是乡村教育,都应该能够平等地共享信息化带来的益处,而不应该相反,形成新的数字化鸿沟。教育的信息化建设,尤其是农村学校的信息化水平提升是城乡义务教育统筹发展的重要保障。通过对河北省 X 县农村地区"校校通"工程的实施情况的调研,我们看到,"校校通"工程建设为农村教育信息化的发展做出了重大贡献,促进了农村中小学信息技术教育的普及,提高了农村中小学教师信息技术的应用水平,促进了教学手段的多样化和信息化,为农村中小学送来了大量教育资源,促进了农村中小学教育质量的提高,加快了农村教育信息化进程,在进一步促进基础教育均衡发展、缩小地区间教育差距等方面起到了不可替代的作用。然而,农村中小学在"校校通"工程的实施过程中却出现了诸多问题,这些问题涉及观念、资金、设备、资源、人才、应用等多个方面。因此,为了确保农村中小学"校校通"目标的实现,必须树立起教育信息化观念,进一步端正对信息化的认识,拓宽融资渠道,加大资金投入,加强教育信息化的培训,建设好各种资源平台,提升教育信息化设备尤其是网络的使用效益,完善对教育信息化建设的评估制度,构建起一套适合农村基础教育信息化发展的制度体系,使教育信息化能够真正促进城乡义务教育统筹发展。

第三章 城乡统筹背景下义务教育均衡发展研究总报告

第一节 城乡统筹背景下我国义务教育发展的经验分析

自从中共十六大提出城乡统筹发展以来，在党中央、国务院的领导下，在教育行政部门的引领下，各地积极开展城乡义务教育统筹发展的探索，积累了宝贵的经验。回顾、梳理和分析这些经验，有助于我们下一步继续推动城乡义务教育的统筹发展。经过对十多年来的政策经验和研究文献的系统梳理，我们认为，在我国城乡统筹的背景下，义务教育的发展有以下主要经验。

一、教育公平理念的深入探讨为统筹城乡义务教育的发展提供理论先导

教育理论研究对教育的改革和发展有着重要的引领作用，因此，推动城乡义务教育的统筹发展也有着深刻的理论背景。二战以后，以詹姆斯·科尔曼的《教育机会均等报告》的发表为重要标志，对教育公平问题的理论研究成为了国际学术界的热点之一。20世纪90年代以来，随着我国市场经济体制改革的推进和社会结构的转型，"公平"成为社会生活中的重要话题，也成为研究者关注的焦点话题。近年来，伴随着学术界的国际化视野不断拓宽，以社会学中的"阶层差距""文化区隔"等和罗尔斯的正义理论、桑德尔的社群主义等为代表的各种关于公平的社会学、政治哲学理论流派被广泛引入中国学术界，并深刻地影响着各种人文社会科学的研究。大量的研究成果出版，并对社会文化和政府管理产生显著的影响。公民都有平等的受教育权利、应该给弱者更优惠的待遇等观念已经深入人心，诸如"弱势补偿"等学术词汇成为媒体和政府报告中的常见话语，这典型地体现了学术研究的新理念对社会发展的影响。

此外，社会学、政治学、经济学界对城乡二元社会、社会转型、人口流动、户籍制度、"三农"问题、农业发展模式等问题的深入研究也都为社会公平和教育公平的研究提供了丰富的理论资源。

在教育研究者看来，教育不公平是社会不公平的集中体现，反言之，教育公平是社会公平的重要基础，实现教育公平也是弥合社会差距、推动社会和谐发展的重要动力。因此，教育理论界一直关注着教育公平的研究。前述各种社会学、政治哲学理论也被教育学者引入，成为重要的理论资源，深刻地影响和促进了我国教育学界对教育公平的研究。目前，在国内教育界，一批有关教育公平的理论研究成果引起了广泛关注，并且进入教育行政部门的视野，成为教育决策参考的理论依据。从 2001 年国务院颁布的《关于进一步加强农村基础教育改革的决定》到 2010 年《国家中长期教育改革和发展规划纲要（2010—2020 年）》中关于"教育公平是国家教育发展的基本政策"以及关于教育均衡发展、城乡教育一体化的表述都是这些思想的集中体现。

从微观层面来说，对城乡义务教育统筹发展的理论研究也从教育管理体制、教育经费配置、教育质量和评价、课程改革、城乡教师流动、农村学校布局调整以及城乡教育统筹发展的模式等方面开展了深入的实证性研究，这些研究梳理了我国各地城乡义务教育统筹发展的做法，分析了其中存在的问题，提出了有意义的政策建议，丰富了我们对统筹城乡义务教育发展的理论认知和实践经验。

二、在科学发展观的引领下城乡义务教育统筹发展的政策目标不断提升

2003 年 7 月 28 日，时任中共中央总书记的胡锦涛在一次会议上指出，要更好地坚持协调发展、全面发展、可持续发展的发展观。2003 年 10 月中旬，党的十六届三中全会通过的《中共中央关于完善社会主义市场经济体制若干问题的决定》中明确提出了指导我国经济社会发展的"五个统筹思想"，强调"按照统筹城乡发展、统筹区域发展、统筹经济社会发展、统筹人与自然和谐发展、统筹国内发展和对外开放的要求"，推进改革和发展。2004 年"两会"期间又明确提出了以统筹协调、以人为本和可持续发展为中心的科学发展观这一重大战略思想；党的十七大上，科学发展观被写入党章；在党的十八大报告中，正式将科学发展观列入党的指导思想。科学发展观是我国经济、社会发展的指

导思想,是全面建设小康社会和实现现代化的根本指针,也理所当然地成为我国教育发展的总的指导思想。

城乡义务教育的统筹、协调发展是科学发展的应有之义,这既是对我国长期以来城乡教育发展不均衡的历史反思,也是对新的时代要求的回应。新中国成立以来的60多年里,我们一直在"二元对立"、"城乡分治"的政策框架下,利用"剪刀差"的机制,大量地将农村的各种经济和人力资源转移到城市。同时,国家公共资源的分配又过多地倾斜向城市的建设和发展;农村,尤其是农村教育等各种公共事业受到了忽视,积累了大量的历史欠账,造成了积重难返的局面。21世纪以来,我国经济社会发展到了较高的水平,我们有能力、也有责任去清理并偿还历史的包袱,这是对历史的交代,也是对为中国社会发展做出重大贡献的农村和农民的交代。20世纪80年代以来,"普九"给农村义务教育带来了巨大的压力,在"农村教育农民办"的口号下,农民和农村基层政府以微薄的财力承担了"普九"的重任,没有得到教育公共财政的支持,而在教育发展的水平和质量上,与城市义务教育发展水平的差距被不断拉大。这样的差距严重影响着农村社会的全面发展和广大农民素质的提升,农村教育的落后也影响着社会的整体进步。正如2003年11月21日温家宝总理在接受美国《华盛顿邮报》总编唐尼采访时所说:"城乡发展不平衡,经济和社会发展不平衡,就如同一个人一条腿长一条腿短一样,一定会跌跤的。"在这样的社会背景下,促进城乡协调发展是对我国多年来农村发展方面的历史欠账的补偿。再者,伴随着工业化和城市化进程的加快,农村劳动力大量转移进入城市为制造业的发展做出贡献,而他们的基本素质与先进的工业发展水平还存在差距。在这个意义上,统筹发展城乡义务教育也是对工业化和城市化发展需求的回应。统筹城乡义务教育发展也体现了一个负责任的政府的担当。现代政府应是服务型政府,为公民提供良好的社会公共服务是其应该承担的职责。长期以来,农村教育没有得到足够的公共资源,农民没有得到良好的教育公共服务。现在,政府在科学发展观的指导下,统筹发展城乡义务教育,是对历史问题的矫正,同时也是在承担本应担当的责任和使命。

近十年来,在科学发展观的引领下,中央政府和教育行政部门出台的系列文件一以贯之地推进城乡义务教育统筹发展,目标不断提升,要求不断提高。从城乡义务教育的统筹发展着手,将两者通盘考虑,促进城乡教育协调发展。

2005年,教育部出台《关于进一步推进义务教育均衡发展的若干意见》,提出了义务教育均衡发展的概念。2006年修订的《中华人民共和国义务教育法》将义务教育均衡发展的目标上升为法律,强调"均衡"。而江苏等发达地区则在逐渐缩小城乡义务教育差距的基础上,又进一步提出了"以提高教育质量为核心,以促进教育公平为重点"的义务教育"优质均衡"发展的目标,从而使城乡义务教育统筹发展从均衡发展向更高层面的优质均衡迈进。再到2010年,《国家中长期教育改革和发展规划纲要(2010—2020年)》强调要"建立城乡一体化的义务教育发展机制",将城市教育和农村教育放在一体化的背景下去考虑其发展。尤其强调建设一体化发展的体制和机制,全国各地在一体化体制机制的建设上掀起新的探索高潮,实现了城乡义务教育统筹发展的目标和方式的更新。

三、中央顶层设计、区域自主探索城乡义务教育统筹发展模式

为推进城乡义务教育的统筹发展,国家颁布了一系列的宏观政策,中央政府和教育行政部门对全国范围内的城乡教育统筹发展进行政策的顶层设计。在党的十六大、十七大、十八大的报告和历年的政府工作报告及每年的中央"一号文件"中,所有涉及农村和教育的内容,都强调城乡教育的统筹协调发展,强调从体制和机制建设上巩固城乡义务教育发展的成果。同时,中央政府还通过财政经费的转移支付等具体措施进行对农村教育,尤其是中西部地区农村学校的扶持。在我国这样一个体量极其庞大的国家,在某项政策的全面施行之前进行试点和实验工作是非常必要的。2007年6月,西部地区的两个特大城市重庆与成都率先被国务院批准为"全国统筹城乡综合配套改革试验区",2008年7月和2009年4月,重庆与成都又分别被批准为"国家统筹城乡教育综合改革试验区"。正如,"水桶的储水量取决于最短的那块木板"这一隐喻所揭示,如果在经济社会发展水平较为落后的西部地区都能实现城乡教育的统筹发展,那么无疑对其他地区具有意义重大的示范效应。

在这样的宏观指导和政策鼓励下,各省市开展城乡义务教育统筹发展的实践探索,以建立和形成有效的城乡义务教育统筹发展的体制机制,促进区域城乡义务教育的协调发展,落实义务教育均衡发展之目标。在这方面做出代表性贡献的地区有四川成都、重庆、浙江、安徽铜陵等地。

1. "全域成都"——成都统筹城乡义务教育的政策经验

自2003年起,成都市开始了以城乡一体化破除城乡二元结构、以统筹城乡发展化解"三农"难题的创新实践。2009年9月,成都市政府出台《成都市建设统筹城乡教育综合改革试验区实施方案》,明确提出了要建立"全域成都"的理念,统筹城乡教育发展。就城乡义务教育统筹而言,提出了三个阶段的工作目标。第一阶段(2008—2010年):初步构建城乡一体的现代教育体系,基本实现城乡教育服务均等化,高水平发展义务教育。第二阶段(2011—2015年):形成城乡教育一体的现代教育体系,基本满足城乡居民子女都享有优质教育的需求,实现义务教育高水平均衡发展。第三阶段(2016—2020年):城乡教育一体的现代教育体系更加完善,"全域成都"城乡居民子女人人享有优质教育,实现义务教育优质高效发展。2011年,成都市政府颁布《成都市教育事业发展第十二个五年规划》,提出城乡义务教育统筹发展的目标是推进义务教育优质均衡发展。成都教育发展理念为:农村教育城市化、城市教育现代化、城乡教育均衡化。[①] 近些年在工作实践中逐步形成了"一元化标准、全域化规划、标准化建设、倾斜化配置、一体化管理、特色化发展"的城乡教育均衡发展方式。[②]

① 一元化标准:实行无差别的城乡标准,破除城乡教育的二元差距。

② 全域化规划:优化农村中小学布局,把全市农村初中、小学建设全部纳入城乡教育一体化发展规划,将学校布局与城乡基础设施建设同步规划、同步实施。优化全域成都中小学布局,按照"学校选址与重点镇、中心村建设相结合,规模扩大与人口集聚相适应,资源配置与教育需求相统筹,校舍调整与功能划分相协调"的原则,制定了《成都市普通中小学(公办)布点规划(2006—2020)》,合理布局城乡中小学。

③ 标准化建设:推进城乡教育"起点公平",通过标准化的学校建设,努力实现城乡教育硬件资源的一体配置。包括实施农村中小学标准化建设、推进

[①] 李涛.统筹城乡教育的实践探索[J].教育发展研究,2008(20).

[②] 教育部.成都加大市域统筹力度深入推进城乡义务教育一体化[EB/OL]. http://www.moe.gov.cn/publicfiles/business/htmlfiles/moe/s6444/201205/135488.html 2012-5-11/2013-4-6.

灾后教育重建项目标准化建设等。

④ 倾斜化配置：坚持公共教育资源向农村倾斜，补足农村短板。包括教育经费向农村倾斜、设备设施向农村倾斜、教师培训、评优评先和职称评定向农村倾斜、各类保障向农村教师倾斜。

⑤ 一体化管理：推进城乡教育一体化管理，统一城乡师资配置、统一城乡就学机会。具体分为教育管理的一体化、教师管理的一体化、干部管理的一体化以及学生资助管理一体化。

⑥ 特色化发展：坚持"均衡不是平均、一体化不是一样化、标准化不是模具化"的理念，鼓励因地制宜、大胆探索，以特色发展有效破解区域教育发展难题，为深入推进"全域成都"教育一体化提供实践经验。如"捆绑发展"模式——将原属乡（镇）管理的中小学划归区上直管，并将城区品牌小学与乡（镇）小学进行"捆绑"，实行"两个法人单位、一个法定代表人、一套领导班子，独立核算、独立核编"的管理机制；"扬峰填谷"模式——以优质学校带动农村学校、薄弱学校，同时为优质学校发展提供空间；"共同发展"模式——通过"片区联组"的形式整合和重组城乡教育体系，探索九年一贯制学校共同发展体模式；"师生流动"模式——建立农村教师补贴机制，促进城乡教师流动，学生走班制、教师走校制和校长走段制等。

2. 以城带乡——重庆统筹义务教育发展的政策经验

作为西部地区唯一直辖市的重庆，与其他三个直辖市不同，呈现出大城市、大农村的格局，城乡经济社会和教育发展差距较大。2008年9月，重庆市人民政府出台《重庆市统筹城乡教育综合改革试验实施方案》，提出了重庆市义务教育统筹发展的目标任务是到2012年初步形成城乡教育一体化发展机制，基本实现区县（自治县）行政区域内义务教育均衡发展、非义务教育协调发展。高水平、高质量普及九年义务教育，义务教育阶段学校标准化率达到95%。到2020年，形成城乡教育一体化发展机制，基本实现全市城乡教育和谐发展。城乡九年义务教育基本实现现代化，学校现代教育技术装备达标率达90%。2010年重庆市颁布《重庆市中长期城乡教育改革和发展规划纲要（2010—2020年）》，提出了城乡统筹的发展战略：建立健全统筹城乡教育发展的体制机制，合理配置教育资源，统筹城乡、区域、校际之间教育协调发展。加快"一小时经济圈"教育现代化步伐，重点扶持渝东北三峡库区、渝东南少数民族地区教育发展，形成优势互补的教育协调发展新格局。其中强调指出，均衡发展义务教育是统筹城乡教育发展的关键。要建立健全义务教育均衡发展推进机制、保障机制、评估机制，率先实现区县（自治县）域义务教育的教育投入、办学条件、师资水平、管理水平、教育质量等基本均衡，逐步向更大范围推进。重庆的特色举措是建立社区未成年学生关爱机构，积极发展留守儿童托管服务中心等公益性组织，为留守儿童创造良好条件。

3. "弱势补偿"——江苏省城乡义务教育统筹发展的政策经验

江苏省位于我国东部沿海经济发达地区，在教育改革与发展方面居于全国前列。同时江苏省也是一个南北教育发展不均衡、城乡之间教育发展差距较大的地区。进入21世纪之后，为了促进南北经济发展水平的均衡、缩小城乡差距，江苏省出台了一系列政策来推进城乡义务教育统筹发展，在发展目标转型和政策体系建设方面逐渐形成了较为丰富的经验。

21世纪初期，江苏将改善农村中小学办学条件列为教育发展的重点，出台了一系列政策措施。这些政策针对农村中小学在不同时期面临的问题和困难；循序渐进、前后衔接、相互贯通，有效改善了农村中小学办学条件，逐渐缩小了与城市之间的差距。在农村学校办学条件的改善和农村教师队伍建设这两个方面出台了一系列的政策，实施"三新一亮"、"六有"、"四配套"、"校校通"、"千校万师支援农村学校"等工程，极大地推动了农村义务教育的发展，对于统筹城乡义务教育起到了至关重要的作用。在逐渐缩小城乡义务教育差距的基础上，江苏省又进一步提出了"以提高教育质量为核心，以促进教育公平为重点"的义务教育"优质均衡"发展的目标，从而使城乡义务教育统筹发展从重视农村义务教育向更高层面的优质均衡迈进。2010年5月，江苏省政府转发了《关于江苏省义务教育优质均衡改革发展示范区建设意见》（以下简称《意见》）的通知，决定启动义务教育优质均衡改革发展示范区建设工作，鼓励部分地区先行先试、探索经验，引领全省义务教育又好又快发展。该《意见》明确了13个义务教育优质均衡改革发展示范区建设单位。主要目标是通过3年左右的努力，使示范区义务教育由基本均衡达到优质均衡。示范区的受教育机会、教育质量、队伍建设、管理水平、办学条件、保障能力等均取得明显提高，义务教育公平度、满意度和适合度大幅度提高，努力做到校园环境一样美、教学设施一样全、公用经费一样多、教师素质一样好、管理水平一样高、学生个性一样得到弘扬、人民群众一样满意,真正成为优质均衡先导区、城乡一体融合区、素质教育样板区、体制机制创新区、人民满意认可区。为确保目标的完成,2012年3月,《江苏省县(市、区)义务教育优质均衡发展主要指标》出台,从普及巩固与机会均等、规划布局与办学条件、师资配备与教师素质、素质教育与学生发展、教育管理与经费保障等5个方面30条要求进行架构,进一步明确了优质均衡发展的目标和任务。2012年11月,为进一步把握义务教育优质均衡发展的总体要求,高质量、高水平普及九年义务教育,省政府颁布《关于深入推进义务教育优质均衡发展的意见》(以下简称《意见》)。《意见》进一步明确了江苏省义务教育优质均衡发展的目标,即到2015年,所有县(市、区)达到国家义务教育基本均衡发展要求,70%以上的县(市、区)达到省定义务教育优质均衡发展要求,50%以上的义务教育学校达到省定现代化办学标准。到2020年,所有县(市、区)达到省定义务教育优质均衡发展要求,所有义务教育学校达到省定现代化办学标准,优质均衡发展差异系数低于省定标准。同时,要全面落实"省级统筹、以县为主"的义务教育管理体制,包括完善学校布局规划,正确处理提高教育质量与方便学生就近上学的关系,努力满足农村适龄儿童少年就近接受良好义务教育的需求。加大财政投入力度,深化义务教育经费保障机制改革,形成重点向学校内涵建设、课程资源建设、校园文化建设投入的导向。科学核定教师编制,逐步实行城乡统一的中小学教职工编制标准,在动态调整义务教育学校教职工编制时,具备条件的地区要按城市标准核定县镇、农村义务教育学校教职工编制。保障特殊群体权益,坚持以流入地为主、以公办学校为主的"两为主"政策,落实进城务工人员随迁子女在流入地就学的同城同等待遇,确保进城务工人员随迁子女在公办学校就读率达90%以上。在公办学校不能满足需求的情况下,可采取政府购买服务的方式,保障进城务工人员随迁子女在依法举办、确保质量的民办学校接受义务教育。这一系列政策的制定和完善极大地推动了江苏省义务教育的均衡发展,更使江苏省的城乡义务教育统筹发展政策呈现出鲜明的区域色彩。

4. "铜陵模式"——中部地区统筹城乡义务教育的代表

铜陵市位于安徽省中南部、长江南岸,是一座新兴的工贸港口城市。改革开放以来,铜陵市的经济保持了持续、快速、健康发展的良好势头,人均主要经济社会发展指标处于全省前列,社会各项事业都得到了快速的发展。铜陵市在缩小城乡教育差距、促进城乡义务教育统筹发展方面取得了显著的成绩。2005年,教育部专门在铜陵召开了"全国义务教育均衡发展研讨会",对铜陵义务教育发展经验与做法给予充分肯定。这与铜陵市较早开展义务教育改革实践是密切相关的。早在20世纪末,铜陵市就开展了促进义务教育均衡发展的实践,并通过政策的制定来寻求义务教育的城乡统筹。早在1995年,为了解决市民反映比较强烈的"择校"问题,铜陵市对全市教育布局进行了整体规划,优化教育资源配置,重点扶持、改造和建设薄弱学校。从1996年起,铜陵市教委陆续从市区中学及教委机关调骨干到周边薄弱学校任职。1997年,面对义务教育择校问题,铜陵市取消了"小学升初中"的入学考试,实行"划片招生、就近入学"的政策。这些政策的出台对于抵制义务教育择校热、促进义务教育均衡发展起到了直接的作用。

新世纪以来,铜陵市继续加大了对义务教育发展的重视,通过一系列政策的制订和完善,将义务教育统筹发展进一步推向纵深。在义务教育入学机会上,更加重视农民工子女及弱势儿童义务教育问题。2004年,铜陵市明确规定凡在市内有固定住处的农民工子女,享受本地学生同等待遇,免费就近安排在实际居住地附近的学校就读,并可在市区报考省示范高中、享受省示范高中的定向指标。2005年,铜陵启动了"留守和单亲学生关爱工程"。2006年,铜陵市决定,在全省率先对义务教育阶段学校就读的农村户口和城市低保家庭的在校学生免除杂费,并对农村低保(贫困)家庭和城市低保家庭的在校生免费提供教科书,补助寄宿生生活费。

2006年铜陵市出台了《关于进一步推进义务教育均衡发展的意见》,提出了城乡义务教育协调发展、办学硬件相对均衡、办学软件相对均衡的目标,在生均占地面积、生均建筑面积、教学设备、生均经费、农村及城市薄弱学校教师学历层次等方面做出了明确具体的要求。在农村教育方面,要求按照学生城市化、管理规范化、条件标准化、制度现代化的发展目标对农村中小学进行全面规划、改造和建设,建立市、县、区政府分项目按比例承担的农村义务教育经费投入保障机制。并启动农村教育四项工程,包括农村中小学标准化建设工程、寄宿制学校建设工程、农村远程教育工程及农村师资队伍建设工程。铜陵市采取了"名师迁移"等办法,将部分"名师"调到新建学校或薄弱学校任职,发挥名师业务指导作用,促进薄弱学校教师提高业务水平,提高教师整体素质,解决由于师资水平差异带来的不均衡。通过这些举措,进一步缩小城乡之间教育差距,实现城乡义务教育相对均衡。

四、制度和队伍建设是统筹城乡义务教育发展的保障

前述各地的典型经验和在此处未能列举的其他地区的经验一致表明,建设长效化的统筹体制和机制是进一步促进城乡义务教育发展的坚实保障。

1. 建立城乡统一的办学标准,为城乡义务教育提供同等的办学条件

必要的物质条件缺乏是制约农村学校办学质量提升的重要因素,因此,城乡义务教育统筹发展必须在办学条件上达到相对均衡,使农村学生和城市学生享受同等的教育资源。在历史上,城乡义务教育一直采取不同的办学标准,在教师编制、教师收入、生均教育资源等方面均有差异,城市学校办学条件优于农村学校,教育质量也显著地优于农村学校。在统筹城乡义务教育的背景下,各地纷纷探索建立城乡统一的办学标准。如成都市实行一元化、无差别的城乡标准,破除城乡教育的二元差距。统一制订义务教育阶段学校现代化标准,实现义务教育阶段城乡学校的"六个统一",即建设标准统一、装备标准统一、师资配置标准统一、生均经费标准统一、教师收入标准统一、城乡教学质量标准统一。以一个标准配置城乡教育软硬件设施,使城乡每一所中小学都拥有大体均衡的物质条件和师资队伍。统一城乡生均公用经费标准。制订城乡统一的评估标准和办学质量要求,以一个标准衡量城乡教师、校长的工作,最终实现城乡教育质量统一标准。如重庆深入推进城乡教育信息资源共享机制改革。探索建立以教育信息化推动城乡教育一体化机制,加强城乡教育信息化硬件、远程教育、教育信息资源三大平台建设,推进城域网、中小学校园网建设,力争到2012年实现教育信息技术"班班通、室室用"。再如在江苏,推进了许多旨在优化农村中小学办学条件的特别支持政策。先后实施了以"课桌新、板凳新、讲台新、电灯亮"为主要内容的"三新一亮"工程,以改变广大农村中小学"三破一暗"的状况;实施了农村中小学校"六有"工程,即有整洁的校园,有满足师生就餐需要的卫生食堂,有冷热饮用水,有水冲式(符合农村改厕要求)厕所,有安全宿舍,寄宿生1人有1张床;实施农村中小学"校校通"工程,加快推进中小学特别是农村中小学普及信息技术教育,以信息化带动教育现代化;针对农村中小学校实验仪器和图书资料匮乏、体育和艺术教育设备设施奇缺

等问题,以充实和完善实验仪器、体育与艺术教育设施设备、图书资料等为重点的"四项配套工程";实施以制作、配送中小学优秀教师课堂教学光盘为主要内容的"送优质教学资源下乡工程";实施留守少年儿童食宿条件改善工程,为家庭无监护条件、距离学校较远、确需寄宿的留守少年儿童提供安全的宿舍、卫生的食堂等重要项目,改善农村中小学办学条件。为此,地方政府需要加大公共财政对城乡教育的保障支撑力度,如重庆市规定新增教育经费的70%以上用于农村。在国家政策允许的范围内,开展农村教师岗位津贴和安居工程试点,最大程度地改善农村学校的环境和教师的工作条件。

2. 建设长效化的统筹城乡义务教育发展的体制机制

统筹城乡义务教育发展不是运动式行为,而是一项长期的工作,这就需要建立长效化的工作体制和机制,保障工作的有序、稳步推行。简单地说,"体制"是统筹城乡义务教育发展的工作体系,"机制"是统筹城乡义务教育发展的工作方式。在各地探索城乡义务教育统筹发展的过程中,出现了很多新的、好的工作体制机制,有效地保障了城乡义务教育的统筹发展。主要有两个方面:第一,建立城乡学校联动帮扶体制。如成都蒲江县健全城乡义务教育统一管理的体制,推行城乡学校联体发展。实施学校联盟发展,以优质学校为龙头,组建8大学校联盟(又称教育集团),并在联盟之间构建新型教育发展格局。重庆市黔江区也将城区学校确定为援助学校,农村学校为受援学校,按照"以城带乡、整体推进、城乡一体共发展"的原则,开展"以校带片、连片发展"(一所城区学校扶助2—4所农村学校)的主要帮扶体制,促使援助学校与受援学校一体化发展,实行"集团化管理、捆绑式考核",探索出"城乡互动、资源共享、捆绑发展"的黔江办学特色。第二,建立城乡学校对口支援体制。如成都青羊区和蒲江县的教育对接区,蒲江县以干部、教师交流为支撑,从教育理念、学校管理、制度建设、人才培养等维度深化青蒲互动,选派干部挂职蹲点学习达13人次,参与教育教学研讨活动的达3 379人次,组织学生8 000余人次开展"手拉手"活动,逐步探索出"三同三共享"的合作模式。如重庆推进教育帮扶体制和学生资助体系改革,建立城乡教育帮扶制度和优质教育资源延伸机制,推动主城区对口支援渝西、渝东北、渝东南地区农村教育发展。

3. 着力打造城乡质量均衡的教师队伍,是统筹城乡义务教育发展的人才保障

在办学条件有基本保障的情况下,人的因素是制约教育发展质量的最重

要的因素。因此,统筹建设一支高素质的农村教育队伍,才能真正实现城乡义务教育均衡发展,各地纷纷探索提升农村教师队伍素质的途径。江苏省针对农村中小学师资队伍相对落后、城乡师资队伍素质差距明显的现状,适时转换支持农村教育的工作重点,将加强农村中小学师资队伍建设,作为支持农村教育的重点领域。2007年省政府出台《关于进一步加强师资队伍建设的意见》;2009年9月16日江苏省政府召开全省师资队伍工作会议,就师资队伍建设特别是农村中小学师资队伍建设提出要求。此后,江苏连续出台一系列支持农村中小学教师队伍建设的政策措施,有效提高了农村中小学师资队伍质量。江苏省实施"千校万师支援农村教育工程",从2007年到2010年底,在全省义务教育阶段遴选千所优质学校、万名骨干教师,与苏北农村千所薄弱学校实行"校对校"结对帮扶、对口支教,全面提升苏北农村学校的教育教学质量和水平;江苏省还从2006年开始,每年派1万名骨干教师到苏北农村支教,每年选聘1万名高校毕业生到农村任教,同时,省市骨干教师培训向农村一线教师倾斜。开展农村教师素质提高工程,对全省农村义务教育阶段学校教师进行轮训,加大农村骨干教师培养培训力度,提高农村师资队伍整体素质,鼓励农村教师通过多种途径提升学历层次。根据农村教育发展需要,对紧缺学科师资实行定向培养,毕业后按定向培养协议到农村学校任教。中小学中、高级教师职务岗位适当向农村学校倾斜。安徽铜陵市为提高教师整体素质,为解决由于师资水平差异带来的不均衡,采取了"名师迁移"等办法,将部分"名师"调到新建学校或薄弱学校任职,发挥名师业务指导作用,促进薄弱学校教师提高业务水平。在职称评定、评先评优、学科带头人评比等方面对薄弱学校的教师给予特殊教育政策倾斜,以留住教师,并促进其专业成长。为实现教师资源的合理配置,2010年铜陵市教育局连续出台《铜陵市中小学教师交流工作管理办法(试行)》和《铜陵市城乡教科研统筹发展实施方案》,鼓励城乡教师加大交流合作,切实提高农村及薄弱学校教学质量和水平,促进农村教师素质提高。仅2010年一年,铜陵市就组织城区中小学骨干教师、学科带头人等送教下乡600余次;投入40多万元组织以县、区学校校长为主体的28名校长到上海培训学习;启动了中小学教师交流工作,为"单位人"向"系统人""行业人"转变奠定了坚实基础,促进了全市优质教师资源的均衡配置。全市参与区域内城乡、校际之间交流的校长、教师共1 637名,占教师总数的27.64%。通过补充新教师、开展教师培训、交流活动等多种途径,使农村教师的整体素质有了较大提升。

第二节 城乡统筹背景下义务教育发展的问题分析

新世纪以来,在城乡统筹的背景下,我国义务教育在均衡发展的轨道上大步前行,取得了令人瞩目的新进展和新成就。然而,在另一方面,随着城乡统筹发展的推进,尤其是城镇化发展的加速,也使得城乡义务教育在努力实现均衡发展之时,也遭遇着新的问题与困惑。这里,我们结合课题调研,对现阶段义务教育发展呈现的新问题做一分析。

一、与城镇化相伴随,农村义务教育学校在布局相对集中设置的过程中,造成了村小的弱化、寄宿制学校办学困难,由此形成并加剧了农村新的"上学难"现象

1. 撤校并点之后,一些农村地区义务教育阶段的学生呈现出新的"上学难"

这一问题虽然早已见之于报纸杂志,但实践中的严峻状态依然如故。对农村地区的教育调查表明,由于新世纪以来农村中小学布局结构调整的大力推进,农村小学数量急剧减少。这一方面是因为国家实行计划生育政策后农村新生人口的减少,因而也使农村义务教育阶段适龄儿童的减少,从而导致一些农村小学或教学点生源锐减,甚至难以为继;另一方面则是因为在农村学校布局调整中,基于优化资源配置的需要,一些农村地区实施了"小学向乡镇集中""初中向县城集中"的调整方略,为数众多的农村"薄弱"学校"借机"撤并。大力推进的农村中小学布局调整,在发挥多重积极效应的同时,也造成了一些农村地区义务教育阶段学生新的"上学难"。这主要表现在三个方面。一是一些农村小学学生步行到学校的距离变远。特别是一些偏远地区,由于教学点的撤销,即使是一、二年级的小学生也不得不步行几公里到新的合并成的学校上课。对此,媒体曾有"打着火把上学校"的报道。即使在东部较发达的农村地区,这一问题也同样存在。以南京市六合区(城乡结合区)的调查为例。自2001年布局调整开始以来,该区撤并了一些规模较小的学校或教学点,而被保留的乡村小学,则需要接受周边被撤并学校的学生入学。学校的服务半径由此变大,服务人口变多。该区小学生上学校,最远的路程是 3.5 公里,步行约 50 分钟。不少学生每天早上六点多就要从家中出发,遇到下雨天则由家中成员用自行车或三轮车送。有少数家庭合着为孩子租个农用车或私人面的,一天两元钱。在该区内,农村小学生上学,每年都有严重程度不一的安全事故的发生。二是一些农村学生上初中的距离变远。我们在调查中发现,在我国西部的一些地区,随着初中向城镇或向县城集中,学生要到数十公里外的城镇初中上学。例如西部某县采取初中统一进县城的学校布局调整方式,导致有的学生要到离家 60 多公里的县城初中上学。尽管是在学校寄宿学习,但周末一百多公里的往返也造成学生的奔波劳顿,同时也带来家庭对交通安全的牵挂。在中国中东部地区,农村初中学生上学路途远的问题照样存在。再以南京六合区为例,该区农村有两所初中,虽然有住宿条件,但学生周末回家也面临不少困难。因为住宿学生一般离家较远,而且周末时公交车客流增多,遇到节假日学生很难乘上车。根据实际情况,学校采取变通方法,周五下午提前放学让学生回家。即使这样,还是有不少学生要到很晚才能到家。因为车站在集镇上,下车后有的学生还要赶 6—7 公里路程。周日下午的返校也是同样艰难。三是由于学生上学路途较远,增加了家庭对于子女学习的成本负担。这特别反映在交通费和寄宿生活费等方面。有的父母因为子女到县城上学,或自愿或被迫到县城一边打工,一边陪孩子学习。在中国西部成渝地区的一些县区的调查中显示,农村学生家长陪读的比例平均为 22.7%,如重庆某地区小学陪读的比例高达 38.4%。陪读现象的出现,加重农村家庭的经济负担,甚至是对家庭的稳定产生冲击。个中困难,难以卒述。

2. 一些乡村学校被进一步"弱化"

这主要反映在一些乡村小学或教学点的"弱化"上。农村学校布局结构调整的初衷之一是优化资源配置,而其重要措施是"撤点并校"。毫无疑义,合并后的学校具有了规模效应,也体现了优势资源的相对集中。然而,一些未被合并仍旧保留的农村学校,尤其是经济欠发达地区的农村学校,主要是农村小学或教学点,在布局结构调整之后,便处于更为弱势的状态。由于有相对优质的学校存在,一些农村家长宁可舍近求远让孩子到条件更好的学校上学,被保留的农村小学便出现生源的流失。有学者将此种现象称之为教育性选择。只有那些实在是走不起的家庭才让孩子继续在乡村学校学习。为数不少的乡村小学由于生源流失,教师也存有一种失落的心态。能走的教师也选择进入相对优质的学校。因此,生源的流失与教师的流失紧密相连。在某种意义上,布局结构的调整在导致农村学校的城镇化的同时,也导致农村教师向城镇的流动。而流动的教师,大多是具有相对优势的教师。课题组在江西省某县的调查表明,该县一直实施优秀农村教师进城考试的政策。仅2008年至2012年4年间,该县由于城镇学校规模的扩大而招募乡村教师,这种招募以考试和选拔的方式进行,先后将235位较为优秀的农村教师调入县城。这导致农村教育"元气大伤"。正是农村学校优质教师和生源的双重的流失,导致一些农村学校的"今不如昔",呈现出一种衰败甚至更加边缘化的状态。近年来,有学者指出,布局结构调整之后,一些边远地区农村小学呈现出"空心化",这也使农村学校与农村居民的文化联系被削弱,严重影响农村的学习型社区建设。

3. 寄宿制学校问题依然令人担忧

农村学校布局调整之后,衍生出众多的寄宿制学校,寄宿制学校的增多已成为农村学校状态的一种新变化。鉴于这种变化,国家教育部和地方教育主管部门都将加强寄宿制学校建设列为重要的议事日程,并出台了相关政策以支持寄宿制学校改善学生的食宿条件和改善对寄宿生的管理。这些政策的实施,自然产生了一定的积极效果。但另一方面,由于多重原因的影响,农村寄宿制学校存在的问题依然存在。其一,一些小学低年级学生因年龄太小,生活难以自理,加重了学校教师和管理人员的负担。在调查中,我们了解到,在一些寄宿制学校,教师每晚轮流值班;白天紧张地上课,晚上要照看寄宿在学校的学生,十分辛苦。这不仅影响教师的教学工作,也影响教师的家庭生活,甚至影响教师本人对子女的照料与监管。其二,由于寄宿制学生的增多,学校不得不聘请一些生活教师以承担起学生宿舍管理的任务。鉴于学校编制与经费等原因,聘请的生活管理教师不仅数量不足且缺乏管理经验。这对良好地实施寄宿制管理形成障碍。其三,年幼学生的寄宿生活,也影响到他们与父母亲子关系的良好建立。在调查中,我们同学校管理者和老师交流时了解到,一些低年级学生过早与父母隔离,容易导致他们的心理问题或心理障碍,这种问题已有多种表现,不利于学生的健康成长。

二、与大规模的农村人口流动相伴随,农村留守儿童与城市流动儿童教育问题依然突出。面广量大的留守儿童和流动儿童教育问题,正在成为推进教育公平的重大难题

1. 留守儿童教育问题依然严重存在

这是城乡统筹背景下农村义务教育发展中一直突出存在的问题。为此,我国地方政府依据相关政策精神,不断建立对留守儿童的关爱体系,加强政府、社会、学校与家庭的合作,使留守儿童良好地接受完整的义务教育,保障留守儿童的健康成长。从实践的层面看,种种支持留守儿童的教育政策的实施的确也在产生积极成效,起到了有效的作用。但其不足之处依然存在,一些较深层次的问题并没有得到良好解决。首先,监护弱化、安全隐患严重。监护弱化是指由于监护人监护能力不足而导致对留守儿童监护质量的下降。父母外出打工之后,留守儿童的监护责任往往落在爷爷奶奶或外公外婆身上。作为祖辈的监护人由于年老体迈难以切实地履行监护责任。他们监护的重心容易偏向对孩子的生活照料,而对孩子的学习监管明显力不从心,易造成对孩子的过分呵护与宠爱。另一方面,留守儿童的安全隐患问题则成为最受人关注的问题。多年来,有关农村留守儿童的安全事故屡屡发生,酿成的悲剧令人痛心疾首。其次,留守儿童易产生学习问题与心理问题。在学习方面,由于多种原因,一些留守儿童学习兴趣与自觉性不高,上课注意力不够集中,学习成绩不理想。在心理方面,留守儿童遇到问题不能及时与父母沟通和得到有效的疏导,这样容易产生压抑感或焦虑感,也易于导致性格的内向与自卑。在实地调查中,我们对农村留守儿童隐性心理问题感触较深。再次,农村留守儿童的关爱工程实施的作用有限,管理体系不够健全。尽管各地都在实施留守儿童的关爱工程,建立留守儿童的教育和管理体系,但从实践上看,一些地方关爱工程的实施趋于表面化,比如主要由县妇联和乡村妇女主任牵头和组织实施,这类组织对于解决留守儿童的诸多问题作用有限。教育和管理留守儿童的主要责任已落在学校身上。一种良好的协同教育和管理的体系与机制还有待进一步建立。

2. 城市"流动儿童"的教育问题依然存在

城市"流动儿童"通常是指外来务工人员随迁子女。改革开放以来,随着市场经济的发展和城镇化的推进,从农村进入城市务工的人员越来越多。农村劳动力在城乡之间和区域之间的大规模流动,已成为中国经济社会发展中最引人注目的现象。与此相关联的是,在大规模流动的农村劳动力中,有相当一部分已身为父母的劳动力,他们也携带着子女一起流动。于是,"流动儿童"便成为整个流动人口中一个同样引人注目的群体。流动儿童的教育问题也浮出水面,令人关注。

"根据2000年第五次人口普查资料显示,我国流动人口已经超过1亿(102 297 890)人。其中,0—14岁流动儿童共达1 410万(14 096 842)人,占全部流动人口的13.78%,跨省流动儿童339万(3 393 386)人,6—14岁的适龄儿童880万(8 782 333)人。"①进入21世纪以来,我国进城务工的农村劳动力还在不断增加,流动儿童人数也在增加。有学者根据人口抽样调查测算,我国现义务教育阶段城市流动儿童已达1 200万以上。这是城乡统筹背景下义务教育发展需要切实面对的重要问题。

2006年新修订的《中华人民共和国义务教育法》对解决流动儿童的教育问题做出了明确的法律规定:"父母或者其他法定监护人在非户籍所在地工作或者居住的适龄儿童、少年,在其父母或者其他法定监护人工作或者居住地接受义务教育的,当地人民政府应当为其提供平等接受义务教育的条件。具体办法由省、自治区、直辖市规定。"这一规定,一方面是基于多年来我国各地城市政府为解决流动儿童接受义务教育问题所采取的行之有效的政策的吸纳与定型化;另一方面,则是根据义务教育的公益性特点和公平性原则而制订的特别规定与要求。这为流动儿童平等接受义务教育提供了法律依据。

新《义务教育法》颁行之后,我国各级政府加大了对城市流动儿童平等接受义务教育的支持力度,依据法律而制订的具体规定也纷纷出台并积极实施。我们在对实地调查中也了解到,流动儿童在城市接受义务教育的状况正在大力改善。例如,我们在对江苏省常州市的调研中欣喜地看到,该市自2006年开始对外来务工人员随迁子女在城区接受义务教育全面实施"同城待遇"政策,实现外来务工随迁子女同样享受居住地学区入学、全部免除学杂费、免费

---

① 转型期中国重大教育政策案例研究课题组.缩小差距——中国教育政策的重大命题[M].人民教育出版社,2005:222.

防疫接种、享受城市未成年人城镇医疗保险补贴等政策。"同城待遇"政策自2006年施行至今,效果良好。据常州市教育局2011年的统计,全市义务教育公办学校接纳外来务工人员子女计11.6万(时年常州市外来务工人员超过100万),这些在公立学校就读的"流动儿童"的教育权利得到了保障,实现了教育机会和教育过程的公平。

在全国范围内,类似常州市这样对义务教育阶段的"流动儿童"实行"同城待遇"政策的城市已越来越多,尽管各地实施政策的称谓不一,但政策目标与内容大体相似,都指向实现"流动儿童"的教育公平。

实现"流动儿童"教育公平是一个不断努力的过程。在现阶段,我们在看到总体状况向好的同时,也要看到存在的问题。主要表现为以下几点。

其一,仍有一部分"流动儿童"不能在城市享受义务教育阶段入学机会的公平。这是因为城市在制订"同城待遇"政策或类似政策时,往往会设置一定的条件与要求,比如父母一方有相对稳定的工作、有稳定的暂住地、符合计划生育要求、有在城市中纳税或办理相关保险的记录等等。这意味着为流动儿童享受同等待遇设置了一定的门槛。虽然这种"门槛"的设置具有一定的合理性,但它在客观上还是使一些流动儿童因父母的原因难以享受"同城待遇"。即以常州市为例,2011年进入公立学校享有"同城待遇"的流动儿童的数量占常州市流动儿童总量的87%,仍有13%的流动儿童或者通过缴费进入公立学校或民办学校,或者被迫辍学。这类儿童事实上成了不能公平地享受义务教育的群体。这种状况在全国多有存在。如果说全国流动儿童的总量已达1 200万,按照执行同城待遇政策非常好的常州市的数字测算(即13%的流动儿童未能全部免除学杂费免费接受义务教育),全国至少有近160万流动儿童不能享受义务教育阶段入学机会的公平,这一数字不可小视。

其二,流动儿童义务教育阶段教育过程不公平问题依然或显性或隐性地存在。一是一些公立学校对接受流动儿童入学的积极性不高,接受意愿偏低。流动儿童的到来,打乱了一些城市公立学校原有的教学生态,增加了教师的工作量,也增加了学校管理的难度。一些公立学校的教师不愿意接受较多的流动儿童到学校学习,不愿意为此增加教学负担和管理责任。一些学校老师在对待本市儿童和流动儿童时难以做到一视同仁。二是流动儿童融入公立学校也存在一定的问题。同城市儿童相比,相当一部分流动儿童的家境不佳,易产生自卑情绪,这对学习也会造成一定的影响。三是一些城市家长对城区优质学校接纳流动儿童存有一定的排斥心态,认为这样会挤占原本只由城市孩子独享的优质教育资源,这种情绪也会波及学校,影响对流动儿童的接纳与教育教学。

其三,流动儿童家庭的困难对接受义务教育的影响。相当多的流动儿童随父母外出打工而流动,他们在城市中居无定所,或者虽有暂时居所却十分简陋,父母忙于打工赚钱,对他们的学习无暇顾及。有研究者对流动儿童学习环境的简陋状况进行了描述:"因租房空间小,流动儿童在家中学习和写作业往往没有专属的书桌,一般是矮小的饭桌,窄小的椅子,或是用一木板放在床上当临时学习的桌子。碰到家里做饭时,孩子就搬到外面写作业,有的甚至蹲着写。"①这种状况并非个案,它反映出流动儿童家庭环境的窘迫与艰难。在一定程度上,一些流动儿童的生存与学习环境并非优于农村儿童的环境。

三、与教育的城乡差距、校际差距相伴随,城乡义务教育优质资源继续向城市集中、向名校集中,造成了农村义务教育学校资源短缺与浪费并存、农村及薄弱学校的生源危机、城市及名校的大班额现象突出,义务教育均衡发展面临着新的困难和挑战

1. 乡村义务教育中资源短缺与资源浪费并存

资源短缺,主要指乡村小学办学经费仍呈不足状态。由于学校办公经费与学生规模相联系,往往以人均经费的方式拨付。这样,学校规模的大小决定着办公经费的多少。乡村学校学生规模的普遍偏小也必然导致办学经费偏少。同时,又由于我国义务教育的经费投入是实行以县为主的体制,而县域经济并不发达的地区对教育经费的投入总量有限,这自然会影响对学校的经费投入。调研报告表明,在我国中部和西部的欠发达农村地区,办学经费的捉襟见肘之状仍很突出。以对成都经济欠发达的蒲江县的调研为例,2010年,该县生均经费拨款标准统一为:小学700元,初中900元。这一标准,远低于时年全国平均小学929.89元、初中1 414.33元的标准。由于公用经费实际上

---

① 转型期中国重大教育政策案例研究课题组.缩小差距——中国教育政策的重大命题[M].人民教育出版社,2005:231.

的短缺,为数不少的乡村学校办学条件得不到切实改善,现代化的教学设备状况与现代教学手段的运用与城市学校相比依然差距较大。

在乡村学校呈现资源短缺之时,我们又可见到与此相反的一面,即乡村教育资源的浪费。这主要表现在学校撤并后一些校舍的无偿转让或低价出售。与此共生的现象是,被撤除学校的各种教学设施也不敷使用,等于浪费。我们在对江苏省苏北灌南县调研中发现,2002年至2012年十年间,全县小学从原有的305所调整成88所,撤并学校217所。其中,163所校舍被村委会低价卖给群众,转为民居或小工厂;29所校舍成为村委会的办公用房;14所校舍被乡镇政府卖给个人开办民办中小学或幼儿园;11所校舍改为公办幼儿园园舍。类似状况在全国各地可谓比比皆是。这其中反映出的教育资源浪费之状十分严重,价值难以估量。乡村教育资源的浪费还有一些其他表现。比如,在一些生源锐减的乡村学校,教师的多余现象业已出现。一些年龄偏大的教师缺乏"流动"的资本,只能继续留守在原来的学校。由于学校规模变小,他们的教学任务也被减少,实际上也存在着资源的浪费。

2. 城市巨型学校增多,大班额现象严重

农村中小学布局结构的调整,导致农村学生向城镇学校的集中,城镇学校的规模由此迅速扩大。大量的调查表明,无论是在我国的东部地区,还是在中部或西部地区,在义务教育阶段,超过3 000名学生的"巨型学校"比比皆是(国内有学者对巨型学校的定义是学生规模超过3 000名,这一定义已得到学界的认可)。"比如在宁夏回族自治区撤并南部山区学校,在城市建设几所近万人的中学,山区的学生都集中在这些学校就读;甘肃省陇东、河西等地区出现学生人数五千以上的中学;湖北省一些地区出现超五千人的中学,以及在中西部很多地区正在建设中的巨型学校。"[①]我们在课题研究的实地调查中,也同样认识到巨型学校现象及其问题的存在。在江西省东部某县调研时,我们了解到,2008—2012年间,该县城区在校生人数占义务教育阶段在校生总数的比例分别为:24.2%、25.5%、26.6%、27.0%、29.0%,而同期该县城关镇人口占全县总人口的比例则分别为15.5%、16.5%、16.9%、17.0%、17.0%,前

---

① 万明钢,白亮."规模效益"抑或"公平正义"——农村学校布局调整中"巨型学校"现象思考[J].教育研究,2010(4).

者比后者均高出 8 个百分点以上。从中我们可以看到农村义务教育阶段学生向城区学校集中的趋势。而城区巨型学校亦因此而不断形成与增多。

在我国东部地区,义务教育阶段城市巨型学校现象或许更为严重。以我们调研的江苏省灌南县为例,该县城区义务教育阶段学生共有 35 700 人,占全县义务教育阶段学生总数 82 299 人中的 43.4%。其中,县城实验小学 4 883 人,实验中学 3 100 人,初级中学 3 248 人,华侨双语学校 4 900 人。仅这四所学校的在校生便占全县义务教育阶段学生总数的 20%。县城巨型学校的状况由此可见。

巨型学校的突出特点之一是大班额现象严重。以灌南县为例,实验中学、实验小学平均班额分别为 70 人或 69 人,远远超过省定标准。在中西部地区的巨型学校中,大班额现象自然不逊于东部地区。60 人以上的班级规模司空见惯;有甚者,班级规模可达 80—90 人之多。"2008 年秋季入学时,甘肃省会宁县城的小学中,一年级新生一个班的人数最多达 90 人,一所小学学生达五千余人。"[1]

巨型学校的形成与增多,是在学校布局调整中地方政府决策的结果。一方面是有意让城区原有的那些颇负盛名的学校增强"名校"效应,扩大办学规模,以便让更多的义务教育阶段的学生享有优质教育资源。另一方面,则是着眼于农村学校向城镇集中,重新规划和主导新的学校的建设。而地方政府规划建设的新学校,地点无疑在城区,同时要特别考虑容纳学生之规模。这样政府主导建设的新学校,往往是巨型学校,其建校的初衷是便于让越来越多的农村学生进城学习,从而享受与城区学生同等的教育资源。这也成为县级政府为统筹城乡义务教育发展和实现教育均衡发展的重要举措。

然而,巨型学校存在的问题也是显而易见的。有学者指出,巨型学校的问题至少表现在三个方面[2]:一是过度负债经营。我国中西部一些县市,新建一所大规模的学校,需要投入数千万元甚至亿元,这虽然显现了县级政府大力发展义务教育的胆魄与决心,但因此耗资巨大,让县级财政吃紧,同时也迫使学

---

[1] 万明钢,白亮."规模效益"抑或"公平正义"——农村学校布局调整中"巨型学校"现象思考[J]. 教育研究,2010(4).

[2] 张新平:巨型学校的成因、问题及治理[J]. 教育发展研究,2007(1A).

校负债经营。二是存在规模不经济的问题。对于一所学校的发展而言,绝不是规模越大越好,而是应该讲究规模的适中与适度。现有的一些巨型学校,看上去是让更多的学生共享优质教育资源,实际上却导致优质教育资源的稀释。这些学校的师生比超高,教师负担加重。面对大班额的学生,教师的因材施教难以实施,其结果不是有利于提高教育质量,而是会损害教学质量。三是导致义务教育发展新的不均衡。事实上,新建与支持巨型学校的发展,会使县域内有限的教育经费难以均衡分配。一些布局调整后依然保留的乡村学校会处于更为弱势的地位。这样,促进均衡发展的政策举措在实践中非但没有达成原初的愿望,相反导致了新的不均衡。

3. 城市义务教育择校矛盾依然十分突出

择校问题与上文分析的巨型学校问题有一定的关联性,但问题的表现及其性质还是有较大的不同。事实上,择校现象是城市基础教育中一个更为持久的现象。在义务教育阶段,我国各类城市的"择校热"似乎一直未曾降温。《中华人民共和国义务教育法》明确规定:"适龄儿童、少年免试入学。地方各级人民政府应当保障适龄儿童、少年在户籍所在地就近入学。"与此同时,还规定"县级以上人民政府及其教育部门应当促进学校均衡发展,缩小学校之间办学条件的差距,不得将学校分为重点学校和非重点学校。学校不得分设重点班和非重点班"。尽管如此,由于重点学校制度的长期存在,同时也由于受这种制度及各种其他因素的影响,学校间的办学条件抑或教育质量的差距也一直客观存在,这影响到家庭对于子女入学的选择。而实际上存在的重点学校或优质学校,其良好的办学声誉对于许许多多期待独生子女能够享有良好教育的家庭来说,无疑具有极强的吸引力。

在对城市义务教育阶段择校问题的调查中,我们了解到,现阶段择校问题已被列为政府的政策议题,对择校的治理也付诸行动。其中,特别制止的是择校的乱收费或高收费的择校,从而遏制学校或学校与政府共同的牟利行为。即使这样,现阶段的择校现象依然或明或暗地存在,这主要有两大表现:一是城区中那些享有盛名的学校在得到城区政府和教育主管部门的认可后,通过控制比例和控制收费标准,并通过"公平操作"(如电脑派位)的方式招收择校生;二是通过购置"学区房"实现曲线择校。对于那些有经济实力的家庭来说,这是一种确保子女择校上学的可靠方式。因为它符合就近入学的要求与规定。这些年来,在中国众多城市中,尤其是一些大中城市,学区房价格的飙升已成为房价持续升温的突出表现,也成为城市房产业依然"钱"景无限的"亮丽"标志。

无论是"电脑派位"式择校,还是通过购置"学区房"择校,本质上还是与"权力择校""金钱择校"和"关系择校"相联系。政府对义务教育阶段择校的治理不能说不见成效,但至少可以说成效不著。遍布城区的学区房价格走高的现象,表明了子女择校的悄然竞争。这只是也只可能是那些有经济实力的家庭所采用的一种"招式"(这其中也有一些家庭为了子女择校不惜举债购房,承受了沉重的经济压力),但对于大多数经济并不宽裕甚至贫困的家庭来说,则只能望学区房兴叹,唯有无奈。

四、城乡经济、社会、文化、公共服务质量,以及薪酬待遇的较大差距,造成农村学校对优秀教师的吸引力不断降低,乡村优秀师资匮乏、乡村教师专业发展滞后,提升农村教育质量面临着新的挑战

1. 乡村教师的专业发展仍受到多重障碍

21世纪以来,我国加大了对中小学教师专业发展的政策支持,广泛开展的"国培计划"便是一例。持久地实施"国培计划"对促进中小学教师,包括农村中小学教师的专业发展无疑起到了效用,培训成效也已显现。在充分肯定培训成效的同时,我们也应清醒地看到,相对于城市教师的专业发展而言,农村教师的专业发展依然面临多重障碍。比如这些年开展的"国培计划",并没有对所有的中小学教师进行全员培训,而往往是针对骨干教师或中小学校长进行。各地组织的往往是"中小学骨干教师培训班"或"中小学校长培训班"。就培训骨干教师而言,重心无疑指向城市教师。因为骨干教师以城市学校的居多。再以我们的调查为例,四川省蒲江县义务教育学校共有县级以上骨干教师170人,其中镇区学校占79%,乡村学校占21%。这些年通过实施"国培计划"对该县骨干教师进行了培训,显然接受培训的骨干教师多是镇区教师。由此折射出城乡教师培训机会的不均等。这只是问题的一个方面。问题的另一方面是,乡村教师年龄结构不甚合理,年龄偏大教师居多。而那些年近半百或年过半百的老师也缺乏对专业发展的向往,缺乏接受培训的热情。加上乡村学校规模小,教师数量有限,外出培训有一定困难,而校本培训又因人员与条件的限制难以有效地开展。正是鉴于多种多样的原因,时至今日,我国乡村教师的专业发展与城市教师依然相距甚远。

2. 乡村学校素质教育难以深入实施,城乡义务教育质量差距依然明显

制约乡村学校素质教育深入实施的主要障碍有以下几点:其一,教师素质问题。迄今为止,乡村教师专业结构的不合理状况仍未得到明显改善。在调查中我们发现,一些稍具规模的乡村学校也开始使用"校校通",但能够胜任计算机教学的老师较为缺乏。在众多乡村学校,音体美的教育与教学也还缺乏专业教师,这类课程处于完善之中。其二,学校教学条件的制约。仍有较多乡村学校,迄今没有规范的体育场地和体育教学设施,音乐器材也很缺乏,这使学校多样化的音体教学难以正常开展。其三,乡村学校的课程改革至今步履维艰。这主要是由于乡村教师老龄化现象较为严重,他们习惯于传统的教学思维与教学模式,对课程改革缺乏热情。同时,由于多种原因,乡村教师也缺乏课程改革的相关培训,他们对课程改革的新理念、新目标、新内容等不甚了解,这使课程改革难以迈开真正的步伐。其四,就基础教育课程教学的质量而言,乡村学校与城镇学校,尤其与城镇实际的重点学校相比,依然有明显差距。对我国中部某县的调查表明,城乡小学教学质量整体上有较大差距。以小升初毕业会考为例,2009年至2012年4年间,县城学校和乡村学校每年的平均分数都大相径庭。县城小学平均分数分比乡村小学平均分数均高20分以上,最高相差达31分。2012年小升初毕业会考全科合格率,县城5所小学包揽了前5名。语文、数学、英语等学科会考排名亦如是。由此表明,现阶段城乡义务教育质量差距是制约城乡义务教育均衡发展的关键问题和核心问题。

五、城乡义务教育统筹发展政策的公平取向需要进一步强化,教育政策制定和决策的自上而下特征明显,政策实施与评估的表面化和形式化倾向依然存在,基层和地方政府在政策制定和运行中的自主性和创造性需要进一步激发

现阶段我国推进城乡义务教育统筹发展是与政策的调整与变革密切相连的。城乡义务教育统筹发展本身是一种政策性表达,统筹是紧紧依靠政策的制定和实施进行的。在对城乡义务教育统筹发展的现实调研中,我们既能强烈地感受到政策实施产生的积极作用和释放的正能量,同时也能认识到政策

运行存在的问题。这里,我们再对政策运行问题做一集中分析。

1. 政策运行的过度自上而下

现行的城乡义务教育统筹发展的政策运行,基本上是一种自上而下的运行。通俗地说,政策由上面制定,运行由上面推动。作为教育政策运行的重要主体,即教育第一线的管理者、教师乃至学生家长对于政策的运行存有较严重的被动性。比如,对农村中小学进行布局调整,农村中小学校长、教师乃至家长对这种涉关自身"命运"的大事其实是缺乏话语权与参与权的。政策运行缺乏民主协商和共同讨论,致使有些地方出现本该指向更合理布局的调整,其结果是通过调整导致了新的甚至是更严重的学校布局的不合理。政策运行的过度自上而下表现在多方面。又比如,有些地方对教师流动制定了"刚性"规定,在政策运行中,缺少有效的政策宣传,缺少让教师对政策的充分理解,致使一些教师将流动仅仅视为上面的规定,从而被动地接受与应对。

2. 政策运行的形式化与表面化

现阶段推进城乡义务教育统筹发展的政策运行还存在着一定的形式化和表面化倾向。在有些地方,有些政策依然是一种文本式政策,或者仅仅停留在政策宣传和动员阶段,缺乏切实有效的政策执行。比如对农村义务教育的支持,除了实施了免除学杂费政策外,其他有些支持性政策则流于形式或表面。上有政策、下有对策的状况仍然严重。而这种对策往往是"按兵不动",未能很好地结合实际,采取切实有效的措施,以保证种种支持性政策的贯彻落实。

3. 政策运行的不平衡问题

现阶段我国城乡义务教育均衡发展的政策运行基本上是囿于地市范围内的,重心是县域统筹。但从调研情况看,在全国范围内,无论是地市统筹还是县域统筹,政策实施与运行是不平衡的。所谓的不平衡,是指有些地市或县区对义务教育的统筹发展给予了足够的重视与关注,把它作为重要的民生工程,并实施了种种有力措施,也取得了良好成效;而有些地市或县区城乡义务教育的统筹发展虽然也列为当地政府的重要议事日程,甚至也制定了相应的目标与规划,但在实际行动上,则显得措施不力,进展不著。比如,我国东部的有些省份正在着力推进义务教育的优质均衡发展,而在中部或西部的一些地区则是努力保障九年制义务教育的统一实施,甚至防止新的辍学或流失现象的发生。在城乡统筹种种具体政策的实施中,其不均衡之状尤为可见。

4. 政策运行中资源配置不合理或资源不足的问题

义务教育发展的城乡统筹,重心是资源配置的统筹,要义是通过合理配置教育资源以实现真正的统筹发展或均衡发展。这里,离开了资源配置,统筹发展便成为虚空。资源配置包含财力资源、物力资源和人力资源等方面。检视现阶段义务教育统筹发展的状况,虽然能见到资源配置的良好改善,但存在的问题也值得关注。突出的问题是:其一,资源配置呈现新的不合理。支持农村学校的资源配置政策在一些地方实际上演化成支持农村学校城镇化的政策。"倾全县之力打造一所能让更多农村孩子进入城镇学习的城镇学校",成为有些县市的重点政策。而在有些地方,"锦上添花"式的资源配置强于"雪中送炭"式的资源配置。薄弱的农村学校依然是薄弱的学校。其二,资源配置中的资源不足。由于现阶段义务教育统筹发展主要落实在县域层面,而我国县域发展存有较大的不平衡,发达县域和不发达县域差距很大。对于那些欠发达县域来说,实现城乡义务教育统筹发展,依然遭遇着资源配置不足的问题。这既表现在教育经费上,也表现在教师资源的配置上。时至今日,欠发达县区,优质教师依然较为缺乏,农村学校尤甚,这使统筹发展难以落在实处。

5. 政策运行的监督与评估问题

现阶段城乡义务教育统筹发展的政策运行,也还存在着监督和评估方面的问题。就监督问题而言,主要是政策运行的监督制度还缺乏良好的建构,在政策运行过程中,有效的监督作用未能很好地发挥,也缺乏相应的监督组织和监督人员。就评估问题而言,目前对城乡义务教育统筹发展和均衡发展虽然也建立了评估验收制度,但在实际的评估过程中,也还存在着形式化、"走过场"的状况。关于评估的结果,也往往是报喜不报忧,充分肯定成绩,问题略述一二,真正存在的问题或者并不说出,或者在评估过程中将其淡化。其结果是真正的问题被遮蔽,对问题的解决于事无补。

6. 城乡义务教育统筹发展相关政策不配套的问题

城乡义务教育统筹发展是现阶段我国重要的教育政策,这一重大政策的价值和意义也在实践中得到显现。但鉴于存在的问题,我们也强烈地感受到,推进城乡义务教育的统筹发展和均衡发展,不只是要实施教育制度和政策的变革,同时要大力推进影响教育制度和政策的相关制度与政策的变革。现阶段,制约义务教育统筹发展和均衡发展的非教育制度与政策因素还严重存在。传统的城乡二元经济结构与社会结构依然是制约教育统筹发展的主要制度障碍,城乡义务教育统筹发展中有关资源配置的深层次问题都与依然存在二元经济结构与社会结构相关,而维系这种结构的是相关的制度与政策。比如,城乡义务教育的资源配置方式、城乡教师的待遇等等,这些问题对优化农村教育资源配置形成了障碍。至今尚保留的户籍制度,不合理的社会保障制度对城乡义务教育的统筹都在产生显性或隐性的影响。

第三节 城乡统筹背景下义务教育发展的政策思考

经过改革开放三十年的努力,特别是近十年教育的科学发展与深化改革,我国城乡义务教育的办学条件得到了重大改善,师资水平得到了较大提高,办学质量得到了显著提升,教育公平取得了重大进展,城乡义务教育出现了里程碑式的变化。但当前我国义务教育的发展现状与人民群众对优质教育的期盼还有较大差距,义务教育在管理体制、办学体制、教育质量等方面离"办好人民满意的教育"还有较大差距。这要求我们深入反思我国义务教育的发展现状、科学定位义务教育的发展目标,围绕义务教育发展的战略定位、管理体制改革、办学体制改革、师资队伍建设等方面进一步厘清工作思路,创新制度供给,设计更加科学合理的政策体系,不断推动义务教育的科学发展。

一、立足于城镇化推进中城乡社会发展的新特点,将城乡义务教育发展根植于"流动社会"的结构性背景,关注城乡教育发展的新矛盾与新问题,构建与城镇化相适应的现代义务教育制度

当前,在我国广大的城乡地区,伴随人民群众对接受"好教育"需求的持续增长,义务教育的办学水平和办学质量与民众需求的差距依然较大,城乡义务教育的差距依然较为突出。在局部地区,义务教育甚至成为了引发和加剧社会矛盾的焦点问题。所有这些问题的出现,都源于城镇化背景中城乡经济社会发展特点的深刻转换,以及由此产生的城乡义务教育发展的新问题与新矛盾。当代中国义务教育的发展,必须立足于城镇化推进中城乡社会发展的新特点,将城乡义务教育发展根植于"流动社会"的结构性背景,深入思考城乡教育发展的新矛盾与新问题,重构城乡义务教育发展的战略目标。

1. 关注城镇化推进中城乡儿童"新的上学难",推进义务教育的"城、郊、乡三元统筹"

当代中国正在进行着一场由传统社会向现代社会转换的深刻变革,在这一变革过程中,城镇化成为一个重要的推动力量。在城镇化推进过程中,农村人口持续、大规模地向城市流动。这种流动包括两种情况,一是离土不离乡的"进城务工式"流动;二是举家迁移的"新市民"流动。这种持续的人口流动既是城镇化的伴生现象,也是城镇化的积极效应,将成为未来中国社会发展的一种重要表征。人口的流动,对城乡义务教育产生了两个方面的影响。一方面,为配合农民自身和家庭的流动,大量的农村儿童进入城市或县城读书,给城市义务教育办学增加了新的压力;另一方面,在流动过程中,农村居民对受教育的权利得到了唤醒,帮助自己的孩子到乡镇、县城和城市接受更高质量的义务教育成为了一种重要的教育诉求,在有些地区甚至成为了社会共识。正是在这样的社会背景下,出现了农村适龄儿童规模化地由农村到乡镇、县城和城市就学流动的现象,并表现出鲜明的时代特征和典型的连锁效应。

这种时代特征表现为,由农村孩子规模化地进镇上学、进城上学带来了新的"上学难"。这种"上学难"与20世纪80年代时期办学条件简陋、师资条件落后、学费难以承受等所产生的"上学难"具有根本性区别。这种新的"上学难"由城乡教育的差距所引发,由农村居民自身和孩子对美好生活的追求所引发,由农民流动过程中不断被唤醒的教育权利所引发。因此,从某种意义上讲,这种"上学难"不但影响更为深刻,解决更加困难,而且引发了一系列连锁效应。

这种典型的连锁效应集中表现为,相对于以往义务教育质量和水平的城乡二元差异,当前我国义务教育的"城、郊、乡"三元差异开始显现。这种三元差异表现为,乡村、县镇和市区的义务教育学校在办学条件、师资水平和培养质量等方面存在着典型的特征与差异。这种差异既与城镇化过程中乡村、县镇、城市的经济发展差异、公共服务差异有关,也与义务教育本身发展的差异有关。随着城市的规模扩张,乡村人员的外流,位于城市与乡村间的县镇逐渐成为了城市的郊区地带。作为沟通城市和乡村的中间地带,郊区有别于乡村,因为它具有城市的特征;郊区也有别于城市,因为它具有乡村的文化与生产生活方式。郊区汇集了大量的乡村居民前往购房、置业、就学,这一方面造成了乡村学校就学人数的大量减少,甚至在少数地方还出现了学校的"空心化";另一方面也造成了郊区中小学的大班额现象,在不少地方还出现了学校的"人满为患"。郊区中小学的大班额现象,与郊区居住着大量的"非农非城、似农似城"的居民有关,大量"户口在农村、就学在县镇"的中小学生"云集"在县城和郊区就读,造成了县镇和郊区的教育资源紧张和短缺。在乡村,那些因家庭经济条件落后不能到城镇就学的儿童成了村小或教学点的主体。乡村学龄儿童的减少,降低了办学的规模效益、加剧了办学的难度、增加了办学的随意性、降低了办学的质量。这样,在当代中国义务教育学校的总体布局中,出现了两类与城市学校相区别的学校组织:乡村学校与郊区学校,三者在办学条件、师资水平和教学质量等方面有着不同的特点。如果说城市学校面临着的"烦恼"是以追逐名校为特征的择校矛盾,那么乡村学校和县镇学校面临的"烦恼"则分别是空心化和大班额现象。随着城镇化进程的加快,这种城乡义务教育的"三元结构"将会在更多地区出现,并将在相当长的时段内持续存在,这要求我们在思考中国义务教育的城乡统筹规划时,要直面这一新特点、新矛盾与新任务,转换思维方式,将推进义务教育的"城、郊、乡三元统筹"作为重要的战略任务。

2. 关注流动社会城乡教育与城乡社会发展的深刻关联性,构建动态、灵活、弹性地服务于城镇化的现代农村义务教育制度

流动性,正在成为当代中国经济社会发展的典型特征。这种流动既包括乡村农民进城的流动,也包括乡村学生进城读书的流动,还包括乡村教师的进城流动。与这种流动性相伴随的是城乡义务教育的差距持续拉大。当优秀的生源、优秀的师资不断流向城市的时候,留在乡村的孩子就在经济资源(留下来的孩子大多家庭不具备流动的经济能力)和教育资源两个方面与其他阶层拉开了差距。流动性的不可逆转,深刻地改变了城乡教育与城乡社会发展的内在关系,对城乡义务教育制度建设提出了新的要求。

首先，我们要高度关注城乡义务教育与城乡经济、文化和公共服务发展的深刻关联性。特别是今天的农村义务教育，其变革与发展受城乡在经济、文化和公共服务事业差距的深刻影响。因为，当城镇化发生的时候，城乡在公共服务、经济发展水平、文化样态等方面所具有的差异，将不断诱导乡村家庭和居民向城市转移。就教师队伍而言，城市学校对他们的"诱惑"还包括更好的专业发展机会、更高的物质待遇，以及子女更多的发展空间。鼓励和勉励农村教师扎根农村、服务农村固然十分重要，但城镇化对他们由乡村向城市转移的诱导力量更加强大。更为重要的是，乡村与城市的巨大差异，将使得乡村吸纳优秀教师的能力持续减弱。当乡村教师不断外流、优秀毕业生不愿流入乡村现象出现的时候，农村教育发展将更加艰难。从这个意义上讲，未来中国农村教育的兴衰与波动，很大程度上取决于城乡经济社会的发展状态，不断缩小城乡经济社会发展差距，高质量地推进城镇化，加快实现现代化，是统筹城乡教育发展的前提和基础。

与这种流动性相伴随的还有乡村居民和学生向城镇的规模化转移，这种转移造成了农村生源的减少、教育资源的闲置，甚至出现了农村教师的相对过剩，在相对落后偏远的乡村地区，村小和办学点的教学活动异常艰难。当城镇化成为一种趋势，流动性成为一种社会特征的时候，我们首先要重新思考和定位乡村教育的功能，乡村教育要培养为农、务农的新型农民，为农村发展培养新型的劳动者，但更要服务于城镇化和现代化建设，培养更多适应现代生产和生活的新市民。因为，就国家层面而言，有步骤地减少农民、有序地推进农村居民向城镇转移，是城镇化坚定的目标和必然的趋势。当代中国农村教育必须直面这一时代需求，将服务城镇化、工业化和农业现代化服务作为目标定位。确立这一目标定位，不仅要求我们变革教学内容和教学方式，还要求我们在学校教育制度上进行合理建构。

其次，我们要用动态、弹性和灵活的方式，建立与城镇化和现代化相匹配的现代乡村教育制度。反思以往的中小学布局调整，不难发现，近年来我们遭遇着一种艰难的冲突性选择，一方面，为不断缩小城乡教育差距，改善农村办学条件，在广大的农村地区，特别是偏远地区兴建和改建了大量的现代化校舍和设备；另一方面，随着布局调整的深入，以及农村适龄儿童的减少，这些学校出现设备的闲置和浪费，甚至有些建设条件较好的学校遭遇了被废弃的命运，这在一定程度上造成了教育资源的浪费。究竟是建设更多的乡村学校满足农村孩子就学需要，还是引导农村孩子到城市就学，有步骤地撤并乡村学校呢？我们在这个问题上陷入了冲突和矛盾，这也成为了当代农村教育发展面临的新挑战。因此，我们必须用动态、灵活和开放的思维规划和设计现代农村教育制度，既要在城镇、县镇等地集中建设好规模化的义务教育学校，为引导、支持和帮助农村居民城镇化提供配套的公共服务，又要将建设好乡村学校、教学点作为一项长期的任务，为留在乡村小学的每一个家庭、每一个孩子提供优质的教育条件和教育资源。在坚持农村教育制度和农村教育布局服务城镇化和现代化的总体框架下，要将因地制宜地办好乡村小学和教学点作为一项长期的政策设计，持续抓好。这不但为未来农村教育的发展提出了新的课题和挑战，也为我们进一步创新和变革农村教育制度提出了新的要求。

二、围绕义务教育管理体制这个关键问题，推进城乡义务教育公共服务均等化改革，深化农村义务教育资源配置的增量改革与结构改革、强化结构改革，完善城乡义务教育的资源供给机制

城乡义务教育差距首先表现为城乡义务教育资源供给能力的差距。我国农村教育管理体制在经历了"以乡镇为主"到"以县为主"的转换以后，农村办学经费得到了有效的保证，农村教育的权责关系更为合理。但也应该看到，当前在广大的农村地区，出现了教育经费短缺和乡村教师工资福利增长乏力等问题，这些问题的出现，需要通过深化义务教育资源配置的增量改革与结构改革加以解决，主要应该实施以结构改革带动增量改革的方针，即通过改革和完善农村义务教育管理体制，带动义务教育供给总量的增加。

义务教育资源供给不足的结构性矛盾与"以县为主"义务教育管理体制实施后乡镇政府对义务教育的供给责任的完全退出有关，与县级政府对面广量大的乡村学校义务教育办学经费需求和管理问题的回应能力不足有关。因此，今天的义务教育管理体制设计，应该充分吸收"以乡镇为主"和"以县为主"管理体制的优势，有效实现两种管理体制的结合。当前，应该以调动各级政府办好义务教育的积极性为目的，坚持"地方政府负责、分级管理、以县为主"的政策指向,不断完善义务教育供给的激励优势。

1. 坚持"以县为主"的管理体制,落实各级政府分担义务教育经费的权责统一体制

义务教育"新机制"实施十年来的经验表明,"以县为主"义务教育管理体制,不但可以克服"以乡镇为主"时期教育经费筹措能力不足的弊端,还有利于发挥县级政府的统筹和规划功能,有利于缩小县域内教育差距,促进教育均衡发展。但这一体制也存在着需要补充与完善的方面,主要是有些县级政府财力有限,出现"主不起来"的情况。此外,这一体制在有些地方变成了"以县唯一",忽视了乡镇基层政府的供给动力。今后,应该在科学测算县级政府供给能力的基础上,建立中央、省、市、县、乡、村共同分担义务教育经费的供给机制。具体到各级政府和基层组织分担的比例,要和政府间财政体制相适应,即"财权和事权"相匹配。不同时期国家确立的不同的财税体制,决定了该时期相应的公共服务的财政分担体制,但一个不变的安排是,包括乡镇政府在内,各级政府共担义务教育经费的原则应该保持不变,县级政府发展义务教育责任中的财权与事权对等的原则不能变。

2. 发挥乡镇政府和村级组织的作用,构建"低重心、回应性强、灵活高效"的义务教育管理体制

义务教育管理重心的上移,带来的消极后果主要有两个方面:一是放弃了乡镇政府和基层组织的供给义务;二是县级政府直接管理辖区内的义务教育,存在着信息掌握不充分、管理缺少针对性等弊端。为此,今后的义务教育管理体制的设计,首先要将乡镇政府列为义务教育的责任主体之一。因为,就全国而言,有些乡镇,甚至是有些村级组织财政实力较强,他们不但有能力,也有意愿为辖区内的义务教育发展提供财政支持。适时调整现有的义务教育供给制度,让乡镇政府及其他基层组织承担与其经济发展相适应的义务教育供给责任,对于增加义务教育供给、促进义务教育经费的充裕,具有重要作用。其次要充分发挥乡镇政府对辖区内义务教育信息掌握充分,对辖区内学校办学需求和办学问题回应性强的特点,将义务教育的管理权回归乡镇。因为,在教育质量方面,分权的模式能够加强教材和教学内容的地方性和适用性,能够更好地实现因地制宜、因材施教。可以看出,"新机

制"在回避"旧体制"弊端的同时,将"以乡镇为主"阶段的制度优势也一并摒弃了。因此,要通过合理的财税、人事等制度设计,让乡镇政府与各级政府在共担义务教育财政责任的同时,切实将义务教育的管理权交回乡镇,这有利于降低义务教育的管理成本,提高义务教育资金的使用效率,增强义务教育管理的针对性和灵活性。

3. 发挥上级政府对下级政府的行政督导功能,建立适合我国国情的义务教育督导检查制度

义务教育的督导检查制度,要与我国的公共服务督导检查制度相匹配。我国地方政府公共服务的督导制度具有不同于西方的显著特点。西方社会地方政府公共服务质量的约束力主要来自于地方民众的满意度,而我国地方政府公共服务质量的约束力主要来自于上级政府,上级政府可以通过干部任免、调动等方式,有效约束和督导地方政府的公共服务质量和水平。

为此,在义务教育公共服务质量的检查督导中,要发挥上级政府对下级政府督导的有效作用,提高行政检查督导的可操作性,降低督导的成本。可以考虑将高层政府对义务教育的投入以隐性的方式体现,而低端政府的投入以显性的方式体现。如对于教师工资、学校公用经费等不能直接显现的投入由上级政府乃至中央政府承担。将学校的校舍建设、教学设备的投入,由地方政府承担。这样,上级政府对地方政府的督导就显得具体、直观,更具有操作性。建议中央和省级政府把对地方政府的义务教育援助,全部转换成以教师工资的方式进行。将教师工资的供给责任上收到中央和省级政府,还可以起到提高教师社会地位、保证教师工资稳定发放和增长、实现在全国、全省范围内统筹规划教师工资的作用。建议将学校的校舍扩建、改建、设备的添置等由省、市、县、乡四级政府分担,让每一级政府都承担起"看得见、摸得着"的义务教育供给责任。如地市级政府承担校舍建设任务,这样能保证地市范围内校舍条件的均衡和协调;县级政府承担义务教育的设备添置中某部分内容;乡镇政府也相应承担与其财力相适应的学校硬件设施,甚至是村级组织也应根据其财力状况承担其力所能及的供给责任。通过这样的政策设计,中央政府所要做的就是,在履行自身供给责任的同时,制定义务教育的办学条件和办学标准,实施对地方落实办学标准情况的督导检查。这样,不但可以形成各级政府

分担义务教育供给责任的激励、督导机制,还有利逐步于在地区和全国范围内促进义务教育的均衡发展。

三、围绕农村师资队伍建设这个核心问题,将优化和稳定农村教师队伍作为一项紧迫的政策任务,设计更加科学有效的制度体系,构建支持农村教师队伍发展的长效机制

提高农村教育的质量和水平,首先要提高农村教师队伍的质量、优化农村教师队伍结构。当前我国农村优秀教师流出严重、优秀毕业生流入困难,已经严重制约了农村教育的发展和进步。随着城镇化过程的推进,城乡经济社会等方面存在的差距将长期存在,这要求我们通过有效的制度设计,建立起激励和支持农村教师服务农村教育、稳定和优化农村师资队伍的长效机制,推动农村教育事业的可持续发展。

1. 将加强教师队伍建设列为支持农村教育的优先领域

这是由农村教师在农村教育发展中的地位和作用决定的,也是由 21 世纪我国推进城乡教育一体化发展的时代需求决定的。"教育的发展和质量的提高,是和一支稳定的、训练有素的、积极性高又可靠的教师队伍分不开的",这既是一个人所共知的"老命题",也是一个需要继续强化的"新使命"。当前,加强农村教师队伍建设已经成为新世纪我国发展农村教育、推进教育均衡发展系列政策行动的重要组成部分和整体制度安排的关键环节。众所周知,自 20 世纪 90 年代中期以来,我国实施了一系列增加农村教育供给、改善农村办学条件的义务教育发展"新机制"。"免费制"的推行,解决了农村学生"上学难"问题;"以县为主"管理体制的实施,保证了农村基本的办学条件。在此基础上,更好地满足人民群众对优质教育的需求、促进城乡教育均衡发展、实现"办好人民满意教育"的目标,成为了当前我国发展农村教育的重点。正是在这样的背景下,在中央政府的直接推动下,国家推出了支持农村教师队伍建设的系列政策,这体现了国家发展农村教育的历史使命和时代责任。当前,必须继续强化这一政策导向,将加强教师队伍建设列为支持和发展农村教育的优先领域,持续不断、坚持不懈地将农村教师队伍建设好、发展好。

2. 将改善农村教师生活条件列为今后一段时期的政策重点

农村教师队伍整体结构不合理、素质不高，与农村教师培训培养制度的滞后有关，更与农村教师的待遇偏低、工作环境较差有关。城乡教师长期的分配收入差距、社会保障和公共福利差距以及生活环境和工作条件差距，不但让农村地区缺少吸引骨干教师的外部条件，还造成了大量的农村教师向经济发达地区的"逆向流动"。随着国家"以工促农、以城带乡"方略的实施，以及新一代中央领导集体关于"城乡一体化"目标的提出，我们今天不但比历史上的任何时期都具备提高农村教师待遇的条件，而且比历史上的任何时期都有理由在提高农村教师待遇方面有所作为。这不但是对以往实施的对农村教师"歧视性待遇"的政策矫正，也是对当下农村教师工作环境差、享受社会保障和公共福利待遇低之现状的政策补偿。当前要特别重视对义务教育绩效工资实施过程中不少地方出现的农村教师工资与城市教师工资差距过大的现象研究。研制城乡教师的工资待遇政策，既要考虑因物价因素造成的城乡教师不同的消费特点，更要将由自然、社会环境等因素造成的农村地区生活环境差等因素考虑在内。现阶段，应该在国家财力许可的范围内，大幅度地改善农村教师的生活条件和工作待遇，甚至可以实行农村教师工资高于城市教师的差别待遇政策，这不但符合发展义务教育的国际惯例，也切合我国支持农村教育的时代特点。

3. 制定鼓励、支持优秀毕业生和教师到贫困地区和薄弱学校工作的政策措施

师范教育招生与分配向农村义务教育倾斜，以计划性的定向培养为主，以市场性的非定向招生为辅，确保农村义务教育有稳定合格的教师来源。目前农村义务教育均衡发展的最大难题是师资短缺，优秀师资匮乏。一方面，业务骨干教师流失到城市或经济发达地区，另一方面，新毕业的师范生不愿意到农村任教。因此，师范教育有必要扩大面向农村中小学教育的招生指标，以定向计划培养的方式确保师范生毕业后到广大农村任教。

加大教师对口支援力度，通过制度安排，鼓励城区优秀校长、教师到农村艰苦地区支教，同时为农村校长、教师到城区优质学校学习提供机会，充分发挥名校及名师资源的辐射作用。为了缩小校际之间的差距，采取校长教师定期交流制度是一项基本的策略。教育主管部门应当出台有关教师城

乡轮岗的政策,把到农村任教年限作为教师职称评定及岗位晋升的必要条件,以改善和提高农村尤其是贫困地区的师资水平。同时,要加大教师对口支援的力度,鼓励发达地区教师到贫困农村任教,一轮任教时间不低于2年,支教期间应给予这些教师专项补助,使之安心并乐于在异地农村任教。创造条件让农村教师到城区优质学校或发达地区学校交流,使他们在具体实践中迅速成长。

4. 构建有利于农村教师队伍建设和专业发展的体制机制

在农村经济社会发展相对落后、城乡经济社会差距较大、农村师资队伍质量不高的现阶段,发展和支持农村教育主要以外部援助为主,这不但可行而且必需。随着城市化进程的加快、城乡一体化进程的推进,以及支持农村教育政策的日益完善,应该将发展和支持农村教师队伍建设的着力点转移到对农村地方政府、农村学校、农村教师发展意向的内在激励上。要将对农村教师队伍建设的内在激励和长效机制构建贯穿在农村经济社会发展的全过程、体现在国家支持农村教育的各个环节和各个阶段,使农村教师队伍建设的内在激励与外在援助相结合、体制构建与项目实施相协调。当前要特别重视对农村教师队伍建设中的地方经验和典型个案研究,在不断完善已有援助政策的基础上,充分尊重和依靠地方政府、学校和教师本人在发展农村教育中的积极性和能动性,逐步构建有利于农村教师队伍建设和专业发展的长效机制。

四、围绕办学体制改革这个难点问题,将城乡义务教育的择校矛盾、教育乱收费以及民办教育发展等热点问题统筹思考、联动改革,构建满足民众多样需求、富有活力的义务教育办学体制

当前我国义务教育领域发生的择校矛盾、教育乱收费以及民办学校极端化发展(有些民办学校试图通过乱办学、乱招生的方式,挤垮公办学校;有些民办中小学面临着生源危机和办学危机)等问题,与我国城乡义务教育学校办学经费紧张、资源供给不足有关,但从根本上看,与我国义务教育办学体制过于单一,义务教育办学缺少个性、办学活力不足、选择性不够有关。这要求我们从总体上变革和完善义务教育的办学体制,创新义务教育的治理机制,推进义务教育公共性实现方式的多样化。

1. 努力办好"政府供给、政府管理"的公办学校，不断满足民众"上好学"的需求

无论是从世界各国发展义务教育的经验出发，还是从当代中国义务教育发展的现实考虑，政府应该成为义务教育的供给主体和生产主体，即应该把"政府供给、政府管理"的公办学校作为未来义务教育发展的主要方式。根据美国著名经济学家弗里德曼的观点，政府直接管理公办学校主要是基于两个方面的理由：一是教育的临近影响，即"儿童受到的教育不仅有利于儿童自己或家长，而且社会上其他成员也会从中受到好处"。二是"另一个支持学校国有化的论点是'技术垄断'。在小市镇和乡村地区，儿童数目很少，以至没有理由成立一个以上的有一定规模的学校，因此，不能依靠竞争来保护家长和儿童们的利益"。如果说上述弗里德曼的第一个观点是政府长期办好公立学校的理由，第二个观点是政府在发展和变化了的环境下将义务教育推向市场的原因，那么，在当代中国的义务教育治理中，政府亲自办好公立学校应该成为一项长期的政策安排。这一方面是基于政府维护和发展义务教育公共性特征的考虑，另一方面是因为，在广大的农村地区，尤其是偏远的中西部地区，"居住点异常分散、经济条件落后、交通条件不变"的社会环境将长期存在，也就是弗里德曼所描述的学校国有化的"技术垄断"将长期存在。这都决定了"政府供给、政府生产"应当成为当代中国主导性的义务教育治理方式。为此，必须不断增强国家的义务教育供给能力，激励不同层级政府参与义务教育治理的动机与热情，设计出切合中国实际的义务教育供给、检查机制，不断均衡教育资源，努力缩小学校差距，倾心办好以"免费教育、就近入学、均衡发展"为特征的公办学校。

2. 下决心改造和取缔以名校高价招收择校生为特征的义务教育招生制度，为构建多样有序的义务教育治理机制创造良好的制度环境

当前，在我国义务教育领域大量存在着利用家长对名校资源的渴求心理，在正常招生名额以外划出一定的择校生指标，并高价收费的招生方式。这种招生方式不但动用公共资源攫取了家长的教育费用、损害了教育的公益性品质，也加大了其与一般公办中小学的办学差异，还阻碍了民办中小学的发展，因为，当名校以低于办学成本的方式参与市场竞争的时候，民办中小学的招生

环境受到了恶化,招生能力受到了削弱。为此,必须下决心制止和中止义务教育公办学校的创收行为,从制度上遏制义务教育名校的创收冲动。当前首先要做到的是,政府停止在师资、政策等方面对"假民办"的倾斜,甚至可以对"假民办"过于优越的师资进行分流,不断缩小公办学校的办学差距。

3. 积极推进义务教育学校委托管理改革,促进义务教育公共性实现方式多样化

可以在一部分办学条件较好、办学质量相对均衡的地区,开展公办中小学委托管理试点。通过招标等方式,将部分公办中小学的管理权交给公益性社会机构、社区组织或某些社会中介组织。委托管理期间,政府根据学生数划拨义务教育公用经费,公办学校教师采取"老人老政策、新人新政策",鼓励委托管理学校精简行政机构,建立动态灵活的教师招聘、流动制度,实施特色化的绩效考核制度,不断提高学校的办学效益。在试点的基础上,不断扩大"管办分离"的实施范围,逐步形成"政府按需选择办学机构、学生按需选择学校、学校按需选择教师"的动态灵活的义务教育办学体制。

4. 大力支持民办中小学发展,增加义务教育的办学活力和办学选择性

犹如政府已经成为义务教育治理结构中"想剔除也无法剔除的一种治理工具"一样,市场也日益成为义务教育发展中"想回避也回避不掉的一种力量"。当前发生在国内愈演愈烈、"剪不断、理还乱"的"择校热"现象表明,当代中国义务教育的民众需求和民众结构正在发生重大的变化。特别是在经济发达地区,一个具有较强供给能力和对优质特色教育有着强烈渴求的家长群体,正在深刻地影响着中国义务教育的办学体制,挑战着传统的义务教育治理方式。政府应该积极顺应这种教育需求,适度扶持民办中小学发展,增强教育的选择性。当前最重要的是,对民办中小学实施积极的财政援助,让民办中小学成为"政府供给、市场生产"、办学有特色、富有选择性的义务教育办学主体,将既往形成的家长对公办优质学校的择校需求和择校行为分流到民办学校,构建新型、合理、激励性的义务教育选择机制。同时,民办中小学的市场化生产,由于作为"私人办学者"的"求利性动机",与作为"消费者"的学生家长的"教育消费愿望和消费能力"的相互作用,一定会带来义务教育供给关系的改变,使得义务教育供给总量增加,这自然还能起到吸纳社会资金发展公共教育的

目的。

五、特别关注民族地区、山区和贫困地区，以及农村特殊儿童等义务教育发展困难的地区，制定扶持农村教育发展、缩小城乡教育差距的特别支持政策，构建农村教育与城镇化协调发展的社会支持系统

由于历史和自然条件等方面的原因，我国民族地区、山区和贫困地区义务教育办学条件十分落后，办学资源十分匮乏，吸引优秀师资的能力较为薄弱。特别是随着城镇化过程的推进，这些地区人口居住更加分散，学龄儿童减少趋势更为明显。这些地区的办学面临着的突出矛盾是，如果实施集中办学的方式，则存在着儿童就学路途较远、寄宿生年龄过小等问题；如果采用分散办学的方式，则存在着教学点学生过少，甚至是一个教学点只有几个学生的情况，增加了办学的困难。此外，山大沟深、自然条件恶劣的状况，也不利于吸引教师前往任教，更为重要的是，基于贫困的经济状态，仅有的少数学龄儿童成为了当地的留守儿童，他们面临着物质、精神和文化发展上的多重困难。在东部地区大部分中小学努力办好高质量义务教育，推进教育现代化的时刻，贫困地区的义务教育还面临着发展性困难和生存性困难，这要求我们采取更加有效的政策措施，支持贫困地区义务教育发展，不断缩小义务教育的地区差异和城乡差异。

1. 将办好山区和贫困地区小规模学校列为支持贫困地区义务教育发展的长期政策

民族地区、山区和贫困地区学龄儿童减少、居民居住分散的状况，决定了在这些地区办好小规模学校的必要性和重要性，农村小规模学校不仅表现为学校人数和班级的数量少，而且表现为每一个年级和班级人数的数量少。办好农村小规模学校，是落实"不让一个孩子掉队"的具体举措，是办好人民满意教育的重要组成部分。在办好农村小规模学校的过程中，我们要改革农村教育编制制度，完善农村小学资源配给机制，实施标准化、灵活化的办学体制和办学方式。

办好农村小规模学校，是对既往形成的"一刀切"的农村撤点并校制度的矫正，是促进教育公平的重要举措。因为，一所村小的消失，意味着几十个孩子上学路途的延长，意味着几十位孩子要"舍近求远"到县镇择校，意味着几十个家庭的陪读。更为重要的是,村小办学条件落后、师资力量薄弱、教学质量不高,使得少数无法安排孩子到县镇读书的"边缘人群"(如经济条件差的家庭)子女的教育条件日益恶化。这都在一定程度上不利于义务教育均衡发展,加剧了教育不公平。《国家中长期教育改革和发展规划纲要》指出,推进义务教育均衡发展,促进教育公平。没有农村村级小学的优质发展,就没有中国义务教育的均衡发展;不关注农村"边缘群体"子女的教育权利,就没有城乡教育的公平发展。因此,支持贫困地区义务教育学校的建设和发展,是继续推进义务教育均衡发展的头等大事。

2. 创新政策供给,为民族地区、山区和贫困地区发展提供特别性支持

(1) 实施民族地区、山区和贫困地区教育经费的"特别保障"

改变村小教育经费和公用经费单纯按照生均人数拨付的预算机制,根据农村小学优质运行和发展的实际需要,对村小教育经费实施特别预算;针对不同规模的村小,制定村小建设的国家标准,加强验收和检查,建立中央、省、县共担的经费保障机制。

(2) 实施民族地区、山区和贫困地区教师队伍建设的"特别待遇"

在做好城乡教师交流、优秀大学生支援农村教育的同时,立足于培养扎根于农村、优质稳定的村小教师队伍。一是要针对农村生活和工作条件艰苦的特点,大幅度增加村小教师的工资待遇,吸引优秀教师留在农村任教,确保村小教师工资大幅度优于同级别县镇工作教师。二是要重视农村教师的本地化和乡土化建设,通过招聘、转岗、培训等方式,鼓励具有本地户籍的大学本科以上学历人员在农村任教,为他们提供特殊的住房、医疗和社会保障政策。

(3) 在民族地区、山区和贫困地区建设拥有自主管理权的"特许学校"

根据城镇化发展的趋势,加强农村人口和学龄儿童数量的动态监控,研究制定农村人口规模与村小数量相匹配的标准体系,确定合理的村小设置规模和数量;对于小于100人的村小实施"特许学校"制度。"特许学校"在接受县乡教育主管部门指导的同时,接受省级或市级教育主管部门的备案管理。"特许学校"享有特殊的师生比配置、特殊的设备配置标准;"特许学校"由相关村民代表和教师代表组成的校务委员会负责管理,在教育政策制定等方面,享有自主权,不经校务委员会讨论及省级教育主管部门批准,任何组织和个人不得

随意撤并。

(4) 对民族地区、山区和贫困地区儿童发展实施"特殊保护"

要努力缩小农村儿童的就学半径,特别是对于"山大沟深"地区的儿童,要保证他们能在40分钟内步行到达学校;对于路途较远、中午不便回家就餐的儿童要实施"午餐特别营养支持行动",由教育主管部门和卫生部门制订营养计划,列入省级预算,专项保证。安排并配备胜任"音体美、语数外"等多门科目教学的优秀"全科"教师到村小任教,开齐、开足艺术和科技类课程,丰富村小儿童文化生活,增强村级小学对家长和儿童的吸引力,促进村小儿童健康成长。

3. 促进民族地区、山区和贫困地区的经济社会发展,有序引导贫困地区的城镇化进程,为贫困地区教育发展提供良好的社会支持

改善贫困地区的教育条件,缩小教育的地区差距和城乡差距,根本上要依靠贫苦地区经济社会发展的改善和公共服务设施的优化。一方面,要进一步落实和深化国家一系列支持贫困地区经济社会发展的支持政策,不断优化贫困地区教育发展的社会环境,增强贫困地区教育发展的自我支持能力;另一方面,要合理有序引导贫困地区的城镇化进程,积极、合理、稳妥地引导这些地区农民的城镇化转移,将有序推进贫困地区义务教育学校布局的适度集中、地方公共服务的适度集中、民众居住和生活的适度集中,以及提高地方经济发展的支撑能力等因素统筹考虑,并促进这些因素之间的相互协调,构建贫困地区义务教育学校改革与城镇化良性互动的体制机制。

六、进一步强化城乡义务教育政策的公平取向,提高政策制定的科学性与系统性,强化政策执行的有效性,激活地方教育政策的灵活性与创新性,为城乡义务教育统筹发展提供有效的政策支持

城乡义务教育统筹发展是城乡教育统筹发展的重要内容,也是城乡统筹发展的基础和动力。城乡义务教育统筹发展本身是一种政策性表达,它表征着中国国家政策的重大变革。从政策的视角看,城乡义务教育的统筹发展,是通过教育政策的变革与发展而实现的。当前城乡义务教育取得的成效,是城乡义务教育政策积极作用的结果,城乡义务教育存在的问题和困难,也是既往教育政策问题影响和作用的结果。因此,必须进一步深化城乡义务教育政策

的变革与创新,促进城乡义务教育统筹发展。

1. 进一步强化城乡公共服务政策和义务教育政策的公平取向

我国城乡义务教育统筹发展理念的提出,主要是针对长期以来,特别是20世纪50年代以来我国形成的城乡分割对立的二元经济结构,以及由此形成的城乡教育二元结构而言的。这种城乡有别的教育政策安排,造成了城乡教育质量、办学条件、师资队伍的重大差异。随着城乡二元结构的不断加剧,城乡教育的差距不断拉大。从现实情况看,城乡教育差距既是城乡经济社会发展差距的作用的结果,也是城乡经济社会差距的推动力,两者构成了一种"消极"的双向强化关系。

20世纪90年代以来,国家适时提出了"城市支持农村"的政策理念,出台了一系列支持农村教育的政策措施,并有效缩小了城乡教育差距,但从总体上看,这种支持无论在力度还是在效果上,都还存在着不足。一方面,支持政策的力度不够,无论是在办学资源的倾斜上,还是在师资数量和质量的配置上,与农村教育发展的需求都还有很大差距;另一方面,支持农村教育的政策,深受国家经济、文化和社会等诸多领域政策的限制和影响,在城乡公共服务政策以及城乡经济、文化和社会发展状况存在着较大的差异的背景下,城乡义务教育政策的公平就很难"单兵突进"。为此,必须进一步强化公共政策的公平取向,坚定地将"城市支持农村"的政策理念贯穿在城乡经济、文化和社会政策等各类公共政策的制定和设计中,落实到包括城乡义务教育政策在内的各类公共政策的问题界定、政策制定、实施和评估的全过程中,不断提高城乡义务教育统筹政策的公平性。

2. 将教育政策制定的顶层设计与基层创新有机结合,提高义务教育政策的科学性和灵活性

从现实来看,我国教育政策的制定和运行体现出鲜明的"精英取向"和"自上而下"的特征,即教育政策的制定,更多地与国家政治经济政策保持一致,更多地体现为一种国家意志与国家方针,地方和基层政府所要承担的任务是服从与执行。这样的政策取向在增强政策的权威性、统一性和有效性方面具有积极的意义。但过分依赖于这种精英取向和自上而下的政策决策模式,也容易带来不容忽视的政策问题,主要表现为这种决策模式忽略了面广量大、差异

丰富的地方和基层特点,忽视了地方和基层的创新精神。诸如当义务教育管理体制实行"以乡镇为主"时,就忽略了有些乡镇"主不起来"的特点,当这种政策矫正为"以县为主"时,就同时忽略了某些县级政府"主不起来"的特点,并放弃了那些财政能力较强的乡镇的义务教育供给责任。更为重要的是,这种自上而下的政策决策模式,忽略了基层教育的丰富多样性,缺少对千差万别教育现象和教育问题指导的针对性,这容易带来教育政策的波动,其直接的后果是,一个解决问题的教育政策常常产生新的教育问题。典型的案例是,一些地区中小学布局调整带来农村义务教育阶段的学生远距离上学的问题,以及由此引发的相关问题。

因此,提高城乡义务教育政策建设的科学性,需要自上而下和自下而上两种方式。教育政策制定的主体不应该只是各级政府或教育主管部门,同时也应该有农村教育的工作者和参与者或当事人。教育政策建设的科学化,基于政策决策的民主化。倾听农村教育工作者和农村民众对于农村教育发展的政策建议对保障农村教育决策的科学化具有重要意义。

3. 将教育政策的刚性要求与弹性运行有机结合,提高义务教育政策运行和评估的有效性

就城乡义务教育的实际运行状况分析,存在着两个相互冲突的政策问题。首先是教育政策运行存在着"一刀切"的现象。中国农村地域辽阔,区域发展差异明显,如何从实际出发,合理且有效地推进政策执行?对此,无论是政策执行者或政策研究者都存在研究的缺失。农村教育政策在执行中的"一刀切"现象比较严重,不同时期有不同的表现。其次是政策评估"表面化"、"走过场"。对农村教育政策运行状况尤其是对政策执行结果进行评估已成为政策执行过程的重要内容与重要环节。但从问题的角度看,系统化的评估制度并没有建立,对农村教育政策执行的评估还存在一定的制度缺失及"表面化"、"走过场"的状况。

关注农村义务教育政策的有效执行,需要采取多项措施。首先,需要建立政策执行目标责任制,健全政策执行的组织机构和制度,强化政策执行者的责任感。其次是农村义务教育政策执行过程中,要以有效的方式,调动政策目标群体和利益相关者主动配合和积极参与教育政策执行,增强目标群体对政策

的认同,使教育政策执行成为"合力"作用的过程。最后,还要加强对农村义务教育政策执行的过程评估与检查,及时发现与诊断政策执行过程中出现的问题,以使政策执行能顺利推进。

21世纪我国义务教育的发展处在城乡统筹发展的背景中。城乡统筹发展,是指城乡经济社会的统筹发展,这既包含城乡教育的统筹发展,同时又为城乡教育尤其是义务教育的统筹发展构建了新的制度与政策环境,也构建了新的生态环境。毫无疑义,国家确立和大力推进的城乡统筹发展,为义务教育的统筹发展带来了新的契机、新的机遇,为义务教育的统筹发展注入了新的活力与积极要素。我国的义务教育从来没有像今天这样要求统筹发展和均衡发展,也从来没有像今天这样已经开创出统筹发展和均衡发展的新局面。当然,我们还应该强调要进一步提高义务教育的质量和水平,在更高水平层次上实现统筹和均衡。

在回顾和总结我国城乡义务教育统筹发展和均衡发展的典型经验与模式之时,我们也同样认识到发展过程中依然面临的问题与挑战。有些是传统问题的延续,有些是新的政策实施带来的新问题。问题的存在具有多样性与复杂性的特点。无论如何,正视问题和解决问题始终是推进义务教育统筹发展的关键所在。

着眼于问题的解决,我们需要适时地调整与变革教育政策,同时也需要调整与变革相关政策。城乡统筹发展和义务教育城乡统筹发展都是一个不断前行的过程,是一个需要可持续发展的过程。于是,政策的调整与变革也应该是长期的和可持续的。

这是课题研究结语的集中表达,也是研究者的期盼。

附 录

新世纪以来我国城乡教育统筹发展政策之审思[①]

张乐天

本文研究基于如下假设:城乡教育统筹发展本身是一种政策性表达,它鲜明而又深刻地体现出我国教育政策的重大调整与变革。新世纪以来,我国城乡教育统筹发展在大力推进,这缘于政策的驱动,受到政策的指引。一方面,城乡教育统筹发展不断取得新的进展,彰显着政策的功效与作用。另一方面,城乡教育统筹发展也还遇到诸多困惑与问题,这也与政策问题息息相关。进一步推进城乡教育的统筹发展,需要进一步深化教育政策及相关政策的改革,促进政策的良好运行。从上述假设出发,本文对新世纪以来我国推进城乡教育统筹发展之政策作一审思。

一、城乡教育统筹发展政策之新建构

城乡教育统筹发展,作为一种政策要求与政策目标,并非始于新世纪。20世纪80年代以来,甚或更早时期以来,我国城乡教育的共同发展已被列入教育发展的重要政策议程,由此也有了一系列推进共同发展的政策制定与运行。新中国成立后的半个世纪内,国家教育事业的发展,在很大程度上,是以城乡教育的共同发展为重要标志的。进入新世纪之后,我国教育事业的发展受到更大的关注,教育优先发展的战略地位得到进一步加强。在此背景下,基于教育发展的既往经验与存在的问题,同时更着眼于社会发展的新要求,我国把城

[①] 《新华文摘》2014年第16期全文转载,原载《南京师大学报》(社会科学版)2014年第3期。

乡教育统筹发展进一步列为教育发展的重中之重,为此有了新的政策建构。

1. 新世纪我国城乡教育统筹发展纳入了国家统筹经济与社会发展的总体框架,是国家统筹经济社会发展的重要内容与任务,也是其重要基础

进入新世纪以来,我国确立了全面建设小康社会的奋斗目标并确立了科学发展观,与此同时也明确提出了统筹城乡发展、统筹区域发展、统筹经济社会发展、统筹人与自然和谐发展、统筹国内发展和对外开放的要求。① 这"五个统筹发展"是对科学发展观的科学诠释,是贯彻落实科学发展观的要义所在。在"五个统筹发展"中,统筹城乡发展居于首要地位。"五个统筹发展"内在地包含着统筹城乡教育发展。这不仅因为统筹城乡发展必然包含统筹城乡教育发展,同时也因为,无论是统筹区域发展、统筹经济社会发展,还是统筹人与自然的和谐发展,抑或是统筹国内发展与对外开放,都离不开统筹教育发展,尤其是统筹城乡教育发展。因为所有的统筹发展,都需要依靠人的力量与作用,都离不开教育的发展。正如教育发展在国家各项事业的发展中处于优先发展的地位,城乡教育统筹发展不仅在城乡统筹发展中,也在"五个统筹发展"中处于优先的地位。中国共产党第十八次全国代表大会再次明确了全面建成小康社会的奋斗目标,提出了推动城乡发展一体化和加大统筹城乡发展力度的要求。这其中蕴含着加大统筹城乡教育发展力度的要求。正是在这种意义上,我们可以清晰地认识到,城乡教育统筹发展纳入了国家统筹发展的总体框架。

2. 就教育自身的改革和发展而言,新世纪城乡教育统筹发展有了新的政策规划与设计,初步构建起综合化、立体化的指向城乡教育统筹发展的教育政策体系

新世纪我国教育的改革和发展,已具有综合化、立体化的政策要求与指向。这突出反映在《国家中长期教育改革和发展规划纲要(2010—2020年)》的制定与颁行上。在《纲要》中,我们可以强烈地感受到其所蕴含的统筹城乡教育发展的政策精神与要求。无论是"总体战略"和"发展任务"的确定,还是

---

① 中共中央关于完善社会主义市场经济体制若干问题的决定.人民日报,2003-10-21.

"体制改革"和"保障措施"的要求,都非常清晰地贯穿着统筹城乡教育发展这条主线。《纲要》把办好人民满意的教育和建设人力资源强国作为教育发展的指导思想,把促进公平作为国家基本教育政策,把重点发展农村学前教育、推进义务教育均衡发展和建立城乡一体化义务教育发展机制、加快发展面向农村的职业教育等作为重要的发展任务,把省级政府教育统筹综合改革作为重大试点,这都充分体现出对统筹城乡教育发展的全面规划与部署。《纲要》作为新时期指引教育改革和发展的重要政策文献,其重要的政策创新,乃在于它对统筹城乡教育发展做出了新颖、高远且极具变革性的政策安排。

3. 新世纪城乡教育统筹发展的政策构建,因应了我国社会转型和城乡现代化发展和变革的新需要,由此也体现出教育政策的适时调整与创新

我国正处于社会转型期,当前正处于工业化和城镇化的重要阶段。我国城镇化发展的突出标志是农村剩余劳动力大规模地向非农产业聚集,向沿海地区和城镇流动。"2010年第六次人口普查数据表明,城市人口占我国总人口的49.68%,2011年我国城市人口(69 079)万人,首次超过总人口的一半(51.3%),成为我国城市化进程的一个重要里程碑。"①我国城镇化的新发展,改变了固有的城乡社会结构。我国城市化率在大幅提高的同时,众多从农村进城务工人员虽然按照人口统计口径可归入城市人口,②但他们中的多数人并没有取得城市户籍,还处在"半城市化"状态,事实上还是流动人口。这种状况使中国社会形成了一种新的特有的结构形态。有学者指出,中国社会正面临城乡"三元结构"的挑战。所谓三元结构,是指城市居民、农村居民和城市中的流动人口。流动人口就是中国三元结构中的第三元。③ 正是这样的人口结构状态,使统筹城乡发展面临新的任务与使命,也使统筹城乡教育发展面临新的要求。在规模庞大的流动人口中,包含着不断增多的跟随父母流进城市的适龄儿童与少年,即我们今日已习惯称谓的"流动儿童"。另一方面,在转移的农村劳动力中,也有相当数量的已成为父母的劳动力将年幼的子女留在家中,

---

① 左学金.21世纪中国人口展望[J].北京大学学报(哲学社会科学版),2012(5).
② 按照我国城市人口统计的口径,进城务工人员在城市连续工作并居住在城市六个月以上者可以城市人口计。
③ 孙立平.城乡三元结构的挑战[J].21世纪商业评论,2005(2).

留给年幼子女的祖父母、外祖父母或亲戚、朋友照管。这类儿童被称为"留守儿童"。据2012年统计,"全国义务教育阶段在校生中进城务工人员随迁子女共1 393.87万人。全国义务教育阶段在校生中农村留守儿童共2 271.07万人"①。无论是流动儿童还是留守儿童,也无论是转移劳动力还是农业劳动力,都存在着教育问题,都具有接受教育和提高文化与职业技能素质的需要。着眼于此,我国教育政策有了适时的变革与创新。这就是从我国农村人口向城镇转移的现实状况与未来趋向出发,制定了一系列旨在保障流动儿童和留守儿童平等接受义务教育,以及不断提高农村转移劳动力和农业劳动力的职业技能和综合素养的政策。新世纪我国出台的一些重大政策,如《国务院关于基础教育改革与发展的决定》(2001)、《国务院关于进一步加强农村教育工作的决定》(2003)、《国务院关于大力发展职业教育的决定》(2005)、《中华人民共和国义务教育法》(2006)等,其中或有着关于解决流动人口子女和留守儿童接受义务教育问题的规定,或有着关于积极实施转移劳动力培训和新型农民培训的规定。在国务院所属相关部门和各级地方政府层面,都纷纷出台了有关具体政策。这些政策惠及数以亿计的目标人群,成为统筹城乡教育发展政策的重要内容和组成部分,具有重大而深远的政策意义。

二、城乡教育统筹发展政策之实施及其成效

推进城乡教育统筹发展已成为新世纪以来我国教育发展重要的政策行动。在全国范围内,无论是东部、西部还是中部,抑或是南方还是北方,都在把统筹城乡教育发展列为各级政府教育改革和发展的规划,都在采取具体举措实施统筹城乡教育发展。十余年来,统筹城乡教育发展不仅已成大势,而且不断取得了明显的成效。我国城乡教育统筹发展政策之实施,已显现出的鲜明特色和突出成效是:

1. 试验先行,示范引领

为了推进城乡教育统筹发展,我国采取了政策试验的方式,确立了"国家统筹城乡教育综合改革试验区"。国家层面的综合改革试验区选定为西部地

---

① 2012年全国教育事业发展统计公报.中国教育报,2013-08-17.

区的重庆市与成都市。之所以选择西部地区的城市作为改革试验区,或许是因为相对于东部而言,我国西部地区无论是经济社会发展还是教育发展都显得滞后一些,城乡教育发展的差距也较为突出。由此,将试验区选定在西部便更有必要性和现实意义。另一方面,重庆市与成都市在早些时候已被确立为"全国统筹城乡综合配套改革试验区"①,这两个城市在统筹城乡发展包含统筹城乡教育发展上已有探索,积累了一定的经验,有着良好的基础。而在确立为"全国统筹城乡教育综合改革试验区"之后,重庆市和成都市分别制订了具体实施方案,建立和形成促进城乡教育统筹发展的体制与机制。重庆市大力实施"以城带乡、整体推进,城乡一体、科学发展,实现城乡教育规划布局、资源配置、政策制度、水平提升一体化"的统筹发展战略,②并在推进上述"四个一体化"方面取得明显成效。成都市明确提出"全域成都"的理念,努力形成"一元化标准、全域化规划、标准化建设、倾斜化配套、一体化管理、特色化发展"的城乡教育统筹发展方式。近年来,成都市的城乡教育统筹发展已显现出良好的示范效应。在推进"全国统筹城乡综合配套改革试验区"建设的同时,我国各省市也都在结合地域实际,进行各自的统筹城乡教育发展的政策试验,并创立出具有鲜明特色的统筹模式。如安徽省铜陵市推进城乡义务教育均衡发展的"铜陵模式",江苏省全面推进义务教育优质均衡发展的模式,北京、上海推进"大城市带动小农村"的统筹发展模式,湖北省和湖南省分别形成"武汉城市圈"和"长株潭城市群"的统筹城乡教育发展模式等,由此展现出全国各地统筹城乡教育发展的积极探索。种种模式的创立与形成,也意味着统筹城乡教育发展取得典型经验与切实的成效。

2. 支持农村教育发展有着更加广泛和切实的政策行动

支持农村教育发展,是统筹城乡教育发展的必然要求。消解城乡教育发展的差距,是制定统筹教育发展政策的动因。新世纪我国在确立全面建设小康社会的奋斗目标之后,适时提出了建设社会主义新农村的重大历史任务。为着力建设新农村,国家又确立了统筹城乡经济社会发展,实行工业反哺农

---

① 2007年6月,重庆市和成都市率先被国务院批准为"全国统筹城乡综合配套改革试验区"。

② 见《重庆市统筹城乡教育综合改革试验实施方案》,2008年9月重庆市政府网站。

业、城市支持农村和"多予少取放活"的方针。① 这一方针,对新时期统筹城乡发展包括统筹城乡教育发展具有极为重要的指导价值和意义。正是在这一方针的引领下,我国为了统筹城乡教育发展,特别制定和实施了一系列支持农村教育发展的政策。"从总体上看,我国支持农村教育发展主要体现在三大方面:财力支持、人力支持和技术支持。"② 财力支持政策主要表现为:加大对农村地区尤其是贫困农村地区转移支付的力度,拨付专项资金支持农村各类教育的发展;人力支持的主要政策为:建立城乡教师双向交流机制,鼓励城市教师尤其是优秀教师定期到农村中小学任教,设立"中西部地区农村特岗行动计划"等;技术支持的主要政策是支持农村中小学配备信息技术教育设施和努力推进农村教育信息化。此外,国家还启动了种种专项工程并实施种种专项政策支持农村教育发展。新世纪以来,我国加大对农村教育发展的支持,还体现在对农村各种类别的教育发展的支持和多层面的支持上。即不仅大力支持农村义务教育的发展,也大力支持农村学前教育的发展;不仅切实支持农村职业教育的发展,也努力支持农村社区教育的发展。与此同时,支持农村教育的发展,不仅表现为中央政府层面的支持,也表现为省、地、县各级政府的支持。总之,支持农村教育发展已呈现出综合化、立体化、多样化的特征。种种支持农村教育发展的政策在积极实施,也彰显着统筹城乡教育发展的政策功效。

3. 城乡教育统筹发展的良好局面在逐步形成

首先,我国义务教育均衡发展正在呈现出良好的发展景象。义务教育是教育工作的重中之重,其重要意义不言而喻。义务教育所具有的国家统一实施的要求本身就意味着需要统筹发展。现阶段我国大力推进的城乡义务教育均衡发展,与城乡义务教育统筹发展具有内在的一致性与关联性。要推进均衡发展,必然要求统筹发展。立足于此,在政策层面上,我国不断加大城乡义务教育统筹发展的力度,建立起城乡一体化的义务教育发展机制,尤其是建立起城乡义务教育发展的经费保障机制。新世纪以来,我国众多地区颁行了种

---

① 中共中央国务院关于推进社会主义新农村建设的若干意见. 人民日报,2006-02-21.

② 张乐天. 审思农村教育发展的支持性政策. 中国社会科学报,2011-05-25.

种具体的政策措施,以加强县域或省域城乡教育统筹,切实推进城乡义务教育的均衡发展。大力推进义务教育的均衡发展已成为教育改革发展的最强音。在全国各地,已创生出多样化的并富有鲜明特色的城乡义务教育统筹发展和均衡发展的典型经验与模式,这些典型经验与模式,闪烁着政策变革与创新之光。其次,我国学前教育的统筹发展在积极推进,且也已取得新的成效。这主要表现为,在《国家中长期教育改革和发展规划纲要》和《国务院关于当前发展学前教育的若干意见》等政策的引领下,[①]我国各级政府把发展学前教育纳入了政府工作重要议事日程,切实承担起政府责任,纷纷制订统筹城乡学前教育发展的规划,努力建构覆盖城乡、结构合理的学前教育公共服务体系。我国各级政府加大了对学前教育尤其是农村学前教育的投入,学前教育资源在努力扩大并统筹安排,一种"政府主导、社会参与、公办与民办并举"的学前教育发展新格局正在形成。再次,我国职业教育的城乡统筹发展也在努力推进,对促进城乡经济社会发展和城镇化的发展发挥着良好作用。新世纪以来,我国城乡职业教育统筹发展呈现的新景象是:其一,我国高等职业院校和中等职业学校在统筹发展,而各级职业学校的发展,在强调面向工业化和城市化服务之时,也特别强调为农业现代化和新农村建设服务;其二,为农村转移劳动力服务的职业教育在大力发展,"农村劳动力转移培训阳光工程"[②]在持续实施,成效显著。自2004年至今,我国在努力统筹城乡职业教育资源,每年培训农村转移劳动力千万人次以上,为促进农村劳动力的顺利转移发挥了良好作用;其三、通过统筹城乡教育资源,积极实施农村实用技术培训,农民培训率在不断提高,这为促进农业增效、农民增收也同样发挥出良好作用。

三、城乡教育统筹发展政策实施中的问题分析

新世纪以来我国城乡教育统筹发展政策之实施,在取得明显进展和积极成效之时,也还存在着困惑与问题。从实践的角度看,城乡教育统筹发展政策

---

① 国务院于2010年11月14日发布了《国务院关于当前发展学前教育的若干意见》(国发〔2010〕41号文)。

② 农业部、财政部、劳动部、教育部、科技部、建设部等六部委于2004年3月22日联合发布《关于组织实施农村劳动力转移培训阳光工程的通知》(农科教〔2004〕4号)。

实施显现出的主要问题有以下几点。

1. 城乡教育统筹发展政策实施的不平衡

城乡教育统筹发展虽然已成为全国共有的政策行动,但政策实施的不平衡问题还突出存在。这种不平衡反映在两个方面:一是不同类别的教育,城乡统筹发展的不平衡。现阶段我国城乡教育的统筹发展,重心在义务教育。各地创生和形成的种种城乡教育统筹发展的政策经验与模式,大都聚焦于如何通过体制变革与机制创新以促进城乡义务教育的统筹发展和均衡发展。而非义务教育的统筹发展,如学前教育和职业教育的城乡统筹发展,虽然也有新的进展与成效,但相对于城乡义务教育均衡发展的大力推进,则显得缺乏同样的气势与力度,后者的成效与前者相比也存有明显差距。二是不同区域间,城乡教育统筹发展政策实施的不平衡。现阶段我国各级政府都承担着统筹城乡教育发展的使命,但实践中政策实施的最重要的主体则是地方政府,尤其是县级和地市级政府。城乡教育的统筹发展因而是分区域推进。考察不同区域推进城乡教育统筹发展的实际状况,我们不难认识到政策实施的不平衡。有的区域政策执行有力,政策落实到位,城乡教育统筹扎扎实实地开展,并且成效显著;有的区域则因种种原因,在政策实施中问题丛生,政策执行的形式化、表面化状况依然存在。在这些地区,城乡教育统筹发展虽然也在不断推进,但比较而言,还是令人感受到成效有限。

2. 城乡教育统筹发展政策执行的资源不足

城乡教育统筹发展的关键是统筹资源配置,核心是让更多的优质教育资源流向农村,同时努力优化与扩大现有的农村教育资源。检视现行的城乡教育资源统筹配置状况,我们固然可以看到其均衡配置甚至力求向农村倾斜的一面,但还要认识到真正使优质教育资源大量流向农村,向农村教育覆盖的艰难。例如,在全国各地大力推进义务教育均衡发展的过程中,无论是西部地区还是中部地区,抑或是东部地区,时至今日,农村教育资源的弱势状况虽然有了一定的改观,但优质教育资源的存有状况依然不可与城市优质教育资源相提并论。在学前教育的城乡统筹发展中,尽管政府在更多地承担发展农村学前教育的责任,同时也努力加大对农村学前教育发展的投入,但在一些欠发达的农村地区,政府对农村学前教育发展的投入还很有限,社会积极参与农村学前教育发展的良好局面远未形成,制约农村学前教育发展的瓶颈性问题,即优质师资严重缺乏的问题,即使有了一些缓解但还是没有根本性的突破。在城乡职业教育统筹发展的过程中,支撑农村职业教育发展的资源保障也远远没有到位。例如,无论是对农民的实用技术培训,还是对农村转移劳动力的培训,都存在着有效师资供求不足、甚至培训经费不足的障碍。现阶段种种支持农村教育发展的政策实施,在实践中仍在遭遇资源有限性的制约,政策实施的效果未能如愿。

3. 城乡教育统筹发展的政策实施依然存在"城市中心"的倾向

我国确立城乡教育统筹发展的政策目标,是因为长期存在城乡二元教育结构和二元教育制度,以及这种结构和制度对教育发展尤其是对农村教育发展的不良影响。有学者指出:"城乡教育二元制度的思想根源和价值基础在于对农村和城市在国家发展中的地位存在认识偏差,对于城市化和现代化道路存在认识偏差,重城轻乡的城市中心发展观和价值论在学术认知和公共政策中占主导地位。"[①]现阶段统筹城乡教育发展的政策制定与实施,原本是为了消解这种城市中心观,促进城乡教育的相互沟通,相互支持,比翼发展。然而,在现实的指向统筹发展的政策实施中,城市中心发展观依然在或明或暗地发生着作用,它使以统筹城乡教育发展之名的政策实施滑向了新的"唯城市中心"的轨道。城乡教育的统筹发展,在实践中演绎成通过统筹发展而使农村教育城镇化。这种城镇化,并非是合理的城镇化,而是过度城镇化,甚至是被迫城镇化。以新世纪大力推进的农村中小学布局调整为例。这次布局调整固然有其必要性和现实意义,政策实施的过程中,却一味地追求农村学校向城镇集中,呈现出"学校数与在校生数减少不同步,学校减幅远远大于在校生减幅","教育城镇化发展与村庄学校消失并行,学生距离变远且寄宿低龄化"等态势。[②] 在一些地区,统筹城乡教育发展,非但没有促进城市优质资源向农村的流动,相反却加剧了农村优质教育资源继续向城市流动。农村学校的"空壳化"和农村文化的"沙漠化"问题令人忧虑。

---

① 褚宏启.城乡教育一体化:体系重构与制度创新[J].教育研究,2009(11).
② 邬志辉,等.农村学校布局调整的十年走势与政策议题[J].教育研究,2011(7).

4. 城乡教育统筹发展缺乏有效的政策监督与评估

城乡教育统筹发展的政策实施,需要有效的政策监督与评估。从实践层面看,政策监督与评估虽然也在不断推进,但还是存在一定的缺失与缺陷。现阶段的政策监督与评估,可能偏重于对义务教育城乡统筹发展的政策实施,而在非义务教育领域,则显得相对薄弱。比如,在学前教育发展上,无论是国家层面还是地方政府层面,都已经有了城乡统筹发展的政策举措,特别是大力发展农村学前教育的举措,但在政策的执行与落实的过程中,有效的政策监督与评估较为缺乏,这也影响了政策执行的力度与效果。又如,在城乡职业教育的统筹发展上,颁行的政策也已多样,但有效的政策监督与评估同样缺乏。以农村转移劳动力培训工程的实施为例,过程中的监督似乎不够有力,评估工作也似乎没有很好地展开,这自然影响到政策实施的成效。即使在义务教育领域,城乡统筹教育发展的政策监督与评估,也还存在不少薄弱之处。从总体上看,我国城乡教育统筹发展政策实施的监督与评估,还存在着形式主义与"走过场"的现象,存在着重政策制定与政策宣传,轻政策监督与评估的倾向。

四、对深入推进城乡教育统筹发展政策实施的思考

深入推进城乡教育统筹发展是现阶段乃至未来一段较长时期内我国教育改革和发展的重要内容与任务,这也是深入贯彻落实《中共中央关于全面深化改革若干重大问题的决定》的要求。对于教育事业的发展来说,全面深化改革,必然要求更努力地推进城乡教育的统筹发展,健全城乡教育一体化的体制机制。深入推进城乡教育统筹发展,关键是促进相关政策的有效运行与实施。对此,谨提如下思考与建议。

1. 加强城乡教育统筹发展政策实施的组织保障

加强组织保障对于促进政策实施具有特别重要的意义。政策执行的组织理论认为,政策执行的关键在于组织。组织是政策执行的主体,任何政策都是通过一定组织得以执行。政策的成功与否与执行组织密切相关。政策系统的运作过程本质上是政治组织的运作过程。[①] 为了促进城乡教育统筹发展政策

---

① 陈庆云.公共政策分析[M].北京:北京大学出版社,2006:166-169.

的有效执行与实施,需要建立更为良好的组织保障。根据《国家中长期教育改革和发展规划纲要》和《中共中央关于全面深化改革的若干重大问题的决定》的精神与要求,现阶段我国城乡教育的统筹发展,重点是加强省级政府教育统筹。为此,需要进一步强化省级政府对省域内各类教育统筹发展的主要责任。应将统筹城乡教育发展列入省级政府更为重要的议事日程,列为民生工程之首。从落实"以人为本"的科学发展观的角度观照,城乡教育统筹发展理应是城乡统筹发展之根基,是统筹经济社会发展之根基。因此,统筹城乡教育发展也理所当然地成为统筹城乡发展的首要任务。正是在这种意义上,宜将统筹城乡教育发展列为"省长工程",切实加强省级层面统筹城乡教育发展的管理机构建设,进一步明确全省统筹城乡教育发展的目标与任务,制订切实可行的政策实施方案。在省级管理机构的领导与组织下,更好地形成省域内各级政府牵头、社会有关方面参与、分工协作、齐抓共管的统筹城乡教育发展的领导管理体制和服务运行机制。

2. 增强政策执行资源的统筹配置,进一步加大对农村教育发展的支持力度

针对政策执行资源的不足,有必要加大对城乡教育统筹发展的资源投入,扩大资源存量,并继续优化资源配置。首先,要继续加大各级政府对城乡教育统筹发展的投入。现阶段城乡教育统筹发展,涵盖了区域内各类教育的发展。因此,加大对教育统筹发展的投入,实质是整体上加大对教育的投入。这要求"各级政府要优化财政支出结构,统筹各项收入,把教育作为财政支出重点领域予以优先保障"[①],同时要在现已达到4%的基础上,逐年提高国家财政性教育经费支出占国内生产总值比例。其次,要进一步吸引与增强社会各种资源对统筹发展城乡教育的支持。在政策执行过程中,努力募集社会资源,扩大社会支持,以为城乡教育统筹发展提供更多的资源保障。再次,继续增进资源配置的合理性。既要继续重视城乡义务教育统筹发展的资源配置,也要重视城乡学前教育、职业教育和成人教育统筹发展的资源配置。在政策执行过程中,要针对资源配置依然存在较严重的城乡差异予以调整,改善薄弱环节,以使资源配置更具有合理性与公平性。最后,继续加大对农村教育发展的人力、财力

---

① 国家中长期教育改革和发展规划纲要(2010—2020年)[M].北京:人民出版社,2010:55.

和物力的支持。在统筹城乡教育发展的资源配置中,要更科学地对待城市教育和农村教育的协调发展和共同发展,努力克服"城市中心"倾向和片面的"农村教育城镇化"倾向。为此,要更好地运用政策杠杆和激励机制,使均衡配置城乡教育资源的重心放在让更多的优质资源流向农村和以更大的努力扩大农村优质教育资源上。

3. 促进政策目标人群和利益相关者对政策执行的积极回应与参与

城乡教育统筹发展的政策执行,均指向一定的目标人群,也涉及种种利益相关者。在政策执行的过程中,目标人群及利益相关者对政策的认同程度对政策执行的好坏有重要影响。在统筹城乡教育发展的政策执行中,要进一步开展政策动员和政策宣传。这种政策动员与政策宣传,要面向城乡各种类型的目标人群,比如城乡教师和更广泛的城乡劳动者和城乡居民。要通过深入的政策动员和政策宣传,更好地激发所有目标人群对政策执行的主动性与积极性。比如,在更大力地支持农村教育发展的过程中,要更多地激发城市优秀教师以各种可能的方式主动服务于农村教育发展的积极性,并将这种积极性化为具体的支持行动。再比如在实施"农村转移劳动力培训工程"的过程中,不仅要有职业教育师资的积极参与与配合,也需要农村转移劳动力自身的自觉参与配合,否则,要取得工程实施的良好成效便不可思议。因此,努力做好政策宣传,增进目标人群和利益相关者对政策的理解,同时充分听取他们对政策执行的合理对策与建议,从而使政策执行过程真正成为"合力"作用的过程,同时也成为展现和发扬民主的过程。

4. 增强教育政策执行的监督与评估

检验统筹城乡教育发展政策实施的成效,本身就离不开政策监督与评估。为了深入推进城乡教育的统筹发展,增强政策执行的监督与评估自然成为题中之义。为此,要进一步健全教育政策执行监督评估的组织机构,健全监督评估制度。增强对统筹城乡教育发展政策执行的监督与评估,首先需要建立一种统筹式的监督评估观。这种监督评估本身需要统筹兼顾,即不仅要加强对城乡义务教育统筹发展的监督评估,也要加强对城乡学前教育统筹发展和职业教育统筹发展的监督评估;要将政策监督评估落在实处,贯穿于政策执行的全过程;要及时发现与诊断政策执行中可能出现的"执行失真"问题,予以及时纠偏,以使城乡教育统筹发展的政策执行顺利推进。

5. 与时俱进地推进城乡教育统筹发展的政策变革与创新

城乡教育统筹发展,乃至城乡统筹发展,是中国当代社会实现重大转型的重要标志,也是社会转型的重要路径与任务。从破解城乡二元结构到统筹城乡发展,这本身是一种重大的政策变革与创新。对于教育来说,推进城乡教育统筹发展也是教育政策的重大变革与创新。然而,城乡教育统筹发展是一个不断前行的过程,其与全面建成小康社会相始终,也与全面实现国家现代化相始终。为了深入推进城乡教育的统筹发展,必须与时俱进地推进引领统筹发展的政策的变革与创新。这种变革与创新需要指向两种政策层面:一方面,需要深入推进教育政策的变革与创新。为此,需要不断总结现有的政策经验,分析政策问题,在深入认识和把握城乡教育发展的未来趋势的基础上,进行教育政策调整与变革,创新教育政策目标和政策内容与任务;另一方面,也需要深入推进统筹城乡发展的种种社会政策的变革与创新,包括社会经济政策、社会保障政策等,以使社会政策的变革创新与教育政策的变革创新相辅相成,相互促进。总之,深入推进城乡教育统筹发展,在政策层面上,是一种需要更好地统筹各类政策变革的过程,是需要更好地统筹政策运行的过程。

流动的教育权:论我国城乡义务教育的"三元统筹"[①]

邵泽斌

城镇化正在成为当代中国社会发展的显著特征。在这一过程中,农村人口持续、规模化地向城市流动,正在成为一种不可逆转的趋势。伴随着人口的流动,农村居民及其子女接受优质教育的诉求得到了唤醒,并出现了适龄儿童规模化的由农村到县镇和城市的就学流动。这种流动深刻地影响并改变着既往僵化、固化的城乡二元教育体系,表现出了新的教育特征,产生着新的教育问题和矛盾。本文在分析城乡教育新特征的基础上,阐释当前我国城乡义务教育关系的新形态,探索化解城乡义务教育新矛盾、推进城乡教育一体化发展的政策建议。

一、我国义务教育"城、郊、乡"三元结构的发生机制与表征

流动性,正在成为当代中国经济社会发展的典型特征。农村人口由农村到城市的规模化流动,对城乡义务教育产生了两个方面的重要影响。一方面,为配合农民自身和家庭的流动,大量的农村儿童进入城市或县城读书,给城市义务教育办学增加了新的压力;另一方面,在流动过程中农村居民的教育权利得到了唤醒。因为,在日益开放的现代社会,农民获取现代信息、思想的机会和能力获得了普遍性增长,如吉登斯所言,现代性使得"某个边远乡村居民对当时所发生的事件的知晓程度,超过了一百年前的首相。"[②]其直接的后果是,农村居民对子女接受优质教育的需求日益膨胀。帮助自己的孩子到乡镇、县城或城市接受更高质量的教育成为了一种重要的教育诉求,在有些地区甚至成为了广泛的社会共识。2010年教育部基础教育一司委托国家教育发展研

[①] 《新华文摘》2014年第23期全文转载,原载《社会科学战线》,2013年第2期。
[②] 吉登斯.现代性的后果[M].田禾,译.南京:译林出版社,2000:67.

究中心等单位从山西、内蒙古等 11 个省 62 个县所抽取的 1.1 万名学生家长的调查统计表明,61.3%的农村家长希望子女上"县城学校",25.3%的农村家长希望子女上"镇上学校",两者合计共 86.6%。此外,调查还显示,对子女接受更好教育有"非常强烈"和"比较强烈"愿望的家长分别占调查家长的 57.5%和 39.3%。[①] 正是在这样的背景下,农村适龄儿童出现了规模化的由农村到乡镇、县城和城市的就学流动,并表现出鲜明的时代特征和典型的连锁效应。

这种典型的连锁效应集中表现为,相对于以往义务教育质量、水平的城乡二元差异,当前我国义务教育的"城、郊、乡"三元差异开始显现,并主要表现在两个方面。

(一)与规模化的人口流动相伴随,城乡间的"郊区教育"形态开始显现

随着城市的规模扩张,乡村劳动力由农村向城市转移,位于城市与乡村间的县镇逐渐成为了城市的郊区地带。作为沟通城市和乡村的中间地带,郊区有别于乡村,因为它具有城市的特征;郊区也区别于城市,因为其产业、商业和公共服务尚不完备,并渗透着乡村的文化特征与生产生活方式。郊区汇集了大量的乡村居民前往购房、置业、就学,并通过各种方式将自己的孩子安置在办学条件、师资水平和教育质量相对优越的城镇学校就读,这直接造成了县城公办学校的大班额现象,在不少地方还出现学校"人满为患"。

当有限的公办教育资源无法满足乡村家长的教育需求时,在某些地区,出现了大规模的城镇"教育扩张运动"。城镇教育扩张的形式和方式各有区别,诸如,扩大已有的公办学校规模、将乡镇的公办学校向县城归集和迁移、吸引民办学校到县办学等。城镇教育的规模扩张,在满足了大量的农村子女接受优质教育需求的同时,也吸纳了农村居民的城镇化转移,带动了城镇房地产、服务业等产业商业的发展,并因此而受到地方政府和农村居民的积极响应和互动支持。城镇中小学规模的扩张,以及就学人数的膨胀,与乡村居民向县城的规模化积聚构成了一种"双向强化、彼此依托"的互动关系,这使得过去存在于城市和乡村的"二元教育形态"发生了结构性变化,这就是"郊区教育"形

---

① 王定华.我国农村义务教育布局调整的调查与思考[J].华中师范大学学报(人文社会科学版),2012(6).

态的显现和成型。

之所以将这种教育形态称之为"郊区教育",主要是突出其与乡村教育和城市教育的区别和差异。郊区教育区别于城市教育,因为在郊区就读的学生具有"户口在农村、就学在城镇"的特点。更为重要的是,郊区居住着大量"非农非城、似农似城"的农村家长,这些家长或以进城务工为目的,或以陪读为目的,或者两者兼而有之。但一个不变的事实是,他们"流动"的工作、生活和教育方式,改变着城乡的人口结构和教育形态。郊区教育区别于农村教育,因为,在事实层面上,农村孩子正在以特有的方式,接受着城市提供给他们的优于农村的教育内容和教育方式。

(二)与规模化的农村儿童"进城读书"相伴随,乡村教育的"边缘化"显现

郊区教育的出现,使得城市与乡村的教育差距更加突出。这主要体现在乡村生源的萎缩、优质师资的流出以及教育质量的下降三个方面。其中,乡村生源的减少对乡村学校的办学困难具有根本性影响。因为,生源减少的直接后果是乡村办学的规模效益降低、地方政府教育资源投入的动力降低,以及优秀师资在农村任教的意愿降低。我们在调研中发现,江苏北部的GN县,家长热衷于将孩子送往城镇就读,全县完全村小几乎不复存在,全县14所乡镇中,原有村小281所,现仅有村小63所,在许多教学点还出现了个别年级生源断层、无法保证每个年级都有学生的状况。

村小被"边缘化"的直接后果是教学质量的下降和就学人数的减少,两者的相互影响,加剧了乡村学校的"衰落"与"衰败"。并且,由于村级小学规模偏小,教师数量少且结构不合理,课程与教学改革难以切实推进,教学质量难以保障。这已成为制约我国义务教育优质均衡发展的瓶颈。

此外,无论是那些伴随进城务工父母到城市读书的儿童,还是那些基于接受优质教育而"进城读书"(这种情况一般是家长在县城陪读)的儿童,其共同的特点是家长对子女接受优质教育的需求的增强,以及家庭支持子女"进城读书"能力的增强。而对于那些能够成功进入城市优质公办学校读书的儿童而言,其家长还拥有着较为优越的社会资本。一个不争的事实是,那些"留守"和"坚守"在乡村小学的儿童,大多是家庭经济资本、文化资本和社会资本处于不利地位的弱势群体。这固化了乡村学校"坚守儿童"的教育弱势群体地位,强

化了教育的城乡差异。

这样,在当代中国义务教育学校的总体布局中,分别出现了两类与城市学校相异的教育形态:乡村教育与郊区教育。有研究者将这种现象概括为"城挤、乡弱、村空"①。本文将这种区别于既往城乡教育"二元结构"的"城、郊、乡"教育形态称为城乡教育关系的"三元结构"。城、郊、乡三者在办学条件、师资水平和教学质量等方面有着不同的表现和特点。如果说城市学校面临着的"烦恼"是以追逐名校为特征的择校矛盾,那么乡村学校和郊区学校面临的"烦恼"分别是"空心化"现象和"大班额"、"巨形学校"现象。无论是乡村学校的"空心化"问题,还是郊区学校的"大班额"现象,都与城镇化过程中乡村人口向城市的规模化流动有关。随着城镇化进程的加快,城乡义务教育的"三元结构"将会在更多地区出现,并将在相当长的时段内持续存在。

二、城乡义务教育"三元结构"体现了城乡教育一体化发展的新趋势

以上的分析表明,当前我国城乡义务教育表现出的"城、郊、乡"三元结构正在成为城乡教育关系的重要表征。那么,如何认识这种新表征?教育三元结构的出现对城乡义务教育的一体化发展和城乡教育的统筹发展究竟意味着什么?是意味着城乡教育差距的加剧,还是意味着城乡教育差距的缩小?是意味着我国既往缩小城乡教育差距政策产生了积极的效应,还是意味着既往政策存在着缺陷和不足?

我们认为,城乡义务教育三元结构的出现,是我国城乡义务教育由既往僵化、固化和体制化的城乡二元结构向城乡教育一体化转型的中间阶段和过渡形态,是近年来我国深入推进城乡教育统筹发展、不断缩小城乡教育差异的一系列公共政策和教育政策作用的结果和效应。尽管这一结果和效应使得城乡义务教育的差异更为复杂,但我们有理由认为,城乡义务教育三元结构的出现,相对于既往僵化、固化和体制化的城乡二元结构,具有积极的政策意蕴和良好的政策效应。这主要表现在两个方面。

---

① 杨东平.新型城镇化道路对教育的挑战[J].教育发展研究,2013(5).

(一) 城乡"三元教育结构"是对既往城乡二元结构的否定与超越

我国长期以来实施的城乡分野的公共治理制度和教育政策设计,加剧了城乡义务教育的差异和差距,这是一个众所周知的事实。这一城乡分治的教育二元结构具有固化、僵化和体制化的特点。所谓固化,是指无论在理念上还是在表现形式上,城乡教育的二元差异在城乡间长期存在,在城乡居民间被普遍认可和广泛接受。所谓僵化,是指这种城乡二元结构的教育现状具有一定的稳定形态和持续作用的机制和方式。这种稳定的教育形态既与国家城乡分野的公共服务和经济发展政策相呼应,也有着教育自身的表现形式,诸如教育投入的城乡有别、师资配置的城乡差异、课程设置的城乡不同等。所谓体制化,是指城乡教育差异的固化和僵化根源于国家的制度设计和政策选择,是一种自上而下、"有意而为之"的政策结果。对既往城乡教育二元结构特征的"僵化、固化和体制化"表述,目的在于阐明改变这一城乡教育形态的任务异常艰巨。这不但是因为这一现状持续时间之长,也因为这一固化现象的结构之稳定和力量之强大。城乡教育三元结构的出现,清晰地表明了城乡二元结构的松动和变革。因为,城乡三元结构是以城镇化的推进为背景,以农村人口的规模化流动和转移为动力,以农村居民对优质教育的需求为导向,以国家一系列支持农村教育的公共政策和教育政策为驱动的。而以上四个方面的因素恰是契合了国际社会缩小城乡教育差异、推进公共教育均等化的共同趋势,具有积极的价值和意义。

毋庸置疑,当前我国农村义务教育,特别是局部地区的乡村义务教育依然面临着艰难的发展困境,出现了更为严峻的教育问题,甚至是在某些地区城乡教育的差距还有扩大和加剧的趋势。但总体而言,这种差距和困难是城镇化的伴生现象,是城乡教育一体化发展的中介阶段和过渡环节,是城乡义务教育统筹发展的"生长之痛"和"成长中的烦恼"。因为,现代化、工业化和城镇化作为一种不可逆转的发展趋势,其主要的特征是农村人口的减少和城镇人口的增加,以及由此伴生的产业商业和公共服务的城镇化、集中化和规模化。"随着人口增速的减缓和人口向东部城市地区的转移中西部部分村落、乡镇甚至城市因人口减少、基础设施落后、缺少规模经营等原因而逐步萧条乃至废弃这是必然趋势。"[①]正是在城镇化和现代化的过程中,特别是随着农村居住、文化和公共服务的城镇化推进,乡村教育规模的缩小和城市教育规模的扩张将成为中国城乡教育现代化的重要表征和推动力。因此,相对于既往城乡教育固化和僵化的"二元结构",城乡教育的"三元结构"体现了城乡教育关系的新调整、新组合和新方向,展示了城乡教育关系调整的"正在进行时"。诚然,这样的分析和判断并不是无视城乡教育发展面临的新问题和新困难,更不是默许城乡教育问题的存在并任其发展,而是表明,我们要在坚定信心、明确方向的前提下采取有效的措施去减少和消解这些问题和困难。

（二）"三元教育结构"体现了近年来我国缩小城乡教育差异政策的积极效应

近年来,特别是新世纪以来,围绕着新型城镇化战略的实施,国家出台了一系列支持农村经济社会发展、加快推进城镇化的社会政策和公共管理政策,出台了一系列缩小城乡教育差异、推进城乡教育统筹的教育政策,诸如中小学布局调整政策、城乡教师交流政策、关爱留守儿童和流动儿童的教育政策等。这些公共政策和教育政策交互支持、彼此强化、综合作用,对改善城乡关系、缩小城乡教育差异起到了积极的效应。这主要表现在两个方面:一是凝聚了支持农村教育的社会共识,营造了促进教育公平的政策环境,唤醒了广大农村居民接受优质教育的美好诉求;二是为缩小城乡差距、支持农村教育、推进农村教育现代化和农民现代化提供了物质支持和制度支持。

城乡教育"三元结构"作为缩小城乡教育差距、推进城乡教育一体化的"正在进行时",既是这一系列公共政策综合作用的结果,也是未来深化和改革城乡教育政策的基础和立足点。为此,我们必须进一步坚定推进城乡一体化政策的信心和决心,不断加大政策改革的力度,增强政策创新的意识,将城乡教育的一体化改革的这一"正在进行时"不断推向前进。

三、城乡义务教育"三元结构"增加了统筹城乡教育的难度和复杂性

在看到城乡教育"三元结构"积极政策意蕴的同时,我们也应该清醒地认

[①] 李立国.我国城镇化进程中的教育战略重点[J].现代教育管理,2013(5).

识其给我国城乡教育发展带来的新问题和新挑战,从某种程度上讲,有些矛盾和问题还十分突出。重视和分析这些矛盾和问题,对于制定合理有效的城乡义务教育政策具有前提性意义和价值。

(一)教育"资源不足与资源浪费共生"现象与城乡儿童新的"上学难"

具体表现为,我国县域内城乡义务教育资源总体上还处于短缺状态,义务教育现有资源总量与人民群众对优质教育资源的需求还有较大差距,特别是乡村小学,由于经济文化的落后,长期处于优质资源的匮乏状态。同时,由于大量乡村中小学生的涌入,县城内中小学校舍和教师资源处于短缺状态;与此相关,由于生源锐减,不少乡镇中小学校舍长期处于闲置状态。甚至在某些地区,由于布局调整的作用和儿童外出就学等影响,不少村小出现了校舍闲置、学校关闭等现象。

这种教育资源的总量不足与结构不合理的现象,立基于城镇化过程中家长、儿童和教师由农村向城镇的大规模流动。这种流动,改变了以往静态、固定的人口结构和社会结构,使得学校生源长期处于不确定性的变动中。生源的不确定,给办学资源的配置带来了困难和挑战,也引发并加剧了乡村儿童和进城读书儿童的新的"上学难"现象。就乡村儿童而言,学校距离更远、条件更差,是一个他们不得不接受的事实。特别是在居住分散、自然条件艰苦、经济发展落后的西部地区和少数民族地区,这种矛盾尤为突出。据报道,四川省布拖县原有 190 所村小,到目前为止只有 50 所;四川省喜德县某乡原本有三四所村小,现在只剩一所乡中心校。从最远的村子徒步去中心校,步行要 4 个小时,海拔都在 2 000 米以上。[①] 那些"舍近求远"到县城择校的幼小儿童,面临着寄宿、陪读等诸多困难。调查显示,我国农村学生家长陪读的比例平均为 22.7%,如重庆地区小学陪读的比例高达 38.4%。陪读现象的出现,造成了农村家庭和儿童生活的不便,加重了农村家庭的经济负担和生活成本。[②]

从某种程度上讲,这种"上学难"与 20 世纪 80 年代因办学条件简陋、师资

---

① "中国式撤点并校"大凉山样本调查. 中国青年报,2012 - 12 - 28.
② 21 世纪教育研究院发布《农村教育布局调整十年评价报告》,载于《社会科学报》,第 1339 期。

条件落后、学费难以承受等原因导致的农村儿童就学困难有着根本性区别。这种新的"上学难"由城乡教育的差距所引发,由农村家长和孩子对美好教育的追求所引发,由农民在由乡村到城市的流动过程中不断唤醒的教育需求所引发。因此,这种"上学难"影响更为深刻,解决起来难度也更大。

(二)"留守儿童问题与流动儿童问题共生"现象长期存在

从某种意义上说,中国正在推进一项世界发展史上前所未有的城镇化进程。据统计,"到2012年,中国城镇化率达到52.6%。联合国关于世界城市化展望的最新研究报告预计,中国城镇化从现在到2030年还将保持较快速度,揭示城镇化率有望提高到65%—70%,目前我国每年从农村转移到城镇的人口约1 000万人"①。

中国城镇化进程影响的深远和深刻,不仅因为中国城镇化进程的人口众多,还因为中国的城镇化过程是在户籍制度、社会保障制度、升学就业制度等城乡分割的背景下进行的。无论是农村居民的举家迁移带来的流动儿童教育问题,还是农村居民进城务工将孩子留在农村的留守儿童问题,都构成了中国城镇化过程的"特殊烦恼"。从某种意义上讲,在现有的户籍制度以及与此相关的社会保障和教育就业等制度框架下,留守儿童和流动儿童的教育问题将长期存在。换言之,只要城镇化和人口流动这种社会现象存在,中国的留守儿童和流动儿童的教育问题就将作为一种常态现象而持续存在。

诸多研究对留守儿童与流动儿童教育的问题与对策做出了深入的分析,许多观点都具有启发性和创新性。诸如留守儿童的安全问题、亲情缺失问题;流动儿童的教育公平问题、融入城市的障碍等。这里需要阐明的是,随着城镇化进程的加快,以及人口流动的规模和范围的扩大,作为一种与城镇化过程相伴随的留守儿童和流动儿童教育问题,不是更加缓解了而是不断加剧了,不是更容易解决了,而是更复杂和难以解决了。为此,我们需要有一种"跳出教育"分析教育的思维方式,将留守儿童与流动儿童问题放置于整个城镇化的社会背景,以及与之相关的公共政策和社会政策的框架下整体加以设计和解决。

---

① 李立国.我国城镇化进程中的教育战略重点[J].现代教育管理,2013(5).

（三）农村教师"结构短缺与相对过剩共生"现象制约着乡村师资水平

伴随着乡村学校的萎缩、城市学校的"大班额"现象，以及郊区学校的人满为患，乡村教师也出现了由农村到城市的规模化流动。促成这种流动的原因主要有两个方面：一是农村生活和学校条件艰苦，影响教师本人及子女的生活和发展。今天农村教育对教师吸引力的降低已经不仅仅是靠提高待遇所能解决，城乡在经济、社会、文化、公共服务质量等方面的差异，以及由此对教师及其子女生活和发展的影响，正在成为乡村教师流失的重要原因之一。这造成农村学校对优秀教师的吸引力不断降低，乡村优秀师资日益匮乏。二是城镇学校的规模扩张对优秀教师的吸引。当前，在不少地区，为应对不断增长的生源压力，城区学校利用农村教师对城市生活的追求和向往心理，开展了组织化、制度化的乡村教师进城招聘行动。这种招聘行动从根本上构建了一个弱化乡村教育的教师选择机制，其结果是将大量年富力强的优秀乡村教师吸纳到城区，让少数"年老体迈"、"知识和技能老化"的教师滞留在乡村，进一步恶化了乡村教育的生态和环境。

乡村教师由农村到城市的规模化流动造成的直接后果是，城乡教师的结构短缺与总量过剩并存。一方面，乡村优秀教师短缺、教师素质不齐，甚至部分学科无人任教；另一方面，不少城镇和城市学校教师相对过剩、人浮于事。调研中发现，江苏北部的GN县2010、2011、2012三年通过考试等形式，城区从农村选拔优秀教师211人。课题组在江西省某县的调查表明，仅2008年至2012年4年间，该县由于城镇学校规模的扩大而招募乡村教师，先后将235位较为优秀的农村教师调入县城，这导致农村教育"元气大伤"。农村学校优质教师和生源的双重流失，导致一些农村学校"今不如昔"，甚至呈现出一种"衰败"的状态。

四、立基"流动社会"特点，构建与城镇化适应的现代城乡教育制度

城乡教育"三元结构"的出现，既为我们深入推进城乡教育一体化发展提供了机遇，也给我国城乡义务教育的一体化发展提出了新的课题和新要求。这要求我们直面城乡义务教育发展的新特点、新矛盾与新任务，转换思维方式，创新政策供给，推进义务教育的"城、郊、乡三元统筹"，构建与城镇化相适

应的现代城乡义务教育制度。

(一)重构农村教育的目标定位,推进城镇化与农村教育现代化的双向互动

流动性正在成为当代中国经济社会发展的典型特征。这种流动既包括乡村农民进城的流动,也包括乡村学生进城读书的流动,还包括乡村教师的进城流动。与这种流动性相伴随的是城乡义务教育的差距持续拉大。当优秀的生源、优秀的师资不断流向城镇和城市的时候,留在乡村的孩子就在经济资源(留下来的孩子大都家庭不具备流动的经济能力)和教育资源两个方面与其他阶层拉开了差距。

我们要高度关注城乡义务教育与城乡经济、文化和公共服务发展的深刻关联性。特别是今天的农村义务教育,其变革与发展受城乡在经济、文化和公共服务事业质量和差距的深刻影响。因为,当城镇化发生的时候,城乡在公共服务、经济发展水平、文化样态等方面所具有的差异,将不断诱导乡村家庭和居民向城市转移。就教师队伍而言,城市学校对他们的"诱惑"不仅包括更高的物质待遇,还包括更好的专业发展机会和子女更多的发展空间。鼓励和勉励农村教师扎根农村、服务农村固然十分重要,但城镇化对农村教师向城市转移的诱导力量将更加强大。更为重要的是,乡村与城市的巨大差异,使得乡村吸纳优秀教师的能力持续减弱。当乡村教师不断外流,优秀毕业生不愿流入现象出现的时候,农村教育发展将更加艰难。从这个意义上讲,未来中国农村教育的兴衰与波动,很大程度上取决于城乡经济社会的发展状态,不断缩小城乡经济社会发展差距,高质量地推进城镇化,全面缩小城乡差异,是统筹城乡教育发展的前提和基础。

与这种流动性相伴随的还有乡村居民和学生向城镇的规模化转移,这种流动造成了农村生源的减少、教育资源的闲置,甚至出现了农村教师的相对过剩。在某些相对落后边远的乡村地区,村小和办学点的教学异常艰难,正在成为当下农村教育发展的"新伤痛"。当城镇化成为一种趋势,流动性成为一种社会特征的时候,我们首先要重新思考和定位乡村教育的功能定位,乡村教育要培养为农、务农的新型农民,为农村发展培养新型的劳动者,但更要服务于城镇化和现代化建设,培养更多适应现代生产和生活的新市民。因为,就国家

层面而言,有步骤地减少农民数量、有序地推进农村居民向城镇转移,是城镇化坚定的目标和必然的趋势。当代中国农村教育必须直面这一时代需求,将服务城镇化、工业化和服务农村劳动力转移作为重要目标。确立这一目标定位,不仅要求我们变革教学内容和教学方式,还要求我们在学校教育制度上进行合理建构。

(二)构建与城镇化相匹配的动态、灵活、弹性的现代乡村教育制度

反思以往的中小学布局调整,不难发现,近年来我们遭遇着一种艰难的冲突性选择,一方面,为不断缩小城乡教育差距,改善农村办学条件,在广大的农村地区,特别是边远地区新建和改建了大量的现代化校舍和设备;另一方面,随着布局调整的深入,以及农村适龄儿童的减少,这些学校出现了设备的闲置和浪费,甚至是有些建设条件较好的学校遭遇了被废弃的命运,这直接造成了教育资源的浪费。于是,我们在究竟是建设更多的乡村学校服务农村孩子就学需要,还是引导农村孩子到城市就学,有步骤地撤并乡村学校这个问题上陷入了冲突和矛盾,这也成为了当代农村教育发展面临的新挑战。

化解这一矛盾和冲突,需要用动态、灵活和开放的思维规划和设计现代农村教育制度,既要在城镇、城镇等地集中建设好规模化的义务教育学校,为引导、支持和帮助农村居民城镇化提供配套的公共服务;又要将建设好乡村学校和教学点作为一项长期的任务,为留在乡村小学的每一个家庭、每一个孩子提供优质的教育条件和教育资源。即在坚持农村教育制度和农村教育布局服务城镇化和现代化的总体框架下,要将因地制宜地办好乡村小学和教学点作为一项长期的政策设计,持续抓好。这不但为未来农村教育的发展提出了新的课题和挑战,也为我们进一步创新和变革农村教育制度提出了新的要求。

(三)深化农村教育改革,为乡村学校的发展提供特别性支持

乡村学校办学条件落后,优质师资匮乏,适龄儿童就学人数持续减少,这给乡村学校的办学和发展带来了困难和挑战。乡村学校承载着那些家庭经济条件落后、无力进城读书的弱势家庭儿童的教育期待。支持乡村教育的发展,对于关注弱势儿童成长、促进教育公平具有重要意义和价值。从一定意义上讲,没有乡村学校的优质发展,就没有中国义务教育的均衡发展;不关注农村

"边缘群体"子女的教育权利,就没有城乡教育的公平发展。

支持乡村学校的发展,首先要实施乡村学校教育经费的"特别保障"。要改变村小教育经费和公用经费单纯按照生均人数拨付的预算机制,根据农村小学优质运行和发展的实际需要,对村小教育经费实施特别预算;要针对不同规模的村小,制定村小建设的国家标准,加强验收和检查,建立中央、省、县共担的经费保障机制。其次是实施村小教师队伍建设的"特别待遇"。在做好城乡教师交流、优秀大学生支援农村教育的同时,立足于培养扎根农村、优质稳定的乡村教师队伍。一是要针对农村生活和工作条件艰苦的特点,大幅度增加村小教师的工资待遇,吸引优秀教师留在农村任教,确保村小教师工资大幅度优于在城镇工作的同级别教师;二是重视农村教师的本地化和乡土化建设。通过招聘、转岗、培训等方式,鼓励具有本地户籍的大学本科以上学历人员在家乡任教,为他们提供特殊的住房、医疗和社会保障政策。总之,支持乡村学校的建设和发展,需要我们增强政策的关怀意识、创新政策的改革思路,采取多种措施加以综合推进。

(四)将办好少数民族地区和贫困地区小规模学校列为支持农村教育的长期选择

由于历史和自然条件等方面的原因,我国少数民族地区、山区和贫困地区义务教育办学条件十分落后,办学资源十分匮乏,吸引优秀师资的能力较为薄弱。特别是随着城镇化过程的推进,这些地区人口居住更加分散,学龄儿童减少趋势更为明显。山大沟深、自然条件恶劣的状况,造成这些地区对优秀教师的吸纳能力持续降低。更为重要的是,基于贫困的经济状态,仅有的少数留守儿童面临着物质、精神和文化上的多重发展困难。在东部地区,大部分中小学努力办好高质量义务教育,推进教育现代化的时刻,贫困地区的义务教育还面临着发展性困难和生存性困难,这就要求我们采取更加有效的政策措施,支持贫困地区义务教育发展,不断缩小义务教育的地区差异和城乡差异。

民族地区、山区和贫困地区学龄儿童减少、居民居住分散的状况,决定了在这些地区办好小规模学校的必要性和重要性。农村小规模学校不仅表现为学校人数和班级数量少,而且表现为每一个年级和班级人数少,因此可以考虑在这些地区建设拥有自主管理权的"特许学校"。对于小于100人的村小还可实施"特许学校"制度。"特许学校"在接受县乡教育主管部门指导的同时,接受省级或市级教育主管部门的备案管理。"特许学校"享有特殊的师生比配置、特殊的设备配置标准;"特许学校"由相关村民代表和教师代表组成的校务委员会负责管理,在教育政策制定等方面,享有自主权,不经校务委员会讨论及省级教育主管部门批准,任何组织和个人不得随便撤并。随着我国城镇化进程的加快,尽管贫困地区小规模学校数量将不断减少,但贫困地区长期存在,以及贫困儿童长期存在的事实,要求我们在办好农村小规模学校的过程中,必须将办好贫困地区小规模学校列为支持农村教育的长期选择。这是落实"不让一个孩子掉队"的具体举措,也是办好人民满意教育的重要前提。